民族地区马克思主义大众化路径研究

基于中共领导广西文化建设史的考察

黄家周 ◎ 著

中国社会科学出版社

图书在版编目（CIP）数据

民族地区马克思主义大众化路径研究：基于中共领导广西文化建设史的考察／黄家周著．—北京：中国社会科学出版社，2018.12

ISBN 978 - 7 - 5203 - 3825 - 7

Ⅰ.①民…　Ⅱ.①黄…　Ⅲ.①民族地区—马克思主义—大众化—研究—中国　Ⅳ.①D61

中国版本图书馆 CIP 数据核字（2018）第 289166 号

出 版 人	赵剑英
责任编辑	喻　苗
责任校对	王　龙
责任印制	王　超

出　　　版	中国社会科学出版社
社　　　址	北京鼓楼西大街甲 158 号
邮　　　编	100720
网　　　址	http：//www.csspw.cn
发 行 部	010 - 84083685
门 市 部	010 - 84029450
经　　　销	新华书店及其他书店

印　　　刷	北京明恒达印务有限公司
装　　　订	廊坊市广阳区广增装订厂
版　　　次	2018 年 12 月第 1 版
印　　　次	2018 年 12 月第 1 次印刷

开　　　本	710×1000　1/16
印　　　张	20.5
字　　　数	326 千字
定　　　价	86.00 元

凡购买中国社会科学出版社图书，如有质量问题请与本社营销中心联系调换
电话：010 - 84083683

序

杨先农

马克思主义发展史同时是马克思主义大众化的历史，从经典马克思主义到当代中国化马克思主义都需要"大众化"，才能使科学理论成为人们认识和改造世界的锐利武器。探索马克思主义大众化的路径过程中应重视文化建设的视域，关注不同地区的"人文特点"，这是历史经验的总结，也是当代马克思主义大众化的要求。在当代中国，马克思主义大众化的必要性和重要性已成为共识，而马克思主义"如何"大众化仍然是有待深入探讨的问题，研究民族地区马克思主义大众化更是一个富有挑战性的课题。黄家周博士第一部具有较高"学术含金量"的专著《民族地区马克思主义大众化路径研究》，独辟蹊径，以我国少数民族人口最多的省区——广西壮族自治区为研究样本，基于"民族地区—文化建设—马克思主义大众化"的历史与现实视域，力图构建和谐共生的新的文化模式。作者浓墨重彩地描画了一幅有广西民族地区马克思主义大众化特色的文化地图，让大家能够清晰地看到广西红色文化的历史坐标，深入地了解民族地区马克思主义大众化的可循路径，全面地思考广西马克思主义大众化的进一步丰富和完善问题。我个人认为，本书中呈现给大家的研究成果，即便不是国内外前所未有，也是广西学术界和理论界所鲜见的，具有十分宝贵的理论价值和现实应用价值，给予我们启示良多。

第一，民族地区推进马克思主义大众化既要遵循一般规律又要关注特殊规律。广西民族地区有着特殊的区情，选择该地区马克思主义大众化的路径问题进行研究，是因为这个问题具有典型意义。广西是我国少数民族人口最多的省区，世居民族有汉、壮、瑶、苗、侗、仫佬、毛南、回、京、彝、水、仡佬12个民族，另外还居住有满、蒙古、朝鲜、白、藏、黎、土家等40多个其他民族人民。广西是一个具有光荣革命传统、红色文化富集的民族省区。广西马克思主义大众化历史同时是中国共产党领导壮、汉、瑶、苗、侗等各民族同心同德创造广西革命、建设和改革辉煌业绩的历史。马克思主义地方化大众化是马克思主义中国化大众化的具体表现，民族地区马克思主义大众化应注意该地区文化特点、受众接受能力和水平的特殊性。研究广西民族地区在文化建设过程中推进马克思主义大众化的基本经验和规律，探讨马克思主义大众化的基本实现路径及其特点，无疑能够为党和政府推进民族地区意识形态建设提供智力支持和决策参考。

第二，民族地区推进马克思主义大众化应有文化自信和历史视野。恩格斯指出"经济上落后的国家在哲学上仍然能够演奏第一小提琴"①。民族地区在经济和社会发展程度上也许处于相对落后的地位，但是也不必妄自菲薄，文化和意识形态建设完全可以搞出自己的特色，有些方面还可以达到比较先进的水平。中华民族的优秀文化传统，是马克思主义中国化、大众化的丰腴文化土壤，为马克思主义大众化提供了条件和可能。千百年来，勤劳智慧、勇于开拓创新的广西各民族群众共同创造了内容丰富的优秀传统文化和红色文化，奠定了广西马克思主义大众化的人文和心理基础。历史是最好的教科书。我们不仅要了解民族地区的文化发展史、革命史、建设史、改革史，而且要充分研究中国共产党推进民族地区马克思主义大众化的历史，无论是成功经验还是遭受挫折的教训，都值得我们进行总结、反思和借鉴。

第三，民族地区推进马克思主义大众化应有责任担当意识和创新勇气。民族地区马克思主义大众化任重道远，它不应只是党政宣传部门的"独唱"，而应该是包括社会各方力量在内形成的"大合唱"。广大党员干部、党的理论工作者和宣传工作者、哲学社会科学的研究者、文化教育工作者等是推进民族地区马克思主义大众化的中坚力量；民间非政府组织、大学生志愿者队伍和有关团体等也是推进马克思主义大众化的重要社会力量。当前国内外形势日新月异，我们面临的问题层出不穷，人们的思想素质、思想困惑、思想需求也各不相同。马克思主义需要与时俱

---

① 《马克思恩格斯选集》第四卷，人民出版社2012年版，第612页。

进，马克思主义大众化也需要从内容到形式手段不断实现创新。尤其是在信息化时代，互联网的触角已经延伸到各个领域，我们要增强创新的勇气和胆识，做好党的理论创新成果和党的基本路线、基本方略的通俗化解读工作，并大力打造适合民族地区需要的党的新型主流媒体，为马克思主义大众化提供更多有吸引力、大众喜闻乐见的新式载体和平台，不断提升马克思主义科学理论说服人的成效。

第四，民族地区推进马克思主义大众化要贯彻党的群众路线。党的十九大报告中提出要"坚持以人民为中心"的基本方略。民族地区推进马克思主义大众化也要坚持以人民为中心，要促使科学理论接地气、亲近大众，符合大众需求方能为大众所理解和接受，成为他们认识和改造世界的武器。走群众路线以人民为中心推进马克思主义大众化：一是要用大众喜闻乐见的语言解读马克思主义和党的基本理论、路线和方略；要把党的理论创新成果和方针政策的"官方"话语表述体系，转换成民族地区"民间"大众可以理解和接受的话语表达体系。二是广泛深入大众开展宣传工作。要充分了解民族地区大众的理论需求和现实困惑，有的放矢地为大众答疑释惑，让大众自觉接纳马克思主义的立场、观点和方法。三是将群众的实践经验进行总结和提升，丰富和创新党的理论，不断开拓新时代中国化马克思主义的新境界。四是充分发挥群众榜样或先进分子在思想政治教育工作中的积极作用，增强群众自我教育的功能。

第五，民族地区推进马克思主义大众化要有大局意识和战略思维。民族地区马克思主义大众化应服务于民族地区改革、发展、繁荣和稳定的大局，服务于实现国家富强、民族振兴、人民幸福中国梦的大局，服务于中国共产党在民族地区执好政长期执政的大局。同时，民族地区马克思主义大众化是一项系统工程，我们应清醒地认识到这一工程的长期性和艰巨性，不能一蹴而就、一劳永逸。我们需要有战略思维，既重视局部又放眼全局，既解决好当前问题又要着眼于长远，需要统筹兼顾人、财、物、政策、制度等各种因素，需要凝聚包括党和政府宣传教育部门在内的各方智慧和力量，勠力同心推进民族地区意识形态工作，促进马克思主义大众化目标的实现。

民族地区马克思主义大众化作为一项复杂的、艰巨的、长期的系统工程，在路径的选择和实现过程中依然有不少问题和制约因素，尚存在路径不够顺畅和明晰、不够完备和适用性不够强等问题，影响着马克思主义大众化工作的成效。上述几点作者都做了比较深入的分析研究和系统论述，难能可贵。总体上看，本书成果有以下突出特点：第一，紧密联系广西民族地区区情研究马克思主义大众化路径，富有广西地域特色。作者力图从个性中寻找共性的东西，揭示出民族地区马克思主义大众化的基本经验和基本规律。第二，全书始终围绕广西民族地区文化建设中推进马克思主义大众化的主题而展开研究。第三，本书对马克思主义大众化路径的探讨成功采用了历史与逻辑相统一的研究方法，我们行文中看到了作者既有历史视野，又有时代眼光，聚焦当代民族地区马克思主义大众化问题，体现了一名青年学者对现实的高度关注、所具有的强烈问题意识和努力破题的使命感。若说本书有何不足，我个人认为主要有两方面：一是有些地方理论上的探讨似乎还有进一步加强的空间，有些观点包括马克思主义大众化路径的表述上还可以进一步凝练；二是关于马克思主义大众化效果评价方面的研究也略显薄弱。当然，不能期望在一本30万字的著作中就全部解决民族地区马克思主义大众化的所有问题。瑕不掩瑜，本书从整体上看仍不失为上乘之作。展望新时代，期待本书的出版发行能引起学界和理论界更多地关注民族地区马克思主义大众化问题，也期待本书的研究成果能为民族地区相关决策部门提供有益的启发和借鉴，也算基本达到作者多年潜心研究的初衷了。

2018 年元月于成都浣花溪畔

目　　录

第 一 章

绪 论

第一节 选题背景和研究意义

一 选题背景

马克思主义的科学性、实践性、革命性和阶级性等特点必然要求其大众化。在马克思看来，科学理论发挥"改变世界"功能首要的前提是能够说服人，能够为群众所掌握，因为"理论一经掌握群众，也会变成物质力量"①。马克思主义理论的价值和生命力全在于人民群众对它的理解、掌握和运用之上。马克思和恩格斯毕生致力于马克思主义理论的创造和传播工作，教导无产阶级学会运用这一科学理论武器认识和改造世界。列宁作为马克思主义的继承者和发展者，同样十分重视这一科学理论的大众化及其对革命和建设的指导作用。他指出："最高限度的马克思主义 = 最高限度的通俗和简单明了"②，"没有革命的理论，就不会有革命的运动"③。中国共产党作为用马列主义武装起来的无产阶级政党，自成立之日起就坚持不懈地推进马克思主义大众化，创造性地将马列主义普遍真理与中国革命、建设和改革实践相结合，形成了毛泽东思想和中国特色社会主义理论体系两大理论成果，并努力推进这两大理论成果的大众化。由此促进了我国革命、建设和改革事业不断地从胜利走向胜利。

马克思主义大众化与社会主义文化建设相互促进、相辅相成。近年

---

① 《马克思恩格斯选集》第一卷，人民出版社 2012 年版，第 9 页。
② 《列宁全集》第三十六卷，人民出版社 1959 年版，第 467 页。
③ 《列宁选集》第一卷，人民出版社 2012 年版，第 311 页。

来，中国共产党以高度的文化自觉和理论自觉，高屋建瓴地对新时期的文化建设和马克思主义大众化工作进行了部署。党的十七大报告中首次提出"推动当代中国马克思主义大众化"的理论命题和战略任务；党的十七届六中全会通过的《中共中央关于深化文化体制改革 推动社会主义文化大发展大繁荣若干重大问题的决定》把推进马克思主义大众化作为坚持中国特色社会主义文化发展道路，建设社会主义文化强国的方针之一，并提出了实施中国特色社会主义理论体系普及计划等要求；党的十八大报告中强调要推进马克思主义中国化时代化大众化，要坚持不懈用中国特色社会主义理论体系武装全党、教育人民；党的十八届三中全会通过的《中共中央关于全面深化改革若干重大问题的决定》中则要求"推进文化体制机制创新……培育和践行社会主义核心价值观，巩固马克思主义在意识形态领域的指导地位，巩固全党全国各族人民团结奋斗的共同思想基础"①。党的十九大报告中提出"必须推进马克思主义中国化时代化大众化，建设具有强大凝聚力和引领力的社会主义意识形态"②。不断推进当代中国马克思主义大众化已成为当前思想政治工作、理论研究工作的重要任务。

马克思主义大众化问题是近年来学术界和理论界讨论的一大热点，形成了不少有价值的研究成果。然而，笔者发现其中围绕民族地区马克思主义大众化问题开展的研究并不多见，从文化建设视域探讨民族地区马克思主义大众化路径方面的成果则更少。我国是一个多民族国家，少数民族人口有一亿多，民族自治地方占国土面积约64%，西部和边疆的大部分地区属于少数民族聚居区。毛泽东曾指出"少数民族在政治、经济、文化上都有自己的特点"③，要因地制宜地做好民族工作。邓小平也强调"应该把少数民族工作摆在很高的位置"④，无论在过去、现在、还是将来都要如此。我认为，在中国这样一个幅员辽阔、地域文化各异、多民族的国度推进马克思主义大众化，不得不考虑"不同地域的人文特

---

① 《中共中央关于全面深化改革若干重大问题的决定》，《人民日报》2013年11月16日第2版。

② 本书编写组：《党的十九大报告辅导读本》，人民出版社2017年版，第41页。

③ 中共中央文献研究室：《毛泽东文集》第六卷，人民出版社1999年版，第327页。

④ 《邓小平文选》第一卷，人民出版社1994年版，第161页。

点"，不能不重视文化建设的视域。广西是我国少数民族人口最多的省区，马克思主义大众化工作与其他少数民族地区相比既有共性，又有自己的个性和特色。历史上中国共产党在广西推进马克思主义大众化过程中积累了哪些宝贵经验？形成了哪些基本路径？又有哪些不足？新时代我们又该如何完善广西马克思主义大众化路径？本书拟对上述问题进行系统梳理、分析和研究，以期对推进当代民族地区马克思主义大众化工作有所启示。本书以广西为研究样本，基于中共领导广西文化建设历程的视角探讨民族地区马克思主义大众化路径问题。

二　研究意义

加强民族地区马克思主义大众化路径问题研究，有助于彰显马克思主义理论的价值和生命力，有助于丰富和发展马克思主义大众化理论，同时也有助于推进现实中民族地区马克思主义大众化的实践，为新时期民族工作提供方法和借鉴。

（一）理论意义

第一，彰显马克思主义理论的价值和生命力。"马克思的整个世界观不是教义，而是方法"[①]，是指导人民群众认识世界和改造世界的方法。马克思主义大众化本质上是一个实践问题。民族地区马克思主义大众化就是中共在民族地区传播马克思主义和宣传党的路线方针政策，就是促进马克思主义与民族地区的区情、民情相结合，就是教导民族群众正确理解和认同马克思主义，自觉运用马克思主义的立场、观点和方法来指导自身工作实践。遵循恰当的路径是实现马克思主义大众化预期目标的基本前提。深入研究民族地区马克思主义大众化基本路径，有助于彰显马克思主义理论的实践价值和生命力，促进马克思主义与民族地区实际相结合，推动马克思主义理论的丰富和发展。

第二，有助于完善马克思主义民族理论和党的民族政策。马克思主义民族理论是马克思恩格斯及其后继者关于民族问题的科学理论，是马克思主义理论体系的重要组成部分。一方面，马克思主义民族理论中国化的过程也是民族地区马克思主义大众化的过程。研究民族地区马克思

---

① 《马克思恩格斯选集》第四卷，人民出版社2012年版，第664页。

主义大众化的基本路径，不断深化人们对民族地区马克思主义大众化问题的认识，可以为完善马克思主义民族理论提供可能；另一方面，党在民族地区的方针政策是否正确，是否适合民族地区的需要，是否达到预期效果，都要由民族群众的实践来检验。这也是对马克思主义大众化路径效果的检验过程。因此，研究马克思主义大众化路径问题能够为完善党的民族方针政策提供依据。一言以蔽之，我们通过研究民族地区马克思主义大众化及其路径问题，总结和提升马克思主义在民族地区传播和运用的实践经验，能够为丰富和发展马克思主义民族理论，完善党的民族政策提供参考。

第三，有助于完善当代中国马克思主义大众化理论。当代中国面临的新形势、新问题、新任务，迫切要求我们深化对中国化马克思主义大众化及其路径问题的研究，实现以先进的理论指导现实实践。马克思主义大众化理论是"科学理论大众化"实践经验的系统总结，又是指导新实践的"武器"，并在实践中得到检验和发展。我们在系统分析、研究和总结民族地区马克思主义大众化实践经验的基础上，探讨其基本路径，深化对马克思主义大众化本质和规律的认识，必将有助于进一步丰富和发展当代中国马克思主义大众化理论。

（二）实践意义

首先，为构建和谐民族关系、巩固民族团结和维护国家稳定统一提供决策参考。我国民族地区由于历史和地缘等方面原因，经济社会发展相对滞后。据《中华人民共和国 2016 年国民经济和社会发展统计公报》，2016 年全国农村贫困人口为 4335 万人，① 这些贫困人口主要集中在中西部相对落后的民族地区。民族地区不仅经济社会发展水平较低且其结构不合理，存在不少深层次的矛盾和问题。由于受宗教、民族传统以及对外开放不断扩大等因素的影响，形形色色的社会思潮在民族地区盛行，而马克思主义在该地区的影响力、群众认同程度正受到挑战，存在弱化趋势，已经成为影响民族地区和谐稳定、实现全面建成小康社会目标的障碍。还有一些民族地方在意识形态领域由于受到国内民族分裂势力和

---

① 《中华人民共和国 2016 年国民经济和社会发展统计公报》2018 年 1 月 8 日（http：//www. stats. gov. cn/tjsj/zxfb. /201702/t20170228_ 1467424. html）。

国际上反华势力的破坏、捣乱和渗透，在一定程度上造成了民族群众思想混乱。这些负面因素正消解着马克思主义在民族群众中的吸引力，使党的路线方针政策在民族地区的正确贯彻遭受影响。本书着力探究民族地区马克思主义大众化的基本路径，旨在为有效推进民族地区马克思主义大众化工作提供参考和启迪，促进马克思主义和党的路线方针政策融入各族群众的精神世界中，构筑起抵御民族分裂和外来势力干涉的心理防线，巩固马克思主义在民族地区的主导地位，使我党能够牢固掌握民族地区意识形态领域的话语权和领导权。

其次，为加强少数民族地区的思想政治教育工作，增强民族凝聚力提供指导。改革开放以来，我国各地区都面临着许多新情况、新问题、新矛盾，各种思潮、价值观等粉墨登场。尤其是在宗教思想较为盛行的民族地区，信教群众人数较多，党对民族群众的思想政治工作存在不少障碍。当前民族地区思想政治工作的中心任务就是要在少数民族干部群众中宣传普及中国特色社会主义理论体系，促使少数民族干部和群众能够正确理解党的理论创新成果，尤其是习近平新时代中国特色社会主义思想认同党的路线方针政策，并自觉把中国特色社会主义共同理想转化为自身的追求，以中国化马克思主义为个人实践行动的指南。因此加强对民族地区马克思主义大众化路径问题的研究将有助于推进该地区的思想政治教育工作。

再次，为准确把握和导向民族地区干部和群众的精神文化需求提供指导。理论总是通过满足人们的需要来实现自身价值的。换言之，科学理论为实现自身价值理应使其为群众所掌握。我们不应把马克思主义大众化的过程简单理解为马克思主义话语的生动、平实、通俗和易懂的过程。因为仅有语言的生动和通俗还不够，推进马克思主义大众化更需要从人民大众的立场出发，做到以人为本，在满足干部群众"求真、求美、求乐"的精神文化需要过程中达到我们的目的。有学者指出"理论的魅力源于理论来自实践而又高于实践"，"理论不应趋同于现实，现实本身必须努力上升为理论"。① 我们期望群众所掌握的理论是揭示了事物本质和规律的理论，不是简单化为人们一般的认知，否则不能达到满足干部

---

① 胡长栓：《马克思主义大众化的理论品性》，《光明日报》2012 年 1 月 29 日第 7 版。

群众理论需求的目的。马克思主义大众化工作要有求真和创新精神。我们应在深入调查研究的基础上，抓住理论发展中的真问题，即抓住人民群众所关心、与他们生产生活息息相关的真问题，增强马克思主义大众化的针对性和实效性。因此，民族地区马克思主义大众化应有超越常识的创新精神，解放思想、与时俱进，不断增强马克思主义理论对群众的吸引力，促使科学理论更好地为群众所掌握。

最后，为广西党组织推进民族地区马克思主义大众化提供决策参考，并为其他民族地区提供经验和方法借鉴。本书选择广西民族地区马克思主义大众化路径问题进行研究，是因为这个问题具有典型意义。广西是我国少数民族人口最多的省区，世居民族有汉、壮、瑶、苗、侗、仫佬、毛南、回、京、彝、水、仡佬12个民族，另外还居住有满、蒙古、朝鲜、白、藏、黎、土家等40多个其他民族人民。根据《广西统计年鉴·2016》，2015年末全区总人口为5518万人，[①] 常住总人口为4796万人，常住人口中汉族人口为3014.77万人，占62.86%；各少数民族人口为1781.23万人，占37.14%，其中壮族人口1508.82万人，占31.46%。[②]中国共产党历来重视广西的马克思主义大众化问题，民族工作卓有成效。党中央曾充分肯定广西是维护民族团结的模范、维护祖国统一的模范、维护社会稳定的模范、我国民族关系"三个离不开"的模范。这"四个模范"正是广西各民族之间关系融洽的生动写照。这是在党的正确领导下广西坚持不懈地开展民族文化建设和推进马克思主义大众化的结果。先进文化具有重要的育人功能，"以文化人、以文治乱、以文治愚、以文治穷"是民族地区文化建设的重要目标，也是民族地区马克思主义大众化的重要路径。在新时期，党情、民情、世情、国情、区情等都发生了深刻变化，广西马克思主义大众化工作正面临着新的机遇和挑战。研究广西民族地区在中国共产党领导下在文化建设过程中推进马克思主义大众化的基本经验和规律，探讨马克思主义大众化的基本路径及其特点，可

---

① 《广西统计年鉴·2016》2018年1月8日（http：//www.gxtj.gov.cn/tjsj/tjnj/2016/zk/html/02—01.jpg）。

② 《广西2015年全国1%人口抽样调查主要数据公报》2018年1月8日（http：//www.gxtj.gov.cn/tjsj/tjgb/rkpc/201605/t20160517_123712.html）。

以为当代广西党组织推进马克思主义大众化提供决策参考。共性寓于个性之中，广西马克思主义大众化的经验、路径和方法，对于我国其他民族地区马克思主义大众化工作同样具有借鉴价值和启示意义。

第二节　选题研究现状

一　关于民族地区文化建设的研究

20世纪以来，关于文化和文化建设相关问题的讨论一直为国内学界所重视。从新文化运动到20世纪30年代的中国文化论战，从抗战时期延安文化思想运动到80年代国内的文化热，一大批名家大师活跃在文化研究最前沿。进入新世纪新阶段后，先进文化、和谐文化、生态文化、网络文化等问题更是为广大学者所关注。2011年10月18日，党的十七届六中全会通过的《中共中央关于深化文化体制改革　推动社会主义文化大发展大繁荣若干重大问题的决定》是新时期中国特色社会主义文化建设的纲领性文件。学术界再次掀起了关于文化建设问题研究的新高潮。笔者对中国知网的相关文献进行检索发现：自2011年10月18日至2018年1月7日，篇名包含"文化建设"词频的文献达46558篇。可见，近年来学界关于"文化建设"的研究成果十分丰硕，其中所涵盖的领域很广泛：从涉及的单位和地域方面看有机关文化建设、校园文化建设、企业文化建设、城市文化建设、农村文化建设、基层社区文化建设等；从涉及的文化性质或种类看主要有政治文化建设（廉政文化建设）、军事文化建设、生态文化建设等；从涉及的文化主体看主要有职工文化建设、人口文化建设、团队文化建设、少数民族文化建设等，此外还有经典作家及党和国家领导人的文化建设思想等方面的研究。

民族地区文化建设是整个国家文化建设不可分割的部分。当代学界对民族地区文化建设的研究力度还相对薄弱。笔者通过检索中国知网中自1979年1月1日至2018年1月7日的文献，发现篇名中包含"民族地区"并且含"文化建设"词频的论文仅331篇，其中硕士论文25篇，博士论文3篇，其余的为报刊论文和会议论文。另外，已经出版的与民族文化建设相关的学术著作主要有：《中国少数民族文化通论》（徐万邦、祁庆富，中央民族大学出版社1996年版）、《文化转型与民族文化建设》（黄筱娜，中央文献出版社 2003 年版)、《边疆民族地区有中国特色社会主义文化建设的理论与实践》(赵长青、马树勋,云南大学出版社 2005 年版)、《少数民族地区精神文明建设研究》(巴莎,宁夏人民出版社 2007 年版)、《民族精神与文化建设》(黄亮宜,河南人民出版社 2007 年版)、《中国共产党在民族地区的执政能力建设之文化研究》(王福琨、邓群等,广西人民出版社 2009 年版)、《中国少数民族文化权益保障研究》(徐中起,中央民族大学出版社 2009 年版)、《中国共产党少数民族文化建设研究》(李资源,人民出版社 2011 年版)、《西北少数民族政治文化建设研究》(杜军林,光明日报出版社 2011 年版)、《中华民族共有精神家园论》(赵杰,人民出版社 2012 年版)、《乡土变迁与重塑:文化农民与民族地区和谐乡村建设研究》(秦红增,商务印书馆 2012 年版)、《民族地区公共文化建设研究》(周晓丽,中央民族大学出版社 2014 年版)、《中国现代化进程中边疆民族地区和谐政治文化建设研究》(任维德等,内蒙古大学出版社 2015 年版)、《乡村文化建设与农民社区认同研究:以贵州民族地区为例》(肖远平、刘洋,人民出版社 2016 年版)、《乡土文化变迁与文化生态建设——民族地区五村落实证调查》(曲凯音,人民出版社 2017 年版)等。

综观以往关于民族地区文化建设的研究,主要是围绕以下几个方面来进行的。

一是阐释民族地区文化建设的意义、目标和内容。李资源等人系统研究了新民主主义革命以来中国共产党少数民族文化建设政策、文化建设的理论和实践,全面总结我国少数民族文化建设的基本经验,提出了新形势下少数民族文化建设的思路和对策。[①] 黄筱娜认为,加强社会转型时期的民族地区文化建设具有重要意义:利于民族地区干部群众解放思想、培育市场经济意识;利于创造良好的投资环境;利于改变民族地区教育落后状况,是提高劳动者素质的最有效手段。[②] 赵杨认为,新时期少数民族地区文化建设包括文化基础设施建设、先进的思想观念建设、文

---

① 李资源等:《中国共产党少数民族文化建设研究》,人民出版社 2011 年版,第 8—10 页。
② 黄筱娜:《文化转型与民族文化建设》,中央文献出版社 2003 年版,第 12—13 页。

化人才培养、文化活动开展、传统文化保护和利用等主要任务。①

二是提出了民族地区文化建设的具体措施。韦克游认为，新时期民族地区文化建设要处理好民族文化的传承与创新、保护与开发、一元与多元、精神价值与经济价值、人文与科技、人与自然六大关系。② 靖晓莉认为，信息匮乏是西部少数民族地区文化发展的瓶颈和障碍，应借助传播采借之力促进其文化变迁和发展；通过信息的交流，促进民族地区文化向"开放型"文化转变，从而获得持续发展的动力和活力。③ 王志珍、赵杨则提出，新时期少数民族地区文化建设（精神文明建设）需要更新观念，摒弃旧观念、树立现代文明的新观念；处理好文化建设与经济发展的关系；正确对待外来文化的影响；克服不利于民族兴旺的陈规陋习，提倡文明健康的生活方式；破除封建迷信思想、提高民族科学教育水平等。④

三是探讨了特定类型文化建设的途径。其一，民族地区城市社区、乡村文化建设。杨军昌认为要坚持以人为本理念、立足社区文化资源突出特色、健全符合社区实际的社区文化建设体制与机制、重视社区文化多样性等。⑤ 谢治菊、朱娴等人则深入探讨了民族地区新农村文化建设的问题，他们认为应进一步创新民族地区新农村文化建设的理念、形式、载体、管理体制与传承保护机制。实现民族地区文化融合共生应遵循四方面的途径：充分尊重少数民族的传统风俗习惯；充分挖掘少数民族传统文化的现代价值；充分尊重少数民族的宗教信仰；重视少数民族干部

---

① 赵杨：《关于新时期少数民族地区文化建设的思考》，《边疆经济与文化》2005 年第 5 期，第 54—55 页。

② 韦克游：《新时期民族地区文化建设的六大关系》，《西北民族大学学报》（哲学社会科学版）2004 年第 3 期，第 145 页。

③ 靖晓莉：《传播与西部少数民族地区文化建设》，《贵州民族研究》2003 年第 3 期，第 116 页。

④ 王志珍：《关于广西少数民族地区精神文明建设的思考——文化转型与广西少数民族地区文化建设研究报告之二》，《广西社会科学》2003 年第 6 期，第 35—37 页；赵杨：《关于新时期少数民族地区文化建设的思考》，《边疆经济与文化》2005 年第 5 期，第 54—55 页。

⑤ 杨军昌：《略论西部民族地区城市社区文化建设》，《贵州民族研究》2010 年第 3 期，第 33 页。

队伍的培养等。① 秦红增、肖远平、曲凯音等人对民族地区乡村文化的变迁、建设和重塑乡村新文化的途径进行了研究。其二，民族地区和谐文化建设。吴定勇以侗族地区为例，认为民族地区和谐文化建设要善于利用当地各种优势媒体以传播社会主义核心价值体系，充分发掘和弘扬侗族和谐文化。而电视、互联网等媒体的普及具有两重性，既可能瓦解侗族文化赖以存活的社会土壤、消解和取代其社会功能；同时也为侗族文化的传承、发展带来了诸多新的手段和机遇，为其提供了丰富的传播渠道和广阔的接受空间。② 其三，民族地区生态文化建设。杨庆玲、杨国梁提出，边疆民族地区新农村建设中要运用政府"看得见的手"保护原生态文化，保持民族特色，保护和发展本民族优秀文化。③ 其四，民族地区公共文化服务体系建设。胡京波提出了民族地区图书馆资源建设的对策：实施保护性开发战略；建立统一的协调机构，承担民族地区图书馆文献资源建设的协作协调工作；重视特色资源数据库建设；加大资金的投入和重视人才的培养等。④ 曹萌等则探讨了东北边境少数民族地区公共文化服务体系建设应采取的措施：创新财政投入和管理模式；增强文化干部队伍的实力和活力等。⑤ 其五，民族地区政治文化建设。李乐为指出，建设民族地区政治文化应从多方面着手：大力发展少数民族经济、提高政治参与意识、加强思想政治教育系统建设等。⑥

总之，当前学界关于民族地区文化建设的意义、目标、措施等方面的研究均有建树，奠定了该领域后续研究的基础，但是，关于民族地区

---

① 谢治菊：《科学发展观指导下民族地区新农村文化建设创新研究》，《前沿》2009 年第 9 期，第 110—111 页；朱娴、伍家旺：《社会主义新农村建设中民族地区的文化冲突与融合——以云南省临沧市佤族地区为例》，《思想战线》2011 年第 5 期，第 144 页。

② 吴定勇：《大众传媒与民族地区和谐发展——从侗族和谐文化建设及侗族文化传承之角度》，《西南民族大学学报》（人文社会科学版）2011 年第 2 期，第 171 页。

③ 杨庆玲、杨国梁：《边疆民族地区新农村建设与原生态文化保护博弈》，《云南行政学院学报》2007 年第 4 期，第 159 页。

④ 胡京波：《"全国文化信息资源共享工程"与民族地区图书馆资源建设》，《图书馆论坛》2003 年第 5 期，第 4—5 页。

⑤ 曹萌、丛淑洋：《东北边境少数民族地区公共文化服务体系建设现状、问题与对策》，《民族教育研究》2011 年第 2 期，第 118 页。

⑥ 李乐为：《少数民族地区政治文化建设的现状及路径选择——以湘鄂渝黔边为例》，《湖南社会科学》2010 年第 4 期，第 71—72 页。

文化建设的研究无论从广度还是深度来看，显然还是不够的。俄国学者E. A. 瓦维林和 B. Ⅱ. 福法诺夫曾经深刻地指出"在研究文化方面的一个主要缺陷就在于缺乏系统性，产生这种情况的基本原因在于忽视了方法论问题。……辩证唯物主义的系统观点，乃是研究文化范畴与整个文化学的唯一切实的基础"①。这一观点对指导当代中国的文化研究同样适用。笔者认为，当代民族地区文化建设问题研究的深化和拓展，应遵循辩证唯物主义的系统观点，要关注以下几个视域：第一，历史视域。应注意考察民族传统文化中包含哪些优秀因子；近现代以来民族地区文化发展经历了哪些阶段，积累了哪些宝贵经验，具有哪些规律性的东西。中国共产党领导下的革命文化、建设和改革时期的文化发展具有哪些特点等。第二，主体视域。民族群众是民族地区文化的建设者，也是文化成果的享有者；中国共产党则是民族文化建设的组织和领导者。我们应深入研究文化建设主体如何更好地发挥各自的作用。第三，时代视域。研究者要有与时俱进的眼光，关注当代民族地区文化建设的机遇和挑战，明确其使命和责任。第四，目标视域。我们既要有民族地区文化建设的目标意识，确保根本目标的正确指向性，认识整体目标实现的艰巨性和长期性，又应根据形势和要求的变化对具体目标进行动态调整，统筹兼顾各种有利因素和力量以实现最终目标。民族地区文化建设所应关注的上述研究视域，也是我们探讨民族地区马克思主义大众化路径时需要重视的视域。

二　关于马克思主义大众化及其路径的研究

自从党的十七大报告中正式提出"推动当代中国马克思主义大众化"的命题以来，马克思主义大众化问题受到了各界前所未有的关注。笔者在百度中搜索含有"马克思主义大众化"关键词的网页，截至 2018 年 1 月 7 日总共找到相关结果约 3010000 个；同时检索中国知网中自 2007 年 10 月 15 日（党的十七大召开时间）至 2018 年 1 月 7 日的文献，发现篇名中含有"马克思主义大众化"的论文共计 4466 篇，而检索该数据库

①　［俄］E. A. 瓦维林、B. Ⅱ. 福法诺夫：《马克思主义文化范畴论》，奚洁人译，上海人民出版社 1992 年版，第 10—11 页。

中在2007年10月15日之前的文献，篇名中包含"马克思主义"并含"大众化"的论文仅有11篇。可见，近年来社会各界对"马克思主义大众化"的关切程度是如此之高。

马克思主义大众化归根结底是一种实践活动。研究马克思主义大众化不仅要回答"是什么""怎么样"的问题，更要重点回答"如何做"的问题。探寻马克思主义大众化的实现路径问题已然成为近年来该领域研究的一大热点。笔者通过系统梳理党的十七大以来国内关于马克思主义大众化路径的研究情况，发现目前学界的研究主要是围绕"历史上推进马克思主义大众化的主要路径""当代马克思主义大众化所面临环境条件下的基本路径""基于马克思主义大众化载体运用的重要路径"三个方面来展开的。[1]

（一）历史上推进马克思主义大众化的主要路径

1. 马克思主义创立者、继承和发展者对马克思主义大众化路径进行了可贵的探索

马克思、恩格斯和列宁等经典作家所开创的马克思主义大众化路径有：注重发挥无产阶级政党和组织在向群众传播科学理论中的作用；在同各种错误思潮的斗争过程中确立马克思主义在群众中的地位；加强对无产阶级进行马克思主义思想理论的宣传和灌输。[2] 以毛泽东为代表的中国共产党人在领导革命和建设过程中不仅努力推进马克思主义中国化，而且在宣传马克思主义方面体现了"内容通俗化、表述形象化和宣传普及化"等鲜明特征。[3] 邓小平在推进马克思主义大众化方面做出了杰出贡献且富有个性："动力特点：坚定的共产主义信念""学习特色：学马列要精，要管用""语言特色：通俗易懂""方法特色：按辩证法办事""实践特色：'拿事实说话'"等。[4] 以江泽民为核心的中央领导集体则提

[1] 黄家周：《党的十七大以来国内关于马克思主义大众化路径研究综述》，《理论与改革》2014年第3期，第183页。

[2] 王永贵、郭晓禄：《经典作家关于马克思主义大众化路径思想及其当代启示》，《理论探讨》2011年第6期，第10—13页。

[3] 方小年、曹根记：《毛泽东推进中国马克思主义大众化的理论思考》，《当代世界与社会主义》2008年第4期，第171—175页。

[4] 陈运普：《邓小平与马克思主义大众化》，社会科学文献出版社2011年版，第213—266页。

出了"三个代表"重要思想，并积极推进当代中国马克思主义通俗化以吸引大众，着力促进马克思主义中国化理论成果的实践以造福大众。① 胡锦涛则进一步明确推动当代中国马克思主义大众化的任务和要求，提出了科学发展观，要求关注民生，着力构筑全面推进马克思主义大众化的有效平台。② 党的十八大之后关于习近平总书记系列重要讲话精神的宣传、中国梦的宣传、关于社会主义核心价值观的培育和践行问题、"四个全面"战略思想的学习和宣传等已成为马克思主义大众化研究的新热点和新任务。以习近平为代表的中国共产党人为推进新时代马克思主义大众化进行了新探索。譬如，关于社会主义核心价值观的大众化方面，习近平提出"要注意把社会主义核心价值观日常化、具体化、形象化、生活化，使每个人都能感知它、领悟它，内化为精神追求，外化为实际行动"③。

2. 中国革命和建设时期马克思主义大众化路径的全面总结

有学者指出井冈山时期马克思主义大众化有"四大"路径：组织路径，利用党组织的领导力和约束力，对工农红军进行马克思主义理论和无产阶级意识教育；斗争路径，在同错误路线的斗争中，使军民加深对"山沟马克思主义"的理解；实践路径，让百姓在打土豪分田地等"看得见、摸得着"的切身利益中感受到马克思主义的力量；宣教路径，利用通俗易懂的语言、深入浅出的道理向群众宣传马克思主义理论和无产阶级思想。④ 张强清等人则总结了中央苏区时期马克思主义大众化的路径：充分发挥"土秀才"（党内知识分子）作为马克思主义传播者的权威和作用；注意将马克思主义术语变为群众的话语，将理论变为具体事实；传播渠道上注重多元对接与双向互动；出版一批马克思主义著作和通俗读

---

① 陈运普、田苗：《江泽民推进当代中国马克思主义大众化研究》，《理论月刊》2009 年第 12 期，第 18—20 页。

② 于伟峰、李文桥：《胡锦涛对推动马克思主义大众化的重要贡献》，《理论探索》2011 年第 1 期，第 25—26 页。

③ 《习近平：把社会主义核心价值观日常化具体化形象化生活化》2018 年 1 月 8 日（http://sh. wenming. cn/TT/201405/t20140526_ 1966007. htm）。

④ 马福运：《井冈山时期马克思主义大众化的实现路径及其当代价值》，《河南师范大学学报》（哲学社会科学版）2011 年第 3 期，第 48—51 页。

物，建立由演讲股、游艺股、文化股等组成的俱乐部等。① 朱海、张远新等人梳理了延安时期马克思主义大众化的路径：通过对党员和领导干部进行马克思主义理论的宣传和普及；通过工会、农会、抗敌协会、救国会、互助组、合作社、妇救会、儿童团等组织开展群众学习教育活动；适时领导、组织、举行以重大节庆日、演讲会为主的集会以宣传、普及党的方针政策和马克思主义理论；创办并发挥一批报纸杂志在理论宣传和普及党的方针、政策、主张等方面的作用；开展边区中小学教育和社会教育，把读书与抗战、教育和政治结合起来；以戏剧、歌曲、诗画等各种文学艺术形式进行思想政治教育和理论宣传；加强理论工作者的工作及建立各类理论研究机构，发挥它们的桥梁作用。② 总之，新民主主义革命的不同时期，我党通过各种有效路径推动了马克思主义大众化，增强了党的凝聚力和战斗力，深化了党群关系，促进了群众对党的理论和党领导下的革命事业的理解、认同和支持。

房雪、肖东波等人将中华人民共和国成立初期马克思主义大众化的路径归纳为四方面：一是党组织各方力量集中对马克思主义进行研究，出版了大量相关著作。二是完善宣传制度和机构，为马克思主义大众化构建了党内外宣传网络，形成了全民性的马克思主义宣传运动。三是选择实用性、通俗化的传播方式。如采用代表会、展览会、广播大会、电影、漫画、小册子、传单以及演唱、快板、话剧、秧歌剧等形式宣传马克思主义。四是对广大党员干部和各界群众进行了系统的马克思主义教育。③

改革开放后，我国进入经济社会转型和现代化建设不断推进的新阶段，国内外环境越来越复杂。该时期马克思主义大众化路径研究代表性

---

① 张强清、张宏卿：《中央苏区时期马克思主义大众化的路径与基本经验——以马克思主义研究会为中心的考察》，《赣南师范学院学报》2012 年第 4 期，第 33—38 页。

② 朱海：《马克思主义大众化的实现路径与经验总结——以延安时期为中心考察》，《徐州工程学院学报》（社会科学版）2011 年第 6 期，第 14—17 页；张远新、贾慧：《延安时期党推进马克思主义大众化的路径考察》，《华东理工大学学报》（社会科学版）2011 年第 1 期，第 105—112 页。

③ 房雪：《新中国成立初期马克思主义大众化路径的历史考察》，《枣庄学院学报》2010 年第 4 期，第 57—60 页；肖东波、黄俊：《新中国成立初期的马克思主义大众化》，浙江人民出版社 2011 年版，第 114 页。

的观点有：刘书林指出当代中国马克思主义大众化的路径包括确立理论联系实际的学风、运用人民大众喜闻乐见的形式、生动感人的语言，依事论理，寓教于乐，寓教于情等。① 邱柏生则详细分析了当代中国马克思主义大众化的教育宣传、心理影响、制度规约、政策制定和执行四大路径。② 王国炎认为选择当代马克思主义大众化的路径应做到四个结合：武装全党与教育人民相结合；理想追求认同与利益实现认同相结合；理论宣传教育与文化传播相结合；大众化与国际化相结合。③ 此外，苏小桦、周中之还提出了马克思主义大众化的立体实现路径；吸收时代新语言；运用包括报纸、刊物、广播、电视、电影、互联网、移动通信终端等在内的现代大众传媒扩大当代中国马克思主义在大众中的影响力；发挥党员领导干部的身体力行和表率的作用；构建当代中国马克思主义大众化的制度保障体系等观点。④

（二）当代马克思主义大众化所面临环境条件下的基本路径

1. 特定背景和主体特点下的马克思主义大众化路径

胡洪彬、高乃云探讨了网络传播背景下马克思主义大众化路径的选择问题：加强党对网络意识形态的领导权，巩固马克思主义在网络主流舆论中的指导地位；改进理论宣传教育的内容和形式，把马克思主义理论的学术性语言转化为大众喜闻乐见、通俗易懂的网络语言；优化整合传播媒介资源，提升理论大众化的传播力；以民生为出发点，加强马克思主义主题红色网站建设；建立网络马克思主义理论的传播机制和网络反馈机制；加强马克思主义理论专业队伍建设等是互联网时代马克思主

---

① 刘书林：《当代中国马克思主义大众化的实质与路径》，《学校党建与思想教育》2008 年第 9 期，第 7—10 页。

② 邱柏生：《推进当代中国马克思主义大众化的路径和过程》，《思想理论教育》2008 年第 5 期，第 8—13 页。

③ 王国炎：《当代中国马克思主义大众化的实践路径探析》，《马克思主义研究》2009 年第 3 期，第 82—85 页。

④ 苏小桦：《积极探索当代中国马克思主义大众化的立体实现路径》，《天府新论》2010 年第 6 期，第 1—5 页；周中之：《当代中国马克思主义大众化面临的新课题及其实现的路径》，《上海师范大学学报》（哲学社会科学版）2011 年第 2 期，第 38—44 页。

义大众化的重要路径。①

　　文木等人则从主体特点出发对马克思主义大众化路径进行探讨，认为马克思主义大众化过程应由传统的"主—客"关系模式转变为"主—主"的新模式，要将马克思主义的传播者与接受者都看成主体。马克思主义大众化就是实现主体间思想的转变，实现主体双方素质的升华，从"理论世界"走向主体的"生活世界"；要尊重人民群众的主体地位，以对话、理解为基础形成主体间的价值共识。② 陈红娟基于社会心理学的视域，讨论了当前马克思主义大众化中存在受众认同不足、心理抵制等问题，指出有效推进马克思主义大众化，需要彰显理论价值的本体性，实现引导性与自主性的统一；增强大众化的针对性，实现反复性与新颖性的统一；拓宽大众化的渠道，实现显性灌输与隐形感化的统一。③

　　2. 特定地域或组织条件下马克思主义大众化路径问题

　　一些研究者认为，民族地区的马克思主义大众化路径的选择需要充分考察民族地区的历史、地理、宗教、民生、干部等实际因素。杨晓梅、刘珍珍总结了民族地区的马克思主义大众化的五条路径：一是正确认识和处理宗教信仰与马克思主义指导地位的关系，实现二者的统一。二是发展民族地区社会生产力，让各族群众享受到改革发展的成果。三是加强少数民族地区领导干部、农民和青少年的马克思主义大众化教育。四是构建由广播、电视、网络、书报、杂志、宣传栏目等组成的马克思主义文化传播体系。五是建立服务型政府，提升政府的公信力；因地制宜制定民族地区马克思主义大众化政策。④ 张书军等以四川民族地区为例，提出推进民族地区马克思主义大众化的六条路径："加快民族地区经济社

　　① 胡洪彬：《Web2.0时代马克思主义大众化的路径研究》，《四川行政学院学报》2011年第1期，第66—70页；高乃云：《马克思主义大众化的网络传播境遇及路径构建》，《理论月刊》2012年第8期，第25—28页。

　　② 文木、郑兴刚：《当代马克思主义大众化路径研究——基于主体间性的视角》，《大连干部学刊》2012年第3期，第37—40页。

　　③ 陈红娟：《社会心理学视域下推进马克思主义大众化的有效路径》，《中共南京市委党校学报》2013年第3期，第5—10页。

　　④ 杨晓梅：《民族地区当代中国马克思主义大众化路径选择》，《宁夏党校学报》2010年第6期，第5—8页；刘珍珍：《少数民族地区马克思主义大众化的路径选择》，《内蒙古农业大学学报》（社会科学版）2011年第3期，第266—268页。

会发展，为推进马克思主义大众化奠定坚实的物质基础"；"培养大批德才兼备的少数民族干部，发挥领导干部在马克思主义大众化中的模范作用"；"重点抓好民族地区青少年马克思主义宣传教育，提高理论宣传普及的针对性"；"建立宣传教育的立体式平台，拓宽信息化时代民族地区马克思主义大众化的渠道"；"与民族地区的传统文化紧密结合，巩固民族地区马克思主义大众化的文化基础"；"建立机制保障投入，为推进民族地区马克思主义大众化提供必要的保障"。① 上述民族地区马克思主义大众化路径综合考虑了主客体、平台、文化、机制等方面因素，富有启发意义。

关于农村地区马克思主义大众化的路径，涂俊芳、冯志军等人认为：农村地区马克思主义大众化要考虑农民的接受水平；内容选择上要与农民生活密切相关，符合乡村社会的实际情况；形式运用上要使乡村语言与现代手段相结合，实现宣传方式通俗化；依靠力量上要积极发挥农村干部、党员和乡村精英宣传马克思主义的作用；实践上要依托社会主义新农村建设推进马克思主义大众化。②

关于高校马克思主义大众化的路径，大体包括：思想政治理论课教学、大学生社会实践、活跃理论社团、校园网中的专题网站、开展校园文化活动等。③ 商光美则具体提出：高校马克思主义大众化需要"通过健全教师队伍、加强部门协调、扶持学生社团等主体建设，坚持以人为本、尊重发展规律、满足合理需要等客体接受；内容通俗化、方法艺术化、途径长效化、手段立体化等介体创新；优化物质文化、完善制度文化、净化精神文化等环体配合"④。

---

① 张书军等：《民族地区马克思主义大众化实现路径研究：以四川民族地区为例》，《毛泽东思想研究》2014 年第 1 期，第 122—128 页。

② 涂俊芳：《农村地区实现马克思主义大众化的路径微探》，《湖北经济学院学报》（人文社会科学版）2011 年第 5 期，第 5—7 页；冯志军、郭志芹：《乡村社会马克思主义大众化的历史考察、现实问题及其路径选择》，《广西社会主义学院学报》2010 年第 3 期，第 12—15 页。

③ 刘雅贤、徐瑾：《高校推进马克思主义大众化常用路径效能的调查与分析》，《苏州科技学院学报》（社会科学版）2011 年第 2 期，第 8—12 页。

④ 商光美：《高校马克思主义大众化的实现路径思考》，《东北师范大学学报》（哲学社会科学版）2012 年第 5 期，第 27—31 页。

（三）基于马克思主义大众化载体的运用的重要路径

1. 政治实践活动路径

中国共产党政治实践活动的主线是把马克思主义理论与中国实际结合起来，探索中国式的无产阶级革命和社会主义建设道路，最终目的是实现、维护和发展中国最广大人民的根本利益。① 喻包庆认为，中国共产党政治实践活动是推进马克思主义大众化的重要路径，"宏观层面，要大力加强制度建设，用制度化取代运动化；中观层面，要坚持理论联系实际的原则，以务实主义反对教条主义；微观层面，要牢固树立群众观念，着重解决好形式主义、官僚主义、享乐主义和奢靡之风这'四风'问题"②。这样中国共产党才能得到人民群众的拥护和支持，人民群众才可能认同和接受马克思主义。

2. 学者路径和教育路径

马克思主义学者、理论工作者是马克思主义理论与普通大众之间的中介和桥梁。冯宋彻教授探讨了陈望道、李达、艾思奇、杨献珍、冯定等人在研究和宣传马克思主义方面的历史贡献，说明马克思主义中国化大众化的学者路径：他们把马克思主义经典著作翻译、介绍到中国；用通俗易懂的方式对群众进行马克思主义的启蒙教育；并不是停留在对马克思主义的一般诠释上，而是在新的历史条件下进一步丰富和发展马克思主义；具有理论密切联系实际的风格等。③

教育是马克思主义大众化的另一条重要路径。马克思主义的教育不仅指显性的学校教育和一般的社会宣传教育，还包括隐性教育、家教和树立典型等。吴远等人分析了通过隐性教育推进马克思主义大众化的四大路径：构建公平可称的社会制度说服大众；开展丰富多彩的社会活动吸引大众；营造积极向上的文化氛围熏陶大众；塑造正直高尚的人格魅

① 李维昌、盛美真：《试析中国共产党政治实践活动演进的历史逻辑》，《学术探索》2012年第5期，第21—26页。

② 喻包庆：《当代中国马克思主义大众化的政治实践路径及其创新》，《理论学刊》2013年第11期，第9—13页。

③ 冯宋彻：《马克思主义大众化传播的学者路径》，《现代传播》2012年第6期，第20—26页。

力感染大众。① 黎学军则认为，"家教"是马克思主义大众化的有效路径，即通过家庭的教化渠道将生活化的马克思主义理论传递给家族成员，使家族成员转相传续，并借此约束他们的行为。② 刘勇认为，在当前我国二元分立社会结构下"树典型"是马克思主义大众化的一种技术路径：典型选择的技术标准要求上、选择的技术根本要求下、选择的技术原则要求真、选择的技术方法要求亲、选择的技术对象要求新、选择的技术程序要求严。③ 无论显性还是隐性教育，目标都是促使受教育对象最终认同和接受马克思主义。

3. 文本路径

马克思主义大众化的文本路径，是指通俗化地阐发经典作家的原著向人民群众传播和普及马克思主义理论的途径和方法。其基本要求是：建立通俗化的话语体系；面向最大化的公众对象；确立人性化的目标设计。并建立健全当代中国马克思主义大众化文本路径的研究机制、管理机制和情感机制。④ 姚刚认为，推进马克思主义大众化的文本路径就是构建准确完整的当代中国马克思主义的文本内容；开发灵活多样的包括独立教材和小册子等在内的文本形体；创造易于接受的语言形式。⑤ 一句话，文本路径就是从内容到形式打造马克思主义易于为大众更好地理解和接受的文本。

4. 文化路径

马克思主义大众化的文化路径就是促使根源于西方文化的马克思主义与中华文化实现有机结合，形成易于为中国百姓所理解和掌握的中国化马克思主义理论形态。

---

① 吴远、董昕：《隐性教育：推进当代中国马克思主义大众化的新路径》，《理论探讨》2013年第1期，第57—59页。

② 黎学军：《"家教"：马克思主义大众化的有效路径》，《广西社会科学》2013年第3期，第12—15页。

③ 刘勇：《树典型：二元分立社会结构下马克思主义大众化的一种技术路径》，《社会主义研究》2012年第5期，第31—35页。

④ 何鹏举等：《论当代中国马克思主义大众化的文本路径》，《湖南师范大学社会科学学报》2013年第3期，第115—118页。

⑤ 姚刚：《论推进当代中国马克思主义大众化的文本路径》，《河南师范大学学报》（哲学社会科学版）2011年第3期，第40—43页。

一是马克思主义大众化的中国传统文化路径。

借重中国传统文化的特质推进当代中国马克思主义大众化。宁阳、徐剑雄认为，马克思主义大众化需要在中国传统文化资源中寻求文化支撑：在内容上扬弃传统文化，发掘传统文化中具有民主性的"人民文化"；在形式上借鉴传统文化的表现形式和表现手法，构建马克思主义大众化的大众话语平台，采用易于为中国社会不同阶层民众所理解的语言、概念来阐释马克思主义理论；在机制上则建立马克思主义与传统文化相结合的长效机制，实现马克思主义与民间文化的结合，注意培养大众学习习惯和理论思维能力，提升其马克思主义理论素养。①

在承接和拓展民族文化过程中推进马克思主义大众化。徐贵权认为，在承接和拓展民族文化过程中推进马克思主义大众化应注意几个维度：价值观念维度——促进马克思主义理论与民族文化价值观念相融合；思想形式维度——促进马克思主义大众化与民族文化的思想形式相契合；思维方式维度——将马克思主义的思想观念、价值原则、价值导向和社会主义核心价值观渗透到各种社会规范之中；语言文字维度——要创新马克思主义话语方式。② 这里所提出的多维度考量实际上是为了更好地实现优秀民族文化与马克思主义相契合，增强群众对马克思主义的可接受度。

二是借鉴儒学和佛教的传播经验创新马克思主义大众化的路径。

孔德永认为，儒学普及的历史经验值得当代马克思主义大众化借鉴：可以借鉴儒学重视人文关怀和现实主义的思想特质；借鉴儒学培养"以身体道"的群体使儒学真正"草根化"的经验；借鉴儒学在生活化中推进理论和观念大众化的经验，使理论的内容、语言、传播方式、表达方式等符合大众的生活。另外，孔德永认为推进当代中国马克思主义大众化还应借鉴佛教中国化的历史经验，把马克思主义理论与中华民族的文化特质、思维模式、价值取向、行为方式结合起来，使之与中国文化融

①　宁阳：《从中国传统文化视角看马克思主义大众化的实现路径》，《甘肃理论学刊》2009年第7期，第66—69页；徐剑雄：《传统文化与马克思主义大众化的文化路径》，《毛泽东邓小平理论研究》2011年第4期，第67—70页。

②　徐贵权：《马克思主义大众化民族文化路径的承接与拓展》，《理论探讨》2011年第6期，第18—21页。

为一体。①

三是开拓马克思主义大众化的红色文化路径。

红色文化包括红色物态文化、制度文化、行为文化和心态文化四个层次。红色文化将中国共产党领导广大人民群众进行革命、建设和改革的波澜壮阔的历史画卷、历史场景等再现出来，形成一种"红色"氛围。黄三生认为，可以通过实现红色文化生活化、促进红色文化信息化、提升红色文化影响力来推进马克思主义大众化。②

（四）以往研究的评价

综观党的十七大以来国内学界关于马克思主义大众化的路径研究，无论成果的数量与质量，研究视角与方法、深度与广度，还是在研究所依托的学科与队伍等方面均有较大的进展，这一系列成果丰富了马克思主义大众化理论，奠定了今后该领域研究的坚实基础。

以往研究的成绩体现为：第一，明确了马克思主义大众化路径的多元综合性。有宣传教育路径、组织路径、文本路径、文化路径、生活化路径等，正是多元路径共同发挥作用推进了马克思主义大众化。第二，分析了马克思主义大众化路径的特殊性和差异性。以往研究注意到从历史与逻辑相统一的视角去探索马克思主义大众化的路径；重视对马克思主义传播者、接受者、传播中介在马克思主义大众化过程中的地位、作用进行研究；关注到了马克思主义大众化路径的差异性，就不同地域、组织或单位，不同群体的马克思主义大众化的路径进行了探讨。第三，对马克思主义大众化不同类型路径进行了分析。其中有对马克思主义大众化显性路径的研究，也有关于隐性路径的探讨，对不同类型路径的特点、理路进行了阐释。第四，重视特定背景下马克思主义大众化路径的研究。一些研究者还探讨了新媒体时代马克思主义大众化面临的挑战和出路问题，具有很强的现实针对性。

以往研究似乎尚存在以下三点不足：一是研究内容上，重复性研究

---

① 孔德永：《儒学普及的历史经验与马克思主义大众化的实现路径》，《济宁学院学报》2010年第4期，第16—20页；孔德永：《佛教中国化的历史经验与马克思主义大众化的实现路径》，《菏泽学院学报》2010年第4期，第1—5页。

② 黄三生：《发展红色文化：推进马克思主义大众化的重要路径》，《求实》2012年第3期，第90—92页。

成果多，独创性成果欠缺，兼有学理性和实践操作意义的成果更少。譬如，不少研究者都关注到马克思主义的宣传教育问题，指出了马克思主义的理论内容和宣传语言通俗化的重要性，但是究竟"如何通俗化"，能够具体提出有操作性解决办法的研究并不多见。又如，关于如何将马克思主义的学术语言和政治话语转化为群众能够理解和掌握的地方性语言（包括少数民族语言）的研究极少。另外，有些研究成果仅局限于简单描述马克思主义理论大众化路径"是什么""怎么样"，而对其适用性、可行性论证不足，致使一些研究结论流于形式，应用价值不高。

二是研究视角上，鲜有对马克思主义大众化路径效果评价和反馈路径方面的研究。目前学界尚无一套为大家所公认的马克思主义大众化效果评价指标体系；涉及马克思主义大众化反馈路径的研究也很少见。就马克思主义大众化对象而言，以往研究大多关注的是宏观上社会的"大众"，而对区域性、地方性的"大众"，马克思主义如何在其中传播的研究比较欠缺。实际上，我们若要全面总结马克思主义大众化的普遍规律不应忽视对局部和特殊"大众"群体的研究。

三是研究方法上，运用跨学科理论和方法研究马克思主义大众化路径问题的成果并不多。仅有的一些研究的广度和深度皆不足。马克思主义大众化研究是一项系统工程，势必要求研究者掌握和运用传播学、教育学、心理学、政治学、社会学、民族学、文化人类学等多个相关学科门类的理论和方法；促进马克思主义大众化研究与其他学科实现"视界融合"、方法互补互用。

笔者认为，今后拓展和深化马克思主义大众化路径问题的研究可以从以下五个方面努力：第一，运用马克思主义具体问题具体分析的方法和差异化策略，区分不同地域、不同层次和不同素质水平的受众，积极探索不同环境和条件下马克思主义大众化的具体路径，特别是面向民族地区的党员干部、城镇社区群众、农民、青少年学生等群体的马克思主义大众化路径问题。

第二，结合当代中国特色社会主义文化建设的微观层面探索马克思主义大众化的具体路径。重视研究如何促进大众由文化认同到中国特色社会主义理论体系认同，包括对社会主义核心价值观认同的详细路径。同时，应加强对特定区域和地方，特别是民族地区马克思主义大众具体路径的研究，提高研究成果的现实指导价值。

第三，要充分考察制约马克思主义大众化路径实现的各种因素：主观和客观；传播者和受众；政策、制度、社会环境；历史的和当下的制约因素等方面。着力探讨如何打破这些因素制约造成的困境，创新马克思主义大众化的路径。

第四，善于吸收、借鉴和运用其他学科的理论和方法，开拓马克思主义大众化路径研究的新视野。马克思主义大众化的研究者应积极学习和运用其他相关学科的理论和研究方法，马克思主义大众化相关课题或项目主持人应尽量吸收不同学科背景的研究者参与到本课题中来。我们只有解放思想，突破惯性思维，才能不断有新发现，找到马克思主义大众化的新路径。

第五，加强对马克思主义大众化效果评价和反馈路径问题的研究。马克思主义大众化是一项长期的系统工程，对之进行阶段性的效果评估是必不可少的，这将有利于提升下一阶段大众化工作的质量和效果。因此，我们应集中各方智慧和力量建立一套科学的马克思主义大众化效果评价指标体系，并对如何操作运用这些指标体系进行说明。这是客观评价和推进马克思主义大众化工作的必需条件和根据。

概言之，当今国内学界关于马克思主义大众化路径问题的研究尚处于起步阶段，还存在很大的研究空间。深化民族地区马克思主义大众化路径问题的研究具有重要的理论价值和实践意义。

第三节 本书研究思路和内容

一 研究思路

马克思主义大众化就是通过宣传教育等手段促使马克思主义理论、党的理论创新成果以及党的路线方针政策等实现通俗化、生动化、平民化，为人民大众乐于接受和认同，并内化为指导其行动实践的素质的过程。为此，我们要充分了解和把握人民大众的认知水平、文化心理特点、理论需求和实践能力；营造有利于马克思主义实现大众化的环境和氛围；选择恰当的路径使马克思主义能够深入人心。而所有这些要求无疑与文化建设密切相关。透过文化建设的视域考察和研究马克思主义大众化路径不失为一个有价值的视角。

本书拟围绕文化建设视域下民族地区马克思主义大众化路径开展研究。

首先，从理论层面厘清文化建设与马克思主义大众化路径之间的关系，侧重分析二者的相辅相成的特点。开拓马克思主义大众化的路径是社会主义文化建设题中应有之义；社会主义文化建设则有助于推进马克思主义大众化路径的选择和"大众化"目标的实现。

其次，以广西壮族自治区为例，基于中国共产党领导广西文化建设历史探讨民族地区马克思主义大众化的历程、基本路径及其主要特点。"规律存在于历史发展的过程中。应当从历史发展过程的分析中来发现和证明规律。"① 我们绝不能割断或忽视历史，要坚持历史与逻辑相统一的方法深入研究和总结历史。广西的今天是昨天的延续，明天是今天的发展。我们探索当代广西民族地区马克思主义大众化的路径，必须重视分析广西革命、建设和改革的历史，新民主主义文化和社会主义文化发展史，广西马克思主义大众化的历史，从中找出有规律性的东西。本书拟分三个时期考察和分析广西马克思主义大众化发展史，即五四运动至中华人民共和国成立、中华人民共和国成立至 20 世纪 80 年代初、20 世纪 80 年代初至今。我们从干部的教育和培训、传播载体的运用、民族文化事业建设、先进人物的作用、民族团结教育、学习借鉴其他地区先进经验等方面，对广西民族地区马克思主义大众化的基本路径进行总结和提炼，并对这些路径的主要特点进行讨论。

再次，分析制约当代广西马克思主义大众化存在问题和因素，并提出完善民族地区马克思主义大众化路径的建议，大体包括：发展民族教育，改善民族地区文化民生，利用民族地区优秀文化资源创新马克思主义大众化载体，建立健全相应的组织、制度和机制等，通过上述措施进一步提升广西民族地区马克思主义大众化的成效。

最后，归纳本书研究的基本结论，预测和评价本书研究成果的理论价值、社会价值、应用前景、实践指导意义等，同时指出本书有待继续深入研究和探讨的未尽问题，后续研究的展望与设想。

---

① 《毛泽东文集》第八卷，人民出版社 1999 年版，第 106 页。

二　研究内容

本书拟分六个章节开展研究。

第一章绪论。介绍本书的选题背景和研究意义；对选题的研究现状进行综述；介绍本书的研究思路、研究内容、研究方法，以及主要创新点。

第二章探析民族地区文化建设与马克思主义大众化路径的关系。首先，阐释文化和文化建设的视域、马克思主义大众化和民族地区马克思主义大众化等相关概念；概述马克思主义关于文化与意识形态理论、精神文化生产理论、文化领导权思想、文化软实力思想，旨在表明马克思主义历来重视文化及意识形态建设问题。其次，阐述文化建设与马克思主义大众化路径实现之间的相辅相成关系。开拓马克思主义大众化路径是社会主义文化建设题中应有之义，而社会主义文化建设则能助推马克思主义大众化路径选择的实现。换言之，探索民族地区马克思主义大众化的路径应该重视民族文化建设的视域，在促进民族地区文化建设发展和繁荣过程中创新和完善马克思主义大众化的路径，促进马克思主义大众化目标的实现。

第三章考察广西民族地区马克思主义大众化的历程。本书将广西马克思主义大众化的历程划分为三个阶段。第一阶段是从五四运动至中华人民共和国成立的发轫期。本章首先阐述新民主主义革命时期中国共产党在广西传播马克思主义和宣传党的路线方针政策的情况，指出这一阶段的马克思主义大众化工作为广西的解放奠定了舆论基础和群众基础。第二阶段是从中华人民共和国成立至20世纪80年代初的开拓期。该时期马克思主义大众化工作在曲折中发展，得失并存，问题与希望同在。中华人民共和国成立初期，马克思主义大众化开始新征程，广西文化艺术事业全面振兴，宣传工作、哲学社会科学不断取得新成绩；广西壮族自治区的成立是马列主义民族理论在中国的又一次成功实践。然而，"文革"十年给广西文化艺术事业带来了严重破坏，马克思主义大众化历经曲折。1978年前后"关于真理标准问题"大讨论促进了民族地区群众思想大解放，改革开放战略的实施使广西民族文化事业重现新曙光，马克思主义大众化工作开启了新局面。第三阶段是从20世纪80年代至今的全面推进期。马克思主义大众化伴随着改革开放事业的深入和党的理论创新而不断推进。从宣传物质和精神"两个文明"建设到宣传富裕、文化、生态、平安"四个广西"建设；从"双学"活动在广西的开展到宣扬"广西精神"和构建广西民族文化强区目标的提出；从历届党代会精神在广西的宣传到建设"美丽广西·清洁乡村（生态乡村）"活动、党的群众路线实践教育活动、"两学一做"学习教育活动以及习近平新时代中国特色社会主义思想宣传活动的开展，当代广西马克思主义大众化工作做得有声有色。

第四章总结广西民族地区马克思主义大众化的基本路径。第一，广西革命和建设时期始终重视开展少数民族党员干部的教育培训活动，重视他们特殊作用的发挥。第二，灵活运用有民族特点的多样化传播载体，增强广西马克思主义大众化工作的实效性。包括运用有民族特点的报刊和通俗图书，以及以民族文学、山歌艺术、戏剧、影视、标语口号、漫画、互联网为代表的新媒体等作为马克思主义大众化的载体。第三，建设广西民族文化事业，发挥先进文化的育人功能。第四，发挥广西先进人物的教育示范作用，鼓励各方力量参与党的宣传工作。第五，注重民族团结教育，促进广西民族和谐稳定和发展。第六，重视学习借鉴其他地区的先进经验，推进广西马克思主义大众化工作的创新。

第五章探讨广西民族地区马克思主义大众化路径的主要特点。一是具有明确的目标任务，围绕实现党的中心任务开展宣传文化工作；同时结合满足民族地区群众求解放、求富裕、求幸福的愿望和需求选择"大众化"的路径。二是在马克思主义大众化的对象、内容和载体等方面具有鲜明的民族特点。三是物质、组织、人力和制度等多方面的保障以确保马克思主义大众化目标的实现。四是马克思主义大众化的路径选择上呈现出多样化和综合化态势。

第六章提出完善当代广西民族地区马克思主义大众化路径的一些思考和建议。首先，要准确把握当前制约民族地区马克思主义大众化路径实现的问题和因素。其次，通过发展民族教育，提升教育质量和促进教育公平，筑牢马克思主义大众化之基。再次，通过改善民族地区文化民生以夯实马克思主义大众化的路径。我们要不断加强民族地区公共文化服务体系建设，发展有少数民族特色的文化产业，组织健康向上的群众文化活动，维护少数民族的文化权益和培育民族群众的主体意识。复次，充分利用广西民族地区优秀文化资源开拓马克思主义大众化路径。我们要促进民族传统文化优秀因子与马克思主义相契合，通过弘扬红色文化学习革命精神以教化人心，广泛宣传广西精神以凝聚力量。最后，要建立健全促进广西马克思主义大众化路径实现的组织、制度和机制。建议创立广西"民族地区马克思主义大众化推进中心"，不断健全马克思主义大众化的人才培养引进和使用制度、专项经费支持制度和奖惩制度等，并建立健全广西民族地区马克思主义大众化的传播话语转换机制、反馈机制、辅助机制等实践机制。在上述分析研究的基础上，提出本书研究的基本结论。

第四节　本书研究方法和主要创新

一　研究方法

第一，逻辑与历史相统一的方法。本书将"什么是民族地区马克思主义大众化及其路径""如何选择民族地区马克思主义大众化路径""怎样完善民族地区马克思主义大众化路径"的逻辑置于广西民族地区的革命、建设和改革的历史，广西文化建设史，以及广西马克思主义大众化历史中去考察、分析、归纳和判断。

第二，文献分析方法。当完成本书的撰写，笔者广泛查阅和梳理了自五四运动以来与广西民族地区马克思主义传播、党的路线方针政策宣传、民族地区文化建设史、广西革命和建设的历史等相关资料。笔者还亲自走访调查了广西少数民族聚居的典型地区——百色市和河池市，深入这两个城市的宣传和组织部门、文化局、民族事务委员会、党史研究室等部门，广泛搜集与民族地区马克思主义大众化相关的第一手资料。在充分掌握、梳理、分析相关资料的基础上，本书归纳和总结了广西马克思主义大众化的历史经验、基本路径及其特点，同时提出完善广西马克思主义大众化路径的一些思考和建议。

第三，普遍性与特殊性相结合、整体与个案相结合的分析方法。本书尝试将新民主主义文化和社会主义文化建设的普遍性与广西民族地区革命、建设和改革时期文化建设的特殊性；马克思主义大众化及其路径的普遍性与广西民族地区马克思主义大众化及其路径的特殊性结合起来进行分析，从特殊性中发现具有普遍性和规律性的东西，以期为当代中国民族地区马克思主义大众化实践提供方法论借鉴。同时，本书在对广西马克思主义大众化路径研究过程中，还尝试通过对一些典型个案进行分析以增强论证的说服力。譬如，关于民族地区马克思主义大众化的载体运用问题上，书中就详细分析了《右江日报》《广西日报》在宣传马克思主义理论和党的路线方针政策中发挥的作用；另外，书中还分析了中华人民共和国成立初期广西发行量最大的通俗读物"农家历"是如何在向农民宣传农事知识的同时宣传党的路线方针政策的；书中还对广西改革开放时期的通俗读物《领导月读》《图说建设富裕文明和谐新广西》《宣传党的十八大精神山歌选编》等个案进行了分析，试图从中揭示出广西民族地区马克思主义大众化的基本经验和规律。

第四，多学科理论和方法的综合运用。本书的研究需要作者掌握和运用马克思主义理论、中共党史、文化人类学、教育学、民族学等方面的学科理论知识和方法。譬如，在分析民族教育的功能问题、广西优秀文化资源传承利用于推进马克思主义大众化等问题时，都需要运用多学科理论和研究方法。为此，笔者在本书研究和写作过程中一方面加强上述学科理论知识和研究方法的学习，另一方面还多次向省（区）内外有关专家请教，努力解决研究过程中所遇到的各种疑难问题。

总之，本书的研究始终坚持以马克思主义为指导，将历史研究和现实研究相结合、理论研究和对策研究相结合、综合性研究和个案研究相结合，注意多学科理论和方法的运用，关注研究的广度和深度，形成研究特色，并确保研究结论的可靠性。

二 主要创新

（一）研究视角的创新

本书以广西壮族自治区为样本，研究了民族地区不同时期文化建设视域下马克思主义大众化的路径问题。一是全面分析文化建设与马克思主义大众化路径实现之间的关系，拓宽了马克思主义大众化研究的视野。二是突出广西民族地区马克思主义大众化路径研究的地方特色，彰显广西经验对其他民族地区马克思主义大众化工作的借鉴意义。三是注重从历史和现实相结合的维度探讨广西民族地区马克思主义大众化的基本路径：既重视总结历史经验，又重视分析现存问题，进而提出完善广西民族地区马克思主义大众化路径的建议。

（二）研究内容的创新

第一，全面梳理广西自五四运动以来马克思主义大众化的历史进程。采用三阶段分期法分析广西民族地区马克思主义大众化的历程，即五四运动至中华人民共和国成立的发轫期；中华人民共和国成立至20世纪80年代初的开拓期；20世纪80年代初至今的全面推进期。第二，系统总结广西民族地区马克思主义大众化的基本路径。其中"开展民族地区党员干部教育培训增强引领群众能力""发挥先进人物的示范功能和社会力量的参与作用"属于主体路径；"利用有民族特点的多样化载体促进马克思主义传播""加强民族文化建设发挥先进文化育人功能"可归结为载体建设路径；"发扬民族团结教育在促进民族和谐发展中的作用""学习借鉴其他地区先进经验推进自身实践创新"可归结为教育和学习路径。这些基本路径综合考虑了民族地区马克思主义大众化实践的主体、客体和中介等因素。第三，详细分析了广西马克思主义大众化路径的特点，即"明确的目标任务""鲜明的民族特点""多层面的保障措施""多样化综合化的发展态势"。第四，提出完善广西民族地区马克思主义大众化路径的建议。应首先准确把握制约民族地区马克思主义大众化的问题和因素；进而通过发展民族教育，改善文化民生，充分利用优秀民族文化资源，建立健全相应的组织、制度和机制等措施以深化和开拓民族地区马克思主义大众化的路径。

（三）研究观点的创新

本书认为，在中国这样一个幅员辽阔、地域文化各异、多民族的国度推进马克思主义大众化，探索马克思主义理论"大众化"的有效路径，必须考虑"不同地域的人文特点"，重视民族文化建设的视域。自五四运动以来，特别是中国共产党成立以来，她在领导广西红色文化建设过程中，卓有成效地推进马克思主义大众化，历史上所积累的宝贵经验仍值得当代民族地区进行吸收和借鉴。完善广西民族地区马克思主义大众化的路径，我们还应建立健全民族地区马克思主义大众化的组织、制度和机制。建立"一个中心"，即"民族地区马克思主义大众化推进中心"；

健全"三大制度",即马克思主义大众化方面的人才培养、引进和使用制度、专项经费支持制度和奖惩制度;健全"三大机制",即构建与民族地区区情相适应的马克思主义大众化传播话语转换机制、反馈机制和传播辅助机制。

第 二 章

民族地区文化建设与马克思主义大众化关系探析

　　准确把握文化和文化建设、马克思主义大众化及其路径等相关概念的内涵，充分理解马克思主义的文化理论，是我们厘清民族地区文化建设与马克思主义大众化实现之间关系的理论前提。推进马克思主义大众化是社会主义文化建设题中应有之义，社会主义文化建设又助推马克思主义大众化的实现。民族地区文化建设具有改善该地区文化民生，满足民族群众日益增长的文化需求，促进美好生活目标实现的功能，又具有推进民族地区意识形态建设的功能。在民族地区马克思主义大众化路径的选择问题上我们应重视文化建设的视域：通过发展和繁荣民族地区文化，推动马克思主义大众化。

第一节　有关概念阐释

一　文化和文化建设

（一）文化

　　文化对人们来说司空见惯，每个人每天都接触到一定的文化事象，或参与某些文化活动。然而，一旦被问及什么是文化，人们的答案却又似是而非。历史上人们对文化内涵的表述可谓五花八门，歧义丛生，难成共识。人们曾给文化下过许多定义，其中不乏高见。譬如，文化人类学创始人、英国著名人类学家爱德华·泰勒曾指出：文化"包括全部知识、信仰、艺术、道德、法律、风俗，以及作为社会成员的人所掌握和接受的任何其他的才能和习惯的复合体"①。泰勒的这个定义可贵之处在于第一次将文化作为一个整体性的东西来看待,为后人研究文化现象确定了一个基本范围,即精神领域。此后不少哲学家、人类学家、文化学家、社会学家和心理学家等都曾从不同角度对文化进行过界定,各抒己见,"但这些定义都没有超出泰勒把文化看成是一个复合的整体的基本观念"②。20世纪,"文化学家对文化的研究,逐步超越了对文化现象的实证描述和对文化在历史进化中的地位的一般探讨,开始了转向对文化的具体功能、文化模式、文化结构等方面的研究"③。克莱德·克鲁克洪与凯利两人在合著的《文化的概念》中指出"文化是历史上所创造的生存式样的系统,既包含显型式样又包含隐型式样;它具有为整个群体所共享的倾向,或是在一定时期中为群体的特定部分所共享"④。二人在这里特别提出了显型(性)文化与隐型(性)文化的问题。显型文化比较易于为人们所理解,它包括"行为模式、规范模式、倾向性、文化范畴以及文化公设"⑤;而隐型文化作为一种背景、一种理想典型的式样,要靠人们运用思维和想象能力才能把握。

在中国,人们对"文化"的阐释源远流长。"文"在古代典籍中指文采、纹理以及包括文字在内的各种符号,后来进一步引申为礼乐制度、人文修养、道德情操等。"化"指一个人从孕育、出生、成长,并在遗传和社会影响下逐渐成为一个有教养的人的全部过程,即变化、教化。汉代刘向的《说苑·指武》中指出"圣人之治天下也,先文德而后武力。凡武之兴为不服也。文化不改,然后加诛。"这里"文化"与"武力"相对,意指文治教化,是一个政治道德概念。到了近现代,西方"文化"的概念逐步实现了中国化。梁漱溟指出"文化,就是吾人生活所依靠之

　　①　[英]爱德华·泰勒:《原始文化:神话、哲学、宗教、语言、艺术和习俗发展之研究》,连树声译,广西师范大学出版社2005年版,第1页。

　　②　司马云杰:《文化社会学》,中国社会科学出版社2001年版,第8页。

　　③　郑祥福:《文化批判与后现代马克思主义》,中国社会科学出版社2008年版,第29页。

　　④　C.克鲁克洪、W.H.凯利:《文化的概念》,拉尔夫·林顿(Ralph Linton)等编《世界危机中人的科学》,纽约:哥伦比亚大学出版社1945年版,第78—107页。转引自[美]克莱德·克鲁克洪等《文化与个人》,高佳等译,浙江人民出版社1986年版,第6页。

　　⑤　[美]克莱德·克鲁克洪等:《文化与个人》,高佳等译,浙江人民出版社1986年版,第20页。

一切"①，是"人类生活的样法"②。胡适将文化看作一个民族的生活方式和对环境的适应方式，是"文明所形成的生活的方式"。冯友兰则认为文化是一个"总合体"，"中国文化就是中国之历史、艺术、哲学……之总合体"③。

当代人们对文化的理解有广义和狭义之分。广义的文化包括人们在认识世界和改造世界过程中形成的物质和精神成果的总和；狭义的文化体现为人类社会特有的精神现象或人们在创造活动中形成的精神成果的总称，它囊括一切与精神生产直接有关的现象，如政治法律、道德、艺术、哲学、宗教等活动及其产品。文化有时又专指人类在教育、科学、文学、卫生、体育等方面的知识和设施，以便与世界观、政治思想、伦理道德、法律观念等观念形态相区别。④ 在日常生活中大多时候，人们所说的文化一般指狭义的文化。

笔者认为，可以从文化的特征来理解什么是文化。概括地说，文化至少有以下特征：一是文化是人类有目的的创造性活动的成果，包括物质成果也包括精神成果。二是文化是人类社会发展进步的重要推动力。文化作为人类所创造的成果反过来对人类社会的发展又产生重大影响，能够促进人类社会的发展进步。三是文化既具有客观性又具有主观性。文化作为一种客观存在，体现了人类进化并走向文明的历程，是人类文明进步的灵魂，发挥着其娱乐、教化、育人等功能。同时文化的传承和发展，又是人们主观努力的结果，体现了文化的主观性。四是文化具有可以交流、传播和传承的特点。文化产生后，其交流、传播、传承就成为必然。若没有文化交流、传播、传承，就没有文化发展。文化的传承使得后人可以充分利用前人所创造的一切优秀文化成果，并在此基础上开始新的文化创造活动。五是文化的实质即人化。人创造了文化，文化又在塑造人，文化与人类心智的发展相辅相成。

---

① 梁漱溟：《中国文化要义》，学林出版社 2000 年版，第 1 页。

② 梁漱溟：《东西方文化及其哲学》，上海商务印书馆 1929 年版，第 53 页。

③ 转引自辛文斌《〈新民主主义论〉与中国文化现代化》，中央编译出版社 2007 年版，第 6—7 页。

④ 李淮春：《马克思主义哲学全书》，中国人民大学出版社 1996 年版，第 703—704 页。

（二）文化建设

文化建设就是发展教育、科学、文学、艺术、广播、电视、新闻、出版、卫生、体育、图书馆、博物馆等各项文化事业和文化产业的活动。按照不同的标准，文化建设可以划分为不同的类型。按性质可以划分为社会主义文化建设和非社会主义文化建设（奴隶主阶级、封建地主阶级、资产阶级文化建设等）；按地域或范围的大小可以划分为国家文化建设、区域文化建设、城市社区文化建设、乡村文化建设等；按主体或对象可以划分为机关文化建设、企业文化建设、校园文化建设、网络文化建设等；按内容可以划分为公共文化服务体系建设、公民思想道德建设、文艺创作、文化产业发展、文化体制改革、文化遗产保护等。

社会主义文化建设是社会主义精神文明建设的重要内容，其水平、规模和质量状况，反映了社会的文明程度。社会主义文化建设通过提升人民群众的思想道德素质和科学文化素质，能够为物质文明建设提供精神动力和智力支持。我国社会主义文化建设的根本任务是增强国家的文化软实力，最大限度地满足人民群众日益增长的精神文化需求。具体包括：第一，构建和完善社会主义核心价值体系，凝练和宣传社会主义核心价值观。"核心价值体系和核心价值观是决定文化性质和方向的最深层次要素，是一个国家的重要稳定器。"① 因此，我们要重视用马克思主义中国化的最新理论成果武装全党、教育人民，用中国特色社会主义的共同理想凝聚力量，用爱国主义为核心的民族精神和改革创新为核心的时代精神鼓舞民族志气，用社会主义荣辱观来引领社会风尚。第二，坚持教育优先发展的战略，遵循教育"三个面向"的方针，加强教育体制改革，促进教育与各项事业的协调发展。通过发展教育提高整个民族的思想道德素质和科学文化素质，培育"四有"社会主义公民。第三，繁荣社会主义文学艺术事业，用健康积极向上的文学艺术和群众文化活动来振奋精神、陶冶情操，丰富人们的精神生活。第四，发展文化产业，提升文化产品的社会效益和经济效益。第五，大力发展卫生体育等事业，提高人们的身心健康水平。第六，加强社会环境及和谐社会氛围建设，

---

① 中共中央宣传部：《习近平总书记系列重要讲话读本》，学习出版社、人民出版社2014年版，第92页。

反对精神污染，创造优美舒适的生活环境和精神家园。

近年来，随着中国共产党对社会主义文化建设内涵和要求认识的不断深化，高屋建瓴地提出了一系列发展中国特色社会主义文化的政策和主张。党的十七大报告中指出："当今时代，文化越来越成为民族凝聚力和创造力的重要源泉、越来越成为综合国力竞争的重要因素。"① 党的十七届六中全会通过的《中共中央关于深化文化体制改革　推动社会主义文化大发展大繁荣若干重大问题的决定》中则提出：要努力建设社会主义文化强国，推动社会主义精神文明和物质文明全面发展。党的十八大报告中进一步指出，建设社会主义文化强国，必须走中国特色社会主义文化发展道路，关键是增强全民族文化创造活力。党的十九大报告中再次强调文化建设的重要性："文化兴国运兴，文化强民族强。没有高度的文化自信，没有文化的繁荣兴盛，就没有中华民族伟大复兴。"②

我国社会主义文化建设意义重大且任务十分艰巨，需要统筹兼顾并处理好各种关系。李长春曾提出其中需要认识和处理的十大关系：一是人民群众基本文化需求与多样化、多层次、多方面文化需求的关系；二是"两种属性""两个效益"的关系；三是弘扬主旋律与提倡多样化的关系；四是改革创新与加快发展的关系；五是文化与经济的关系；六是发挥政府作用与调动全社会力量参与文化建设的关系；七是民族文化与外来文化的关系；八是促进繁荣与加强管理的关系；九是文化与科技的关系；十是充分调动广大文化工作者积极性与培养造就大批文化领域创新型、复合型、外向型、科技型等新型人才的关系。③ 这里所提出的文化建设需要正确认识和处理的十大关系是我国推进社会主义文化建设实现科学发展应遵循的基本原则，对于当代民族地区文化建设同样具有指导意义。

---

① 胡锦涛：《高举中国特色社会主义伟大旗帜　为夺取全面建设小康社会新胜利而奋斗——在中国共产党第十七次全国代表大会上的报告（2007 年 10 月 15 日）》，人民出版社 2007年版，第 33 页。

② 《党的十九大报告辅导读本》，人民出版社 2017 年版，第 40 页。

③ 李长春：《正确认识和处理文化建设发展中的若干重大关系　努力探索中国特色社会主义文化发展道路》，《求是》2010 年第 12 期，第 3—13 页 。

（三）民族地区文化建设

"民族文化是民族社会结构的重要组成部分，并与社会的政治结构、经济结构等发生纵横交错的联系，共同组成民族社会的有机整体，每一个民族都有自己在历史发展过程中逐步形成的文化系统。"① 民族地区文化建设就是对民族文化系统的建设，是中国特色社会主义文化建设中不可或缺的一部分。民族地区文化建设中最重要的部分是文化基础建设。文化基础建设包括文化软件和文化硬件建设。文化软件建设包括：一是做好民族地区文化发展规划，将文化建设纳入民族地区社会发展的整体规划之中；二是深化民族地区文化体制改革，调动社会上一切积极因素服务于文化的发展和繁荣；三是通过文化教育培养人才，提升民族群众的综合素质，促进人们的思想解放和观念更新；四是引导开展健康向上的群众文化活动；五是对少数民族优秀文化资源进行科学保护和利用，等等。文化硬件建设则包括：建设和完善民族地区的图书馆、博物馆、文化馆、文化站等公益性文化设施，建设民族地区文化中心，文化扶贫等。

我们推进民族地区文化建设过程中还应注意正确认识和处理好继承民族优秀传统文化与发展现代文化的关系、发展少数民族文化产业与维护少数民族群众的经济文化权益的关系等。

二　马克思主义大众化及其路径

（一）马克思主义大众化

目前学术界对于"马克思主义大众化"的内涵，大体上有五种说法。一是"特指"和"泛指"说。"特指"说认为马克思主义大众化是"当代中国的马克思主义即中国特色社会主义理论体系的大众化"；"泛指"说认为马克思主义大众化是"在当代中国条件下的马克思主义大众化，既包括马克思主义基本理论及其最新研究成果的大众化，也包括马克思主义中国化理论成果特别是最新理论成果的大众化"。② 张雷声则认为

---

① 黄筱娜：《文化转型与民族文化建设》，中央文献出版社 2003 年版，第 45—46 页。
② 刘建军：《关于当代中国马克思主义大众化的若干问题》，《思想理论教育》2008 年第 7 期，第 25 页。

"从马克思主义基本原理到中国化的马克思主义基本原理，从马克思恩格斯的理论到中国特色社会主义理论，都应成为马克思主义大众化的内容"①。二是"通俗普及"说。邱柏生认为大众化可以理解为"将当代中国马克思主义生活化、通俗化、普及化、层次多样化以及由初级起端的循序递进性，等等"②。孙学玉等人也指出："马克思主义大众化，是指通过宣传教育，使马克思主义理论由抽象到具体、由深奥到通俗、由被少数人理解掌握到被广大群众理解掌握的过程。"③《党的十七大报告辅导百问》一书对马克思主义大众化的界定就采用了这种说法。三是"普及创新结合"说。孙熙国和路克利指出"不能把马克思主义大众化仅仅理解为马克思主义的普及化、通俗化、民族化，而应当看到马克思主义大众化的过程也就是马克思主义理论在内容和形式上的创新和发展的过程"④。胡长栓也指出"马克思主义大众化的理论发展要想能够掌握群众，有魅力，就必须具有超越常识的创新精神"⑤。四是"理论指导实践"说。姜洁晶认为，马克思主义大众化就是让马克思主义理论为人民群众所理解、所认同、所掌握，并被他们自觉地用来指导自己实践的过程。⑥ 肖东波和黄俊也指出，马克思主义大众化就是马克思主义从复杂变简单、从学斋到社会、从外表入内在的实践过程。⑦ 五是"主客体'互化'"说。曹景文认为，"马克思主义大众化首先是用马克思主义来'化'大众，即用马克思主义来指导人民群众的实践；同时，马克思主义大众化又是大众

---

① 张雷声：《推进马克思主义大众化的学科建设路径思考》，《高校理论战线》2010 年第 6 期，第 4 页。

② 邱柏生：《推进当代中国马克思主义大众化的路径和过程》，《思想理论教育》2008 年第 5 期，第 9 页，"由初级起端的循序递进性"是指要从当代中国马克思主义的 ABC 入手，通过逐步的教育延伸和受众的体悟体认后，再拓展与加深教育宣传的程度。

③ 孙学玉等：《大力推动当代中国马克思主义大众化》，《人民日报》2008 年 8 月 4 日第 11 版。

④ 孙熙国、路克利：《马克思主义大众化与马克思主义理论的创新和发展》，《探索》2008 年第 6 期，第 156 页。

⑤ 胡长栓：《马克思主义大众化的理论品性》，《光明日报》2012 年 1 月 29 日第 7 版。

⑥ 姜洁晶：《对马克思主义大众化三个层面的思考》，《大连干部学刊》2008 年第 9 期，第 41 页。

⑦ 肖东波、黄俊：《新中国成立初期的马克思主义大众化》，浙江人民出版社 2011 年版，第 2 页。

'化'马克思主义，即用大众的实践经验以及被升华的新的理论来丰富和发展马克思主义"①。上述"马克思主义大众化"内涵的各种说法皆有一定道理。本书认为马克思主义大众化既是科学理论"普及创新结合"的过程，也是"理论指导实践"的过程，普及、创新和指导实践一起共同体现了马克思主义的时代价值和生命力。

综观以往的研究，大多数人将"马克思主义大众化"与"当代马克思主义大众化""当代中国马克思主义大众化"几个概念同等看待。实际上这些概念既有联系，又有区别，是不能混同的。另外，目前多数论者对"马克思主义大众化"概念尚停留在做一般性的说明和阐述上，"没有给予这一概念以深入的哲学思考、严密的逻辑论证"②。可见，严格意义上的"马克思主义大众化"定义的研究仍有待加强。

笔者认为，全面准确地把握"马克思主义大众化"概念的内涵，我们可以从理解其中的"马克思主义"和"大众化"这两个概念各自的含义，以及马克思主义大众化的目标入手。

"马克思主义大众化"中的"马克思主义"有三层含义。

第一，是指由马克思主义的立场、观点和方法构成的有机整体。其中，马克思主义的立场即人民大众的立场，实现和维护最广大人民根本利益的立场。马克思主义的观点是指包括哲学、政治经济学、科学社会主义等在内，涵盖了经济、政治、文化、军事、历史、社会、生态等诸多领域的反映世界上一切事物和现象的本质、发展规律的观点。马克思主义的方法包括实事求是的方法、唯物辩证法、历史分析方法、阶级分析方法坚持走群众路线的方法等。

第二，是指中国化的马克思主义。马克思主义与中国的实际相结合，形成了中国化的马克思主义，亦即毛泽东思想、邓小平理论、"三个代表"重要思想、科学发展观和习近平新时代中国特色社会主义思想。推进这些理论成果的大众化是中国马克思主义大众化的重心。中国化马克

①　曹景文：《推动当代中国马克思主义大众化论》，《广西民族大学学报》（哲学社会科学版）2009 年第 51 期，第 64 页。

②　丁俊萍、徐信华：《在探索中推进当代中国马克思主义大众化——近年来马克思主义大众化研究述评》，《学习与实践》2010 年第 3 期，第 46 页。

思主义大众化的主要任务是：向广大党员干部和普通群众宣传普及毛泽东思想和中国特色社会主义理论体系的原理、观点、立场和方法，向他们宣传中国特色社会主义的道路、理论和制度，宣传社会主义核心价值体系和社会主义核心价值观等，为人们提供健康向上的精神食粮，为促进人的自由全面发展创造条件。

第三，是指内化了马克思主义基本精神的党的路线、方针、政策和措施。凡是正确的路线、方针、政策和措施都是符合马克思主义实事求是等基本精神的，都是以马克思主义的立场、观点和方法为根本理论依据的。党的路线、方针、政策和措施直接面对和影响广大普通民众，并与他们的切身利益息息相关。比起那些相对抽象的马克思主义原理、著作，民众更期待理解党的路线、方针、政策和措施。我们能否将党的路线、方针、政策和措施进行通俗化"加工"，使群众"易于并乐于接受"，是马克思主义大众化的关键。邓小平曾经指出，"学马列要精，要管用的"[1]。"精"就是精华、精髓，即体现在党的正确的路线、方针、政策和措施之中的马克思主义精神；"管用"就是对人们的实践和行动有科学的指导意义。为此，我们要细致全面地通俗化地宣传普及党的路线、方针、政策和措施，使人民群众对之能够理解和认同，能够把握马克思主义的精神实质，并把其转化为社会主义建设和改革服务的不竭动力。

"马克思主义大众化"中的"大众化"亦有三层含义。

一是理论"化"大众，即通过普及马克思主义理论、观点、方法和立场以掌握大众。在马克思看来，"理论只要说服人［ad hominem］，就能掌握群众；而理论只要彻底，就能说服人［ad hominem］。所谓彻底，就是抓住事物的根本。而人的根本就是人本身"[2]。马克思主义大众化的任务就是将马克思主义作为认识和改造世界科学理论的"彻底性"呈现出来，让大众所知晓和认同，这也即是"化"的工作。毛泽东指出："'化'者，彻头彻尾彻里彻外之谓也。"[3] 也就是全面彻底的意思。这就要求理论工作者务必搭建好科学理论与人民大众之间的桥梁，让人民大

---

[1] 《邓小平文选》第三卷，人民出版社1993年版，第382页。
[2] 《马克思恩格斯文集》第一卷，人民出版社2009年版，第11页。
[3] 《毛泽东选集》第三卷，人民出版社1991年版，第841页。

众全面准确地而不是片面地、支离破碎地理解马克思主义。同时，情感相通是实现马克思主义大众化的重要条件，"就是我们的文艺工作者的思想感情和工农兵大众的思想感情打成一片"①。即是说，文艺工作者和理论工作者只有在思想感情上与大众息息相通，与大众相互亲近，使大众自觉接受马克思主义之理，方能达到科学理论"化"大众的目的。

二是大众"化"实践。"理论一经掌握群众，也会变成物质力量。"②大众掌握马克思主义这一科学理论武器后，其认识、改造世界的能力和水平就会得到提升。大众正是在马克思主义的指导下开展变革客观世界的实践活动，促使客观世界产生符合大众利益、愿望和要求的变化，达到实现和维护了大众的根本利益和人类社会长远发展的目的。

三是大众实践经验"化"理论。无产阶级政党作为一个具有高度理论自觉的政党，它将大众的实践经验（包括正面的和负面的经验）进行提炼和升华，汇集大众的智慧和力量，进一步丰富和发展马克思主义，创造形成新的理论成果，这就是大众实践经验"化"为理论的过程。为推进大众实践经验"化"理论的工作，无产阶级政党必须坚持走群众路线，虚心向群众学习。毛泽东曾告诫文艺工作者，要实现"大众化"必须老实地跟群众学习。他说："有些天天喊大众化的人，连三句老百姓的话都讲不来，可见他就没有下过决心跟老百姓学，实在他的意思仍是小众化。"③ 因此，马克思主义大众化工作接不接"地气"，大众的实践经验能不能"化"为科学理论，关键看我们理论工作者和文艺工作者能否放下身段，融入老百姓生活中，虚心地跟老百姓学习。

马克思主义大众化的目标有以下几个。

其一，确立和巩固马克思主义作为社会主义国家主导意识形态的地位。马克思主义在国家意识形态领域的主导地位不是自然而然地形成的。一方面，马克思主义需要与各种非马克思主义做斗争，正本清源；另一方面，无产阶级政党需要在人民大众中不断宣传和普及马克思主义，同时在运用马克思主义指导革命和建设过程中不断获得新胜利。放眼马克

①《毛泽东选集》第三卷，人民出版社1991年版，第851页。
②《马克思恩格斯文集》第一卷，人民出版社2009年版，第11页。
③《毛泽东选集》第三卷，人民出版社1991年版，第841页。

思主义发展史，马克思主义自诞生之后，马克思、恩格斯就一直在同各
种错误思潮进行辩论和斗争，促使无产阶级能够理解和准确掌握马克思
主义。列宁也曾在《共产主义运动中的"左派"幼稚病》《唯物主义和
经验批判主义》等著作中对各种错误思想、观点进行批判，确立辩证唯
物主义和历史唯物主义在无产阶级运动中的指导地位。列宁还认为要通
过"灌输"的方式使无产阶级确立马克思主义思想。在中国，毛泽东思
想和中国特色社会主义理论体系在我国意识形态领域主导地位确立的过
程，也是中国共产党人不断地同教条主义、经验主义等错误思想做斗争
的过程。在社会主义改造时期，毛泽东曾经指出"对于农村的阵地，社
会主义如果不去占领，资本主义就必然会去占领"[1]。他要求中国共产党
人牢记"阵地意识"，在人民大众中大力普及马克思主义。历史表明，我
们什么时候忽略了这个意识，我们的事业就会遭受挫折。邓小平就改革
开放最初十年进行总结时，曾一针见血地指出"我们最大的失误是在教
育方面，思想政治工作薄弱了，教育发展不够"[2]。导致资产阶级自由化
思潮因此一度污染了我国精神领域。江泽民也曾经告诫："大量事实证
明，思想文化阵地，马克思主义、无产阶级的思想不去占领，各种非马
克思主义、非无产阶级的思想甚至反马克思主义的思想就会去占领。"[3]
新时期新形势下，胡锦涛、习近平等党和国家领导人同样提出要高度重
视思想政治工作的要求。近年来，我国实施了马克思主义理论研究和建
设工程，组织专家对高校思想政治理论课教材进行了统编，推行了一系
列思想政治教育的改革，不断推进当代中国马克思主义大众化工作。党
的十八大以来，习近平总书记发表了一系列重要讲话，明确指出我党在
任何情况下都必须毫不动摇地掌握意识形态工作的话语权。实践表明，
马克思主义大众化工作越深入，马克思主义作为我国主导意识形态的地
位就越巩固。

其二，统一全党和全社会的思想。思想统一才能凝聚人心、汇集智
慧和力量，顺利推进实践。中国共产党在领导人民进行革命、建设和改

① 《毛泽东文集》第六卷，人民出版社 1999 年版，第 299 页。
② 《邓小平文选》第三卷，人民出版社 1993 年版，第 290 页。
③ 《江泽民文选》第三卷，人民出版社 2006 年版，第 97 页。

革的实践中，找到了能够统一全党和全社会思想和行动的科学理论，即马克思主义。马克思主义本身并不玄奥，其包含的是很朴实的道理，是能够为人民群众所理解和掌握的。在当代，我们提出要用中国特色社会主义理论体系来武装全党、教育人民，也就是用马克思主义中国化的最新理论成果尤其是习近平新时代中国特色社会主义思想来凝聚党心和民心，促使全社会力量为中国特色社会主义的共同理想而奋斗。我们提出构建和完善社会主义核心价值体系，在全社会大力培育和践行社会主义核心价值观，正是为了促使人们在思想认识上对这个体系和价值观达到高度认同，在行动上达到高度自觉。

其三，保证党的路线方针政策的顺利贯彻和执行。党的路线方针政策的大众化是马克思主义大众化的重要内容。只有党的路线方针政策实现了大众化，其中所反映的马克思主义的理想信念、党的意志才能为人民大众所领会，党的路线方针政策才能顺利贯彻和执行，对变革世界的实践产生根本性影响。

其四，促进最广大人民根本利益的实现。马克思指出"过去的一切运动都是少数人的或者为少数人谋利益的运动。……无产阶级的运动是绝大多数人的、为绝大多数人谋利益的独立的运动"①。马克思主义把促进无产阶级和其他群众根本利益的实现作为价值诉求，它是无产阶级运动的指南。马克思主义大众化工作以促进最广大人民民生的改善和根本利益的实现作为根本归宿。"不关注民生，不为民谋幸福，那么，即便理论出场的形态如何打扮得堂皇华丽，然而它的生命力却就已经完结。"②马克思主义有无价值和生命力，人民群众信与不信马克思主义，关键是看马克思主义是否满足他们的理论需求，是否有助于实现和维护他们的根本利益。毛泽东指出："全心全意为人民服务，一刻也不脱离群众；一切从人民的利益出发，而不是从个人或小集体的利益出发；向人民负责和向党负责的一致性；这些就是我们的出发点。"③邓小平也曾指出："马

① 《马克思恩格斯选集》第一卷，人民出版社 1995 年版，第 283 页。
② 任平：《出场与差异：对马克思主义时代化、中国化、大众化路径的哲学反思》，《江苏行政学院学报》2010 年第 4 期，第 5—11 页。
③ 《毛泽东选集》第三卷，人民出版社 1991 年版，第 1095 页。

克思主义是好东西，但是如果马克思主义不能带来人民生活的改善，谁还会相信马克思主义。"① 因此，中国共产党推动马克思主义大众化的目标之一就是实现好、维护好、发展好最广大人民的根本利益。"推动当代中国马克思主义大众化的过程，其实质就是人民利益不断实现的过程，也只有始终致力于最广大人民的经济、政治和文化利益，中国化的马克思主义理论成果才能最大限度地被人民所接受，当代中国马克思主义大众化也才能实现。"② 关注人民大众的切身利益，努力解决和满足他们的愿望、需求，是当代中国马克思主义大众化的出发点和归宿。

概言之，马克思主义大众化就是无产阶级政党通过运用宣传、教育等方式促使党员干部和普通群众理解、掌握和认同马克思主义基本原理、中国化马克思主义理论和党的路线方针政策的过程，同时是大众掌握和运用马克思主义这一科学理论武器认识和改造客观世界的过程，还是无产阶级政党总结提炼大众的实践经验进一步丰富发展马克思主义的过程。系统考察马克思主义大众化的历史不难发现，马克思主义大众化更直接地体现为无产阶级政党通过对大众进行利益动员，不断深化大众对无产阶级政党及其理论路线方针政策的理解和认同，并为实现无产阶级和人民大众的根本利益而奋斗的教育实践活动。

（二）马克思主义大众化路径

"路径"是一个内涵丰富的范畴，依不同的视角或领域，其含义也有所不同。在图形设计领域，路径也被称为轮廓线，通常指存在于计算机图形设计软件中的以贝塞尔曲线为理论基础的区域绘制方式，是我们使用绘图工具创建的任意形状的曲线，可用它勾勒出物体的轮廓，那些在绘制时形成的线条就是路径。这种意义上的路径通常是由一个或多个直线段或曲线段组成的。作为中文词语的"路径"则有五种含义：一是道路；二是指到达目的地的路线；三是比喻办事的门路、办法；四是指人的行径，亦指世道；五是在计算机领域中，是指向文件或某些内容的文本标识，常用斜杠"\"或"/"分隔每一个区间，斜杠后面是前面的子

_____

① 《邓小平年谱（1975—1997）》上，中央文献出版社 2004 年版，第 688 页。
② 刘勇：《马克思主义大众化的实践研究》，中国矿业大学出版社 2012 年版，第 200 页。

项。① 本书所指称的路径类似于第二种含义，即实现马克思主义大众化目标的路线。与"方法""途径"相比，"路径"更强调必然性，而"方法"和"途径"则带有选择性的特征。

一般认为，马克思主义大众化的路径，就是实现马克思主义大众化目标的路线、必然途径和措施等，它"是以马克思主义信息的交流、分享而连接起来的主客体指向实践目标的运动，是实现马克思主义大众化目标的逻辑指向和实践过程的统一"②。笔者认为，马克思主义大众化的路径是人们对马克思主义传播普及过程必然性的揭示，是主体发挥能动性理解、认同和接受马克思主义这一科学理论的途径和方法，还表现为马克思主义理论创新发展的轨迹和方向。马克思主义大众化的路径是连接马克思主义理论和无产阶级政党的路线方针政策与人民大众具体实践活动之间的桥梁，它是同时受到主客体、信息、环境等影响的中介性因素。

三　民族地区马克思主义大众化及其路径

（一）民族地区马克思主义大众化

目前我国学界对"民族地区"与"少数民族地区"这两个概念通常在等同意义上使用。关于民族地区的范围划分主要有两种意见，一种认为"民族地区"指内蒙古、新疆、广西、宁夏、西藏5个自治区和青海、贵州、云南3个多民族省；另一种认为"民族地区"是指长期以来某个或某些少数民族聚居的地区，也即拥有少数民族自治权的地区，包括自治区、自治州和自治县三个层次，具体包括我国界定的5个自治区、30个自治州、120个自治县。③ 本书所研究的"民族地区"主要指广西壮族自治区（广西），在行文论述及案例的选择上偏向于广西的少数民族聚居区。

民族地区马克思主义大众化是我国马克思主义大众化的重要组成部

---

① 《路径》2017年10月6日（http://baike.baidu.com/view/59642.htm）。

② 赵欢春：《高校推进马克思主义大众化的路径研究》，博士学位论文，南京师范大学，2011年，第45页。

③ 杨满心：《民族地区马克思主义大众化研究——以湖北恩施土家族苗族自治州为例》，硕士学位论文，西南大学，2011年，第8页。

分，它事关我国民族地区的改革、发展和稳定大局。民族地区马克思主义大众化就是当地党组织从本地区的政治、经济、文化、社会状况和民族群众的需要出发，通过一定的形式、路径和方法推进中国化马克思主义理论（包括民族理论）和党的路线方针政策实现大众化的过程；是马克思主义亲近民族地区党员干部和群众，并为他们所理解和认同，内化为他们的思想认识，成为他们手中变革世界"理论武器"的过程；也是马克思主义在民族地区普及后，各项事业得以不断发展进步的过程。当前民族地区马克思主义大众化的紧迫任务是：结合当地实际深入宣传和普及中国特色社会主义理论体系，在民族群众中大力培育社会主义核心价值观，巩固马克思主义意识形态在民族地区的主导地位，用中国共产党的理论创新成果尤其是习近平新时代中国特色社会主义思想凝聚人心、汇聚力量，实现各民族之间团结、和谐、共同繁荣。

（二）民族地区马克思主义大众化路径

民族地区马克思主义大众化的路径，简言之就是推进马克思主义在少数民族地区实现大众化的有效路线和途径。它重点解决的是通过什么样的形式、手段、载体、方法、机制等使马克思主义理论和党的路线方针政策能够为民族地区干部群众所理解、认同、接受和运用的问题。民族地区马克思主义大众化的路径按不同标准有不同类型：按显现程度分有与民族地区实际相适应的显性路径和隐性路径；按性质分有官方路径和非官方路径；按中介或手段分有学习教育和培训、人际交流和宣传媒介传播、物质载体、制度规范等路径。譬如，壮大民族地区宣传文化人才队伍，创新马克思主义话语表达方式与传播方式，打造有民族地区特点的马克思主义宣传平台与载体，建立健全民族地区马克思主义大众化组织、制度与机制等都可以看作民族地区马克思主义大众化的路径。

第二节　马克思主义的文化理论

全面理解马克思主义的文化理论是我们研究文化建设视域下马克思主义大众化路径问题的一个基本理论前提。从马克思、恩格斯已发表的论著来看，他们虽然没有直接就文化问题进行过专门著述，但是在他们的社会历史理论中不乏关于文化与人的本质、文化与社会发展、文化与历史进步等问题的深刻探讨。马克思主义的后继者们同样高度关注文化问题，丰富发展了马克思主义的文化理论。下面仅就马克思主义文化与意识形态理论、精神文化生产理论、文化领导权思想、文化软实力思想等做初步阐析。

一　文化与意识形态理论

马克思、恩格斯是从两个层面上理解文化的：一是狭义层面，他们将文化界定为"时代精神""文明活的灵魂"，其表现形式为知识、精神生活、意识形态、文化意识和文化观等；二是广义层面，马克思、恩格斯在更多的意义上是把文化等同于文明，把文化与社会生活方式、文明形态的变化联系在一起。

意识形态是文化范畴的核心。人们通常将精神文化区分为意识形态的文化（观念上层建筑）和非意识形态的文化。在法国哲学家特拉西那里，"意识形态"这个词被用来表述"观念科学"，后来人们用之指称"观念"本身。在马克思、恩格斯那里，意识形态最初是作为一个否定性概念提出来的，被认为是对社会现实颠倒的、歪曲的反映，是"虚假的观念体系"。马克思、恩格斯进一步指出，意识形态作为精神上层建筑，是由占统治地位的物质关系所决定的，"占统治地位的思想不过是占统治地位的物质关系在观念上的表现"①。意识形态是被赋予了特定阶级意志的思想或精神体系的形式，包括法律、政治、宗教、艺术或哲学等方面内容，体现为一定团体所有成员所共同认可并遵守的认识、思想、信仰、价值等。马克思、恩格斯正是通过批判德意志意识形态实现哲学上的变革的。

意识形态一旦形成后又具有相对的独立性，深刻地影响着整个社会文化的发展，乃至影响着生存于特定文化环境中的每一个人。首先，意识形态作为占统治地位的思想形式，主导着文化的性质和发展方向。尽管由于文化惯性的存在，旧的意识形态往往以种种不同的方式渗透到新的意识形态中，而新的意识形态中或多或少内在地延续着以往的政治传统、道德风俗、宗教观念等。但是，主导文化的性质和引领文化发展方

---

① 《马克思恩格斯选集》第一卷，人民出版社 2012 年版，第 178 页。

向的必定是由先进意识形态所决定的。其次，意识形态能够对人们的思想观念和价值取向进行塑造。意识形态是统治阶级的物质关系在观念上的表现，具有鲜明的阶级性，反映了统治阶级的意志，是某一个时代占统治地位的思想或社会意识形式。生活在一定阶级社会中的人们，其思想观念和价值取向不可避免受到占统治地位的思想或社会意识形式的塑造和影响。

为了维持和巩固作为社会主导意识的地位，意识形态需要不断地进行建设和完善。建设先进文化，发挥先进文化的育人功能是意识形态建设的重要途径。马克思、恩格斯提出要以共产主义文化造就自由全面发展的人。恩格斯认为，"文化上的每一个进步，都是迈向自由的一步"①。在未来共产主义社会：私有制将被彻底否定，每个人都将获得全面发展和表现自己全部能力的机会，人们不仅摆脱了对他人的依赖，也解除了对他物的依附关系。共产主义文化的功能就是造就个性自由、素质得到全面发展的人。马克思还指出，工人阶级和人类的未来完全取决于新一代工人的成长，要让未成年人接受包括"智育""体育"和"技术培训"在内的教育。② 恩格斯则把由国家出资对儿童毫无例外地实行普遍教育看成促使共产主义实现的措施之一。此外，马克思、恩格斯还提出要重视文学艺术的美育作用。他们认为，提升大众的文化素养是实现共产主义的基本前提，也是不断创造条件培育无产阶级阶级意识的途径。

列宁提出了"科学的意识形态"概念，他认为无产阶级政党要在深入批判各种资产阶级意识形态和假马克思主义意识形态过程中坚持和发展马克思主义这一科学的意识形态。为了促使工人阶级接受马克思主义，列宁提出了意识形态灌输论。在他看来："工人本来也不可能有社会民主主义的意识。这种意识只能从外面灌输进去，各国的历史都证明：工人阶级单靠自己本身的力量，只能形成工联主义的意识。"③ 无产阶级政党只有将社会主义意识形态灌输给工人，"积极地对工人进行政治教育，发

---

① 《马克思恩格斯选集》第三卷，人民出版社 2012 年版，第 492 页。
② 《马克思恩格斯全集》第二十一卷，人民出版社 2003 年版，第 270 页。
③ 《列宁选集》第一卷，人民出版社 2012 年版，第 317 页。

展工人阶级的政治意识"①，才能促使自发的工人运动变为自觉的革命运动。"意识形态灌输论"对于今天的推进马克思主义大众化依然具有借鉴意义。列宁晚年还提出要以文化建设促进政治文明的思想：加强文化教育的政治功能，通过普遍提高人民群众的文化素养来促进政府机关的廉政建设等。②。这些思想对于当时百业待兴的苏俄来说难能可贵。

毛泽东主要通过"文化"话语平台来表述其意识形态思想，他很少使用"意识形态"之类的术语，更多的是采用"文化""观念形态""思想体系"等更为宽泛的跟"意识形态"意思大致相同的概念来表述其思想。③ 毛泽东指出："一定的文化（当作观念形态的文化）是一定社会的政治和经济的反映，又给予伟大影响和作用于一定社会的政治和经济。"④ 这是毛泽东对文化的性质以及文化与政治、经济之间关系所做的经典阐释。在这里，他所表述的"文化—意识形态"观的要义与马克思主义"经济基础—上层建筑"话语下的意识形态思想是一致的。中华人民共和国成立后，马克思主义在我国意识形态领域的主导地位正式确立。毛泽东在第一届全国人民代表大会第一次会议上的开幕词中指出："指导我们思想的理论基础是马克思列宁主义。"⑤ 毛泽东倡导制定和实施了"百花齐放，百家争鸣""古为今用，洋为中用"等发展社会主义文化的方针政策，并提出了加强文化意识形态工作队伍建设的要求，这对我国社会主义文化建设产生了积极的影响。当然，毛泽东的"文化—意识形态"观也存在一定的局限性，即过于强调意识形态的阶级性、斗争性，企图通过群众性的暴风骤雨式的文化革命来巩固马克思主义意识形态的主导地位。实际上，我国在社会主义制度确立以后，就应将工作重心转移到发展生产力上，不能再过于片面强调开展大规模的"文化—意识形态"斗争，否则只能事与愿违。

　　① 《列宁选集》第一卷，人民出版社 2012 年版，第 342 页。

　　② 黄家周：《论列宁晚年以文化建设促进政治文明建设的思想》，《经济与社会发展》2009 年第 12 期，第 50—52 页。

　　③ 卢永欣、吴林芳：《论毛泽东的"文化—意识形态"观》，《湘潭大学社会科学学报》2003 年第 S2 期，第 61—64 页。

　　④ 《毛泽东选集》第二卷，人民出版社 1991 年版，第 663—664 页。

　　⑤ 《毛泽东文集》第六卷，人民出版社 1999 年版，第 350 页。

在改革开放新时期，中国化马克思主义意识形态观又有了新发展。邓小平"通过意识形态的剥离、合理化、回避和创新对社会主义意识形态进行了重构，使社会主义意识形态再次与中国的实际相结合"①。一是确立了"解放思想、实事求是"的思想路线，把坚持四项基本原则作为意识形态理论建设的核心，奠定了社会主义事业发展的思想基础。二是创造性地提出了社会主义本质论和社会主义初级阶段论等新理论，开拓了马克思主义的新境界。三是指出马克思主义是开放的、不断发展的理论，应以发展了的马克思主义来指导我国的社会主义现代化建设。邓小平的意识形态理论不仅是我国改革开放时期意识形态工作的指南，也为后来党的意识形态理论创新提供了典范。在世纪之交，江泽民在总结了我们党过去意识形态工作经验教训的基础上，明确新时期我国社会主义意识形态工作的要求。他指出"我们决不能重复过去搞'思想工作万能'、'政治冲击一切'那套思维方式和工作方法，但也决不能把生产力对社会发展起最终决定作用的原理简单化、绝对化、庸俗化。我们要辩证地看待和处理一手抓经济工作、一手抓思想政治工作的相互关系"②。也就是说，要排除各种"左"和右的错误思想对发展的干扰，要用发展的办法解决前进中遇到的问题和困难。以胡锦涛为代表的中国共产党人则提出了要以主流意识形态引领文化建设的新思想；③提出了建设社会主义核心价值体系，推进当代中国马克思主义大众化，不断提升国家文化软实力等战略任务。党的十八大以来，以习近平同志为核心的党中央继续强调要加强社会主义意识形态建设。习近平指出"经济建设是党的中心工作，意识形态工作是党的一项极端重要的工作"④。党的宣传思想工作和理论工作的根本任务就是要巩固马克思主义在意识形态领域的指导地位。新时期党的宣传思想工作要"理直气壮地宣传中国特色和中国道

---

①　吴文勤：《邓小平对社会主义意识形态的重构及其历史贡献》，《社会主义研究》2005 年第 1 期，第 45—48 页。

②　《江泽民文选》第三卷，人民出版社 2006 年版，第 85 页。

③　龚正荣：《论胡锦涛以主流意识形态引领文化建设的新思想》，《中国特色社会主义研究》2009 年第 3 期，第 16—20 页。

④　《习近平在全国宣传思想工作会议上强调：胸怀大局把握大势着眼大事，努力把宣传思想工作做得更好》，《人民日报》2013 年 8 月 21 日第 1 版。

路，全面把握坚持党性与人民性的辩证关系，坚持团结稳定鼓劲和正面宣传为主的重要方针，讲好中国故事、传播好中国声音和树立大宣传的工作理念"①。总之，改革开放以来，我们党紧密联系新时期的世情、国情和党情的新变化，针对新形势下的新问题、新任务，创造性地提出了一系列富有价值的社会主义意识形态建设思想，卓有成效地推进了意识形态工作的开展。

二 精神文化生产理论

马克思、恩格斯之前的思想家，譬如亚当·斯密、大卫·李嘉图、黑格尔、费尔巴哈等人都曾对精神文化活动进行过研究，并提出不少真知灼见，但是他们囿于唯心主义或形而上学的窠臼，皆未能建立起科学的精神文化生产理论。而"真正从社会各因素相互作用这个整体上来阐释精神生产内涵，从而确立了科学的精神文化生产基本思想的是马克思和恩格斯"②。在马克思、恩格斯看来，广义的生产包括物质资料的生产、人的生命的生产和精神生产三种形式。精神生产活动是劳动者以创造精神文化产品（如科学、艺术、教育、道德、宗教、哲学、政治、法律等）为目的的生产活动。精神生产有时专指艺术生产，而艺术则属于文化的范畴。因此，我们一般将精神生产和文化生产在内涵上同等看待。在相关著作中，马克思、恩格斯阐发的是基于唯物史观立场的精神文化生产理论。

第一，精神文化生产成为独立的生产活动是社会分工发展的结果。马克思指出，人类历史上随着生产力的发展，社会上出现了体力劳动和脑力劳动的分工，于是逐渐"形成了一个脱离直接生产劳动的阶级，它掌管社会的共同事务：劳动管理、国家事务、司法、科学、艺术等等"③。这个阶级就是精神文化生产者阶级。

第二，精神文化生产由物质生产所决定。主要体现为：一是物质生

① 严书翰：《我国意识形态工作的纲领性文献——深入学习和全面把握习近平总书记"8·19重要讲话"的要点》，《中共中央党校学报》2013年第5期，第38—43页。
② 胡海波、郭凤志：《马克思恩格斯文化观研究》，中国书籍出版社2013年版，第125页。
③ 《马克思恩格斯文集》第三卷，人民出版社2009年版，第562页。

产为精神生产提供了条件，并制约着精神生产的状况和水平。"人们首先必须吃、喝、住、穿，就是说首先必须劳动，然后才能争取统治，从事政治、宗教和哲学等等。"① 精神文化生产从物质生产分化出来以后获得了独立的外观，但它归根到底是不能完全脱离物质生产而存在的。一定时期的物质生产方式和生产力发展水平决定了与之相适应的精神文化生产状况和水平。二是物质生产的性质决定了精神文化生产的性质。"与资本主义生产方式相适应的精神生产，就和与中世纪生产方式相适应的精神生产不同。"② 资本主义生产方式的性质决定了资本主义制度下的哲学、文学、宗教、道德和政治思想体系的性质，资产阶级所倡导的自由、平等、博爱等思想主张也是与资本主义生产方式相适应的。

第三，精神文化生产具有相对的独立性。精神文化生产一方面依赖于物质生产，另一方面它一旦被生产出来以后又具有一定的相对独立性。精神文化生产受生产的普遍规律所支配，但是又具有自己内在的特殊规律。精神文化生产的相对独立性主要体现为：一是精神文化生产具有历史继承性。恩格斯指出："历史方面的意识形态家（……）在每一科学领域中都有一定的材料，这些材料是从以前的各代人的思维中独立形成的，并且在这些世代相继的人们的头脑中经过了自己的独立的发展道路。"③ 每一代人的精神文化生产都是在继承前人的思想成果基础上进行的。二是精神文化生产与物质生产之间具有发展的不平衡性。"在艺术本身的领域内，某些有重大意义的艺术形式只有在艺术发展的不发达阶段上才是可能的。"④ 而"经济上落后的国家在哲学上仍然能够演奏第一小提琴"⑤。精神文化生产有时还能够超越它所产生的时代继续发挥作用。

第四，精神文化生产对物质生产又具有反作用。精神文化生产所诞生的科学技术成果，通过对物质生产过程和要素施加影响，能够提高劳动生产效率和提升社会生产力水平，促进社会物质财富增长，推动物质文明进步。哲学社会科学知识，也能为新的社会经济、政治、文化、社

---

① 《马克思恩格斯选集》第三卷，人民出版社 2012 年版，第 723 页。
② 《马克思恩格斯全集》第三十三卷，人民出版社 2004 年版，第 346 页。
③ 《马克思恩格斯选集》第四卷，人民出版社 2012 年版，第 642—643 页。
④ 《马克思恩格斯文集》第八卷，人民出版社 2009 年版，第 34 页。
⑤ 《马克思恩格斯选集》第四卷，人民出版社 2012 年版，第 612 页。

会、生态等实践活动提供理论指导。先进的精神文化对物质生产具有先导作用。

第五，科学预见了对精神文化生产的全球化趋势。马克思、恩格斯认为伴随着生产力的发展和进步，"过去那种地方的和民族的自给自足和闭关自守状态，被各民族的各方面的互相往来和各方面的互相依赖所代替了。物质的生产是如此，精神的生产也是如此"①。随着精神生产全球化的发展，世界上各民族的精神文化生产将呈现出相互依赖、相互影响和相互渗透的发展态势，民族的精神产品亦将超越地域的限制，成为具有世界性的"公共产品"。

列宁继承和发展了马克思主义精神文化生产理论。在列宁的著述中，文化的内涵很宽泛，涵盖了人们的"生活方式"、社会理想、政治思想、知识、道德、心理、习惯等领域。第一，提出了无产阶级文化建设的基本原则。列宁在1905年提出的"党的出版物原则"实际上也是无产阶级文化建设的基本原则。"党的出版物原则"指出：作者要把写作事业当作党的事业看待，要为千千万万劳动人民服务；党的宣传机构、出版物要接受党的领导和监督，但党又不能单纯依靠行政命令去领导它们。第二，提出了"两种民族文化"理论——剥削阶级的民族文化和被剥削阶级的民族文化。"两种民族文化"理论为无产阶级开展民族文化革命和促进国家建设做了理论上的准备。"两种民族文化"理论要求扬弃历史上一切反动腐朽的文化，创造无产阶级新文化。第三，提出了"无产阶级专政"的两个任务——"经济革命"和"文化革命"。列宁认为，文化革命是在经济革命的基础上产生的，同时又对经济革命有反作用，文化革命就是要建设无产阶级性质文化。"只有马克思主义的世界观才正确地反映了革命无产阶级的利益、观点和文化"②，无产阶级文化建设必须坚持马克思主义世界观的指导地位。第四，提出了艺术属于人民的观点。列宁认为社会主义文学艺术只有以劳动群众为"根基"，才能够为广大人民群众所喜闻乐见。第五，指出无产阶级文化建设的根本任务是改革和发展教育，目标是培养一代共产主义新人。列宁的无产阶级文化建设理论在苏俄社

---

① 《马克思恩格斯选集》第一卷，人民出版社2012年版，第404页。
② 《列宁选集》第四卷，人民出版社2012年版，第299页。

会主义建设中进行了一定程度的实践，积累了可贵的经验。

毛泽东在继承和发展马克思主义精神文化生产理论方面也做出了贡献。在新民主主义革命时期，毛泽东就提出建设"民族的科学的大众的"新民主主义文化的主张。在《在延安文艺座谈会上的讲话》中，毛泽东指出文艺工作者要解决好"立场问题，态度问题，工作对象问题，工作问题和学习问题"①；无产阶级文艺要坚持为人民服务、为工农兵服务的方向，要处理好文艺与生活、文艺与政治、文艺创作与文艺批评等各方面的关系。新中国成立后，毛泽东又提出了发展社会主义文化的"双百"方针和"两用"方针等。毛泽东上述文化建设思想方针为我国革命和建设时期的文化建设实践指明了方向，产生了深远的影响。

邓小平对马克思主义精神文化生产理论的继承和发展集中体现在：第一，提出坚持社会主义物质文明和精神文明"两手抓，两手都要硬"的思想。一方面，明确物质文明是精神文明的基础。"人民的物质生活好起来，文化水平提高了，精神面貌会有大变化。"② 另一方面，指出精神文明建设的好坏也会对物质文明进步造成影响。"不加强精神文明的建设，物质文明的建设也要受破坏，走弯路。"③ 在中国特色社会主义建设过程中，我们都要妥善处理好"两大文明"建设的关系。

第二，提出要准确理解精神文明的内涵和目标。邓小平认为，精神文明"不但是指教育、科学、文化（这是完全必要的），而且是指共产主义的思想、理想、信念、道德、纪律，革命的立场和原则，人与人的同志式关系，等等"④。精神文明建设既包括教育科学文化的发展，也包括思想道德方面的建设。"当前的精神文明建设，首先要着眼于党风和社会风气的根本好转。"⑤ 只有端正党风和社会风气，才能为整个国家的经济社会发展提供良好的环境。

第三，明确文化发展要为人民服务、为社会主义服务的新方向。我国改革开放之后，邓小平根据新形势调整了此前文艺与政治关系的理论

---

① 《毛泽东选集》第三卷，人民出版社 1991 年版，第 848 页。

② 《邓小平文选》第三卷，人民出版社 1993 年版，第 89 页。

③ 同上书，第 144 页。

④ 《邓小平文选》第二卷，人民出版社 1994 年版，第 367 页。

⑤ 《邓小平文选》第三卷，人民出版社 1993 年版，第 144 页。

观点，结合培养社会主义新人任务的要求，确立了文艺要为人民服务、为社会主义服务的新方向。邓小平针对 20 世纪 80 年代初文艺界出现"精神污染"，缺乏振奋人心的优秀作品的现象，指出这是"许多文艺工作者忽视学习马克思主义，不深入群众建设新生活的斗争"①造成的。邓小平因此，提出在新的历史条件下必须加强和改善党对文艺工作的领导，加强党对思想战线的领导，既要坚持"双百"方针，又要"旗帜鲜明地反对资产阶级自由化"②，反对"精神污染"。要坚定不移地遵循文化发展为人民服务、为社会主义服务的正确方向。

第四，提出"尊重知识，尊重人才"的要求。邓小平指出，科学技术是第一生产力。科学技术通过渗透到劳动资料、劳动对象、劳动者、生产管理等要素中，能够极大地提升劳动质量和生产效率，促进生产力的迅速发展。科学技术的发展和应用离不开人才，离不开人口素质的提高。而要改变我国人口整体素质偏低的状况，关键在于抓教育。要发展教育，就必须尊重教师和科研人员，重视发挥知识分子和各类人才的积极作用。在邓小平看来，知识分子已经是工人阶级的一部分，从事脑力劳动的人也是劳动者，他们的劳动应该得到尊重；经济体制改革、科技体制改革都离不开人才，因此我们"要创造一种环境，使拔尖人才能够脱颖而出"③。特别是要创造良好的制度和组织环境促使各类人才的积极性、创造性能够充分发挥，实现人尽其才，才尽其用。

在当代，马克思主义精神生产理论已成为中国特色社会主义文化建设的重要指针。其一，巩固马克思主义意识形态的主导地位，发挥马克思主义在中国特色社会主义文化建设中的指导作用。其二，建设和完善社会主义核心价值体系，在全社会培育和践行社会主义核心价值观。作为社会主义精神生产重要内容的社会主义核心价值体系建设同样受到生产方式的制约，同时又有自身发展的特点。其三，正确处理价值取向的一元与多元的关系。社会主义核心价值体系倡导一元的主导价值观并不否定社会客观存在多元价值取向和社会思潮，而是要以一元引领多元。

---

① 《邓小平文选》第三卷，人民出版社 1993 年版，第 43 页。
② 同上书，第 194 页。
③ 同上书，第 109 页。

其四，要重视文化的传承和创新。自古以来，中华民族就形成了爱国主义、勤俭节约、尊老爱幼等系列民族精神和优秀传统文化；1921 年以来，中国共产党领导中国人民进行了新民主主义革命、社会主义革命、建设和改革，形成了"井冈山精神""长征精神""大庆精神""两弹一星精神"等红色精神文化和奋勇争先、改革创新的现代精神文化。所有这些精神文化都需要我们进行弘扬。其五，要具有世界眼光，以开放的姿态借鉴和吸收人类一切优秀文化成果，并将我们的社会主义核心价值体系介绍给世界人民，在对外文化交流过程中丰富和发展社会主义核心价值体系。[①] 此外，我们党还提出了加强社会主义和谐文化建设、社会主义生态文化建设等主张。

马克思主义精神文化生产理论历久弥新，是当代中国特色社会主义文化建设理论丰富和发展的理论源泉，是我国建设社会主义文化强国的行动指南。

三　文化领导权思想

"文化领导权"属于领导权的范畴。马克思主义将领导权的含义描述为阶级之间的统治或控制。[②] 马克思、恩格斯在其著述中，尽管没有直接使用过"文化领导权"这个概念，但是在相关论述中已经具有"文化领导权"思想的萌芽。譬如，他们在《德意志意识形态》中提到"支配着物质生产资料的阶级，同时也支配着精神生产资料，因此，那些没有精神生产资料的人的思想，一般的是隶属于这个阶级的"[③]。统治阶级的领导权既包括对物质生产领域的领导，也包括对精神生产领域的领导。统治阶级的领导权是否稳固有赖于其他阶级对它的认可。"每一个企图取代旧统治阶级的新阶级，为了达到自己的目的不得不把自己的利益说成是社会全体成员的共同利益。"[④] 文化领导权的意蕴在马克思、恩格斯的论说中，其强制性意味已大为减弱。此外，马克思、恩格斯还指出，向群

---

① 綦玉帅、夏东民：《马克思精神生产理论对构建社会主义核心价值体系的启示》，《吉首大学学报》（社会科学版）2012 年第 6 期，第 124—127 页。

② 《傅德根·威廉斯与文化领导权》，《外国文学评论》2000 年第 4 期，第 127 页。

③ 《马克思恩格斯选集》第一卷，人民出版社 2012 年版，第 178 页。

④ 同上书，第 180 页。

众尤其是工人阶级宣传科学理论是无产阶级政党获得文化领导权的重要途径。

在马克思主义发展史上，列宁第一次提出了领导权理论，只是他偏向于强调政治领导权，即认为无产阶级要依靠暴力革命来夺取资产阶级的政治领导权。但这"并不意味着他关于文化领导权思想的缺位"①。列宁对无产阶级文化领导权问题做过不少深刻的思考和论述。他反对"经济派"只重视经济斗争而忽视革命理论积极作用的错误。在列宁看来，思想是行动的先导，"没有革命的理论，就不会有革命的运动"②。作为无产阶级政党首先要以革命的理论来武装头脑，因为"只有以先进理论为指南的党，才能实现先进战士的作用"③。无产阶级政党还肩负着把革命理论传播到革命的主力军工人阶级中去的使命。列宁反对自发的工联主义，提出要从外面"把社会主义思想和政治自觉性灌输到无产阶级群众中去，"④ 使马克思主义真正成为工人阶级手中的锐利武器。在十月革命胜利后，无产阶级政党掌握了政治上的领导权，列宁又提出了经济革命和文化革命的任务。在文化革命方面，他强调要确立马克思主义在文化领域的主导地位，保障人民群众享有接受教育、创作和享受文化艺术等基本文化权益；无产阶级既要扫清封建文化糟粕的残余，又要应对资产阶级在意识形态领域的进攻，通过"文化革命"与资产阶级争夺文化领导权。

意大利早期共产党领袖、思想家葛兰西是正式提出并全面阐述"文化领导权"理论的人。他结合本国无产阶级革命实践发展了马克思主义领导权思想。在《狱中札记》一书中，葛兰西对欧洲共产主义运动进行了反思并提出了"文化领导权"思想，"领导权主要是标志一些阶级同其他社会力量关系的范畴，一个获得了领导权的阶级是一个经由政治和思想意识斗争同其他阶级和社会力量建立起联盟的阶级，并在这个联盟中

---

① 谷少杰：《试论无产阶级文化领导权理论及其当代启示——从马克思、恩格斯、列宁到葛兰西》，《天府新论》2012 年第 2 期，第 115 页。

② 《列宁选集》第一卷，人民出版社 2012 年版，第 311 页。

③ 同上书，第 312 页。

④ 同上书，第 285 页。

它的领导受到其他阶级的欣然同意"①。在葛兰西看来，领导权的获得不是靠强制力，而是靠"精神革命"。葛兰西文化领导权思想主要包括以下内容：其一，市民社会是文化领导权的理论前提。对现代国家而言，市民社会的文化领导权比政治社会的政治领导权起着更为重要的作用。政治社会代表暴力，市民社会则代表舆论。市民社会通过民间社会组织和各种意识形态—文化组织成功说服其他阶级接受、认同和服从自己的道德观和文化观，是文化领导权的实施场所。其二，有机知识分子是文化领导权获得和巩固的主体。能够担当推行无产阶级意识形态并掌握文化领导权重任的是"有机知识分子"。有机知识分子是特指那些掌握了知识财富并在一定社会结构中参与领导上层建筑的人，而非传统的脑力劳动者。有机知识分子与一定的社会集团或阶级相联系，能够构建和明确地表达所属阶级的意识形态，并把这些意识形态通过书籍、报刊、论坛等方式向整个社会传播。其三，无产阶级政党是无产阶级获得和巩固文化领导权的重要依托。在葛兰西看来，资产阶级及其政党实现了资本主义国家专政职能和在"文化—意识形态"方面的支配地位，但是资产阶级政党始终不能解决生产力与生产关系的矛盾、资产阶级与无产阶级之间的矛盾。只有无产阶级政党对资产阶级国家机器进行革命的同时夺取文化领导权，才能够建立起促使阶级和剥削消灭，政党和国家消亡，实现真正的民主、平等与和谐的共产主义社会。其四，"阵地战"是无产阶级获得和巩固文化领导权的战略举措。西欧各国无产阶级革命之所以失败是因为照搬了俄国十月革命的"运动战"模式，实际上应该从西欧各国的实际出发，将"运动战（正面进攻）变为阵地战"，即在市民社会领域对资产阶级的思想阵地通过"分子入侵式的"无产阶级意识形态的宣传和教育，逐步瓦解资产阶级意识形态所霸占的"堑壕"和"碉堡"（学校、出版社、法院、群众性的宣传工具、工会等），攻克一个个阵地夺取资产阶级的文化领导权，直至夺取整个国家的领导权。

葛兰西"文化领导权"思想体现了对马克思主义意识形态理论的发挥。它提出后便在西欧的左派力量和进步知识分子中广受关注。英国左派知识分子领袖、著名马克思主义文学理论家雷蒙·威廉斯对葛兰西的

---

① 毛韵泽：《葛兰西：政治家、囚徒和理论家》，求实出版社 1987 年版，第 161 页。

文化领导权思想进行了研究和阐发。他在《马克思主义文化理论中的基础和上层建筑》和《马克思主义与文学》中开辟了专门章节来阐述葛兰西的文化领导权思想。在威廉斯看来,"文化领导权"思想包含"意识形态"的内涵,又实现了对"意识形态"的超越,使人们更加看清阶级社会中的压制和不平等,统治与被统治的关系。威廉斯还指出,在发达资本主义社会里统治阶级更多的是利用认同来实施统治。此外,他还指出领导权具有动态性特征,领导权的获得和维护绝不是一劳永逸的,要看到反领导权和替代性领导权的存在。威廉斯通过对主流文化、残余文化和新兴文化的分析,指出了文化的动态变化过程及其重要意义。最后,威廉斯阐述了选择的系统和大众传播系统在领导权获得和巩固过程中的作用。① 威廉斯的观点为我们理解"文化领导权"问题和资本主义文化功能问题提供有益启示。当然,威廉斯文化理论的局限性也是明显的,因为假如不从根本上推翻资本主义制度,而单纯地从文化方面夺取领导权,新的社会制度即社会主义制度是无法建立起来的。

总之,文化领导权思想经历了从马克思—恩格斯、列宁到葛兰西和威廉斯等人的探索、深化和拓展,影响深远。尤其是葛兰西的文化领导权思想,尽管其产生于西方无产阶级革命失败的特定历史语境下,其内涵也与马克思主义经典作家无产阶级革命理论不尽相同,但是它依然具有较强的阐释能力,能够为我们思考和理解马克思主义领导权问题提供新视角。它对于我国现阶段加强意识形态工作,特别是推进当代中国马克思主义大众化同样具有启发和借鉴意义:一是马克思主义理论和党的路线方针政策的宣传只有亲近大众、引起大众的共鸣,才能更多地获得大众的认同和支持。比如,关于中国道路、中国制度、中国理论、中国文化的宣传,关于社会主义核心价值观的宣传等,都应该采用大众喜闻乐见的方式和手段,让大众深切地理解和体会个人与社会主义的关系,自觉认同和接受社会主义意识形态。二是要重视培育大众乐于接受科学理论的社会土壤和社会氛围。学校的教育、现代大众媒体的宣传、各种官方和非官方的社会组织机构或集团的活动等,构成了推进马克思主义大众化的立体网络,是社会主义意识形态建设的重要载体。三是应充分

---

① 傅德根:《威廉斯与文化领导权》,《外国文学评论》2000 年第 4 期, 第 127—134 页。

发挥知识分子和无产阶级政党在推进马克思主义大众化工作中的关键性
作用。知识分子尤其哲学社会科学的理论工作者是沟通科学理论与普通
大众之间的桥梁和纽带。要解决好现实中存在的理论研究与理论普及相
互脱节的"两张皮"问题，密切科学理论与大众实际生产生活的联系，
拉近科学理论与普通大众的距离。我们在推进马克思主义大众化过程中
还应充分发挥无产阶级政党的领导作用和共产党员在学习运用科学理论
的模范带头作用。同时，通过营造优良的党风、政风带动和影响整个社
会风气的好转，为有效推进马克思主义大众化创造有利条件。

四　文化软实力思想

　　文化也是一种力量。根据马克思、恩格斯的观点，科学技术是推动
经济和社会发展的强大杠杆，科学理论和精神信仰是促进社会进步的重
要力量，先进的意识形态是社会前进的思想动因，无产阶级文化教育可
以为社会进步提供保障。① 文化建设的一个重要目标就是增强文化软
实力。

　　文化软实力是一国或地区"软实力"的组成部分。"软实力"是相对
于"硬实力"而言的，二者共同构成一国的综合国力。一般认为，"软实
力"（Soft Power）概念是由著名学者、哈佛大学教授约瑟夫·奈（Joseph
S. Nye Jr.）在 20 世纪 80 年代与美国流行的"衰落论"展开辩论时首先
提出的。约瑟夫·奈不赞同以保罗·肯尼迪为代表提出的"衰落论"，认
为当时美国的力量并没有衰落，只是其本质和构成发生变化而已。1990
年，约瑟夫·奈先后在美国《政治学季刊》《外交政策》等杂志上发表了
《变化中的世界力量的本质》《软实力》等一系列论文，并出版了《注定
领导：变化中的美国力量的本质》（又译《美国定能领导世界吗》）。在
这些论著中，约瑟夫·奈明确提出了"软实力"概念并阐释了其基本思
想。他指出，在国家的综合国力中：那种能够左右他人意愿的能力和文
化、意识形态以及社会制度等所有这些无形的力量资源就是"软实力"
（或称"软力量"），而军事和经济实力这类有形的力量资源则是"硬实

---

① 孟宪平：《马克思恩格斯视野中的文化力量论析》，《毛泽东邓小平理论研究》2010 年第
8 期，第 51 页。

力"。在当今国际政治中一个国家的文化软力量正变得越来越重要。① 随后的几年里，约瑟夫·奈又接连发表了一系列的文章和著作，② 详细阐明"软实力"的内涵及其作用。他在 2004 年 3 月出版的新著《软实力：国际政治中的制胜之道》比较完整地表述了"软实力"的概念，即"软实力是一种能力，它能通过吸引而非威逼或利诱达到目的。这种吸引力来自一国的文化、政治价值观和外交政策"③。并指出，文化在能对其他国家产生吸引力的地方起作用，政治价值观在当这个国家在国内外努力实践这些价值观时发挥作用，而外交政策在被认为合法且具有道德权威时发挥作用。④ 其中，文化是最为基础性的资源，影响着其他资源作用的发挥。

20 世纪 90 年代，"软实力"概念被引入我国，引发了广泛关注。王沪宁曾在 1993 年就"软实力"（"软权力"）发文指出："把文化看作一种软权力，是当今国际政治中的崭新概念。人们已经把政治体系、民族士气、民族文化、经济体制、历史发展、科学技术、意识形态等因素看作是构成国家权力的属性，实际上这些因素的发散性力量正使软权力具有国家关系中的权力属性。"⑤ 这段论述旨在表明"软实力"尤其是文化软实力在当代国际关系中已经具有与"硬实力"同等重要的地位。还有学者提出，要从多层面来理解软实力：国家层面的软实力主要寓于政治价值观、制度、文化、外交和国民素质之中；区域层面的软实力主要寓于公共管理、区域文化、人口素质和宜居环境等方面；商业领域的软实力主要寓于组织与制度、企业文化、品牌与服务、全员素质和社会责任

---

① ［美］约瑟夫·奈：《美国定能领导世界吗》，何小东、盖玉云等译，军事译文出版社 1992 年版，第 26 页。

② 包括：《软实力带来的挑战》（1999），《美国实力的悖论——世界唯一超级大国为何不能一意孤行》（2002），《为何再不能单纯依赖军事力量》（2002），《信息革命与美国的软实力》（2002），《软实力：国际政治中的制胜之道》（2004），《美国软实力的衰落》（2005），《软实力的再思考》（2006）等。

③ Joseph S. Nye, Jr. , Soft Power, *The Means to Success in World Politics*, New York：Public Affairs, 2004, p. 25.

④ ［美］约瑟夫·奈：《软实力——世界政坛成功之道》，吴晓辉、钱程译，东方出版社 2005 年版，第 11 页。

⑤ 王沪宁：《作为国家实力的文化：软权力》，《复旦学报》（社会科学版）1993 年第 3 期，第 91 页。

之中；个人层面的软实力主要寓于性格、涵养、品德和志趣之中。①

国内学界比较一致地肯定了文化软实力对于国家综合国力的重要性，并强调文化创造力对于提升文化软实力的意义。童世骏认为，文化作为国家软实力与政治价值和外交政策相比，具有更为基本的意义。② 另有学者指出，软实力在很大程度上就是文化软实力，也就是该国传统文化、意识形态、价值观念等文化因素对内发挥的凝聚力、精神动力、动员力，以及对外产生的吸引力、说服力和渗透力。一个国家或民族的文化资源决定了文化软实力的强弱，文化资源主要包括民族文化、价值体系、政治制度、意识形态、国民素质与形象、外交政策等。③

国内学界上述关于文化软实力内涵的理解仍存在一定的差异。本书认为：文化软实力是一个国家或地区软实力的核心部分，是该国或地区的优秀文化要素、意识形态和价值观念等对内所发挥的凝聚力、动员力、创造力、导向力，以及对外产生的影响力、吸引力、说服力和渗透力等。文化软实力建设是国家或地区整个文化建设的重要任务。

中国共产党历来重视文化软实力建设。在新民主主义革命时期，我们党提出建设民族的、科学的、大众的新民主主义文化的主张，产生了深远的影响。新民主主义文化代表了当时中国先进文化的前进方向，符合广大人民群众的根本利益和愿望，因此对工农阶级产生了强大的感召力和凝聚力。中华人民共和国成立后，"双百"方针、"两用"方针和"推陈出新"等文化发展方针和原则的提出，科学指导了社会主义文化建设的实践，大大提升了国家文化软实力。改革开放之初，邓小平明确指出社会主义现代化是包括物质文明和精神文明现代化在内的全面现代化，提出了"两手抓，两手都要硬"的方针，明确了建设有中国特色社会主义文化的任务。当前，随着经济全球化、世界多极化、文化多样化、社会信息化的态势日益明显，科技革命孕育新突破，文化软实力已经成为国家核心竞争力的重要因素，不少国家纷纷出台了发展本国文化软实力的战略举措。我国也提出了一系列旨在促进文化发展和繁荣，提升文化

---

① 唐代兴：《文化软实力战略研究》，人民出版社 2008 年版，第 1 页。
② 童世骏：《文化软实力》，重庆出版社 2008 年版，第 15—16 页。
③ 魏恩政、张锦：《关于文化软实力的几点认识和思考》，《理论学刊》2009 年第 3 期。

软实力的战略思想。党的十五大政治报告中对"建设有中国特色社会主义的文化"的内涵进行了科学界定，认为有中国特色社会主义文化是综合国力的重要标志。党的十六大报告中对当今世界文化与经济、政治相互交融的发展态势进行了准确判断，充分肯定了文化在综合国力竞争中的地位和作用。党的十七大报告中明确提出"要坚持社会主义先进文化前进方向，兴起社会主义文化建设新高潮，激发全民族文化创造活力，提高国家文化软实力"。党的十七届六中全会通过的《中共中央关于深化文化体制改革　推动社会主义文化大发展大繁荣若干重大问题的决定》中则提出了坚持中国特色社会主义文化发展道路，努力建设社会主义文化强国的战略任务。党的十八大报告中强调要"提高国家文化软实力，发挥文化引领风尚、教育人民、服务社会、推动发展的作用"，并将走中国特色社会主义文化发展道路，增强全民族文化创造活力作为建设社会主义文化强国的关键。党的十九大报告中指出"满足人民过上美好生活的新期待，必须提供丰富的精神食粮"，同时要"加强中外人文交流，以我为主、兼收并蓄；推进国际传播能力建设，讲好中国故事，展现真实、立体、全面的中国，提高国家文化软实力"[①]。中国共产党上述关于建设中国特色社会主义文化和提升文化软实力的阐述，表明党对文化建设重要性的认识逐步深化，体现了高度的文化自觉。

笔者认为，我国在面临国际文化竞争日趋激烈的新形势下，要通过进一步提升文化软实力以获得发展的主动权和优势。第一，强化国民对文化软实力重要性的认识。从各级领导干部到普通群众、从决策者到执行者都要充分认识文化软实力建设的地位和作用，要有发展繁荣文化的紧迫感和危机感。第二，抓住文化软实力建设的重点和关键。公民良好的道德素质和科学文化素质是文化软实力的深厚基础。因此，我们要坚持教育优先发展战略，这是文化软实力建设的重点；要将增强社会主义价值观、道德观和社会主义制度的感召力、影响力，提升国民的文化创造力，作为壮大我国文化软实力的关键。第三，制定和实施有助于提升文化软实力的措施和办法。从国家层面、区域层面到基层单位层面，统筹兼顾人、财、物等因素，围绕深化文化体制改革和促进对外文化交流

---

① 《党的十九大报告辅导读本》，人民出版社2017年版，第43页。

交往，制定执行提升文化软实力的具体措施和办法。第四，充分发挥党对文化软实力建设的领导作用。我国文化软实力的提升离不开中国共产党的正确领导，也有赖于党自身建设的推进。一个富有影响力、战斗力、生命力的执政党本身就是这个国家文化软实力强大的体现。我们要通过加强党的建设提高党对文化建设的领导能力。

第三节　推进马克思主义大众化是社会主义文化建设题中应有之义

马克思主义大众化与社会主义文化建设密切相关。马克思主义是中国特色社会主义文化建设的根本指导思想。推进马克思主义大众化是中国特色社会主义文化建设的题中应有之义，马克思主义大众化的实现程度又关系到中国特色社会主义文化建设的成败。

一　社会主义文化建设以马克思主义为指导思想

坚持马克思主义的指导思想，推进马克思主义大众化，是实现社会主义文化大发展大繁荣的根本要求。建设社会主义文化强国首要的指导方针是"坚持以马克思主义为指导，推进马克思主义中国化时代化大众化"[1]。马克思主义大众化有助于确立马克思主义作为社会主义文化建设指导思想地位的实现，奠定文化建设的思想基础和群众基础。

中国特色社会主义的文化"就是以马克思主义为指导，以培育有理想、有道德、有文化、有纪律的公民为目标，发展面向现代化、面向世界、面向未来的，民族的科学的大众的社会主义文化"[2]。在这里，培育"四有"公民的目标充分体现了马克思主义所倡导的"以人为本"的价值观、反映了实现人类解放的价值理想，彰显了"人民群众是历史创造者"的理念。中国特色社会主义文化是马克思主义与中国传统文化优秀因子和时代精神相融合的产物，其先进性源于马克思主义本身的先进性。

---

[1] 《中共中央关于深化文化体制改革　推动社会主义文化大发展大繁荣若干重大问题的决定》，《人民日报》2011 年 10 月 26 日。

[2] 《江泽民文选》第二卷，人民出版社 2006 年版，第 17—18 页。

坚持马克思主义指导思想的地位，是中国特色社会主义文化建设能够健康发展的根本保证。只有坚持马克思主义，我们才能有效应对当代全球化、信息网络化、价值观多元化对我国文化改革发展带来的挑战，才能够抵御各种非马克思主义文化思潮对我国的渗透，才能够消除历史上封建主义和资本主义文化糟粕的负面影响。马克思主义为中国特色社会主义文化建设提供了科学的世界观和方法论。发挥马克思主义在文化建设中的指导作用，"是指以马克思主义的基本原理为指导，去深入研究文化建设基本规律，并以此制定出切合实际的方针政策来指导文化建设各项事业的发展"①。这表明马克思主义对文化建设的指导作用主要体现为确保文化建设的社会主义性质方向和方法论的指导上。

人民群众是完成社会主义文化建设目标和任务的主体，其主体作用的发挥关键看他们对马克思主义精神的领会程度，从思想认识上明确建设什么样的文化、怎样建设文化这两个重大问题。换言之，当代中国马克思主义、建设中国特色社会主义文化的理论和政策只有为广大人民群众所理解和认同，才能内化为他们投身社会主义文化建设的精神动力。

马克思主义对文化建设的指导作用贯彻在相关实践活动之中。第一，运用马克思主义指导社会主义文化建设方针政策的制定。第二，不断增强马克思主义在社会主义文化建设中的引领作用、指导作用，这种作用的发挥主要"靠它蕴含的时代精神、实践品格、科学力量和人文关怀"②。当前，最重要的是充分发挥社会主义核心价值体系在引领社会思潮，凝聚社会共识过程中的作用。我们应在家庭、社会、学校等各个层面结合人们的现实理论需求，运用大众喜闻乐见的方式普及、培育和践行社会主义核心价值观，发挥马克思主义在整合、吸收中国传统文化和外来文化中各种有益成分的作用。我们还应充分认识坚持以马克思主义指导社会主义文化建设工作的长期性，要明确在当代中国多元文化思潮共存是一个客观事实，不仅有无产阶级的意识形态，还存在小资产阶级的社会意识、封建主义残余的社会意识，以及其他形形色色的反马克思主义思潮。因此，坚持马克思主义在思想文化阵地的主导地位，发展先进文化，

---

① 任海泉：《坚持马克思主义在文化建设中的指导地位》，《解放日报》2012 年 2 月 12 日。
② 同上。

改造落后文化，反对和抵制腐朽文化，以社会主义核心价值体系引领多元社会思潮将是一项长期的任务。

二　马克思主义大众化是社会主义文化建设的核心任务

马克思主义大众化属于社会主义意识形态建设的中心工作，是中国特色社会主义文化建设的核心任务。

其一，弘扬时代主旋律，壮大主流文化的过程就是推进马克思主义大众化的过程。当今时代是全球化、信息化的时代，也是倡导改革创新、开放包容、科学发展的时代。和平、发展、合作已经成为时代潮流。弘扬时代主旋律就是紧跟时代发展步伐，紧扣时代脉搏，创作和宣扬具有时代内涵、反映时代精神的科学理论或优秀文化作品。主流文化是一定时期由国家所倡导的，并在社会上产生积极影响的主导性文化。中国特色社会主义文化是当代中国的主流文化，属于马克思主义性质的文化。党的宣传文化工作要"坚持以科学的理论武装人，以正确的舆论引导人，以高尚的精神塑造人，以优秀的作品鼓舞人"①，弘扬时代主旋律、传播正能量。这就要求我们牢牢掌握宣传文化工作的领导权、话语权和管理权，这也是马克思主义大众化的基本要求。弘扬时代主旋律，壮大主流文化与推进马克思主义大众化的目标具有高度的一致性。

其二，提高全民族的思想文化和道德素质是文化建设的重要任务，也是马克思主义大众化的前提和要求。推进马克思主义大众化将能够为中国特色社会主义文化建设提供主体动力。② 大众的思想文化和道德素质的高低关系到其对马克思主义的理解和领悟程度。马克思主义大众化的过程，既是科学理论实现通俗化、亲近大众，解答大众理论困惑的过程，也是促进大众不断提高自身综合素质以便能够领会、认同和接纳马克思主义的过程。

其三，不断改善文化民生是马克思主义大众化的重要途径。马克思主义大众化不是空洞抽象的口号，而是实实在在的文化建设实践。马克

---

① 《江泽民文选》第三卷，人民出版社 2006 年版，第 277 页。

② 王冰菊：《马克思主义大众化视域中的我国文化建设研究》，硕士学位论文，西南大学，2013 年，第 19 页。

思主义大众化是促进文化发展，满足群众的文化需求，维护群众的文化权益的体现。马克思主义大众化的顺利推进需要政府主导建设和完善公共文化服务体系、现代传播体系和优秀传统文化传承体系，这些体系将能为马克思主义大众化提供有效载体，也将极大地满足人民群众日益增长的文化民生需求。另外，文化基础设施和公共文化服务网络的不断改善，城乡文化一体化进程的加快，文化环境和氛围将进一步优化，人民群众将能共享更多免费或优惠的基本公共文化服务。人民群众在自己的文化权益得到实现和维护后，将更加坚定地拥护党和政府的领导，支持党的文化发展政策。由此，文化建设和马克思主义大众化将形成良性互动的态势。

其四，马克思主义大众化能够提升主体在建设社会主义先进文化中的作用。马克思主义属于社会主义先进文化的范畴。我们推进马克思主义大众化就是用马克思主义这一先进文化将广大党员干部、知识分子和普通群众的精神武装起来，使他们在中国特色社会主义建设事业（包括文化建设事业）中的主体作用充分发挥出来。马克思主义大众化工作做得越好，大众的主体力量作用发挥越好，精英文化发展态势越良好，大众文化发展越健康，主流文化发展越顺利，国家文化软实力越强大。

第四节　社会主义文化建设助推马克思主义大众化路径实现

从一定意义上说，文化建设实质上就是以文育人、以文化人。文化建设不仅能够推动一个国家的物质文明和精神文明走向强盛，而且能够促使国民成为有学识、有涵养、脱离低级趣味的人，成为有益于国家和社会的人。一方面，马克思主义大众化就是以先进的社会主义文化武装人们的头脑，提升人们的思想觉悟，指引人们正确认识和改造世界，以实现人的自由全面发展为旨归；另一方面，中国特色社会主义文化建设大发展和大繁荣，能够助推马克思主义大众化的进程。马克思主义大众化既要关注政治维度，也应注意文化维度，要把作为文化形态的马克思主义与文化的其他形态如知识、信仰、艺术、道德、法律、习俗等联系起来探讨马克思主义大众化的可行性。① 也就是说，我们应在促进社会主义文化发展和繁荣过程中开拓马克思主义大众化的路径，推进马克思主义大众化目标的实现。

一　弘扬优秀传统文化与马克思主义大众化

"古为今用""取其精华去其糟粕"是我们对待中国传统文化应持的态度。我们在"扬弃"中国传统文化，发展中国特色社会主义文化的过程中，应注意将传统文化中的优秀因子与马克思主义结合起来，促进马克思主义中国化、大众化的实现。由此促进当代中国马克思主义具备中国风格和中国气派，更接"地气"、更聚"人气"，趋近于中国人的文化心理，易于为大家所理解和接受。

中国优秀传统文化之所以能够跟马克思主义相契合、能够大众化，是因为其自身就具有广泛的平民性，体现出大众化的特质。② 自古流传下来的一些词语，譬如"民惟邦本""民为贵，社稷次之，君为轻"等蕴含着丰富的民本思想，体现了浓厚的大众情怀。中国传统文化中各种文化样式精彩纷呈，包括经史典籍、诗词歌赋、谚语警句、民间故事、书法绘画、风俗习惯等，各个时代不同社会阶层的群众都为中国优秀传统文化的发展做出了贡献。中国传统文化具有鲜明的生活化特征，易于融入大众的日常社会活动和生活中，形成了深厚的文化积淀。优秀传统文化的大众化特质和生活化特征为马克思主义大众化提供了有益启示。我们应努力发掘中国传统文化中带有大众性和民族性的文化资源，尽可能运用大众所熟知的传统文化概念和语言来阐释马克思主义，构建马克思主义大众化话语新平台；同时要将改造中国传统文化的工作融入中国特色社会主义文化建设之中，大力弘扬中国传统文化中重视民众教化的优良传统，提升当代大众的学习和思维能力，不断消除马克思主义大众化的

---

① 李辉、罗佳：《当代中国马克思主义大众化的文化维度》，《马克思主义与现实》2011 年第 5 期，第 135 页。

② 徐剑雄：《传统文化与马克思主义大众化的文化路径》，《毛泽东邓小平理论研究》2011年第 4 期，第 67 页。

文化隔膜。① 上述几个方面就是在弘扬优秀传统文化过程中推进马克思主义大众化的可能路径。

二　繁荣文化事业和文化产业与马克思主义大众化

繁荣文化事业和文化产业是中国特色社会主义文化建设的主要任务。文化建设与经济建设状况有不同的衡量标准。衡量经济建设的成败主要看"硬件"，衡量文化建设的成败不仅要看"硬件"，还要看"软件"。李长春认为，文化包括实体部分和虚体部分，前者即文化之"体"，决定文化的传播力和影响力，后者即文化之"魂"，决定文化的性质和方向，二者相辅相成。② 繁荣我国文化事业和文化产业既要强文化之"体"，也要筑文化之"魂"。社会主义文化强"体"筑"魂"将能够为马克思主义大众化创造良好条件。

第一，文化事业和文化产业的发展为人们提供了丰富多彩的精神文化产品，完善的文化基础设施，能够不断满足人们日益增长的多层次文化需求，构筑起人们的精神家园。文化事业和文化产业发展所形成的文化之"体"，为马克思主义大众化提供多样化的载体，特别是当代以互联网为代表的新兴媒体的兴起拓展了马克思主义大众化的话语平台，创造了马克思主义大众化的新手段和新方式。

第二，文化事业和文化产业的发展为马克思主义大众化奠定了坚实的"民心"基础。文化发展为了人民、依靠人民，让人民共享文化发展的成果，这是中国特色社会主义文化建设的出发点和归宿。文化发展的方针政策唯有发展好和维护好最广大人民的根本文化权益，才能赢得人民的支持和拥护。大力发展公益性文化事业和繁荣文化产业将有助于人民群众共享文化改革发展的成果，满足人民群众日益增长的多样化文化需求，赢得"民心"，推动马克思主义大众化的进程。

第三，文化建设过程中升华文化之"魂"的工作，实际上也是马克

① 徐剑雄：《传统文化与马克思主义大众化的文化路径》，《毛泽东邓小平理论研究》2011年第4期，第70页。

② 李长春：《文化强国之路：文化体制改革的探索与实践》上，人民出版社2013年版，第319页。

思主义大众化的工作。升华文化之"魂"就是不断提升文化产品的思想性，发挥文化引领风尚、教育人民、服务社会的作用，保证文化建设的社会主义性质和方向，促进文化的健康发展。升华文化之"魂"首先要求文化生产者具有较高的马克思主义素养，掌握马克思主义这一先进理论武器，并以之指导文化产品的生产和传播。升华文化之"魂"还要求文化生产者具有强烈的时代意识、责任意识和使命意识，能够生产出更多紧扣时代脉搏反映时代精神健康向上的文化产品，不断满足人民群众的现实文化需求。文化生产者的责任意识和使命意识最重要的是坚持文化为人民服务、为社会主义服务的意识，牢固树立文化自信、文化自觉和文化自强意识。升华文化之"魂"的过程就是在马克思主义指导下坚持社会主义文化发展方向的过程，就是以内容丰富的文化精品满足人民群众日益增长的精神文化需求的过程。而马克思主义大众化的过程也是无产阶级政党创造先进文化精品提高群众思想觉悟，使先进文化内化为大众认识和改造世界的精神武器的过程。二者具有高度的一致性。

第四，繁荣文化事业，发展文化教育，提升大众的知识和人文素养，为马克思主义大众化创造了有利条件。文明与落后、文雅与粗俗的区别根源于主体所接受的文化教育程度不同。具备一定的文化素质同时是大众主体有效参与政治活动的一个基本前提。列宁曾明确指出"文盲是处在政治之外的"[①]。同理，大众具备一定的文化素质是我党有效推进意识形态工作的基本条件。马克思主义大众化既体现为先进文化走向大众的过程，也体现为大众接受先进文化的过程，而大众思想文化素质的高低决定了这种双向互动的成效。发展文化教育的一个重要目标就在于不断提升大众的思想文化素质，促使大众成为对国家和社会有益的人。

三　营造良好文化环境和氛围与马克思主义大众化

良好的文化环境和氛围是推进马克思主义大众化的基本保障。在新时期我们可以通过开设面向百姓的传播优秀文化和普及科学理论的讲坛，建设亲近大众的现代传播媒体，发挥马克思主义学习实践基地的作用，广泛组织马克思主义理论和政策的宣讲活动等，营造良好的社会文化环

---

① 《列宁专题文集·论社会主义》，人民出版社 2009 年版，第 268 页。

境和氛围。

其一，开设面向百姓的传播优秀文化和普及科学理论的讲坛，提升大众的人文素养。讲坛（堂）是言说者或演讲者与受众面对面交流、讨论的场所，也是执政党舆论宣传的重要阵地。创设优秀文化和科学理论讲坛是普及文化知识和理论知识的平台，是马克思主义大众化的重要载体。近年来，我国出现了各式各样的借助电视或其他媒体（场所）开展面向普通大众的讲坛，其中有些在社会上引起了广泛的反响。特别是自中央电视台《百家讲坛》播出引起轰动效应之后，地方各类电视讲坛、图书馆讲坛、社区讲坛蔚然成风，业已形成一种全新的思想文化传播阵地。譬如，国内一些地方知名讲坛有北京宣讲家网、江苏讲坛、深圳市民文化大讲堂、成都金沙讲坛、合肥讲坛、南京白下区新视野讲坛、常州龙城讲坛、齐齐哈尔鹤城讲坛等；而广西区内的名讲坛主要有广西历史文化大讲堂、广西道德文化讲坛、广西南宁绿城讲坛、桂林百姓文化大讲坛，等等。跟那些由娱乐明星担任主持人或嘉宾的益智类、真人秀、电视选秀、综艺等节目不同，电视讲坛节目主要是宣传普及人文和历史等方面的知识，大多由专家学者主持。当前的电视讲坛、图书馆讲坛、社区讲坛等主要通过传统坐而论道的方式传播知识获得注意力资源，这些讲坛通过专家学者的努力，使专业的人文历史知识和科学理论直接面向和吸引大众。事实上，文化和理论讲坛不仅能够向大众传递内容丰富的历史文化知识，而且能够把党的理论和方针政策、法律法规、科学技能、传统美德、时代风尚等送达基层，受到了大众的关注，利于提高大众的人文素养。文化和理论讲坛已成为当代中国马克思主义大众化的重要场域。当然，笔者认为，当前不少文化和理论讲坛在运作过程中仍需进一步完善：一是应做到传播的内容既丰富多彩而又准确无误，既通俗化贴近大众实际又不庸俗化。同时，讲坛在面向对象上应增强针对性，可以按照党员干部、企业家、学生及基层普通群众等不同板块分设不同讲堂，"有的放矢"解疑释惑。二是在形式上各级党委、政府应加强对讲坛运作的规范管理和领导，完善相关制度，主办方对讲坛发展要进行科学规划，在组织活动上精心策划，扩大讲坛的群众性和影响力。

其二，建设亲近大众的传播媒体，营造健康向上的舆论氛围。首先，充分发挥传统媒体如书籍、报刊、广播、电视等的作用，在大众中营造学理论、用理论的良好氛围。其次，积极发挥互联网等新兴媒体的作用，牢固掌握网络舆论的话语权，将互联网等新兴媒体开辟为大众进行理论学习、接受理论宣传教育的新阵地。最后，注意运用现代科学技术来改造传统传播载体。比如，手机 App 客户端、电子化或动漫化的书籍、报刊、广告、标语等就是将现代科技元素注入传统传播载体的体现。概言之，通过建设亲近大众的传播媒体，将中国化马克思主义渗透到人民大众喜闻乐见的精神文化产品中，融入大众的日常学习、工作和生活中，构建起立体式、全方位的马克思主义理论宣传网络。

其三，发挥马克思主义学习实践基地的作用，打造党员干部的理论学习和实践平台。马克思主义大众化工作中应充分发挥学习实践基地的载体和平台作用。近年来，国内一些地方积极探索建设学习实践基地推进马克思主义大众化的做法，积累了可贵经验。比如，利用党校、基层党群学习中心室、学习讲堂、社区文化长廊、青少年爱国主义教育实践基地等，组织开展马克思主义的学习和宣传教育活动。又如，通过举办各类理论普及讲座或报告会、组织小组学习交流、演讲比赛、外出参观等活动，提升党员干部的综合素质和能力。此外，有的还结合传统节庆日，带领群众开展文化活动，使群众在潜移默化中接受当代中国马克思主义。总之，发挥马克思主义学习实践基地的作用，将有助于干部群众学习马克思主义活动主题化、社会化、经常化，促进马克思主义大众化目标的实现。

其四，广泛组织宣讲马克思主义理论和党的路线方针政策活动。列宁 1903 年在《为俄国社会民主党第二次代表大会准备的决议草案》中"关于宣传工作的决议草案"部分曾指出"提请全体党员注意提高宣传员的理论水平、成立全俄巡回演讲员小组以统一宣传工作的重要性"①。可见，广泛组织宣讲活动历来是无产阶级政党宣传普及马克思主义理论和党的路线方针政策的重要手段。宣讲是让大众对马克思主义由无知到了解，由知之不多到全面理解的过程。从事宣讲活动的理论工作者一方面自己要熟悉马克思主义理论和党的路线方针政策，另一方面又要充分了解大众的理论需求和理论困惑，还应具备将理论和政策进行通俗化的

---

① 《列宁全集》第七卷，人民出版社 1986 年版，第 234 页。

能力。

第五节　民族地区文化建设与马克思主义
大众化路径实现相辅相成

　　民族地区马克思主义大众化路径的实现要重视文化建设的视域，在促进民族地区文化发展繁荣过程中开拓马克思主义大众化路径。民族地区文化建设是中国特色社会主义文化建设的重要组成部分，肩负着推进民族地区马克思主义大众化的使命。

一　民族地区文化建设过程中开拓马克思主义大众化路径

　　民族地区文化建设主要指中国共产党以马克思主义为指导领导民族地区开展的文化建设，是中国特色社会主义文化建设的一部分。民族地区文化的大发展、大繁荣，有助于提高各民族群众的文化素质；有助于推动民族地区经济社会发展；有利于维护国家文化安全；有利于增强中华民族的凝聚力和向心力，促进民族团结进步事业。

　　民族地区文化建设有助于提高少数民族群众的文化素质，促使他们能够准确理解和掌握党的理论创新成果、路线方针政策。党的理论创新成果是马克思主义基本原理与当代中国实际相结合的产物，是当代中国的先进文化；中国共产党的路线方针政策则是在马克思主义指导下制定出来的治国方略。它们构成了马克思主义大众化的主要内容。这些内容的表述比较抽象凝练，不易于为少数民族群众所理解和掌握。因此，一方面，我们要通过文化教育、思想政治教育、民族教育，提高民族群众的综合文化素质；另一方面，又要发挥理论工作者的作用，将党的理论方针政策进行通俗化、形象化、生动化的解读，转变为少数民族群众普遍能够接受的文化样态。这两个方面构成了民族地区文化建设的重要任务。

　　民族地区文化建设有助于促进民族地区的经济社会发展，利于马克思主义大众化的推进。民族文化建设使得民族群众的根本文化利益得到实现和维护，进而增强群众对党和政府的信任，增进他们对当代中国马克思主义科学真理性的理解和认同。文化跟政治所体现的国家行政手段的强制性不同，它主要是通过感化、说服教育等非强制手段来实现人们对经济生活和秩序的心理认同的。① 文化不仅具有教化功能，而且先进文化还能为国家经济和社会发展、为现代化建设提供强大的精神动力和智力支持。加强民族文化建设，弘扬优良的民族文化传统和民族精神，增强民族向心力和凝聚力等已成为一国增强其综合国力的重要手段。充分发挥民族群众力量加强民族文化建设，把"精神力量"转化为"物质力量"，将有助于民族地区的经济社会实现更好更快地发展。譬如，通过发掘和利用民族地区丰富的文化资源，打造少数民族的文化品牌，推动民族地区文化事业和文化产业实现科学发展，将能够产生良好的经济和社会效益。这是实现和维护民族地区群众文化权益的关键所在。马克思曾指出"人们为之奋斗的一切，都同他们的利益有关"②。又说："'思想'一旦离开'利益'，就一定会使自己出丑。"③ 因此，实现好、维护好、发展好民族地区群众的根本利益是我们开展民族群众思想政治教育、推进马克思主义大众化的基本要求。

民族地区文化建设有利于维护国家文化安全，巩固马克思主义在我国民族地区意识形态领域的主导地位。世界形势日新月异，中国文化的发展既要积极主动参与国际文化交流，借鉴和吸收其他国家和地区的先进文化成果，并向世界推广中国优秀文化、传播中国声音；又要注意在文化交流中维护自身文化安全，特别是意识形态领域的安全。我国民族地区历来是各种文化思潮和民族主义思潮交融、交汇和碰撞的敏感地区，是境外文化渗透的前沿地带。④ 为此，我们对西方敌对势力企图借助全球化浪潮在我国边疆民族地区进行意识形态渗透要保持高度警惕，反对和抵制形形色色的文化霸权主义和文化殖民主义。我们要建立起有效的文化安全预警系统和完善的文化安全管理机构，以应对西方强势文化的挑战，确保我国文化主权的安全。同时，我们还应开拓创新，不断增强中华民族文化的影响力、感召力和竞争力，确保其在全球文化格局中应有

① 黄筱娜：《文化转型与民族文化建设》，中央文献出版社 2003 年版，第 9 页。
② 《马克思恩格斯全集》第一卷，人民出版社 1995 年版，第 187 页。
③ 《马克思恩格斯文集》第一卷，人民出版社 2009 年版，第 286 页。
④ 李资源等：《中国共产党少数民族文化建设研究》，人民出版社 2011 年版，第 40 页。

的地位。

民族地区文化建设有助于增强民族的凝聚力和向心力，推动民族团结进步事业，巩固民族地区马克思主义大众化的成效。第一，民族地区文化建设中通过开展爱国主义、团结奋斗精神的教育，弘扬优秀民族精神，有助于激发民族地区群众的民族自尊、自信和自强意识。第二，通过深化民族地区文化体制改革，繁荣民族文化事业和文化产业。加强公共文化服务体系建设解决民族地区文化基础设施相对落后和薄弱，及民族文化人才相对缺乏等问题，实现各民族文化的共同繁荣。第三，通过发展有民族特色的和谐文化和生态文化，为民族地区构建社会主义和谐社会、创造美好家园提供文化保障。民族地区和谐文化建设既要注意发掘利用少数民族传统文化中的和谐文化思想资源，又要融合马克思主义和谐理论，从实际出发构建当代民族地区和谐稳定的文化环境。生态文化是人类在生产和生活实践中形成的保护生态环境、追求生态平衡、实现生态文明的一切活动和成果，是人类在与自然交往过程中形成的价值观念、思维方式等方面的总称。实现生态文化与生态经济和谐发展是民族文化建设的重要举措。发展生态文化要与弘扬民族历史文化相结合，"一方面给生态文化建设注入厚重的历史文化内涵，推动生态文化建设，另一方面利用生态文化进一步弘扬历史文化"[1]。另外，我们要通过教育和宣传手段不断增强民族地区群众的生态文明意识，培养良好的生态文明道德素养；各级领导干部都应树立良好生态环境是生产力和竞争力的生态发展观，坚持以生态文化促进生态经济的发展；树立重视生态环境保护的生态政绩观；树立把绿水青山看作金山银山的生态价值观。总之，加强民族地区生态文化建设，促进马克思主义生态文明理论大众化，增强各民族干部群众的生态文明意识，将有助于实现民族地区人与自然的和谐发展。

二　民族地区马克思主义大众化路径实现以民族文化建设为条件

文化具有重要的教化和育人功能。我们要通过加强当代民族文化建

---

① 梁桑桑：《促进生态文化与生态经济和谐发展——"广西生态文化与生态经济建设研讨会"述要》，《广西日报》2012年6月28日第10版。

设发挥民族文化的多重功能，推动民族地区马克思主义大众化。有学者指出，边疆民族地区先进文化建设的目标"在于凝聚各民族的人心，在于焕发各民族精神活力，在于提高各民族素质"①。加强民族地区文化建设将能够夯实马克思主义大众化的物质基础和人心基础。

（一）民族地区文化建设坚持以马克思主义指导，必然要求推进马克思主义大众化

民族地区文化建设政策的制定过程中，我们要坚持马克思主义的立场、观点和方法，遵循"以人为本"的基本原则。民族地区文化建设和发展的政策要充分体现为民族群众服务、为社会主义服务、为民族地区实现科学发展服务的原则。这样的政策才能够得到民族地区群众的认同和支持。

在推进民族地区文化建设的实践过程中，我们要始终坚持将马克思主义的基本原理同民族地区的实际结合起来，做到实事求是；我们要灵活运用唯物辩证法准确把握民族地区群众思想和文化需求的实际，充分认识民族地区的历史和现状，卓有成效地推进民族地区物质文明建设；我们要通过文化教育提升民族群众的思想道德素质和科学文化素质，不断推进民族地区精神文明建设。所有这些都将为民族地区马克思主义大众化创造有利条件。

民族地区文化建设要坚持中国共产党的领导，紧密依靠人民群众的力量。离开党的正确领导，民族文化建设就会偏离其"为人民服务，为社会主义服务"的方向。人民群众是历史的创造者。民族文化建设和发展离不开广大民族群众积极性和创造性力量的充分发挥。文艺作品的生命力深深植根于人民群众之中。文艺工作者应深入民族地区基层体验生活，从民族群众中汲取智慧、获得创作灵感，生产更多为大众所欢迎的文艺作品。民族群众建设文化与共享文化发展成果二者是统一的：只有紧密依靠民族群众才能实现民族地区文化的大发展、大繁荣；而民族地区文化的大发展、大繁荣只有造福于民族群众，才能更好地发挥他们在文化建设中的主力军作用。

---

① 高永久、徐亚清：《对边疆民族地区先进文化建设的几点思考》，《青海民族研究》2004年第3期，第1页。

（二）民族地区文化建设开拓马克思主义大众化的有效路径

民族地区文化建设能够开拓马克思主义大众化的教育路径。发展文化教育事业是民族地区文化建设的重心，是提升民族地区群众整体文化素质的民心工程和千秋工程。大力发展民族地区文化教育事业，不仅有助于促进民族地区经济社会发展，具有重要的经济和社会意义，而且有重要的政治意义，是形成民族地区团结、安定、和谐的局面，实现各民族共同繁荣的基础。民族地区与其他地区相比，经济社会发展水平相对滞后，党和政府尤其需要加大人力、物力、财力的投入以发展教育事业。民族教育既要普及又要提高，要让少数民族群众享有接受高品质教育的平等权。这是民族地区群众所需、所盼，也是党推进民族地区马克思主义大众化需要做的重点工作。

民族地区文化建设能够开拓马克思主义大众化的宣传路径。宣传和文化密不可分。宣传活动可以说是一种文化活动。宣传是促进先进文化传播的重要手段。我们通常将宣传与文化二者结合起来看待，把宣传文化工作看作党的意识形态建设的重要内容和任务。党在民族地区开展马克思主义的宣传需要解决四个主要问题："对谁宣传""谁来宣传""宣传什么""怎样宣传"。解决这四个问题都离不开民族地区文化建设为其提供支撑。

"对谁宣传"——重点是对民族地区党员、干部、群众进行宣传。民族群众整体上看是一个思想文化素质偏低的群体，是一个长期处在开放度不够、发展程度不足的环境中生活的群体，是一个深受民族宗教信仰和风俗习惯的影响同时又受全球化背景下多元文化思潮和价值观冲击的群体。因此，我们促使民族群众接受和认同当代中国化马克思主义将是一项十分艰巨的任务。

"谁来宣传"——民族地区党的各级宣传部门是首要的宣传主体；每个党员干部都有参与宣传工作的义务；理论工作者和教育工作者更应发挥各自的特长肩负起党的宣传文化工作重任。此外，还应发挥群众中良好榜样的示范作用，实现群众自我教育的功能。而只有加强民族文化建设才能不断增强宣传主体的宣传能力。

"宣传什么"——党的宣传工作的内容。就是要宣传马克思主义为代表的先进文化；宣传党的理论创新成果、新时代党的路线方针政策纲领；

宣传先进人物的事迹和精神，在全社会传播正能量。这些也是社会主义文化建设的主要内容。

"怎样宣传"——党的宣传工作的形式和手段。形式是为内容服务的，好形式能够使党的宣传工作内容打动人心、引发共鸣，达到事半功倍的目的。所谓好形式，就是与宣传内容相契合、与群众的接受水平和能力、心理偏好等相适合的形式。宣传工作好形式的打造需要文化建设工作的支撑，特别是现代传播媒体的辅助作用。

民族地区文化建设开拓马克思主义大众化的文化民生路径。我们通常所说的文化民生"是指文化层面的人民生计，也就是人民生计中的文化层面"①。其主要内容包括"文化创造的权利，文化选择（接受）的权利，文化消费的权利，文化休闲的权利，文化传播的权利，文化批评的权利"②。文化民生历来为人民群众所关心。在旧社会旧制度下，人民群众的文化民生没有受到统治阶级应有的重视，文化权益也得不到保障。中华人民共和国成立后，中国共产党带领人民致力于文化民生建设，取得了巨大的进步。但是我们也应清醒地认识到，当前我国文化民生基础还比较薄弱，离人民群众的要求和期盼还比较远，文化民生建设任务依然艰巨。特别是在民族地区、边疆地区、农村地区，文化民生建设相对滞后，公共文化服务体系还不健全。民族地区群众的文化民生能否得到满足关系到人们的文化地位是否平等是否受到重视的问题，还关系到该地区马克思主义大众化的成效。"文化民生是一条让社会主义意识形态润物无声地融入人民群众、满足人民群众、引领人民群众的现实路径。"③民族地区马克思主义大众化要重视文化民生建设。

民族地区文化建设开拓马克思主义大众化的群众文化活动路径。马克思主义大众化既是马克思主义理论工作者的实践，也是大众参与学习、领会马克思主义精髓的实践。大众积极参与健康向上的群众性文化活动是其学习领会马克思主义的重要方式和路径。民族地区文化建设的一个重要任

---

① 李宗桂：《谈文化民生》，《学习时报》2008 年 3 月 17 日第 6 版。

② 同上。

③ 温兆标：《文化民生：社会主义意识形态大众化的新路径》，《长白学刊》2010 年第 6 期，第 133 页。

务是在党的领导下深入开展群众性文化活动，不断丰富民族群众的精神文化生活。我们需要注意的是，尽管大众性、生活性、自主性等是群众性文化活动的特征，但是对之不能采取放任自流的态度，应该进行恰当的引导，引导其健康发展。譬如，在组织少数民族群众开展民族节庆或习俗纪念活动、宗教活动时，我们应积极引导其发挥在凝聚民心、辅助构建社会主义和谐社会等方面的积极作用，同时消除这些活动中迷信、庸俗等负面因素。

民族地区文化建设开拓马克思主义大众化的人才路径。马克思主义大众化成功离不开文化人才的支持。党员领导干部、党的理论工作者，是马克思主义大众化的中坚力量。"政治路线确定之后，干部就是决定的因素。"① 人才的培养、选拔、使用对党的理论宣传，对党的革命、建设和改革事业，都起着关键性作用。民族地区高素质文化人才的缺乏是制约马克思主义大众化的瓶颈。因此民族地区要通过大力发展本地区教育事业，努力培养"有所长、用得上、留得住"的高素质人才；要重视少数民族骨干分子、文化能人的培养工作。少数民族人才生于斯、长于斯，在语言交流和沟通、心理把控、人缘等方面有着得天独厚的优势；他们熟悉本地区人文历史、风土人情，与群众联系紧密，充分了解群众的需求和期盼，能够更有针对性地做好党的意识形态工作。另外，民族地区要善于向外借力，不拘一格地引进其他地区德才兼备的优秀文化人才。总之，民族地区推进马克思主义大众化，既要依靠本地区优秀文化人才、党的理论和宣传工作者力量，也需要外来优秀文化人才的支持和帮助。

（三）民族地区文化建设的责任和使命

中国共产党领导下的民族地区文化建设作为中国特色社会主义文化建设的组成部分，要求坚持为人民服务、为社会主义服务、为宣传党治国理政服务的方针，要有强烈的责任意识和使命意识。建设民族地区文化就是建设民族群众安身立命的精神家园，就是建设有利于党推进意识形态工作的主渠道和主阵地。民族地区文化也只有在满足民族群众的精神文化需求和服务于民族地区社会主义事业的发展过程中，方能体现其价值。民族地区文化建设的得失与马克思主义大众化的成败息息相关。

---

① 《毛泽东选集》第二卷，人民出版社 1991 年版，第 526 页。

第三章

广西民族地区马克思主义大众化的历程

广西是我国少数民族人口最多的省区。广西民族地区的人文特点决定了该地区马克思主义大众化工作的特殊性和典型性。五四运动至中华人民共和国成立是广西马克思主义大众化的发轫期。五四运动前后，广西籍先进知识分子和早期共产党员就开始在八桂大地上传播马克思主义。左右江革命根据地时期、抗日战争时期、解放战争时期，中共广西党组织深入群众宣传马克思主义和新民主主义革命纲领及政策，启发民族地区群众的革命觉悟和斗志，领导民族地区群众开展反对国内外敌人并最终取得了革命胜利。中华人民共和国成立至 20 世纪 80 年代初是广西马克思主义大众化的开拓期。中华人民共和国成立后，随着国家各项建设事业的发展，广西马克思主义大众化开启了新征程，有成绩亦历经曲折。20 世纪 80 年代初至今是广西马克思主义大众化的全面推进期。从千里文化长廊建设工程的实施到着力营造广西"三大生态"实现"两个建成"目标的提出；从"双学"活动到习近平新时代中国特色社会主义思想在广西的广泛宣传，彰显着新时期广西马克思大众化的新特征。

第一节　广西民族地区的人文特点

一　广西民族地区的总体概况

广西是我国 5 个民族自治区之一，地处中国南部，东邻广东，西连云南，西北靠贵州，东北接湖南，南临北部湾与海南省隔海相望，西南与越南社会主义共和国毗邻。据 2016 年广西统计年鉴，2015 年广西总人口为5518万人，常住人口4796万人，① 其中常住人口中，汉族人口为3014.77万人，占62.86%；各少数民族人口为1781.23万人，占37.14%。其中，壮族人口1508.82万人，占常住人口31.46%。② 广西是一个多民族聚居的自治区，区内有壮、汉、瑶、苗、侗、仫佬、毛南、回、京、彝、水、仡佬12个世居民族，此外还有满、蒙古、朝鲜、白、藏、黎等其他民族人民。广西少数民族人口总数在全国居第一位，壮族被认为是我国人口最多的少数民族。目前，广西壮族自治区行政区划为14个地级市，7个县级市，64个县（含12个民族自治县），40个市辖区，799个镇，319个乡（含59个民族乡），128个街道办事处，首府为南宁市。③ 广西是我国唯一的既沿海又沿边的少数民族自治区，是中国与东盟之间唯一既有陆地接壤又有海上通道的省区；还是石漠化地区、特殊类型贫困地区。广西少数民族聚居的地区则地处广西西部和北部，这里总体上经济和社会发展相对滞后，但是自然资源丰富。以百色市为例，它是一个集革命老区、少数民族地区、边境地区、大石山区、贫困地区、水库移民区"六位一体"的地区；同时百色市又是一个历史文化底蕴深厚，矿产资源和水能资源丰富的地区。它是中国十大有色金属矿区之一，其中铝土矿约占全国储量的1/4；水能资源也十分丰富，是中国"西电东送"的重要基地。百色市还具有发展亚热带特色农业的独特气候优势，目前已经成为亚热带特色农业基地、中国南菜北运基地、中国香料基地、中国重要糖料蔗基地。经过多年的扶贫攻坚，百色市人民群众生活水平和生产条件有了较大的改善。另外，百色市由于发展基础、自然环境、历史因素等方面的影响，当前群众生产生活中还有许多亟待解决的难题，经济、社会、文化发展水平相对于沿海发达地区来说还有很大的距离。上述既是广西民族地区群众目前生存和发展面临的状况，也是推进民族地区马克思主义大众化中需要重视的因素。

---

① 《广西统计年鉴·2016》2018年1月8日（http：//www.gxtj.gov.cn/tjsj/tjnj/2016/zk/html/02—01.jpg）。

② 《广西2015年全国1%人口抽样调查主要数据公报》2018年1月8日（http：//www.gxtj.gov.cn/tjsj/tjgb/rkpc/201604/t20160429_121941.html）。

③ 广西壮族自治区门户网站《区划人口》2018年8月21日（http：//www.gxzf.gov.cn/mlgx/gxrw/qhrk/20170331-486083.shtml）。

二　广西民族地区的人文特点

"每一个民族，不论大小，都有其本质上的特点，即只属于该民族而为其他民族所没有的特殊性。"① 千百年来，广西各族群众在"八桂"大地上繁衍生息，共同创造了融山地文化、边境文化、海洋文化、民族文化、红色文化于一体的灿烂文化资源，形成了广西独有的人文特点。

（一）悠久的地域文化

距今 80 万年前的上古时期在广西这块大地上就已经有人类活动。广西各民族皆有着悠久的历史。从壮族聚居的柳江、来宾等地发现的大量文化遗址证明在旧石器时代后期，这一地带就有人类居住。据古籍记载，今天的壮族源于最早居住在广西境内的"百越"族群中的"西欧""骆越"等部落。在两千多年前的战国时期，壮族先民西欧、骆越人从原始社会向阶级社会过渡；公元前 214 年，秦朝统一岭南并设置了南海、桂林、象三郡，此后岭南地区正式纳入中央封建王朝的版图，壮族成为中华民族大家庭的一员。② 苗族也是具有悠久历史的南方少数民族之一：苗族的来源可以追溯至黄帝时的"九黎"，尧、舜、禹时的"三苗"，商周时又称"荆蛮"（"南蛮"）。苗族在公元前 3 世纪主要居于今湖南洞庭湖一带。一部分后来不断向西南迁徙，唐宋至明清时期陆续进入今广西融水苗族自治县、南丹、隆林等地居住。侗族在战国至秦汉时期，属于"百越"族群中的骆越支系，隋唐时被称为"僚"，有的史书称之为"峒僚"或"蛮僚"；唐宋时期，侗族先民居住的地区建立了羁縻州、县、峒，侗族先民因此被称为峒民；宋、明、清、民国等各时期，侗族先民又有"仡伶""侗人""峒蛮""峒家""峒苗""洞人""洞民""洞族"等说法，中华人民共和国成立后，被统称为"侗族"。③ 广西其他少数民族的悠久历史不一而足。

广西各少数民族在漫长的历史发展中，形成了富有鲜明地域特色和民族特色的文化。譬如，壮族典型的文化样态和文化事象有：铜鼓、花

---

① 《斯大林文集（1934—1952）》，人民出版社 1985 年版，第 539 页。
② 姚舜安：《广西民族大全》，广西人民出版社 1991 年版，第 9—10 页。
③ 同上书，第 24 页。

山崖壁画、陶瓷工艺、"干栏"建筑工艺、壮族民歌、壮族文学、壮戏、"都老"制等；瑶族有：盘瓠传说、"盘王歌""密洛陀""香哩歌"等歌谣，还有长鼓舞和铜鼓舞等传统舞蹈，瑶族的民间工艺美术挑花、刺绣、织锦、蜡染等也久负盛名；苗族有："寨老"制度和"埋崖"会议、苗歌、"芦笙舞""干栏"吊脚楼、"打油茶"等传统文化；侗族有：侗戏、"月也"活动（集体对歌）、"行歌坐夜"和"跳坡"等形式的传统社交活动，以及风雨桥、鼓楼和干栏建筑等传统物质文化；仫佬族有："随口答""古条""口风"等仫佬歌。此外，各少数民族还具有各自的风俗习惯和节日、宗教信仰、服饰文化等。

广西地域文化从总体性质特征上看属于"那文化"[①] 的范畴。广西的"那文化"经历了漫长的演变过程，在与汉文化交流、融合过程中形成了自己的独特风格，这种风格的主要特征可以概括为：农业社会的文化、自主创造的文化、开放兼容的文化。[②] 农业社会的文化是以培植水稻为生的民族所创造的文化，是贴近自然、尊重和敬畏自然的文化，又是契约式的、自足型的文化。自主创造的文化，意指运用广西少数民族独特的、群体的智慧解决生产生活中的问题而形成的文化；开放兼容的文化，意指广西少数民族文化对汉文化的兼收并蓄。

（二）多元和谐相融的民族文化

有学者指出：广西文化是一种"流"的汇集，在历史上没有产生过一种明显的占主体地位的文化，而是形成了有地域特色的岭南文化、少数民族文化、带有异国特征的边疆文化等多元并存的文化格局。[③] 和谐相融是广西各民族之间、各民族内部成员之间关系的基本特征，也是广西文化的重要特征。广西民族文化的兼容性可以从民族生活习俗、语言、饮食文化等方面体现出来。以语言为例，广西具有一定规模的城市如南宁、梧州、柳州、桂林等，这些城市中皆有诸多语言：白话、桂柳话、

---

① 在壮侗语民族中将水田（稻田）称为"那"，壮侗民族的先民据"那"而作，依"那"而居，由此孕育的文化就是"那文化"。后来"那"用于泛指田地或土地。"那文化"，即土地文化，以及与此相关联的文化。

② 韦美日：《广西少数民族地区地域文化的特点》，《广西师范学院学报》（哲学社会科学版）2007 年第 3 期，第 24—28 页。

③ 黄祖松：《广西文化生态特点及利用策略》，《广西日报》2009 年 2 月 27 日第 11 版。

壮话、平话、客家话等都在不同的人群和一定的圈子里流行，同时大家也都普遍能够接受和使用来自北方的普通话。广西没有明显的排外意识和倾向。在饮食文化上，全国各地的菜系：粤菜、川菜、湘菜等，乃至来自东盟国家越南、泰国、印尼等国的菜肴、饮食都可以在广西落地生根，拥有一定的市场。而从外地来广西工作或学习的人，很少感受到文化习俗方面的障碍，往往很快就能融入当地社会生活。这些都体现了广西民族文化的包容性特点。

（三）优良的革命传统文化

广西人民在历史上反抗压迫和剥削、抵御外侮的斗争过程中，形成了优良的革命传统文化。宋朝时，交趾（今越南）李氏王朝曾侵犯我国南疆边地，而当时宋王朝却腐败无能，壮族首领侬智高揭竿而起，组织广西民族地区群众合力抗击外敌入侵。后来又举起反宋起义大旗，发誓救民于水火。侬智高起义尽管历经一年后归于失败，但是它体现了可贵的爱国主义精神。明代时，广西田州壮族女英雄瓦氏夫人曾率 6800 多俍兵①奔赴江浙一带抗倭，在征战途中队伍纪律严明，所到之处皆受当地群众拥护。瓦氏夫人带领俍兵英勇善战，战功卓著，为保卫祖国立下了汗马功劳。而近代震惊中外发端于广西桂平的太平天国起义就是由壮、汉人民共同发动的，壮族出身的将领韦昌辉、李开芳、林凤祥等为太平天国起义做出了突出的贡献。辛亥革命时期，壮族人黄明堂、王和顺等在孙中山领导下发动了钦防起义和镇南关起义。新民主主义革命时期，以韦拔群为代表的少数民族干部与邓小平、张云逸等人一起领导了百色起义和龙州起义，创建了红七军、红八军，建立了左右江革命根据地。

瑶族也是一个富有革命斗争精神的民族：明代广西大藤峡的瑶族人民参与了反抗明王朝封建统治的斗争，时间长达 200 多年；1933 年桂北瑶民展开了声势浩大的反抗国民党反动统治的斗争；第二次国内革命战争时期、抗日战争时期和解放战争时期，瑶族人民皆为革命事业做出了很大的贡献。

侗族人民同样有着光荣的革命斗争传统：明代有吴勉领导的黔、桂、湘三省侗族人民反压迫的斗争，怀远（今三江）县人民反马希武暴政的

---

① 俍兵，是明朝中期广西壮族土司组建的地方武装。

斗争；新民主主义革命时期，侗族优秀儿女也为全国的解放事业贡献了自己的力量。

仫佬族革命斗争精神也很鲜明。在明、清时代，广西仫佬族地区就曾发生过仫佬族人民反抗封建王朝的数十次武装斗争；太平天国起义爆发后，仫佬族群众组织了秘密会党，支持太平天国运动；1930 年，仫佬族群众积极支持和帮助北上长征路过罗城和天河县的红军，帮助红军取得了"四把"战斗的胜利。抗日战争时期，不少仫佬族群众加入柳北抗日挺进队，积极参加打击日本侵略者的斗争；解放战争时期，仫佬族群众曾掀起了反对国民党征兵、征税、征粮、抗租的斗争，配合解放军解放罗城。

一言以蔽之，广西的革命传统文化集中体现在各民族抵抗外来侵略和反抗内部的压迫和剥削所形成的抗争精神上，体现在各民族群众千方百计维护国家安全统一、民族的整体利益和群众的根本利益上。广西优良的革命传统文化迄今依然是值得我们进行继承和弘扬的精神财富。

（四）民族传统文化中的精华与糟粕互见

广西各民族传统文化中的精华，是最为宝贵的精神财富，是民族文化生生不息的源泉。譬如，壮族传统文化中就蕴含可贵的人与自然和谐相处的思想、男女平等思想。壮族民间文学中关于"动物叙事、'天人合一'的思想以及自然本体意识等方面体现了浓郁的生态意识和独特的自然观"[①]。而瑶族文化的瑰宝以瑶族长鼓舞、"盘王大歌"、瑶族医学文化等为代表。侗族文化的特色和精华则体现在鼓楼、风雨桥等建筑艺术和侗族大歌、侗戏等民间艺术方面。值得一提的是，自古以来广西的各民族之间总能够相互尊重对方习俗、和谐相处。在近现代，广西各民族群众积极参加共产党领导的革命、建设和改革事业，共同创建了独特的红色文化。当然，广西少数民族传统文化中的某些糟粕也是显见的。比如，新中国成立前侗族地区就曾流行着"姑舅表婚"和"不落夫家"等不良习俗；另外，广西一些民族群众由于文化水平不高，宗教迷信观念、封建迷信思想在他们头脑中仍然根深蒂固，他们崇信鬼神、坚信"灵魂不灭"；他们当中一些人思想观念保守，不思进取。因此，弘扬民族传统文

---

① 袁素敏：《论壮族民间文学中的生态意识》，《金色通道》2009 年第 11 期，第 75 页。

化中的精华，弃其糟粕，克服和改造其中的缺陷和不足，促进民族文化
走向现代化，这是广西民族文化建设的重要任务。

（五）文化资源富集与文化教育发展相对滞后并存

整体上看，广西民族地区拥有底蕴深厚的历史文化、多彩绚丽的民
族文化和影响深远的红色文化。譬如，广西的非物质文化遗产十分丰富。
改革开放以来，广西党和政府采取了一系列措施加强对民族地区非物质
文化遗产的保护。2005 年，广西非物质文化保护中心成立。2007 年 1 月，
经过专家评审和广西壮族自治区人民政府批准，有 58 个项目入选广西第
一批自治区级非物质文化遗产名录，其中 19 个项目还入选全国第一批非
物质文化遗产名录（见表 3—1）。

表 3—1　　　　广西入选第一批国家级非物质文化遗产名录①

申报地区	项目名称	项目类别
田阳县	布洛陀	民间文学
宜州市	刘三姐歌谣	民间文学
三江侗族自治县	侗族大歌	民间音乐
那坡县	那坡壮族民歌	民间音乐
自治区	桂剧	传统戏剧
博白县	采茶戏	传统戏剧
自治区	彩调	传统戏剧
自治区	壮剧	传统戏剧
靖西县	壮族织锦技艺	传统手工技艺
三江侗族自治县	侗族木构建筑营造技艺	传统手工技艺
东兴市	京族哈节	民俗
贺州市	瑶族盘王节	民俗
河池市	壮族蚂蚓节	民俗
罗城仫佬族自治县	仫佬族依饭节	民俗
环江毛南族自治县	毛南族肥套	民俗

---

① 广西大百科全书编纂委员会编：《广西大百科全书·文化》，中国大百科全书出版社
2008 年版，第 21—22 页。

续表

申报地区	项目名称	项目类别
南宁市	壮族歌圩	民俗
融水苗族自治县	苗族系列坡会群	民俗
河池市	壮族铜鼓习俗	民俗
贺州市、南丹县	瑶族服饰	民俗

表3—1中所列的非物质文化遗产仅是广西民族传统文化中最具有代表性的部分，从中足已显示了广西民族文化底蕴的深厚和文化生态的多姿多彩。

另外，广西红色文化也见证着党领导广西革命事业的光辉历程。广西红色文化涵盖了中国共产党成立初期、第一次国内革命战争时期、土地革命时期、抗日战争时期、解放战争时期广西的重大历史事件、核心领导人物，以及以此为素材所形成的革命精神和红色文学艺术等红色非物质文化，还包括党领导广西各族民众进行革命斗争过程中留下的遗址、遗迹，还有后人为缅怀革命先烈所建造的革命纪念碑、纪念馆、纪念亭、烈士陵园等红色物质文化。广西红色文化数量众多、类型齐全、分布广泛，新民主主义革命各个时期均形成了不少影响深远的革命史迹和遗址（见表3—2）。

表3—2 广西革命遗址概览（1919—1949）[①]

时期	遗址名称
中国共产党建立初期	中共梧州地委机关旧址，南宁中共广西省第一次代表大会旧址，广西特委旧址，贵港市中共广西特委扩大会议旧址等
第一次国内革命战争时期	北流市农民运动讲习所旧址，平南县劳五区苏维埃政府旧址，百色市百色县总工会旧址，田东县恩隆县农民运动讲习所旧址，巴马瑶族自治县盘阳会议遗址，东兰县农民运动讲习所旧址，田南道农民办事处旧址等

---

① 广西大百科全书编纂委员会编：《广西大百科全书·文化》，中国大百科全书出版社2008年版，第18—19页。略有删减。

时期	遗址名称
左右江革命根据地创建和保卫时期	中国工农红军第七军第八军军部旧址，龙州革命委员会旧址，百色市红七军政治部旧址，乐业县红七军红八军会师军部旧址，田东县工农民主政府旧址，东兰县红七军前委东兰县苏维埃政府旧址，巴马瑶族自治县红七军二十一师师部旧址等
红军长征时期	湘江战役遗址，灌阳县水车、夏云、文市红军标语，兴安县红军堂、红军第一方面军千家寺宿营地旧址（红军标语楼），观音顶摩崖石刻，龙胜红军楼、龙舌岩红军标语等
抗日战争时期	桂林《救亡日报》社及其印刷厂旧址，八路军驻桂林办事处旧址，桂林八百抗日壮士阵亡处，南宁昆仑关战役遗址，广西省立艺术馆旧址，兴业县抗日民主政府旧址，灵山武装抗日起义旧址，合浦县抗日青年代表大会旧址等
解放战争时期	中共广西省工委横县会议旧址，凭祥市平而关战役遗址，桂北起义指挥部旧址，中国人民解放军滇黔桂边纵队桂西区指挥部旧址，柳北人民解放军总队司令部旧址，粤桂边纵队三支队联络站旧址等

表3—2中广西民主革命时期遗留下来的史迹、遗址，见证了当时发生的重大革命活动和事件，也展现了广西红色文化的丰富性。在当代，广西红色文化已成为中华民族精神财富的重要组成部分，是对民族群众特别是青少年进行革命传统教育、爱国主义教育的重要载体。深入发掘、整理和利用广西红色文化资源，弘扬和培育民族精神，具有重大意义。

自中华人民共和国成立后，特别是改革开放40年来广西文化建设成绩显著。诞生了诸如壮剧《歌王》、彩调剧《哪嗬咿嗬嗨》、桂剧《商海搭错船》、广播剧《千条水总归东》、舞蹈诗《咕哩美》、优秀影片《百色起义》等一批艺术精品力作，在全国首创了"边境文化长廊"和"知识工程"，实施了"社会文化先进县"工程和"蒲公英计划"；文化产业方兴未艾，譬如，"南宁国际民歌艺术节"已成为广西以节庆平台进行城市营销的榜样；"印象·刘三姐"被认为是文化产业与旅游产业融合发展的成功样本；广西师范大学出版社集团、广西广电网络股份有限公司、广西日报传媒集团等都是广西文化产业成功发展的典范。广西义务教育全面普及且实现了免费教育（早在2007年广西在我国5个少数民族自治区中已率先普及了九年义务教育）、中等职业教育与普通高中教育均衡发展、高等教育跨入"大众化"的发展阶段，家庭经济困难学生资助体系逐步完善。

但是，与先进省区相比，广西文化和教育事业的整体水平依然比较落后。主要体现在：公共文化服务体系建设滞后，难以满足民族地区群众日益增长的精神文化需求；文化产业发展相对滞后，文化市场发育不健全，整体经济效益和社会效益不强；资金等投入不足已成为困扰民族地区文化和教育发展的重要因素；健康向上的群众性文化活动开展不够，群众科技文化意识薄弱；基层文化建设人才队伍数量规模小且整体素质偏低；在教育方面，"教育资源不足、结构不优、质量不高、体制不顺、活力不强"① 的状况依然存在，跟民族群众希望获得公平教育机会和高质量教育的迫切愿望和需求相比尚存在不小的差距等。

上述广西民族地区的文化特点给我们以深刻的启示：第一，充分认识广西民族地区文化的优势，善于发掘和利用各少数民族深厚的优秀文化资源，教导民族群众树立文化自尊、文化自信意识，反对和抵制文化虚无主义和历史虚无主义。第二，对广西民族地区传统文化采取辩证分析的态度，对其局限性和文化发展现状的不足要有清醒的认识。第三，要努力发展有广西特色的地域文化，形成系列文化精品和文化知名品牌，不断提升广西文化软实力。第四，弘扬和凝练广西精神，塑造广西新形象，抓住全球化、现代化、信息化和城市化的机遇，推进广西民族文化强区建设。第五，深化广西教育改革，增加对广西教育的人力、物力、财力等投入，通过发展教育尽快提升民族群众的科学文化素质和思想道德素质，为实现广西"两个建成"的总体目标②提供强大精神动力和智力支持。

---

① 秦斌：《全面深化教育改革　打造广西教育升级版》，《中国民族教育》2014 年第 3 期，第 11 页。

② "两个建成"的总体目标，即奋力实现与全国同步全面建成小康社会，基本建成面向东盟的国际大通道、西南中南地区开放发展新的战略支点、21 世纪海上丝绸之路与丝绸之路经济带有机衔接的重要门户。

第二节　五四运动至中华人民共和国
成立的发轫期

五四运动至中华人民共和国成立是马克思主义在广西民族地区大众传播的开始阶段，亦即发轫期。在中国共产党领导下，广西各族群众完成了新民主主义革命，实现了翻身解放、当家作主的愿望。广西马克思主义大众化的发轫期已初步显示了其民族特色。

一　五四运动的广西声援与马克思主义在广西的早期传播

五四运动是一场中国人民反对帝国主义和封建主义的爱国民主运动，标志着新民主主义革命的开端。五四运动的爆发也促进了马列主义在广西民族地区的传播，促使各族群众实现了新的觉醒，广西的革命斗争进入了一个崭新阶段。

（一）响应和声援五四运动，形成了马克思主义在广西传播的舆论氛围和条件

五四运动爆发后，其影响也波及地处西南边陲的广西，八桂大地各族青年学生、工人和市民积极响应和声援。从桂北的桂林市到桂东南的梧州、玉林、贵县、北海等市县，从桂中的南宁、柳州到桂西的百色、龙州、宜山等壮族占主体的少数民族地区，广西各地群众纷纷举行集会、游行示威、罢课、罢工等多形式的活动，声援北京等地的反帝爱国斗争。在桂林，法政专科学校、省立第二师范、省立三中等学校的学生成立了救国联合会，举行了声势浩大的反帝示威游行。在梧州，梧州学生联合会救国团成立并发表了《宣言书》，号召桂省学界同人参与"爱国义举"，并组织团员上街演讲、散发传单，宣传救国道理，倡导抵制日货。在南宁，省立第三师范、省立一中、邕宁县中等校的学生，成立了南宁学生联合会。在南宁学联的推动下，1919 年 6 月 30 日，南宁召开了有青年学生、工人、市民共 3 万人参加的国民大会。大会发出通电，提出"和约不签字""声讨卖国贼""取消中日密约""提倡国货"等 6 项要求，会

后还举行了示威游行。① 广西各地群众尤其是青年学生对五四运动的响应和声援，助推了我国民主革命的洪流，激发了大众的爱国热情，启发了他们参加革命斗争、谋求自身解放的觉悟；同时也为马克思主义在广西的传播创造了舆论氛围和条件。

（二）早期进步知识分子为马克思主义在广西的传播发挥了桥梁作用

广西早期进步知识分子最先接受了马克思主义，是他们搭起了马克思主义理论与广西民族地区群众之间的桥梁。五四运动前后，广西涌现了一批积极探索救国救民真理、学习和宣传马列主义的进步青年知识分子。其中的杰出代表有黄日葵、谭寿林、宁培英、韦拔群、高孤雁等人，他们通过各种方式在广西各地广泛宣传马列主义，促成了各民族群众的觉醒，为推动广西民主革命事业奠定了牢固的思想基础和群众基础。

一是通过订阅、邮寄、创办革命刊物或进步书刊等方式在广西家乡传播马列主义。早期在外地求学或工作的广西籍进步知识分子成为在广西传播马克思主义的主力军。马君武是广西较早接触马克思主义学说的人。1901 年冬，马君武到日本留学后，就开始阅读有关介绍马克思主义和社会主义思潮的书籍。后来，他陆续撰写了《社会主义与进化论比较》《圣西门之生活及其学说》《佛礼儿学说》等论文，并将论文发表在《译书汇编》《新民丛报》等报刊上，促进了马克思主义学说在中国的传播。另外，五四运动前后，一批广西籍知识青年到北京、上海、广州等地求学或工作，其中就有黄日葵、朱锡昂、韦拔群、陈勉恕、谭寿林、宁培英、陈培仁、黄士韬等人，他们通过各种方式和渠道在广西传播马克思主义。一方面，他们创办或从外地寄回所订阅的革命进步刊物和其他进步书籍给广西省内友人或学生传阅；另一方面，他们利用通信或假期回乡的机会，向家乡亲友们宣传革命进步思想。譬如，当时广西籍知识分子所创办的革命刊物有《桂光（半月刊）》《西江潮》《群言》《铎声杂志》《新漓潮（半月刊）》《友声》等，这些书刊大多寄回广西发行，对于促进马列主义在广西的传播发挥了积极的作用。②

---

① 黄成授：《广西壮族革命史》，广西民族出版社 1994 年版，第 104—105 页。

② 陈欣德：《五四时期马克思主义在广西的传播》，《社会科学探索》1989 年第 2 期，第 58—59 页。

黄日葵（1900—1930）和谭寿林（1896—1931）是广西早期学习、研究和宣传马克思主义的两位杰出代表。他们都曾在北京大学求学，都积极参加过五四运动等反帝爱国斗争并成为其中的骨干分子。在1920年，黄日葵与邓中夏等19人发起成立了"北京大学马克思学说研究会"，[①] 该会专门研究马克思学说，并探讨国际共产主义运动和国内外重大问题。黄日葵在这个时期实现了由激进的民主主义者向共产主义者的转变，并于1921年加入了中国共产党。谭寿林则在1917年至1920年就读贵县中学时就开始参加革命活动，他曾撰写《国耻当雪论》《外侮日逼论》《爱国必先合群论》等113篇作文，[②] 文章短小精悍，充满反帝爱国的情怀。五四运动期间，谭寿林担任贵县学生联合会的会长，领导全县中小学实行抵制日货等反帝爱国斗争。1921年，谭寿林考入北京大学预科后，以更大的热情学习和研究马列主义，之后他在李大钊和黄日葵等人的帮助下加入了中国共产党。黄日葵、谭寿林在北大积极联络广西籍学生，于1923年成立了"新广西期成会"。同年7月15日，二人又在北京组织广西籍师生共同创办出版了《桂光》（半月刊），该刊物以呼吁救国和改造社会为宗旨，公开介绍马克思主义关于无产阶级暴力革命的学说，用马列主义的立场观点抨击广西的腐败政局，并揭露帝国主义、封建主义的罪恶，说明国民革命反帝反封建任务等。当时，《桂光》（半月刊）每期印行约2000份，主要寄回广西各地发行，深受广大读者尤其是青年学生的欢迎，[③] 该刊物的发行对当时广西民族地区群众起到了革命启蒙的作用。

宁培英（1901—1928），是广西陆川县第一个中国共产党党员，也是在陆川县乃至广西最早传播马列主义的革命者之一。他曾就读于广东高等师范法科。在第一次国共合作初期，正在广州求学的宁培英在学校里

---

① 《北京大学日刊》1921年11月17日，详见张允侯等《五四运动时期的社团（二）》，香港：三联书店1979年版，第273页。

② 黄茂田：《大革命时期马列主义在广西的传播》，《广西社会科学》1987年第2期，第38页。

③ 《马克思主义在广西的最早传播——广西籍先进青年知识分子回桂传播介绍马克思主义》2018年8月21日（http://www.gxdqw.com/preview/gxdqw/gxzz/lszz/200903/t20090320_6163.html.）。

经常有机会聆听到共产党人恽代英、萧楚女等人的演说，开始接触马列主义。宁培英刻苦攻读《共产党宣言》等马克思主义经典著作，学会了运用马克思主义的立场、观点分析社会现象。他还在广州组织了"陆川青年社"，引导青年学习和宣传马列主义。他曾当选为广西玉林五属留穗学会第九届委员长和广西留穗学会编辑部副部长，负责编辑会刊《群言》和《玉林五属留穗学会杂志》。他曾连续在《群言》四卷一号至四号上发表《创造生活与青年》《现代的社会病》《英国对华的侵略》等十多篇政论文章，深刻揭露和剖析了现代社会的"病态"，指出社会主义代替资本主义的必然性。《群言》当时主要寄回广西各地发行，在桂林、柳州、梧州、玉林、北流、贵县、陆川等市县设置了 26 个分售处。① 宁培英的上述努力推动了马列主义在广西的传播。

韦拔群（1894—1932）是广西东兰县人，也为马列主义在广西的传播做出了杰出贡献。韦拔群早年曾到桂林政法学堂、贵州讲武学堂学习，之后前往驻重庆的滇军中当参谋。在重庆期间，他广泛阅读《新青年》等革命进步书刊，化名"愤不平"著文抨击时弊。他经常把进步书刊寄回给广西家乡的青年友人，向他们宣传马列主义新思想。

高孤雁（1897—1927）是龙州县人，也积极在自己的家乡宣传马列主义。1916 年，他考入镇南道立中学。1919 年参与"五四"反帝爱国运动，经受新学潮和新思想的熏陶。1920 年，他在龙州广西省立第七中学毕业后回到家乡后，在下冻赤光小学当教师。其间他订阅了《新青年》《向导》《创造》《少年先锋》等一批革命理论刊物，还发动其他教师和高年级的学生也订阅这些刊物，接受革命教育。高孤雁的努力为无产阶级革命思想在该校和广西龙州地区广泛传播创造了条件。

二是将宣传马列主义与开展民族地区的革命实践结合起来。广西早期接受了马列主义主张的先进知识分子经常深入基层，在群众中做报告或演讲宣传马克思主义，并亲身参与和领导民族地区群众开展革命斗争。1924 年，黄日葵在国共合作的新形势下受中国共产党的委派先后到北京、广东的国民党党部工作。1926 年夏，他作为中共广东区委特派员，负责广西的革命工作。黄日葵到达广西南宁后，深入工会、农

———————————

① 参见《群言》杂志一卷二号，1926 年"本志分售处一览"。

会、学联、妇联等革命团体中宣传马列主义，他还以第七军政治部副主任的身份，经常到南宁军校做马列主义理论报告。在黄日葵的影响下，南宁的工、农、兵、学各界，掀起了学习、宣传马列主义的热潮。① 谭寿林也在参与广西革命实践活动中积极传播马列主义。1926 年 1 月底，纪念列宁逝世两周年演讲会在梧州举办，谭寿林在会上做了题为"苏联革命成功的要点"的演讲，对苏俄十月革命成功的经验进行了详细介绍，高度评价了列宁的军事共产主义政策、新经济政策和民族政策，号召广西革命同志要用苏俄革命的成功经验和马列主义理论来"训练我们自己"。谭寿林在梧州开展革命工作期间，经常深入工农群众和学生中宣传马列主义。②

韦拔群同样在积极参与和组织广西革命斗争实践中践行马克思主义学说。1920 年韦拔群因不满旧军队的军阀习气而脱离滇军，辗转到达当时民主革命的中心广州。在广州，他参加了旨在推翻旧桂系的"改进广西同志会"。1921 年秋他回到广西东兰，与一批壮族青年组织了"改造东兰同志会""银海州九九同盟"等革命组织，并提出了"打倒帝国主义，打倒军阀，打倒贪官污吏，打倒土豪劣绅！""拥护社会革命"等革命宣传口号和主张；1922 年至 1923 年，韦拔群率领"东兰农民自卫军"三次攻打东兰县城。1924 年夏，韦拔群和战友陈伯民由于受到广西当局的通缉，被迫离开东兰，并于 1925 年进入第三届广州农民运动讲习所学习，其间他们全面学习了马列主义理论和中国共产党关于农民运动的理论和政策，学习了彭湃领导广东农民运动的经验。此时的韦拔群，在思想上已经实现由民主主义者向共产主义者的转变，并于 1926 年加入了中国共产党。1929 年，韦拔群与邓小平、张云逸等人共同组织领导了百色起义，创建了中国红军第七军和右江革命根据地。当红七军北上后，韦拔群回到百色，在极其艰苦的条件下继续领导民族地区革命斗争直至后来被叛徒出卖而牺牲。

三是创办农民讲习所和其他学习组织，提升民族地区农运骨干和农民群众的文化素质、理论素养和革命觉悟。1925 年 5 月，韦拔群和陈伯

---

① 黄成授：《广西壮族革命史》，广西民族出版社 1994 年版，第 106 页。

② 同上书，第 107 页。

民提前从广州农讲所结业返回东兰，开始自觉运用马列主义理论指导东兰的农民运动，组织农会、发展农民武装。韦拔群仿照广州农讲所的做法培养右江和红水河地区的农运骨干，于 1925 年冬开始在东兰武篆举办农民运动讲习所（以下简称"东兰农讲所"），先后举办了三届，培训了农运骨干近 600 名。东兰农讲所的学员主要是来自东兰、凤山、百色、恩隆、奉议、果德、凌云、都安、河池、思林、南丹等右江和红水河地区各县的壮、瑶、苗等少数民族先进分子和农民运动骨干分子。东兰农讲所开设的课程主要有马克思主义政治经济学类、社会发展史和革命史，并介绍广州等其他地区农民运动的经验。① 韦拔群既当主任又当教员，给学员讲授革命理论和党的农运政策。东兰农讲所还主编了《火花》报，向学员宣传马列主义理论。东兰农讲所学员结业回到各县后，广泛开展农民运动，把马列主义真理传播到右江和红水河两岸的壮乡瑶寨。韦拔群等人将学习宣传马列主义与运用马列主义指导民族地区的革命活动结合起来，取得了良好的效果。

该时期，高孤雁也在左江地区创办讲习所和其他学习组织机构宣传马列主义。1922 年初他曾追随一支农民武装队伍活动于龙州、雷平、养利、添等、龙茗等县。他后来在龙茗开办了"青年讲习社"，在添等开办"速成师范讲习所"，主要选用《新青年》等革命刊物作为教材，向青年学生传播革命理论。是年秋天，高孤雁回到龙州下冻小学任教。期间，为了加强马列主义的学习和宣传，高孤雁号召师生订阅《向导》《新青年》《少年先锋》等革命理论刊物，并把下冻小学改名为"赤光小学"，把下冻尚德女子小学改名为"霞光学校"。值得一提的是，1924 年，高孤雁还在赤光小学创办了"特别班"，免费招收龙州邻近各县 40 余名无钱升入中学学习的贫苦农民子弟来校学习。"特别班"的教材也主要选用《新青年》等刊物。高孤雁还在班上学生中讲授《共产党宣言》，传播马克思主义。"特别班"中的不少人后来成了革命先锋，为推动左江民族民主革命运动的发展做出了贡献。1925 年"五卅"运动爆发，高孤雁带领学生上街游行，进行街头演讲，控诉帝国主义、封建主义的罪恶，揭露反动阶级的腐败，号召工农大众团结起来进行革命。为寻求革命真理，

---

① 庾新顺：《广西革命战争史纪事（1919—1949）》，广西人民出版社 1999 年版，第 26 页。

高孤雁1925年冬只身前往广州，其间他积极同共产党员恽代英、萧楚女交往并深受他们的影响。1926年夏，高孤雁受党的委派回南宁工作，担任《革命之花》专职编辑，积极组织文章，以更大热忱宣传马列主义和共产党的主张。"四一二"反革命政变发生后，高孤雁被捕，后来被新桂系当局所杀，牺牲时年仅29岁。

综观黄日葵、谭寿林、宁培英、韦拔群、高孤雁等人宣传马列主义和参加革命斗争活动的实践，其共同点有：一是他们大都有外出求学或游历的经历，视野开阔，思想解放活跃，积极接触、接受和传播马列主义；二是他们善于将学习和传播马列主义与开展广西革命斗争的实践结合起来，不仅组织和参与了学生爱国运动，而且还参加或领导维护工农利益的革命斗争；三是他们都有着浓厚的爱乡爱党情怀，从广西走出去，后又回到广西，或接受中共党组织的委派回广西组织领导革命工作，充分发挥作为本地人熟悉当地风物人情的优势，发动群众开展革命斗争；四是他们都有为革命事业献身的精神，为马列主义在广西民族地区的传播和推动广西革命事业的发展做出了贡献。

（三）省内进步书局、报馆、图书馆为马列主义在广西的传播发挥了特殊作用

马列主义早期在广西的广泛传播还得益于省内进步报馆、书局、图书馆的作用。第一次国内革命战争时期，广西省内的革命文化活动十分活跃。梧州的《民国日报》《学生日报》《革命之花》，南宁的《民国日报》等报刊都一度为共产党人和革命人士所掌握，这些报刊为国共合作和工农运动的发展创造了良好舆论氛围和条件；1926年，由共产党直接领导的苍梧书社在梧州开业，该书社公开发行梁启超的《饮冰室文集》、孙中山的《三民主义》等著作，半公开发行《共产党宣言》《列宁文选》《共产主义ABC》等进步书刊；这个时期，中国共产党还通过地下党、团组织向工人夜校、农民夜校、妇女夜校推销通俗进步书刊，深受广大工农群众和学生的欢迎。此外，当时广西各地还有60多家书店，以公开或半公开的方式发行进步书刊，在民族地区群众中产生了较大的影响。① 另外，革命先行地区广州、上海、北京的中共党团组织还向广西输送了大

---

① 周光大：《壮族传统文化与现代化建设》，广西人民出版社1998年版，第55页。

批得力干部和人才，并有计划地向广西主要报馆和部分中等以上学校赠送进步书刊。同时善于利用以国民党名义创办的各类书刊为党的宣传工作服务。

综观五四运动前后马克思主义在广西民族地区的传播情况，主要有以下三个方面的特点：第一，马列主义主要是从汉族地区通过进步知识分子的宣传、介绍等渠道传入广西少数民族地区的。尤其是从近代革命中心北京、上海、广州首先传入广西的东南部、东北部和中部地区（如梧州、桂林、玉林、南宁等汉族人口相对密集的地区），之后再传入广西西部的百色、河池、崇左等少数民族聚集区。近代以来，广东的革命洪流对广西的影响尤为深刻，历史上广西一度充当了广东革命大后方的角色。中共广西党组织最初就是接受广东省特委的领导；广西进步青年韦拔群、宁培英、高孤雁等人也都曾到广州学习、接受培训或游历过，接受了先进的革命思想。第二，广西民族地区马克思主义大众化既离不开革命先进分子的桥梁作用，同时也需要一定的物质载体和手段，包括革命书籍和报刊、书局书店或书社、街头演讲、传单、民族地区群众喜闻乐见的山歌等。这些载体和手段经过进步知识分子的演绎和诠释，既保留了其中的积极因素，同时又融进了马克思主义的立场、观点和方法，充当了马克思主义大众化不可或缺的角色。第三，紧跟革命进步形势的发展潮流，围绕革命的中心任务开展马列主义的宣传活动。民族独立和人民解放正是当时中华民族面临的中心任务。广西进步力量围绕这个任务对五四运动、北伐战争等进行了积极响应和声援。中共推进广西马克思主义大众化就是紧跟时代进步潮流，围绕广西革命的中心任务而开展的。韦拔群等革命者已经意识到，广西马列主义宣传、思想政治教育和其他意识形态工作只有紧密联系民族地区实际，符合民族地区群众的切身利益，启发他们的觉悟、触及他们的灵魂，方能取得良好成效。

二 左右江革命根据地文化建设与马克思主义在民族地区的大众化

左右江革命根据地是新民主主义革命时期中国共产党成功领导百色起义和龙州起义后建立起来的。它位于广西的西南部边陲，北与贵州省接界，西南与云南省和越南毗连，包括了左江、右江流域和红水河流域的一部分地区，20 多个县，皆是多民族杂居的地区，聚居有壮、瑶、苗、彝、汉等民族，其中壮族约占总人口 90%，瑶族约占 6%，苗族、彝族约占 2%，汉族约占 2%。①这里是广西农民运动开展较早的地区。该地区当时交通闭塞，经济相对落后，各族群众在政治上深受帝国主义、豪绅地主、军阀和土匪的剥削压榨，生活极其困苦，因此他们富有革命斗争精神。左右江地区在革命斗争中涌现了韦拔群等一批农民运动领袖和少数民族干部。该地区党的群众基础良好，利于党组织开展革命活动。

（一）百色起义，红七军的成立与右江革命根据地的创建

1929 年 10 月 22 日，邓小平、张云逸、陈豪人等率领武装部队到达百色，马上与右江地区的农民运动结合起来，筹划武装起义，着手准备建立红军和革命根据地的工作：宣传和发动群众；整顿和改造部队；武装工农、支持工农群众运动；建立和发展党的组织；消灭反动的广西警备第三大队等。1929 年 12 月 11 日，中国共产党领导了著名的百色起义，并成立了中国工农红军第七军。同日，右江地区第一届工农兵代表大会选举产生了由雷经天担任主席，韦拔群、陈洪涛等担任委员的右江苏维埃政府。②百色起义成功后，红七军又两次击退了敌人卷土重来的企图，与各县的农民群众密切配合肃清了当地的反动武装，创建、保卫和巩固了右江革命根据地。

（二）右江革命根据地的文化建设

右江苏维埃政府成立后约两年时间里，革命根据地形势相对稳定。红七军前委和右江苏维埃政府领导军民进行了土地革命运动，开展政治、经济、文化、军事和党的建设。其中文化建设方面，右江革命根据地采取了一系列具有无产阶级革命性质又富有民族地区特色的举措，不断推进了马克思主义大众化。

第一，制定了系列符合民族群众利益的文化教育方针。譬如，《中国红军第七军目前实施政纲》（1929 年）中规定："实行平民教育，发展识

---

① 蒙荫昭、梁全进：《广西教育史》，广西人民出版社 1999 年版，第 588 页。
② 中共广西区委党史资料征委会《左右江革命根据地》编辑组：《左右江革命根据地》上，中共党史资料出版社 1989 年版，第 16 页。

字运动。"①《中国红军第七军司令部政治部布告》（1930 年）第六条则具体地提出了发展根据地文化教育的方针："六、对教育：提高文化，普及教育，劳动儿童，免费入学，推翻旧礼教，创造好风俗。"②

第二，建立了与宣传文化工作相关的组织和领导机构。各县苏维埃政府设立宣传委员，各区和乡苏维埃政府设立文化委员，安排专人负责宣传文化和教育工作。譬如，县苏维埃政府宣传委员的职责共有 13 项："1. 组织宣传队；2. 训练宣传员；3. 宣传敌人罪状；4. 宣传共产主义；5. 向本军宣传；6. 向敌军宣传；7. 向民众宣传；8. 发传单；9. 贴标语；10. 制画报；11. 放空气；12. 编山歌；13. 呼口号。"又如，区苏维埃政府文化委员的职责也有 4 项："1. 统计全区学〈龄〉儿童及失学的群众；2. 编辑工农运动及政治消息的壁报；3. 组织并训练宣传队；4. 指导白话戏社及一切游艺团体。"乡苏维埃政府文化委员除了具有与区文化委员类似的职责之外，还有其他职责："办理群众学校强制儿童教育""实行识字运动""设立群众书报社、演讲所、体育场及俱乐部""制止反革命宣传""帮助青年教育童子团及少年先锋队""打破封建社会迷信，毁弃偶像"等。③ 上述各级苏维埃政府宣传委员和文化委员职责的规定言简意赅，内容全面明确，指导了右江革命根据地文化建设的顺利开展。

第三，改造或创办各级劳动学校、农民夜校。其中，百色县的省立第五中学被改为"广西劳动第一中学"，校长由百色县苏维埃政府文化委员会主席杨柳溪（中共党员）担任；东兰县城创办了高级劳动小学，校长由白汉云（中共党员）担任。值得一提的是，各类劳动学校皆向广大工农子弟开放，且不收学费。为了帮助贫困落后的瑶族地区发展文化教育事业，东兰县苏维埃政府还曾拨出专门经费，在西山等 16 个乡办起初级劳动小学，教师由县苏维埃政府派出，凡是 8—16 岁的适龄儿童都可以免费入学，学校的办学经费全部由县里供给。各学校一律采用右江苏维

---

① 中共广西区委党史资料征委会《左右江革命根据地》编辑组：《左右江革命根据地》上，中共党史资料出版社 1989 年版，第 105 页。

② 《左右江革命根据地资料选辑》，人民出版社 1984 年版，第 216 页。

③ 中共广西区委党史资料征委会《左右江革命根据地》编辑组：《左右江革命根据地》上，中共党史资料出版社 1989 年版，第 148—154 页。

埃政府编印的《工农兵识字课本》等教材。[①] 各学校在教学过程中除了重视提高民族群众的文化素质，还向他们宣传革命道理。

第四，围绕党的中心工作开展群众性文化活动。右江革命根据地各级苏维埃政府都组织有宣传演唱队，它们积极利用当地群众喜闻乐见的对唱山歌、乐曲等形式开展群众性文化娱乐活动。这些活动既活跃了当地民族群众的文化生活，又宣传了党和红军的土地革命政策。

（三）龙州起义，红八军的成立与左江革命根据地的创建

左江地区与右江地区毗邻，西南部与越南接壤，东及南宁和钦州，南靠十万大山，北连隆安、向都县，地理位置十分显要。左江地区有着光荣的革命斗争传统和良好的群众基础。19世纪七八十年代，左江地区各族人民曾参加了刘永福领导的黑旗军抗法斗争；1907年，孙中山领导镇南关起义时，凭祥人民群起响应；大革命时期，中共党员陈霁、易挽澜领导了该地区的农民运动，成立了"镇南道农民协会办事处"。1922年，壮族进步青年高孤雁等人在龙州下冻小学任教时，向学校师生和农民群众传播革命思想，启蒙民智，促进了当地农民运动的兴起。1930年2月1日，李明瑞、俞作豫、何世昌等人按照邓小平和红七军前委的部署，成功地举行了龙州起义，成立了中国红军第八军，并建立了左江革命委员会。此后，凭祥、上金、养利、崇善、龙茗、左县等县也相继建立了革命委员会，至此左江革命根据地基本形成。

为推进左江革命根据地的建设，红八军颁布了《中国红军第八军目前实施政纲》（1930年），内容包括：扩大反帝运动，工农兵联合起来，扩大红军割据区域，扩大红军组织，推翻军阀国民政府，实现平民教育、发展识字运动，没收反革命的财产，交苏维埃处理等18个方面，涉及政治、经济、军事、文化教育等，并指出这"是目前革命民众最低限度要求"[②]。另外，根据地政府还颁布劳动法22条、土地法26条。[③] 这些政纲和法令体现了中国共产党领导下的新民主主义革命总任务和基本精神，

---

① 中共广西区委党史资料征委会《左右江革命根据地》编辑组：《左右江革命根据地》上，中共党史资料出版社1989年版，第24页。

② 同上书，第203—204页。

③ 同上书，第28—29页。

成为指导左江革命根据地开展各方面建设和军事斗争的纲领性文件。

上述左右江革命根据地建设过程中所制定和实施的革命性举措，特别是发展文化教育的措施，实际上是马克思主义经典作家的文化教育思想在广西民族地区的初步运用。譬如，《广西东兰县革命委员会最低纲领草案》中有关"提高劳动儿童教育（设立幼稚院）""创设劳动人民免费学校"① 等主张；以及《中国红军第八军目前实施政纲》中所提出"实行平民教育发展识字运动"② 的要求。这些主张和要求所体现的思想正是源于马列主义关于教育公平的思想。马克思、恩格斯在《共产党宣言》中就提出过共产主义社会教育的设想："对所有儿童实行公共的和免费的教育……把教育同物质生产结合起来，等等"；③ 1919 年列宁亦在由其主持起草的《俄共（布）纲领草案》中提出："对未满16岁的男女儿童一律实行免费的义务的普通教育和综合技术教育"，并且"由国家供给全体学生膳食、服装、教材和教具"。④ 列宁在其晚年口授的《日记摘录》中再次提出"使我们的整个国家预算首先去满足初级国民教育的需要"⑤ 等主张。因此，左右江革命根据地发展文化教育的措施和做法是中国共产党将马列主义文化教育思想中国化、民族化的结果，体现了我党早期就高度重视实现和维护民族地区群众的文化和受教育权益的维护。

三　桂林抗战文化运动与党对抗战文化领导权的掌握

桂林抗战文化是抗日战争时期国统区抗战文化运动的一面旗帜，是世界反法西斯文化的组成部分。中国共产党在广西深入宣传党的抗日民族统一战线政策主张，特别是通过中共中央南方局及八路军桂林办事处加强党对桂林抗战文化的领导，广泛组织开展抗日救亡歌咏运动、戏剧表演和文学艺术创作活动，弘扬爱国主义精神主旋律，积极培养文化新生力量。中国共产党还注意同统一战线内部的错误思想做斗争，反对国

① 中共广西区委党史资料征委会《左右江革命根据地》编辑组：《左右江革命根据地》上，中共党史资料出版社1989年版，第95页。
② 同上书，第204页。
③ 《马克思恩格斯选集》第一卷，人民出版社2012年版，第422页。
④ 《列宁选集》第三卷，人民出版社2012年版，第744页。
⑤ 《列宁选集》第四卷，人民出版社2012年版，第763页。

民党的文化专制，促使抗战文化向新民主主义文化发展。中国共产党通过一系列措施牢固掌握着桂林抗战文化的领导权，并将抗日进步文化辐射到广西其他地区。

（一）广西抗日救亡文化活动的兴起

"两广事变"发生后，中共广西地方党组织根据中央的有关精神，正确分析变化了的形势，积极开展抗日救亡活动。1936 年 6 月 1 日，中共邕宁县委发表了《拥护抗日宣言》；广西民团干校的中共党员编辑出版了《新动向》半月刊，大力宣传中国共产党的抗日民族统一战线主张。6 月 3 日，广西文化救国会在南宁发起成立了"广西各界抗日救国会"。次日，中共南宁地方组织领导了在南宁公共体育场举行的抗日救国示威巡行大会，南宁各工会、妇女救国会以及学、农、商等各界共 4 万余人参加了此次大会。绥远抗战前后，广西的抗日救亡文化活动逐步兴起，通过创办报刊等方式宣传抗日。广西学生抗日救国会出版了以宣传抗日为主旨的《广西学生》；广西文化界抗日救国会出版了《文化救国》月刊；中共党员梁寂溪、凌建平分别在梧州和玉林发起开办"生活文化合作社""群生书店"，经销各种宣传抗日进步书刊。① 广西抗日救亡文化活动的兴起，唤起了人们共同抵御日本侵略的斗志，激发了各族群众积极支持和参加抗战的热情。

（二）桂林抗战文化的形成及其地位

桂林抗战文化是我国抗日救亡运动中产生的"抗日统一战线的文化"。桂林抗战文化奠定了桂林在全国的抗战文化运动中的重要地位。李建平指出，桂林这座起初仅有 7 万人的南方小城，在战火纷飞的抗日战争岁月里竟成为一个拥有 30 多万人口、上千文化人聚集活动、数千家报刊的战时大后方的重要文化城。② 当时许多著名的文化人士或社会名流都曾在桂林工作、生活过，譬如郭沫若、茅盾、夏衍、巴金、徐悲鸿、田汉、柳亚子、欧阳予倩、艾青、何香凝、胡愈之、李任仁、沈致远、雷

---

① 中共广西壮族自治区委员会党史研究室：《中国共产党广西历史》第一卷，中共党史出版社 2004 年版，第 228—229 页。

② 魏华龄等：《桂林抗战文化研究文集（六）》，广西师范大学出版社 2001 年版，第 146 页。

沛鸿、梁漱溟、陶行知等人。桂林文化城还吸引了众多充满爱国情怀的热血青年到来。这些云集桂林的抗战文化人通过创办刊物、出版社和新闻机构，组建社会文化团体，进行抗战文学艺术创作，开展抗战文化思想的宣传，举办美术展览、抗战演讲、街头宣传、抗日募捐等形式和活动，投入抗日救亡运动中。

有学者指出，桂林抗战文化活动并不局限于抗日战争时期文化名人在桂林进行的文学艺术活动，而且还应包括其他活动。譬如，中共宣传抗战的活动、共产主义文化思想的传播活动、在群众和大中小学校中开展的抗日救亡运动、广西当局组建的三届广西学生军和各地战时工作团等抗日救亡运动。① 即我们不能狭义地理解桂林抗战文化，仅将其看作1938—1944 年文化名人在桂林的文艺活动，不能将广义的桂林文化城缩小为"文艺城"。另有学者指出"共产主义文化思想和抗日文化，早在1931 年九一八事变后，便在桂林开始传播了，不是1938 年大批文化名人到桂林后才开始传播的"②。桂林抗战文化因为中共的正确引导而越发壮大并发挥了积极影响。

（三）中共掌握桂林抗战文化领导权的途径

在桂林文化城的多元政治和文化生态中，中国共产党倡导的新民主主义文化和全面抗战、全民族抗战、持久抗战等军事文化理念，不仅得到广大文化人、民主进步人士和普通群众的广泛认同，还在国民党上层产生了积极影响。中国共产党对桂林抗战文化领导权的掌握主要是通过以下几个途径实现的。

第一，从政治思想路线上加强对抗日统一战线的领导，并坚持同统一战线内部的错误思想、政策和行径做斗争，反对国民党的文化专制。在桂林抗战文化形成过程中，中国共产党通过合法渠道，利用合法身份、合法团体和机构，利用一切可能的机会广泛宣传本党的理论、主张和方针政策。譬如，利用各种场合对桂系首脑、桂系民主派和各个领域或界别（文化教育、新闻出版、文艺、科技等）的进步文化人，宣传中共抗

---

① 王福琨：《中国共产党在桂林抗战文化形成和发展中的作用》，广西人民出版社2007 年版，第1—2 页。

② 同上书，第2 页。

日民族统一战线主张和传播共产主义思想，实现对他们思想的领导，为实现全民族共同抗战营造良好舆论氛围。1938 年 3 月国民党临时全国代表大会发布了抗战宣言与决议；1939 年 2 月国民参政会第一届第三次会议又通过了《国民精神总动员纲领》，提出"军事第一胜利第一""国家至上民族至上""意志集中力量集中"等抗战文化口号，① 该纲领于同年 5 月 1 日开始在全国实施。以李宗仁、白崇禧、黄旭初等为代表的新桂系也提出了持久抗战和著名的"焦土抗战"论，在广西提出和实行"三自""三寓"② 等政策，并根据《广西建设纲领》制定实施《广西施政计划纲要》，在开展抗日社会动员和推进广西地方建设中曾发挥了一定的作用。但是总的来看，国民党的抗战文化政策带有较大的片面性，譬如蒋介石在《敌人战略政略的实况和我军抗战获胜的要道》中所提出的"持久战、消耗战"，"以空间换时间"等战略，只强调时间和空间这两个战争要素，忽视了战争的性质、人心向背和人的主观能动性等要素，忽视了全国抗日军民在抗战中的决定性作用。这在一定程度上是由于国民党统治集团属于官僚资产阶级和地主阶级的阶级性质所决定的，它们无法克服自身的软弱性转而依靠外国势力，广大人民实际上被排斥在抗战文化的社会动员之外。其所倡导国民精神总动员在实施过程中却表现出文化"复古"倾向，所谓"固有文化""中国本位文化建设"③ 实质是提倡颓废文化、独裁文化，并不能做到激活传统文化中的积极因素。抗日战争时期，新桂系实施了一些开明的政治经济文化政策，客观上促进了桂林抗战文化的形成。但是，新桂系所提出的一系列政策所体现的军阀政治文化意识还是属于国民党政治文化体系的。其阶级局限性无疑也给桂林抗战文化运动带来了一定的负面影响。新桂系所采取的有关建设广西的措施"在政治方面有防止蒋介石插手广西之实，亦有走出广西，扩展地盘之慨"。④ 其所谓开明政治并不意味着让人民获得应有的民主权利，也不意味着他们与国民党民主派的立场相一致，实际上却隐含一定的政治权术的意味。

---

① 《国民精神总动员纲领》，《新华日报》1939 年 3 月 12 日。

② "三自"即自卫、自治、自给；"三寓"即寓兵于团（民团），寓将于学（青年学生），寓征于募（农民为兵源）。

③ 王双梅：《历史的洪流》，广西师范大学出版社 1994 年版，第 217 页。

④ 莫济杰等：《新桂系史》第二卷，广西人民出版社 1995 年版，第 234 页。

"新桂系为了自身的利益，在国共两党之间左右周旋，利用有限的'开明'与中共和进步人士取得联系，捞得政治资本；又利用'抗日'之名服从南京政府，在不损失利益的前提下，积极参与'皖南事变'，讨得蒋之欢心，得到中央发放的经费，扩充实力，同时也表明自己确非'赤化'，可足见其首领的用心良苦。"① "皖南事变"后，新桂系又制造了一系列反共事件，破坏中共广西地方党组织，捕杀共产党人和革命进步人士，暴露了其反共反人民的本质。中共对新桂系的上述本质和恶劣行径进行了揭露和抵制。

第二，通过地方各级基层党组织和党员领导抗日救亡运动。从九一八事变到日本投降的 14 年时间，中共广西党组织在桂林通过"三校"（即广西师专、广西地方建设干部学校和广西省立桂林师范学校）、"一会"（广西建设研究会）和"三军"（即第一、二、三届广西学生军）的基层党组织以及党员，宣传共产主义和进步文化思想，开展统战工作，积极领导桂林文化城的抗日救亡运动。② 另外，当时直属于桂林"八办"领导的新闻、出版、文化、教育系统的十多个党总支和党支部③对群众抗战文化运动也起到了组织和推动作用。

第三，积极引领抗日救亡歌咏运动、戏剧运动和文艺创作活动的开展。歌咏运动是抗日文艺运动中普及面最广，最为工农兵学商各界所喜闻乐见的宣传形式，它在唤起民众觉悟、激发民众抗日救亡意志等方面发挥了其他宣传形式所无法替代的作用。1936 年 12 月 24 日，中共苍梧县委为纪念"一二·九"运动一周年，发动了 2000 余名学生，以响应桂系当局和平解决西安事变的通电为名，举行了歌咏大示威游行活动，要求停止内战，一致抗日。活动后来遭到了国民党梧州当局的镇压，中共苍梧县委书记梁寂溪和一些学生骨干被迫撤离梧州。此次活动被认为是

---

① 高刘：《也析新桂系与蒋家王朝共始终的原因》，《淮北煤师院学报》（哲学社会科学版）2001 年第 2 期，第 41 页。

② 王福琨：《中国共产党在桂林抗战文化形成和发展中的作用》，广西人民出版社 2007 年版，第 3 页。

③ 主要包括《新华日报》桂林分馆、《救亡日报》社、新知书店、读书出版社、生活教育社、国际新闻社、抗敌演剧第九队（1941 年改为第五队）、抗宣一队（1941 年改为第四队）、新安旅行团、汉口基督教女青年会战时服务团等单位的党总支或党支部。

广西抗日歌咏运动之始。抗日战争期间，桂林曾经活跃着数十个有名的歌咏团，包括抗宣一队、抗敌一队、九队、新安旅行团、桂林音乐工作者乐群歌咏团、广西省立艺术馆合唱团、国防艺术社合唱团、桂林音乐界联谊会漓咏合唱团等。另外，不少单位、大中小学校也都有业余歌咏团队，比如抗日报社建国歌咏团、广西地干校歌咏组、中山纪念学校歌咏队、广西电台合唱团、生活书店歌咏团等，通过歌咏大会、歌咏晚会、广播晚会、街头演唱、歌咏游行等活动，一些抗日救亡歌曲（如《义勇军进行曲》《黄河大合唱》《在太行山上》《大刀进行曲》等）被广泛传唱，不仅唱遍桂林城乡，而且通过第三届广西学生军（4200 余名）传唱至广西其他地区；抗日救亡歌曲不仅在抗战后方传唱，而且在抗战前线上传唱。抗日救亡歌咏运动，体现了"抗战开展了新音乐运动，同时新音乐运动推动了抗战"（司马文森语）的精神，音乐成为工农兵学商各界抗日救亡的锐利武器，成为激励炎黄子孙奋力抗敌，争取抗日战争最后胜利的最响亮号角。①

戏剧也是桂林文化城最活跃的文艺活动形式之一。据统计，抗日战争时期，在桂林活动过的戏剧团队共有 70 多个，其中话剧团队 40 多个。它们除了在桂林举办戏剧公演外，还到广西各地巡回演出，演出以话剧为主，还包括桂剧、平剧（京剧）、粤剧、湘剧等，内容丰富多彩，每月都有新戏剧。演出活动比较频繁：1942 年前半年演出的话剧达 30 个，平均每月有 5 个，该年后来被人们称为"话剧年"。② 戏剧运动成为当时鼓舞人民抗战意志最主要的文艺形式之一。以欧阳予倩、田汉、洪深等为代表的戏剧大师，创作了一大批群众喜闻乐见的优秀剧目，为宣传抗日发挥了巨大作用。1944 年 2 月 15 日至 5 月 19 日，在以田汉和欧阳予倩为首的筹备委员会精心策划下，西南第一届戏剧展览会（西南剧展）在桂林举行。此次剧展规模宏大、盛况空前，有来自粤、桂、湘、黔、滇、赣、闽、鄂等省共 33 个戏剧团队和单位，有近千名演员和工作人员参加演出展览，演出总计 170 多场，观众达 10 多万人次。③ 中共中央南方局

---

① 邓群：《中国共产党与桂林抗战文化》，广西人民出版社 2005 年版，第 84—86 页。

② 同上书，第 89 页。

③ 同上书，第 94—95 页。

调派和动员了120多名党员和进步戏剧工作者参加筹备事宜。参加此次剧展的剧团和演出剧目数量、声势和影响之大，在中国戏剧史上是罕见的。概言之，桂林文化城的戏剧运动极大地激发了观众的民族情感和爱国热情，掀起了抗日救亡运动的高潮。

文艺创作活动空前活跃。抗日战争时期，在中国共产党的领导和推动下，中华全国文艺界抗敌协会成立桂林分会，同时中华全国木刻界抗敌协会、中华全国漫画家抗敌协会也迁到了桂林。1942年以后，茅盾、邵荃麟、胡风等文艺家和从香港脱险出来的其他作家云集桂林，极大地充实了桂林的文艺创作力量。这些富有时代使命感、强烈责任感和忧患意识的文艺团体和文化人，他们的理念正好与当时代表民族根本利益的中国共产党所提出的抗日救亡政治主张相吻合，因此得到人民群众的支持。这些文化人在新闻、文学、戏剧、音乐、美术、儿童运动和妇女运动等系列抗战文化活动中，将个体的激情与参与构筑抵御外来侵略的民族文化长城工作结合起来，为抗战文化的发展做出了贡献。桂林文艺工作者还响应"文协"总会"文人下乡，文章入伍"的号召，走出书房，离开画室、教室、剧院，走向农村、工厂、街头、战场，到处发表演讲，进行漫画展览宣传，他们创办了《前线》《战时艺术》《抗战文艺》《漫画与木刻》《文艺生活》《新音乐》等五六十种文艺刊物，其中漫画和木刻也成了"团结人民、教育人民、打击敌人"的战斗武器。① 譬如，1939年10月举办的鲁迅先生逝世三周年纪念木刻展、1940年5月举行的战时美术展、1941年9月举办的广西全省美术展览等，皆在广大观众中产生了较大的反响和共鸣，起到了启蒙、教育和团结广西各民族各阶层群众共同投身到抗日救亡运动中去的作用。

第四，秘密将一批共产党员派进社会文艺团体、学术单位和学校中去，并在一定程度上掌握这些团体或单位的领导权。比如，中华全国文艺界抗敌协会桂林分会，就有共产党员夏衍、司马文森、周钢鸣担任理事，并且会员中的中共党员作家和进步作家也占有很大的比例。另外，

---

① 邓群：《中国共产党与桂林抗战文化》，广西人民出版社2005年版，第98—102页。

桂林文化供应社的骨干都是由中共党员和进步人士组成。① 桂林的广西大学、逸仙中学、桂林中学、桂林师范学校等当时也都有中共组织，这些学校的共产党员和进步人士，在教学中给学生介绍进步书刊，讲授革命道理，灌输进步思想，领导学生开展抗日救亡活动。不少学校还建立了剧团、歌咏队、漫画组，出版小报、壁报，成立抗日救亡俱乐部，举办时事座谈会、文艺研究会等。② 师生们还跨出校门，与文化界各团体一道并肩战斗，投入抗日文化运动的洪流中。

此外，中国共产党还通过在第三届广西学生军中开展活动，带领他们开展抗日救亡运动：在各地城镇、乡村举办各种识字班、读书会、报告会、座谈会，出版墙报，张贴标语，演出戏剧，教唱抗日救亡歌曲等活动，在活跃群众文化生活的同时，提高了群众的思想政治觉悟。学生军积极向群众宣传抗日救亡主张，揭露侵华日军的暴行，讲述广西面临日军入侵的危急情况，激发各族群众抗日救国、保卫家乡的意志。因此，学生军受到各阶层群众的信任和爱戴，被群众誉称为"既是宣传队，又是工作队，又是战斗队"③。

中国共产党还在引领广西战时工作团开展抗日活动中发挥了积极作用。战时工作团（简称"战工团"）是在 1939 年秋日军入侵桂南前后，由玉林、南宁及钦廉的中共地方组织倡议和推动下，国民党地方当局建立了 10 个带有统战性和战时性的抗日救亡团体，即战工团。各地战工团主要以共产党和爱国青年为骨干，共产党员在其中起到主导和核心作用。战工团在动员、组织群众开展抗日救国、保卫家乡斗争中做了许多工作：宣传抗日、组织群众拥军支前、发动群众开展经济抗日斗争、组织武装、杀敌除奸等。④ 以广西战工团所开展的抗日宣传为例，宣传内容包括揭露日本妄图灭亡中国的野心和侵华日军在我国各地犯下的罪行；宣传中共倡导的抗日民族统一战线政策主张、战略路线和方针；宣传各地军民英

---

① 中共广西壮族自治区委员会党史研究室：《中国共产党广西历史》第一卷，中共党史出版社 2004 年版，第 255 页。

② 同上书，第 262 页。

③ 同上书，第 269 页。

④ 中共广西区委党史研究室编：《党在广西各地战工团》，广西人民出版社 2004 年版，第 6—11 页。

勇杀敌的事迹等。宣传的形式有：口头宣传——成立晨呼队、流动宣传队等深入城乡农村进行抗日宣传；文字宣传——写标语、出墙报、板报、张贴（展出）抗日漫画、木刻、抗战形势图等；文艺宣传——演唱《义勇军进行曲》《大刀进行曲》等抗日歌曲和演出《放下你的鞭子》《兄妹开荒》等抗日戏剧。这些歌曲、戏剧寓教于乐、生动活泼，为群众所喜闻乐见，很有吸引力。宣传的主要对象包括农民、工人、商人、城镇居民等。

中国共产党在广西战工团中主要起着三大作用：一是组织上的支柱作用；二是政治上的导向作用；三是行动上的感召作用。① 以政治上的导向作用为例，主要表现为：在战工团担任领导职务的党员，通过提出工作建议，制订工作计划，使战工团的工作符合党的抗日路线、方针和政策。通过各种途径和方式开展思想政治工作，对队员进行爱国主义、抗日民族统一战线等方面的教育。各地战工团还利用总结工作、集中整训和办培训班等方式，使队员能够较系统地学习政治理论，提高政治觉悟和理论政策水平。譬如，合浦一中的战地服务队利用学生放暑假之机，集中全体队员在校进行军政训练。政治训练的内容主要是由中共党员讲授《抗日民族统一战线》《游击战争》《青年运动》《论持久战》等课程。玉林区战工总团还举办了三期青年干部培训班，为各县战工团和其他青年抗日团体培训骨干。②

总之，抗日战争时期以桂林抗战文化为代表的广西抗战文化运动因为中共的引领作用而产生了深远影响。这种影响不仅在桂林，而且远播广西各大小城镇和乡村，乃至边境民族地区。抗战文化运动启发了民众的民族危机意识、抵御外侮意识，起到了凝聚民心的作用，还促使民众形成了对国内各个党派和集团是非曲直的正确判断，深化了他们对中共所提出的抗日民族统一战线主张的理解和认同。中共之所以能够掌握桂林抗战文化运动的主导权、领导权，缘于她是依据马克思主义这一先进理论武装起来的无产阶级政党，能够以马克思主义的

---

① 中共广西区委党史研究室编：《党在广西各地战工团》，广西人民出版社 2004 年版，第12—15 页。

② 同上书，第 14 页。

立场、观点和方法观察世界，准确掌握时代主题和革命潮流，顺应民心的期待；她坚持实事求是的思想路线，提出、倡导了抗日民族统一战线的政策和主张。

四　解放战争时期广西爱国民主运动与马克思主义的传播

抗日战争胜利后，针对蒋介石集团依赖美帝国主义的支持而玩弄和平谈判阴谋，中共中央一方面为争取国内和平民主而不懈努力，另一方面，又做好迎击国民党军队进攻的准备。中共广西党组织依据变化了的形势，确定新的工作方针：加强宣传教育工作，放手发动群众，开展反内战、反独裁，为争取和平民主而斗争，同时在思想上、组织上做好开展武装斗争的准备；在工作重点上，继续把工作重心放在农村，并在城市领导群众开展爱国民主运动；在斗争策略上，把政治斗争与经济斗争、非法斗争与合法斗争结合起来，在斗争中提高群众的政治觉悟。[①] 这些新工作方针的实施，为配合解放军南下解放广西创造了必要的舆论氛围和群众条件。

（一）占领舆论阵地，宣传和平民主、反对独裁

中共广西党组织遵照中央的指示，在抗日战争胜利后迅速恢复和发展了党的组织，并把宣传和平民主、反对内战独裁作为中心任务来抓。一是利用各种有利条件，创办革命刊物，抢占舆论阵地。譬如，当时中共桂林市党组织创办或与民盟广西支部合办的革命刊物有《民主星期刊》《桂林工商报》《少年生活》《新道理》等；桂北党组织创办了《民主战线》《青年之声》《时代与教育》等。另外，当时在大中学校的地下党员和进步师生也创办出版了一批刊物：广西大学的《西大新闻》《学生新闻》，桂林师范学院的《生活导报》《民主走廊》（壁报联刊）等，皆在师生中产生了较大的影响。二是在教育、文化、艺术等部门工作的中共党员，通过兴办书店，发行《新华日报》《华商报》《文汇报》《群众》《正报》等报刊，传播民主进步思想。三是举办群众性的歌咏和戏剧活动。当时所演出的进步戏剧和歌曲有《日出》《凯旋》《雷雨》《兄妹开

---

① 中共广西壮族自治区委员会党史研究室：《中国共产党广西历史》第一卷，中共党史出版社 2004 年版，第 347—348 页。

荒》《团结就是力量》等，潜移默化地发挥了革命文艺教育群众的作用。① 进步刊物、书店、歌咏、戏剧活动等成为当时传播马克思主义理论和党的路线方针政策的有效载体。

（二）组织开展爱国民主运动

抗日战争胜利后，蒋介石统治集团在政治上逐步走向反动，国统区经济日益恶化，全国各地掀起了以反内战、反独裁，争和平、争民主为中心内容的爱国民主运动。中共广西党组织顺势领导开展了本省学生爱国民主运动和农民群众求生存的斗争。

推动学生爱国民主运动的开展。1945年9月18日，国民党陆川县政府组织召开了各界庆祝抗战胜利大会。中共陆川中学支部发动全校上千名师生举着"争取和平民主"的横额参加大会。当陆川县长在会上发表鼓吹"戡平内乱"相关演讲时，该校师生即退出会场，转到县政府门前游行示威。后来，该校学生会还在县内外散发传单、发表宣言揭露该县长压制民主，鼓吹内战，贪赃枉法等行为，并派代表向县参议会和开明绅士申诉、游说，争取进步人士的支持。最后迫使国民党广西省政府将这个县长调离陆川县。1946年3月下旬，国民党平乐县当局大造内战舆论和扩大三青团，中共平乐支部则发动了平乐中学学生与国民党当局进行斗争，28日晚在城内贴出了"反内战、反迫害、争民主""反对一党专政，建立民主联合政府"等标语。29日该校学生代表在纪念会上做了反内战争和平、反独裁争民主的发言，② 引发观众的共鸣。此外，1946年夏至1947年夏，柳州、邕宁、武鸣、都安、钟山、陆川、北流、博白等市县的一些中小学教师为驱赶反动校长，反对奴化教育，反对增收学费和克扣教师工资及学生生活费，多次举行罢课、罢教、请愿、游行等斗争。总之，该时期中共领导下的广西学生爱国民主运动，在一定程度上打击了国民党反动势力的气焰，鼓舞了各族人民的革命斗志。爱国学生和群众也在斗争中经受了锻炼，有的后来还加入了中国共产党或爱国民主青年会，为广西民族地区的革命事业贡献了自己的力量。

① 中共广西壮族自治区委员会党史研究室：《中国共产党广西历史》第一卷，中共党史出版社2004年版，第352—353页。
② 同上书，第353—354页。

领导农民反饥饿求生存的斗争。1946 年春夏间，广西全省发生了饥荒，尤其是桂北和桂东的灾情最为严重，许多贫苦农民只能以野菜、树皮和草根充饥。广西各地党组织积极领导群众开展反饥饿求生存斗争。1946 年 2 月 27 日，中共贺县鹅塘乡党支部发动召开有 600 多饥民参加的鹅塘圩借粮救荒群众大会。会后，饥民分两路到该乡乡长和一户大地主家，强迫他们开仓借粮 7000 多斤，解决了群众的燃眉之急。中共地下党员柳江县负责人罗培元以广源乡饥民的名义，在 1946 年 5 月 8 日的《广西日报》（柳州版）上发表《饥民的呼吁》一文，要求县政府严惩囤积居奇的奸商、富户，取消苛捐杂税，发放粮款，赈济饥民。此外，钟山、横县、来宾、万冈、融县、龙州等县的中共地下组织也都领导了贫苦农民开展反征粮、反高利贷、反对官商勾结囤积居奇的斗争，强行开仓借粮，驱赶、袭击征粮征税人员。① 总之，该时期广西党组织领导广大农民开展反饥饿求生存的斗争，反映了他们的利益、愿望和要求。同时，也启发了他们的阶级觉悟和革命斗争觉悟。这些斗争活动还密切了党和群众的关系，培养和锻炼了党的骨干力量，为党进一步在广西农村地区开展武装斗争奠定了思想和组织基础，也为广西解放战争获得最后胜利创造了有利条件。

（三）举办各类军政干部训练班，提高党员干部的思想政治素质。

1947 年秋，中共钦防党组织积极开展游击根据地的建设。11 月，在防城县大勉村（后迁至板贞）举办军政干部训练班（后改称十万大山公学），分期轮训连排干部，进一步提高基层干部的军政素质。1947 年 8 月，中共钦廉四属特派员陈华也在合浦县大成山区举办了几期党员骨干训练班，组织学员学习毛泽东的《湖南农民运动考察报告》《整顿党的作风》等著作，联系合浦和灵山地区实际总结斗争经验教训，并且提出放手发动农民群众的要求，纠正部队中存在的某些无组织无纪律现象。②

1947 年 5 月正式成立的香港分局（1949 年 4 月改为华南分局），是当时代表中共中央直接领导粤、桂、滇等省和湘、黔、赣、闽等省部分

---

① 中共广西壮族自治区委员会党史研究室：《中国共产党广西历史》第一卷，中共党史出版社 2004 年版，第 356—358 页。

② 同上书，第 389—390 页。

地区革命斗争的组织机构。在该分局直接领导下，广西农村的游击战争普遍开展，城市的宣传、统战、护城工作扎实推进，为解放军发起解放广西的战役提供了有利条件。[①] 香港分局很重视干部的学习，要求各地干部认真学习中央和分局的文件，认真贯彻执行中央的指示；参加训练班的干部思想政治素质得到了很大的提高。1947 年 10 月，分局在对农村工作指示信中要求各地经常有计划地训练党内干部，及时总结斗争经验。1948 年 9—10 月，分局在香港举办了干部学习班中，从广西来学习的就有陈枫、路璠、阳雄飞、莫矜、肖雷等人，当时在粤桂湘边区工作的广西籍干部李殷丹也前去学习和汇报工作。[②] 另外，中共广西地方党组织在培训班中还提出重视广西城市工作和少数民族工作的要求。譬如，1948 年 2 月 14 日至 3 月 5 日，中共桂柳区工委主持召开了柳江县成团乡水灵村工委工作会议。这次会议同时也是一次党员干部训练班。学员们系统学习了中国革命和党的建设的基本理论，并就如何开展农村和城市工作进行了具体研究。会议提出要围绕发动武装斗争，迎接解放军南下布置工作，各级党组织要 "大胆放手，面对农村"， "注意正确执行少数民族政策，动员少数民族参加解放斗争"。[③] 党员干部学员在参加学习培训班后，其思想觉悟，理论水平和解决实际问题的能力皆有了较大的提高。

　　总之，解放战争时期，中共广西党组织根据变化了的形势和党的新任务，顺应民心，宣传和平民主思想，领导社会各阶层群众开展爱国民主运动，反对国民党统治当局的专制独裁，为解放军南下解放广西创造了良好的群众基础和社会氛围。同时通过举办培训班，党员干部的思想政治素质得到了提高，也提升了中共广西地方组织的凝聚力和战斗力，为广西解放战争的胜利奠定了坚实的组织和思想基础。

---

　　① 吴忠才：《解放战争时期香港分局与广西的革命武装斗争》，《广西党史》1997 年第 6 期，第 30 页。

　　② 同上书，第 31 页。

　　③ 庾新顺、黄芬：《见证广西——中国共产党在广西 85 年》，广西人民出版社 2006 年版，第 97 页。

第三节 中华人民共和国成立至 20 世纪 80 年代初的开拓期

随着广西全境的解放，1950 年 2 月 8 日广西省人民政府在南宁正式宣告成立，1958 年 3 月 15 日又建立了广西壮族自治区。广西壮族自治区的建立是中国共产党灵活运用马列主义民族理论解决我国民族问题的又一次光辉实践，是我国实施民族区域自治政策的又一次胜利。在中华人民共和国成立初期，广西文化事业全面振兴，宣传工作、哲学社会科学的发展不断取得新成绩，马克思主义大众化开始新征程。然而，"文革"十年广西文化事业惨遭破坏，马克思主义大众化亦历经曲折。1978 年全国上下"关于真理标准问题"大讨论激发了群众思想大解放。党的十一届三中全会上做出了实行改革开放的战略决策，地处南疆的广西，民族地区文化事业重现新的曙光，马克思主义大众化也呈现了新局面。

一 中华人民共和国成立开始了广西马克思主义大众化的新征程

中华人民共和国成立初期，党通过多渠道、多方式推进马克思主义尤其是毛泽东思想实现大众化，发挥科学理论凝聚人心、指导恢复发展国民经济、服务社会主义三大改造等方面的作用。该时期广西马克思主义大众化工作与全国其他地区一道开始了新征程，同时又体现了广西的地域特色、民族特色。

（一）促进毛泽东思想和党的方针政策同广西民族地区建设新实践相结合

中华人民共和国成立初期，党领导广西人民将毛泽东思想同民族地区的实际紧密结合，推进广西的各项建设。在 1949 年至 1956 年，广西完成了创建各级人民政权、落实党的民族政策、清剿土匪、恢复国民经济、开展土地改革、抗美援朝、开展"三反""五反"运动、进行社会主义改造和"一五"计划建设等任务，实现了政局稳定、经济文化恢复发展的目标。其中一些工作还显示了广西特色：一是土地改革既坚持了原则性又体现了灵活性。广西根据党的土改政策结合本地区实际区别对待分批开展了土地革命：第一批进行的是壮、汉地区，第二批进行的是瑶、苗、侗等少数民族地区。并且有组织、有计划地完成了广西的"社会主义三大改造"。二是建立县、州、自治区级的民族地方政权,实现了自治机关民族化;确立了团结、平等、共同发展与繁荣的新型社会主义民族关系。①

在1956年至1966年的十年间,广西人民在党的领导下全面建设社会主义,创造性地开展了以下工作:一是在一些地区和县市的农业农村工作中通过落实粮食的实际产量,纠正了浮夸风;在纠"左"工作中,广西区党委和人大制定实施了"关于农村十项政策"加以应对。二是遵照党中央和毛泽东的指示并结合广西区情,确立了加快广西工业发展的新思路:抓好基础工业,重点建设骨干企业;既自力更生,也要靠外援。三是灵活贯彻党中央提出的"沿海工业城市支援边疆少数民族地区"的决策指示精神,积极争取上海市对广西工业的物力、人力支持。②

(二)掀起学习宣传马克思主义哲学和毛泽东思想的热潮

中华人民共和国成立初期,广西民族地区在全社会掀起了一股学习马克思主义哲学、学习毛泽东思想的热潮。《广西日报》成为当时推进广西马克思主义大众化的重要载体,在民族群众学习宣传马克思主义哲学活动中发挥了喉舌作用。毛泽东曾指示要重视办好地方报纸,"一张省报,对于全省工作,全体人民,有极大的组织、鼓舞、批判、推动的作用"③。当时《广西日报》对马克思主义哲学的宣传主要是围绕"社会主义三大改造"、学习党的八大文件、关于正确处理人民内部矛盾的理论和政策开展的。该报发表了诸如《农业合作化运动中数量与质量的关系》《农业社会主义改造中社会改革与技术改革的关系》等通俗文章。从1956年10月至1957年9月,《广西日报》还广泛宣传了党的八大文件和精神,先后发表了《关于我国国内主要矛盾问题》《怎样理解我国当前主要

① 何成学:《毛泽东思想在广西光辉实践的历史考察》,《桂海论丛》2004年第2期,第80页。
② 1956—1969年,上海有26家企业连人带设备一起分五批迁入广西,这被认为是广西在改革开放前规模最大的一次从区外引进设备和人才的工作。参见何成学《毛泽东思想在广西光辉实践的历史考察》,《桂海论丛》2004年第2期,第80页。
③ 1958年1月12日,毛泽东在南宁召开的中央工作会议期间,就如何办好《广西日报》致函中共广西省委负责人刘建勋、韦国清。原文详见广西大百科全书编纂委员会编《广西大百科全书·文化》,中国大百科全书出版社2008年版,第66页。

矛盾的性质》等论文。并报道了广西开展"目前国内主要矛盾问题"讨论的情况，介绍《读者对当前国内主要矛盾问题的分歧意见》，这些文章和报道为正确引导广大干部群众学习和讨论"国内主要矛盾问题"发挥了重要作用。此外，为配合马克思主义哲学通俗化的宣传，《广西日报》还专门开辟了《哲学衍义》小栏目，其中登载了不少语言通俗内容浅显的文章，生动阐释了某些成语所蕴含的马克思主义哲理，深受读者喜爱。这个小栏目还根据不同读者的需要，介绍学术界关于"存在第一性与思维第二性问题"、中国哲学史的讨论情况等，这些做法加深了读者对马克思主义哲学知识的了解。①

　　20 世纪 60 年代初期《毛泽东选集》第四卷出版后，《广西日报》成为干部群众学习和宣传毛泽东思想的主要阵地。1960 年 1 月《广西日报》以宣传群众学习毛主席著作为中心，结合中共中央关于认真做好调查研究工作的指示，组织一批实际工作者与理论工作者畅谈学习和运用马克思主义辩证唯物主义认识论的体会，发表了一系列文章：比如《调查、研究、试验——谈如何正确反映客观实际》《做调查研究的一些体会》《调查研究是坚持唯物主义世界观的问题》《认识和掌握客观规律》《尊重辩证法反对形而上学》等，在社会上引起了较大反响。《广西日报》还专门开辟了《工农论文选》栏目，先后发表了一批工农群众学习毛主席著作体会的文章。

　　1963—1965 年，自毛泽东提出"让哲学从哲学家的课堂上和书本里解放出来，变成群众手里的尖锐武器"②的要求之后，各级干部和工农兵群众响应号召认真学习马克思主义的认识论和辩证法。广西当时正在城市和农村开展比学赶帮群众运动，《广西日报》针对这一实际，利用文艺综合副刊从 1964 年 2 月至 4 月中旬开展了"条件差能赶上先进吗?"的讨论，先后选发了《关于先进与落后的基础》《偏远山区如何赶上先进?》《善于找有利因素》《从习惯势力中解放出来》《把认识化为行动》等 40 多篇短小精悍的文章。这些文章结合本地的生产或个人工作的实际，用

---

　　① 司马骅：《本报宣传学习马克思主义哲学的回顾与思考》，广西新闻史志编辑室编《广西新闻史料》1993 年第 30 辑，第 143—144 页。"本报"即《广西日报》。
　　② 《毛泽东文集》第八卷，人民出版社 1999 年版，第 323 页。

生动的事例说明人与物的辩证关系，告诉人们要以革命的精神看待客观条件，积极投入到比学赶帮运动中去。①

60 年代初期，广西民族地区还开展了以宣传学习毛泽东著作《矛盾论》《实践论》为主要内容的工农兵学哲学的群众运动，这对于促进毛泽东思想的宣传和普及，破除所谓"哲学神秘论"，推进马克思主义哲学的通俗化和大众化起到了积极的作用，也为个人做好本职工作提供了正确的方法论。当然，在此期间由于林彪提出的学习毛主席著作所谓"急用先学""立竿见影""要走捷径"等错误口号的影响，有些宣传文章中也存在简单化和庸俗化的毛病。

除了报刊宣传外，在中华人民共和国成立后较长一段时期内，广播电台也曾是广西民族地区推进马克思主义传播十分重要的载体。譬如，当时广西人民广播电台就采制播出过广播社教节目——"学习毛主席著作专题节目"（原名为"工农兵学习毛主席著作辅导讲话"，1965 年 11 月更为该名）。② 该节目内容包括：开设专题广播讲座、宣传《毛泽东选集》（1—5 卷）、报道学习毛主席著作的情况和典型经验等。1966—1976 年，广播节目增设了毛主席著作天天学和工农兵活学活用毛泽东思想专栏。党的十一届三中全会后，该节目又开设了学习文章选播专栏，广播毛主席著作，报道学习新闻，选播学习心得和理论文章，反映当时人们学习毛泽东思想的收获和成果。③

（三）深入开展以"改人、改戏、改制"为中心的戏曲改革运动

1951 年 3 月，广西根据 1950 年全国戏曲工作会议的精神成立了省戏曲改进委员会（简称"戏改会"），并在柳州、桂林、梧州设立分会。戏改会协助党政部门在全省 35 个剧团推行"百花齐放、推陈出新"的方针和"改人、改戏、改制"的政策。④

---

① 司马骅：《本报宣传学习马克思主义哲学的回顾与思考》，广西新闻史志编辑室编《广西新闻史料》1993 年第 30 辑，第 145 页。

② 广播社教节目是以社会教育为宗旨的各种广播节目的总称，其基本功能是教育，包括理论政策、基础知识、专业技能、公德操行等多方面的教育。

③ 广西大百科全书编纂委员会编：《广西大百科全书·文化》，中国大百科全书出版社 2008 年版，第 159 页。

④ 广西壮族自治区文化厅编印：《广西文化事业发展历程（1949.12—1978.12）》，《中国共产党广西历史》第二卷专题资料（内部资料），2007 年，第 2—6 页。

"改人"是指在党的领导下对原来的艺术表演团体从业人员进行思想改造，组织他们开展学习马列主义、毛泽东思想，学习党的文艺方针政策等活动；参与抗美援朝、镇压反革命、取缔反动会门道、"三反""五反"、土地改革、贯彻《婚姻法》等一系列政治运动；在形式上将宣传内容编成演唱材料，派出秧歌队、腰鼓队上街宣传。同时党组织还有意识地举办了各种干部训练班或讲习班等以更好地实现"改人"的目的。比如，1954 年 11 月 1 日至 12 月 29 日，就举办了有来自广西各市、县文化局（科）和部分专业剧团戏改工作干部参加的全省戏曲改革干部训练班；还举办了全省县级文化馆干部训练班、桂剧训练班、戏曲编导人员讲习班、专业剧团青年演员讲习班、彩调剧训练班、壮剧学员班、京剧学员班等。

"改戏"是对艺术表演团体的演出剧目进行管理，改旧编新。1951 年政务院发出《关于戏曲工作改革工作的指示》做出以下相关规定：鼓励和推广那些宣传反对侵略、反抗压迫、爱祖国、爱自由、爱劳动、表扬人民正义和善良性格的戏曲；反对和抵制那些鼓吹封建奴隶道德、鼓吹野蛮恐怖或猥亵淫毒行为，以及丑化与侮辱劳动人民的戏曲。广西省文教厅文化处和省戏改会根据上述指示精神，按剧种成立了剧目审查组，对当时广西的桂剧、邕剧、粤剧、彩调剧等三十多个职业剧团的一批传统剧目进行审查。审查工作以桂林、南宁、柳州等城市为中心，带动全省。同时，各剧团均成立了剧目修改小组，对剧团的演出计划进行审查，并且每月或每周向戏改会汇报演出剧目。审查组还临场观看演出，凡有宣传野蛮、恐怖、民族歧视等内容的都建议删去。

"改制"是针对原有的表演团体的体制进行民主改革。中华人民共和国成立初期，广西全省艺术表演团体有两类，一类是由新文艺工作者组成的文工团、队；另一类是由旧班社转过来的表演团、队。原来那些由资本家控制或把持的私营性质的剧团都要改组为集体性质的民间职业剧团，通过民主选举产生新的领导人员，即后来所称的"共和班"。同时取消了各剧团的"班主制"，实行团长制，当地政府派出指导员负责剧团的思想政治工作。1955 年，广西对全省的民间职业剧团进行了登记和整理，加强了领导和管理，要求剧团建立明确的财经制度、生活学习制度、排演制度、上演制度等。广西为了发展戏剧艺术事业，还成立了省桂剧艺术团、省话剧团、省民族歌舞团、省木偶艺术团等一批国营剧团。至 1965 年，广西共有专业表演团体 53 个，其中国营团体 20 个，集体经营 33 个，演员人数达 2865 人。① 国营和集体性质的表演团体实现了较快的发展。

"改人、改戏、改制"活动进一步加强了党对广西民族地区戏曲团体及其演出活动的领导和管理，同时这也是广西在戏剧领域推进马克思主义大众化的可贵实践，通过这一活动使党能够牢固掌握广西文化事业改革和建设的领导权。

（四）文学艺术创作活动蓬勃开展，涌现了一批反映社会主义革命和建设新面貌、新风尚的作品

中华人民共和国成立初期，广西文艺事业发展迅速、声名鹊起。特别是自"双百"方针提出之后，广西的文学艺术创作活动呈现一派生机勃勃的景象，涌现了大量不同题材和风格的、大众喜闻乐见又具有先进性的文艺作品。

戏剧创作和演出精彩纷呈。继 1952 年 10 月桂剧《拾玉镯》《抢伞》和邕剧《拦马》参加北京第一届戏曲观摩会演并获奖后，1955 年 2 月，壮戏《宝葫芦》、侗戏《秦娘梅》、调子戏《龙女与汉鹏》《王三打鸟》参加全国群众业余音乐舞蹈观摩大会并获优秀演出奖；1956 年 3 月，独幕话剧《水》和《扩社的时候》参加全国第一届话剧会演并获演出二等奖。1957 年后，广西各地又创作和演出了一批现代题材的剧目，包括《红河赤卫队》《朝阳沟》《铁树开花》《两家人》等。1959 年，举行国庆献礼剧目汇报演出时又出现了彩调剧《田间小曲》、舞剧《红崖》《刘三姐》等一批优秀剧目。

整个 20 世纪 60 年代，广西各地歌剧的创作和演出都非常活跃。《刘三姐》的影响更是盛况空前。1960 年 4 月《刘三姐》文艺会演在南宁市举行。自治区文化局组织力量广泛吸收各会演剧目的精华对民间歌舞剧《刘三姐》进行全面艺术加工，获得了巨大的成功。同年 7 月《刘三姐》演出团上京演出，接着又历时一年多巡回演出于全国 23 个省市，共演出

---

① 广西壮族自治区文化厅编印：《广西文化事业发展历程（1949.12—1978.12）》，《中国共产党广西历史》第二卷专题资料（内部资料），2007 年，第 5—6 页。

500 场次，产生了轰动效应。此剧后来还远赴日本、印度尼西亚排演，影响力扩展到了国外。1963—1964 年，自治区歌舞团创作演出七场大型歌剧《壮姑》，玉林地区创作演出大型白话歌剧《新娘为何不上轿》，南宁地区创作演出五场歌剧《四月八》，柳州地区创作演出大型歌剧《瑶山之春》《红棉欢》。1965 年钦州地区创作演出了《兄弟旗》。这个时期还出现了许多深受群众欢迎的小歌剧《新媳妇》《新风赞》《比武之前》等。①

　　下面我们仅以《新风赞》为例，说明当时党是如何通过领导戏剧创作和演出活动推进马克思主义大众化的。1964—1965 年，广西掀起演唱《新风赞》的热潮，许多文艺团队都排演这个节目。《新风赞》取材自当时流行于广西邕宁县壮族地区的壮族唱师、师公舞和其他壮族民间音乐、舞蹈，经过革新创作而成。其曲调简朴，节奏跳跃，象征性的笑声拉腔，诙谐风趣，生动活泼，很受群众喜爱。《新风赞》表演唱主要运用起兴和对照的手法，对某一具体事件在新旧社会里的不同风貌进行生动的刻画和比较，激发观众对旧社会和旧事物的憎恶，对新社会和新事物的热爱。譬如，《新风赞》中有歌词唱道"从前县官一出门，马蹄踩平驼背坡，哪个逃躲跑不快，四脚朝天见净罗。如今县长一出门，一根扁担上肩膀，和我社员齐下地，同劳动来同唱歌"②。歌词将旧社会县官飞扬跋扈，视民如蝼蚁，而社会主义新社会共产党的干部亲民爱民，与群众打成一片的形象进行了对比鲜明的刻画，在人民群众心里产生了强烈共鸣，显示了这种表演唱的艺术魅力。《新风赞》临结尾又唱道："你说说，你说说，要是没有新中国，新人新事新风气，我们那能唱新歌!?"③ 道出了新人新事物产生的时代背景，热情讴歌了新生的社会主义制度。表演唱《新风赞》是广西民族地区在"百花齐放，推陈出新"文艺方针指引下创编出来的一朵艺术奇葩。它后来还被选拔上京参加全国少数民族群众业余文艺观摩会演，荣获全国优秀节目奖。《新风赞》是我党运用少数民族群众

---

① 广西壮族自治区文化厅编印：《广西文化事业发展历程（1949.12—1978.12）》，《中国共产党广西历史》第二卷专题资料（内部资料），2007 年，第 10 页。

② 黄德俊：《桂西文史录》（第四、五卷合订本），广西人民出版社 1997 年版，第 382 页。

③ 同上。

喜爱的民间乡土艺术宣传社会主义制度和党的方针政策，推进民族地区马克思主义大众化的一个典型。

在 20 世纪 70 年代，广西民族地区还产生了一批优秀的歌剧。比如：柳州地区创作演出的《钟声震荡》《笙歌嘹亮》《覃娘梅》等 20 部；桂林地区创作演出的《水从北京来》；钦州地区演出的《天岭红渠》；梧州地区演出的《团结战歌》《园丁之歌》等。1975 年，在全国木偶、皮影戏调演中，广西木偶剧团演出的独幕剧《小红哨》、中型剧目《红军标语》作为大会选定的优秀剧目公演了两场。当然，由于当时还处于"文革"期间，这些剧目的创作不可避免地受到"三突出"模式的影响。

音乐舞蹈和曲艺创作成果丰硕。中华人民共和国成立初期，中共广西省文工团（广西第一个专业的音乐、舞蹈表演团体）正式组建。1950—1966 年，自治区（省）、地、市普遍建立了以音乐、舞蹈为主的专业表演团体。它们在吸收广西民族民间音乐和舞蹈精华的基础上，从生活出发创作了一批题材内容丰富和形式多样的优秀作品，有的作品热情地讴歌党和领袖，歌唱社会主义祖国；有的作品从各方面反映广西社会主义革命和建设的新面貌；有的作品带有浓郁的民族风格和地方特色。其中一些作品还获得了国家级或省级的大奖，代表性的有《壮族人民歌唱毛主席》《壮锦献给毛主席》《瑶家心向毛主席》《青山里流出一条红水河》《团结渠边团结歌》《好个日头好个天》《赶坡》等。广西人民出版社出版了创作歌曲集 14 种，有 100 多首音乐作品为中央报刊所采用，50 多首灌制了唱片。广西音乐工作者还根据民间音乐改编了一批各民族民间歌曲，其中一些优秀作品在 1979 年还被选编成《歌海浪花》，由上海文艺出版社出版。①

舞蹈创作也有长足发展。中华人民共和国成立后，一大批专业舞蹈创作人员常年活跃在自治区、地、市、县等各级岗位上，涌现了大量以整理、改编民间舞蹈为主的作品。譬如，1955 年赴京参加全国群众业余音乐舞蹈观摩演出大会的《捞虾舞》《撑船舞》获优秀奖；1959 年赴京参加国庆十周年献礼演出的舞蹈有《扁担舞》《横鼓舞》《瑶族婚礼舞》

---

① 广西壮族自治区文化厅编印：《广西文化事业发展历程（1949.12—1978.12）》，《中国共产党广西历史》第二卷专题资料（内部资料），2007 年，第 11 页。

《鉴水河情歌》《跳巧》等。即使是在"文革"期间，也出现了一些以情绪舞蹈为主的好作品，比如《拉木歌》《壮家小社员》《壮山飞泉》《壮乡春暖》，以及"大歌舞"《红日照南疆》《长山战歌》等。这些作品犹如一股清风使民族群众感受到健康向上舞蹈艺术的魅力。

曲艺创作推陈出新。广西曲艺历史悠久，曲种繁多，达 29 种，艺术风格各异。中华人民共和国成立初期，曲艺工作者们创编了一批反映社会主义时代风貌的新曲目，多次参加全国及大区性的曲艺会演并获奖。比如：渔鼓《三战巧姑娘》《敬老院中歌声响》《水上抓匪》等；文场《榕湖春暖》《武二探兄》，麒麟调《大破迎亲宴》，零零落《红棉似火》，老杨公《老杨公》，南宁春锣《老李师傅坐禁闭》，唱天《幸福的日子》，果哈《一花引来百花开》，琵琶歌《李妮和清苦歌》等。①

概括地说，中华人民共和国成立初期，上述一批深受各族群众所喜爱的体现新社会新风尚的优秀音乐舞蹈和曲艺作品在广西各地传唱和演出，给人们提供了丰富的精神食粮，积极推进了广西马克思主义大众化。

（五）建立健全各类群众文化事业机构，广泛开展群众性文化活动

广西群众文化事业是在"一穷二白"的基础上起步的。1949 年 12 月广西解放时，群众文化机构和基础设施可以说是一无所有。中华人民共和国成立后，党和政府十分重视群众文化工作，新兴群众文化事业迅速发展。1950 年全省第一批建立文化馆的市县有 19 个，包括南宁、柳州、桂林、梧州、北流、博白等，其中有 26 个圩镇还建立了文化站。1953 年广西全省文化馆发展到 81 个，实现了每个市县都有文化馆的目标，还有91 个圩镇建立了文化站。同时全省文化馆站拥有一支实力较强的群众文化干部队伍，人数达 537 人。他们紧密配合清匪反霸、土地革命、"三反""五反"运动、抗美援朝等一系列的重大政治运动，组织群众性文化宣传活动，在民族群众中开展爱国主义和国际主义教育，激发他们的政治觉悟和劳动热情。一些经典歌曲《没有共产党就没有新中国》《解放区的天》《土地改革到每个村》《翻身道情》等唱遍了每个村寨。这个时期全省还建立了 2208 个业余剧团。一批被埋没几十年的民族民间艺术被挖

---

① 广西壮族自治区文化厅编印：《广西文化事业发展历程（1949.12—1978.12）》，《中国共产党广西历史》第二卷专题资料（内部资料），2007 年，第 12—13 页。

掘出来，经重新整理后又开始在群众中流传。①

自治区级群众艺术馆及其活动。1956 年 12 月广西壮族自治区群众艺术馆建立，该艺术馆后来成为指导、组织和研究群众文化艺术活动的重要文化事业机构。几年间该艺术馆开展了多项有意义的活动：一是组织全省第二届民间文艺会演（1957 年元旦）；二是着手进行民族民间艺术资料的整理工作；三是协助自治区文化筹备局组织全区群众文艺创作评比、展览、会演暨先进农村俱乐部经验交流会（1959 年 1 月）；四是协助自治区文化局在南宁举办全区《刘三姐》文艺会演（1960 年 4 月），此次会演历时 17 天，共演出 43 场，参加会演人数达 1246 人；五是出版了一批文艺书籍，包括《桂剧常用唱腔》《彩调常用曲牌》《群众演唱》等，并创办了刊物《群众艺术》。在自治区群众艺术馆的组织下，群众文化艺术活动十分活跃，群众参与度高，成绩斐然。遗憾的是，在 1960 年 11 月的精简机构改革中，广西群众艺术馆被撤销，其业务干部大多被分配到广西艺术学院和广西文联。②

农村文化工作队和农村文化俱乐部及其活动。20 世纪 60 年代中期，广西大多数县都成立了农村文化工作队。据 1965 年统计，全自治区共有县农村文化工作队 84 个，共 1229 人。他们深入农村基层，为农民演出短小精悍的文艺节目，深受欢迎。1970 年，一些县农村文化工作队改组为毛泽东思想文艺宣传队，成为专业性文艺演出团体。后来的县文工团、县剧团大多是以这个演出团体为基础建立起来的。另外，农村文化俱乐部作为当时综合性的农村群众业余文化组织之一，③ 在宣传党和国家方针政策和宣传农业科学知识、开展农村社会主义教育运动中曾发挥过重要的作用。农村俱乐部的活动原则是业余、自愿、小型、多样、节约；活动场所一般是在旧祠堂、集体所有的空房、仓库、晒场等处；活动的内容包括组织民族群众收听广播，观看电影，读书看报，学习政治时事，协助政府扫除文盲，传播和交流农业生产技术，普及日常卫生知识等，

---

① 广西壮族自治区文化厅编印：《广西文化事业发展历程（1949. 12—1978. 12）》，《中国共产党广西历史》第二卷专题资料（内部资料），2007 年，第 14 页。

② 同上书，第 15 页。

③ 农村群众业余文化组织主要有：农村俱乐部（文化室）、业余剧团、图书室、业余文艺创作组、幻灯组、政治文化夜校等。

还通过组织群众参观展览图片、唱歌、演戏、跳舞以及搞体育活动等方式来宣传党和政府的政策和法令。广西农村文化俱乐部在 1954 年陆续建立，发展很迅速。据 1965 年底统计，全自治区共有农村俱乐部 18797 个。其中，以博白县青山俱乐部、玉林县湖村俱乐部、东兰县巴学俱乐部、马山县古零俱乐部、临桂县同化俱乐部、恭城县莲花俱乐部办得比较好。①

（六）积极发展图书出版发行业、公共图书馆业、电影业

关于图书出版发行业对党的宣传文化工作的作用，我们以广西新华书店为例进行说明。成立于 1949 年 12 月的广西新华书店，是一家统筹本书店图书发行大计，并负有一定的管理任务，经营图书销货、发货业务的书店。一方面，力求业务全区覆盖。从 1954 年起，广西新华书店逐步实现了一县一店。至 1958 年 8 月，全省共有担负图书销售任务的市、县支店 79 处、矿区支店 1 处，共 80 处，另有凭祥镇和大厂矿区两个门市部，实现了县县有店的目标。② 另一方面，重视图书发行质量、发行内容的思想性和全面性。广西新华书店自建店后，就根据上级店的要求，注重提高发行工作的质量。《广西新华书店 1951 年工作计划大纲草案》中就要求"提高工作中的政治性、思想性"。建店后，各分店把发行马恩列斯著作、毛泽东著作、党和国家的重要文件放在首位；同时配合抗美援朝、土地改革、"三反""五反"运动、宣传婚姻法、宣传党在过渡时期的总路线、学习宪法草案、宣传农业合作化等任务发行有关图书；大量发行毛主席像和群众喜爱的新年画；发行各种政治理论书籍、各种社会科学和科学技术书籍、各种文化教育书籍和课本、各种健康的文学艺术和文娱生活的图书、少年儿童读物等。③

公共图书馆事业对党的宣传文化工作也曾发挥积极的作用。在中华人民共和国成立初期，广西省级的图书馆主要有广西壮族自治区第一图书馆和第二图书馆。南宁、梧州、柳州等市级图书馆以及各县级图书馆

---

① 广西壮族自治区文化厅编印：《广西文化事业发展历程（1949.12—1978.12）》，《中国共产党广西历史》第二卷专题资料（内部资料），2007 年，第 17 页。

② 陆宝琪：《广西壮族自治区新华书店史》，广西民族出版社 2000 年版，第 28—29 页。

③ 同上书，第 102 页。

后来也陆续建立起来。各级图书馆担负着服务读者和宣传思想政治的任务。以广西壮族自治区第一图书馆为例，它是广西最早的公共图书馆，也是全国最早成立的省级图书馆之一。中华人民共和国成立后，它在机构上设立秘书室、总务、采编、阅览、推广辅导（1972年改称为宣传辅导部）等部门，该馆实行开门办馆，保持"重视借阅，服务读者"的传统，增设了工农阅览室，全年天天开放；简化借阅手续，试行开架借阅，发展集体借书小组；还在工厂、农村、街道、机关、部队等单位设立图书流通站、图书室、流动文库，设立流动书车等，主动服务读者。再以自治区第二图书馆为例，它在1954年重建后，设立读者借书处和多个阅览室，并将图书馆当时的主要任务确定为宣传马列主义、毛泽东思想，以爱国主义和国际主义思想教育人民；宣传过渡时期总路线，辅导人民获得科学文化知识。1976年粉碎"四人帮"后，第二图书馆逐渐恢复了"文革"期间曾陷于停顿的业务，设立了4组1室，即采编组、阅览组、参考组、辅导组、马列主义毛泽东思想宣传室；陆续开放了一大批被关闭的图书馆，增加邮寄借书、馆际互借和预约借书等服务，加强为科研服务的目录、索引编制工作。[①]

中华人民共和国成立初期广西电影业方面也发展迅速。当时广西民族地区活跃着四类电影队：省人民政府电影队及其改制后的省文化局电影队（1951—1954年）、工会及厂矿电影队（1951年起）、文化系统电影队（1954年起）、集体及个体电影队（1958年起）。为了提高电影队放映员的业务水平，为群众做好放映服务工作，省政府文化教育部门多次选送放映员参加中央电影局举办的电影放映训练班学习。同时，为了使少数民族及方言地区的观众能看懂看好电影，从1958年起，先后采用口型配译和涂磁配音两种方式，用少数民族语言或方言译配电影对白。自治区电影公司、广西电影译制片厂和相关地区、县电影分公司（站）还设立相应部门从事此项工作。1964年广西派出从少数民族和粤语方言地区的县电影队选拔的宣传员7人，参加了在吉林省延边召开的全国少数民族语言对白翻译影片对白翻译现场会议，学习延边和龙县朝鲜族对口型

---

① 广西壮族自治区文化厅编印：《广西文化事业发展历程（1949.12—1978.12）》，《中国共产党广西历史》第二卷专题资料（内部资料），2007年，第18—19页。

翻译影片对白经验。①

　　电影队的放映活动成为当时党推进广西马克思主义大众化的重要方式之一。以省电影队为例，它从成立开始就配合党的中心工作开展放映活动，努力为老、少、边地区群众送去好电影。1950 年末，省人民政府成立清匪反霸、减租退押、土改工作团，省政府的电影队随工作团（队）进行放映宣传活动。地处桂林、柳州、平乐三专区交界处的大小瑶山曾经是土匪的指挥中心。当地群众由于长期受土匪的欺骗性宣传，对初到的解放军和工作队不了解也不信任，纷纷逃进深山躲藏。后来通过电影队的放映宣传活动，当地不少群众才懂得解放军和工作队是爱护人民的，便又陆续返回山寨。另外，电影队的放映宣传活动还在发动群众同土匪恶霸做斗争、转变旧有思想观念等方面发挥了积极作用。据资料记述，当时在田东县二区三联乡放映《白毛女》时，有一个曾经当过土匪的人看了电影队宣传党的政策后深受震动，当晚就向农会登记悔过，并痛心疾首地说："过去做了恶人的帮凶，看了电影，今天才知道共产党是真正爱护老百姓的。"② 此外，1951 年 9 月，为了配合广西在全省实行的土地改革运动，电影队分赴各地，放映《白毛女》《红旗漫卷西风》《四海一家》等影片，以及《土地改革中严防不法地主破坏》等幻灯片。1952 年 8 月至 1953 年 5 月，省电影队还先后派出 3 个电影队分赴百色老区、桂西壮族自治区和大瑶山等老、少、边地区放映，共放电影 335 场，让将近 167 万少数民族群众第一次看到了电影。③

　　电影队的放映活动，丰富了民族群众精神生活，同时达到了宣传党的方针政策和教育群众的目的。无论是在农村还是城市，这个时期的电影宣传工作和观众组织工作都取得了良好的成效。第一，20 世纪 50 年代初，省电影队随剿匪部队和土改工作队在农村放映电影，电影队以口头、文字、幻灯、演唱等形式向观众宣传党的方针政策，在壮族地区用壮语做口头或幻灯片宣传。放映之后，电影队还组织农民观众开座谈会畅谈

---

　　① 广西壮族自治区文化厅编印：《广西文化事业发展历程（1949.12—1978.12）》，《中国共产党广西历史》第二卷专题资料（内部资料），2007 年，第 23 页。

　　② 广西壮族自治区电影发行放映公司编著：《广西电影发行放映史（1903—1986）》，广西电影发行放映公司（内部资料），1995 年，第 26 页。

　　③ 同上。

观后感，让他们在参与中得到教育。第二，城市电影院同样在配合宣传党的中心工作时发挥了重要作用。在电影宣传橱窗中设有时事、中心宣传专栏，电影放映前幻灯宣传的内容大部分都是党的方针政策和中心工作。比如，1952 年初为配合"三反""五反"运动，各电影院积极组织观众观影，并降低票价公映《三反五反新闻特辑》等影片。第三，电影队的宣传人员刻苦钻研宣传业务，学习宣传技能，不断增强宣传效果；文字宣传内容不仅书写工整，而且还绘制了生动的彩色图画，使幻灯宣传图文并茂，提高了观众的观赏和学习兴趣。

当然，该时期广西文化建设和马克思主义大众化，除了开展上述几个方面活动并取得了较大的成绩之外，也出现了一些失误，特别是"大跃进"和人民公社化运动致使包括文化事业在内的各项社会事业都受到了冲击。由于"共产风""浮夸风""高指标"等"左"的思想影响，广西科学、教育、文化、卫生、体育部门还出现了违背客观规律、盲目发展和平均主义等情况。"四清"运动也给广西民族地区马克思主义大众化带来一些不利影响。自 1962 年 9 月，党的八届十中全会开始在中共中央的统一领导下在全国范围内开展城乡社会主义教育运动（简称"社教"运动，后来又称"四清"运动）。广西农村的"社教"运动起初以清账目、仓库、财物、工分为主要内容。1963 年 6 月首先在玉林、武鸣等县进行试点。当时"社教"运动的主要目的是教育和帮助干部主动交代作风不正、经济不清问题。但是，后来在《中共中央关于农村社会主义教育运动中一些具体政策的规定（修正草案）》（1964 年 9 月 10 日）中，中央对当时我国农村的情况又做了不切实际的估计，认为阶级敌人在拉拢腐蚀干部，"四清"运动"是一次比土地改革运动更为广泛、更为复杂、更为深刻的大规模的群众运动"[1]，要统一由工作队领导。中共中央在 1964 年 12 月制定的《农村社会主义教育运动中目前提出的一些问题》中又指出"四清"运动的"重点是整党内那些走资本主义道路的当权派"[2]，规定今后城市乡村的社会主义教育运动都称为"四清"运动，即

---

① 中央档案馆、中共中央文献研究室编：《中共中央文件选集（一九四九年十月——一九六六年五月）（第 47 册）》，人民出版社 2013 年版，第 38 页。

② 同上书，第 334 页。

清政治、清经济、清思想、清组织。广西的"四清"运动由广西壮族自治区党委根据中央文件的精神进行部署。1964 年冬至 1965 年春，广西各县普遍采取召开代表会议的形式开展了"四清"运动，主要是挖"走资本主义当权派"，批判了一大批领导干部，这场运动在"左"的错误道路上越走越远。[①]"四清"运动陷入迷途以及在意识形态领域出现越来越严重的"左"的偏差，最终导致了"文革"的爆发。

二　"文革"十年广西马克思主义大众化历经曲折

1966 年 5 月 16 日，中共中央政治局扩大会议通过了由毛泽东主持制定的《中国共产党中央委员会通知》，该通知和当年 8 月发出的《中国共产党中央委员会关于无产阶级文化大革命的决定》，标志着"文化大革命"（简称"文革"）的全面发动。"文革"十年给广西带来了巨大的灾难，包括文化事业在内的各项工作陷入了僵局、发展进程遭受破坏，民族地区马克思主义大众化也陷入歧途、历经曲折，一些地方甚至出现了歪曲或庸俗化马克思主义的现象。

戏曲文艺活动遭受破坏，群众文化事业备受打击。1966 年 5 月，"文革"开始后，广西文化单位即陷入混乱、瘫痪状态，此前已取得一定成效的以"改人、改戏、改制"为内容的戏曲改革运动也随之停止。"文革"期间，不少艺术表演团体被撤销，创作和排演活动被叫停，其专业人员被安排到别的团队或改行；原来不少活跃的业余剧团被迫停止活动，有的被解散。由于"表忠"活动及传达宣传"最高指示"的需要，机关、学校、部队、工厂、矿山、农村等大多数基层单位纷纷成立"毛泽东思想文艺宣传队"。群众中演"样板戏"、唱"语录歌"、跳"忠字舞"的声势浩大。自 1966 年下半年开始，农村俱乐部以及其他群众性文化组织也全部被停办，有的甚至被任意加上"黄色""地下"等罪名，丰富多彩的民间艺术被当成"封、资、修"黑货一律禁止，有些民间艺人还被揪斗或被殴打致残。"文革"期间，广西一批优秀文艺作品遭受批判，比如民间歌舞剧《刘三姐》、话剧《朝阳》等在全区范围内受到批判、停演。

---

① 庚新顺、黄芬：《见证广西——中国共产党在广西 85 年》，广西人民出版社 2006 年版，第 178—180 页。

1974 年，江青抛出"8·18"批示，点名批评广西文艺界的所谓"攻击样板戏"的几个"小丑"，在广西乃至全国造成了极其恶劣的影响。"文革"期间，尤其是 1966 年至 1970 年，广西从省级、市级到县级图书馆，在"闭馆闹革命"的口号下，干部被下放改造，书刊被说成封、资、修的黑货而惨遭封存，一些图书馆甚至把部分有价值的书刊当废纸处理掉，县图书馆总数减少到 16 所（而 1960 年时有 43 所）。1971 年之后，人们对"文革"的做法有所反思，进行了纠偏，图书馆业才开始缓慢回升。①

　　电影发行业停滞不前，放映机制僵化，电影作品单调、政治说教色彩浓厚。1966 年"文革"开始后，大部分国产影片被打入冷宫。在城乡基层上映的国产片主要是新闻短片，电影院、队只准许上映少量被批判的影片和朝鲜、越南、阿尔巴尼亚等少数几个国家的影片。电影放映内容单调、刻板。有一首顺口溜形象地反映了当时的电影放映情形："国产片新闻简报，朝鲜片哭哭笑笑，越南片飞机大炮，阿尔巴尼亚片莫名其妙。"② 电影放映业陷入低谷，近乎停滞。"文革"初期，被称为"红宝片"的《毛主席和百万文化革命大军在一起》（1966 年 9 月上旬，记录毛泽东第一次在天安门广场接见百万红卫兵的影片）在广西区城乡隆重上映。当时"红宝片"上映是免费的，除了地、富、反、坏、右等所谓"五类分子"禁止观看外，所有革命群众都要怀着"三忠于""四无限"的深厚无产阶级感情去观看，不看者要受到批评甚至被批判或有不测之祸。③ 后来，广西又陆续发行和上映了毛主席第二次至第六次接见或检阅文化革命大军的纪录片。而其他一些影片诸如《清宫秘史》《武训传》《不夜城》《燎原》《逆风千里》《红日》和《舞台姐妹》等统统被当作"毒草"影片来批判，不能放映。

　　"文革"期间，由于影片节目少、拷贝奇缺，影片周转紧张。《南征北战》《地道战》《地雷战》——俗称"老三战"是当时广西观众经常观

　　① 广西壮族自治区文化厅编印：《广西文化事业发展历程（1949.12—1978.12）》，《中国共产党广西历史》第二卷专题资料（内部资料），2007 年，第 20 页。

　　② 广西壮族自治区电影发行放映公司编著：《广西电影发行放映史（1903—1986）》，广西电影发行放映公司（内部资料），1995 年，第 174 页。

　　③ 同上书，第 174—175 页。

看的三部国产故事片。1970—1971 年，广西开始上映《智取虎威山》《沙家浜》《红灯记》等样板戏影片，此后便在城乡常年放映，样板戏影片的宣传组织上映被视作重要的政治任务来完成。样板戏影片是当时广大群众非看不可的电影，要求月月放，天天放，"百看不厌，常看常新"。这些影片由于反复上映，观众厌倦，后来不得不依靠政治动员和行政手段来组织观众。[①]

从 1968 年 5 月开始，在广西由于两派群众组织发生了大规模的武斗，电影行业受到严重冲击，电影放映设施、设备惨遭破坏，不少干部职工被卷入其中。仅经营六年的南宁市解放电影院在 1968 年 8 月被炸成废墟，南宁市新闻电影院映厅也受损严重，红星电影院是当时群众组织武斗据点之一，院内公私财产损失惨重。梧州市人民电影院的放映设备也在武斗中全部被烧毁，该市金星电影院遭受大火焚烧，造成了十多万元的财产损失。广西电影发行放映公司桂林专区分公司被造反派所占据，公司的宣传资料室被焚烧，电影器材库被炸平，职工宿舍遭受洗劫。广西电影行业中不少干部职工在大规模武斗中死于非命。[②] 1968 年 9 月起，广西的"文革"运动又转入"斗批改"阶段，即大批判、清理阶级队伍，整党、精简机构，改革不合理的规章制度、下放科室人员的阶段。"斗批改"实际上是一系列"左"的错误政策在各个领域的具体化，实践的结果是正常行业工作秩序的破坏和大量冤假错案的发生。在"清理阶级队伍"后期，广西区电影行业曾有一大批干部职工下放到"五七"干校，其余职工被迫进行半关闭式集中学习，接受工宣队和军宣队的领导和教育。

图书发行业、报刊宣传在曲折中发展。图书发行方面，1966 年 3 月 22 日广西区新华书店在南宁召开为期九天的专市店经理会议，会议提出"图书发行工作必须更高地举起毛泽东思想的伟大红旗，发扬自力更生、艰苦奋斗的精神，坚持不懈地贯彻为无产阶级政治服务、为工农兵服务、为社会主义经济基础服务的方向和'政治第一、质量第一'的方针，以

---

① 广西壮族自治区电影发行放映公司编著：《广西电影发行放映史（1903—1986）》，广西电影发行放映公司（内部资料），1995 年，第 191 页。

② 同上书，第 177—178 页。

阶级斗争、两条道路斗争为纲，立足备战，面向农村，密切配合三大革命运动，进一步实现图书发行工作革命化"①。这些要求强调图书发行在服务对象方面有积极的意义，但其中又提出图书发行要"以阶级斗争、两条道路的斗争为纲，立足备战"，其"左"倾思想也是十分明显的，不可避免地产生消极后果。另外，在报刊宣传方面，"文革"期间广西民族地区的报刊舆论在"左"倾思想的指导下，一些报刊一度被沦为政治斗争、宣传错误思想的工具。

"文革"之初，《广西日报》就曾以反党、反社会主义、反毛泽东思想的罪名点名批判当时自治区党委宣传部副部长、著名壮族作家陆地和《广西日报》总编辑钟林，不久自治区党委在造反群众的压力下撤销了他们的职务。② 造反派把持的报刊媒体企图用政治批判取代干部群众的哲学学习，用实用主义冒充理论联系实际的作风，随意曲解中国哲学史和马克思主义的哲学原理为他们的政治目的服务，造成了极大混乱。有些报刊盲目贯彻或"紧跟"上级指示，所发表的某些文章在读者中造成了不良影响。

从 1971 年 7 月开始，报刊宣传的"左"倾趋势有所转变。林彪集团覆灭后，《广西日报》的理论宣传围绕"批陈整风"、批林彪的天才论，在 1974 年开展了"批林批孔"活动，宣传了本地干部和工农兵群众学习运用马克思主义哲学的情况，并集中宣传马克思主义的历史唯物论和唯物辩证法，批判唯心史观和形而上学。《广西日报》在这个时期还开辟了《学哲学用哲学》栏目，先后发表了一批工农兵学习马克思主义哲学的心得体会，如《从实践中掌握管水规律》《鸡蛋变小鸡　温度要适当》《教兵与学兵》《"小车床"加工"大部件"》《尊重实践就是尊重群众》等文章，产生了积极的社会反响。1973 年 8 月 29 日至 9 月 23 日，《广西日报》在一版或三版开设《毛主席哲学思想威力无穷——都安瑶族自治县部分基层干部和群众在治山治水中学哲学用哲学的故事》栏目，在通栏标题下，先后四次发表了该报记者与地、县报道组同志联合采写的《马

---

① 陆宝琪：《广西壮族自治区新华书店史》，广西民族出版社 2000 年版，第 369—370 页。
② 庾新顺、黄芬：《见证广西——中国共产党在广西 85 年》，广西人民出版社 2006 年版，第 181—182 页。

后炮变成及时雨》《抢铁锤的辩证法》《涉深水者缚蛟龙》《石山淘沙记》等学用哲学小故事 20 多篇。这些故事从不同侧面反映了该县部分干部群众学习马克思主义唯物辩证法，在生产斗争、"阶级斗争"与科学实验中增长才干的事例。① 并以"树典型"的形式宣传了广西民族地区干部群众学习和运用毛泽东哲学思想的情况。

三　思想大解放开启广西马克思主义大众化新局面

1978 年至 1980 年初，广西广泛开展了真理标准问题的学习和讨论活动，深入开展了民族政策再教育活动，恢复和发展各项文化艺术事业，组织学习中央和上级管理部门最新文件或会议精神，部署和谋划广西宣传文化工作的新发展，这些努力促进了广西民族群众思想大解放，开启了广西马克思主义大众化的新局面。

（一）广泛开展真理标准问题的学习和讨论活动

"四人帮"被粉碎后，思想战线逐步实现了拨乱反正。为了反对和抵制"两个凡是"的错误方针，打破长期以来思想僵化的局面，使人们能够完整准确地理解马列主义、毛泽东思想，1978 年 5 月 11 日，《光明日报》发表了"特约评论员"文章《实践是检验真理的唯一标准》，第二天《人民日报》《解放军报》立即转载，接着有 20 多家省市自治区报纸也陆续转载此文，很快全国各地便掀起了学习和讨论真理标准问题的高潮。广西开展真理标准问题的学习和讨论活动稍晚，在将近 3 个月后即 1978 年 8 月 9 日《广西日报》才转发《光明日报》这篇特约评论员文章。② 从 8 月 12 日起，《广西日报》理论版先后发表了《要重视真理标准问题的讨论》《解放思想与真理标准》《马克思主义不是真理标准而是实践指南》《实践标准的相对性和绝对性》《肯定实践的标准不会削弱理论的指导作用》等一批文章；还刊登了自治区领导机关和一些县市基层单位关于真理标准问题学习和讨论的情况。这场关于真理标准问题的讨论活动促进了广西民族地区干部群

---

① 司马骅：《本报宣传学习马克思主义哲学的回顾与思考》，广西新闻史志编辑室编《广西新闻史料》1993 年第 30 辑，第 149—150 页。

② 同上书，第 151 页。

众的思想实现了大解放，极大地激发和调动了他们工作的积极性、主动性和创造性，对于推动广西改革开放和现代化建设步伐产生了积极影响。

（二）深入开展民族政策再教育活动

由于"文革"的影响，一些长期在民族地区工作生活的干部没有系统学习过马克思主义民族理论和党的民族政策，民族政策观念比较淡薄。还有一些干部不重视民族政策的贯彻执行，甚至出现违反民族政策的现象。譬如，不尊重民族自治地方的自治权，不尊重少数民族的语言和风俗习惯，忽视帮助少数民族发展经济文化等。为此，广西于 1978 年下半年至 1980 年上半年在全自治区开展民族政策再教育活动。

第一，从 1978 年 7 月 18 日起，《广西日报》持续发表了《民族政策通俗讲话》，以通俗易懂的形式，分八个专题宣传、讲解中国共产党的民族政策，包括民族平等和民族团结政策、民族区域自治政策、培养少数民族干部政策、帮助少数民族发展经济文化建设的政策、各民族有使用和发展自己语言文字权利的政策、尊重少数民族风俗习惯的政策等。这个《讲话》发表后，在全自治区干部群众中产生很大的反响，为大家学习民族政策提供了内容、指明了方向。

第二，在党的十一届三中全会后，广西党组织利用开展人民代表大会代表普选工作的机会，加强对干部群众的民族政策教育，并恢复了在"文革"中被破坏的民族关系。第三，在 1980 年春节前后，广西党组织又在各地基层广泛开展民族政策的宣传活动，并检查各地执行民族政策的情况。[①] 通过开展上述活动，广西民族工作实现了拨乱反正，巩固了民族团结，改善和发展了社会主义民族关系。

（三）文化艺术事业重现生机

1977 年底，中共广西壮族自治区委员会主办的《思想解放》（1977年第 1 期）刊登了区文创的《货真价实的阴谋文艺》一文，批判了"四人帮"反党集团企图利用文艺进行篡党夺权的阴谋。此后，广西的文化艺术事业逐步恢复到了正常的发展轨道。

---

① 黄海坤：《同舟论——当代广西民族关系研究》，广西民族出版社 1998 年版，第 66—67 页。

一批优秀传统剧目陆续上演，有广西民族特色的艺术佳作不断诞生。"文革"前，以《刘三姐》为标志的广西舞台艺术创作曾取得过很大的成绩，获得国内外观众的普遍认可。"文革"期间由于革命样板戏独霸舞台，《刘三姐》被贬称为"大毒草"。"文革"结束特别是党的十一届三中全会召开后，《刘三姐》恢复演出。① 其他一批优秀传统剧目也陆续上演，八桂壮乡的舞台艺术又重新焕发出新的生机和活力。在全自治区少数民族文艺会演和现代戏观摩演出大会上，舞台上出现了桂剧《儿女亲事》《追求》《一朵鲜花》，壮剧《寨外来客》，彩调剧《喜事》（1982年获第一届全国优秀剧本奖）、《酒葫芦告状》、《五子图》（演出超过千场），话剧《甜蜜的事业》（曾进京汇报演出）等一批优秀剧目。② 广西的舞台艺术创作、艺术风格、艺术形式逐步从"三突出"模式禁锢中解脱出来，演出市场不断走向繁荣。广西民族地区丰富的民间舞蹈和民歌素材，为新时期舞蹈艺术创作提供了得天独厚的条件。1979年至1983年，广西艺术工作者在继承、吸收、发展和创新民间艺术的基础上，又生产了一批富有民族特色和风格的艺术作品，譬如，歌曲《赶圩归来啊哩哩》（获第七届亚洲艺术节特别奖）、《红水河，太阳河》等；舞蹈《洗战衣》（1980年参加全国少数民族文艺会演获优秀节目奖）、《双刀舞》《春糍粑》（1983年获全国乌兰牧骑式演出队汇演优秀节目奖）、《花山战鼓》等一批优秀作品。这些优秀作品是广西文化艺术事业重新兴起的明证，也是广西精神的集中体现，为广大民族群众提供了可贵的精神食粮。

公共图书馆事业重现生机和活力。"文革"期间，公共图书馆事业受到严重冲击，1970年全区图书馆仅剩18所（1966年曾有36所），且图书馆业务基本处于瘫痪状态。党的十一届三中全会后，广西公共图书馆

---

① 1977年秋广西彩调剧团恢复上演《刘三姐》；1978年3月29日至5月28日，柳州市彩调剧团应邀到上海演出《刘三姐》；1979年9月，广西以《刘三姐》参加在北京举行的庆祝中华人民共和国成立三十周年献礼演出，10月，文化部授予《刘三姐》剧本创作一等奖和演出二等奖；1980年，应中国香港、新加坡邀请，以广西彩调团为主要组成成员的广西《刘三姐》演出团前往演出。详见广西壮族自治区文化厅编印《广西文化事业发展历程（1949.12—1978.12）》，《中国共产党广西历史》第二卷专题资料（内部资料），2007年，第43—44页。

② 黄秀彩：《舞台艺术在不断创新中发展》，广西壮族自治区文化厅编《广西的改革开放·文化艺术卷》，中央文献出版社2000年版，第25页。

事业又重现了新的生机和活力，仅 1978 年至 1980 年上半年，就新建立了县（市）图书馆 50 所，提前实现了"六五"计划中"县县有图书馆"的目标要求，广西因此成为全国最早的"县县有图书馆"的省（区）之一。①

（四）学习贯彻上级文件或会议精神，谋划广西宣传文化工作新发展

党的十一届三中全会后，广西通过学习、贯彻中央和上级主管部门有关最新文件或会议精神，努力消除"文革"带来的不良影响，促使文化建设的各项工作尽快步入正轨。根据《广西日报》报道，1979 年 5 月 9 日，自治区党委在南宁市召开了全区地、市和柳铁宣传部长会议，组织学习党的十一届三中全会文件，就建设中国特色社会主义现代化，坚持四项基本原则，加强思想政治理论工作等问题进行讨论和部署。广西全区文学艺术界联合会第三次代表大会于 1980 年 1 月 8 日在南宁市召开，大会总结中华人民共和国成立以来广西文艺工作的成就和经验教训，讨论新时期繁荣广西文艺事业的有关问题。8 月 19 日，自治区党委宣传部、自治区文化局、自治区文联联合在南宁市召开了全区文艺创作会议。参加会议的人员包括全区各地、市、柳铁党委宣传部和文化部门负责人以及文学、戏剧、电影方面的专业或业余作者，专业期刊编辑等。会议提出要解放思想、繁荣创作，文艺作品要反映和服务"四化"建设等要求。10 月 3 日，自治区党委宣传部又发出《关于开展遵守公共道德、讲究文明礼貌宣传教育活动的通知》，部署在全区开展相关活动。

总之，这个时期广西紧跟时代步伐，促进广大民族群众思想上实现了大解放，各项工作实现了拨乱反正，文化建设事业重新兴起，马克思主义大众化新局面由此开启。

第四节　20 世纪 80 年代至今的全面推进期

20 世纪 80 年代至 90 年代初，是广西经济社会发展的转型时期，也是需要人们思想观念不断实现更新开放的时期，精神文化建设举足轻重。

---

① 王雪光：《公共图书馆事业跃上新台阶》，广西壮族自治区文化厅编《广西的改革开放·文化艺术卷》，中央文献出版社 2000 年版，第 46 页。

推进有中国特色社会主义理论、邓小平理论实现大众化是该时期广西理论宣传工作的主要任务。20 世纪 90 年代至 21 世纪初，广西相继开展了创建社会文化先进县、建设千里文化长廊和知识工程等活动，体现了广西深入推进文化建设和改革的自觉意识，这也是广西马克思主义大众化的重要活动。新世纪新阶段，"三个代表"重要思想、科学发展观在广西的广泛传播，"四个广西"建设理念、建设广西民族文化强区战略和"广西精神"的提出，党的十八大后，各次党代会精神和"中国梦"理念、"四个全面"思想在广西的宣传，还有"美丽广西·清洁乡村"活动、党的群众路线教育实践活动、"两学一做"活动以及党的十九大精神、习近平新时代中国特色社会主义思想学习和宣传活动在广西的深入开展，体现了广西马克思大众化工作的全面推进态势。

一　广西系列文化建设工程与转型期的马克思主义大众化

20 世纪 80—90 年代，广西结合本地区实际深入开展创建社会文化先进县活动、最先提出并推进千里文化长廊建设活动、首倡"知识工程"活动等，同时充分发挥广播电视媒体的宣传作用，广泛开展区情教育活动，极大地推进了民族地区马克思主义大众化的深入。

（一）深入开展创建社会文化先进县工程活动

"创建社会文化先进县"是文化部于 20 世纪 80 年代开始在全国实施的一项旨在推动农村基层文化事业发展的工程，广西是当时较早地实施了该项工程的省（区）之一。党的十一届三中全会后，广西在实践中不断探索文化发展尤其是农村文化建设的新路子。1982 年，广西就启动了"建设城乡文化中心"创建、评选活动（创建社会文化先进县活动的雏形），由区文化厅、财政厅联合召开了现场经验交流会，广西农村文化建设大会战由此拉开序幕。经过几年的创建、评选活动实践，1987 年自治区文化厅发布了《广西县城文化中心评估计分细则》和《广西乡镇文化中心评估计分细则》。这两个细则对农村文化工作的设施、队伍、活动、网络、管理、经费、效益等方面进行了量化规定，使"建设城乡文化中心"创建、评选活动走上了规范化、系统化、科学化的轨道，创建活动的名称也改为创建群众文化先进县（社会文化先进县的前身）。① 进入 20 世纪 90 年代后，创建社会文化先进县活动又与构建文化长廊活动结合起来，实现了联动发展。

（二）建设文化长廊工程和知识工程助推民族地区马克思主义大众化

建设"文化长廊"是广西在社会文化建设过程中独创的、得到文化部肯定和倡导的文化发展模式。文化廊研究属于文化社会学研究的范畴，"文化廊乃是多种文化特质在地理上相串联的文化反映"②。文化长廊可以说是一条展现群众文化风采的长通道，即群众文化的有效载体，它既容纳了众多文化中心的各种设施、队伍、网络等群众文化的基本要素，又包含着众多文化中心固有的机构、制度、效益等群众文化的基本特质。③

1990 年，广西文化厅根据中越边境形势的发展变化，不断加强边境文化建设，积极推进边境地区的改革开放，在全国率先提出了构建"广西千里边境文化长廊"的思路。文化部和国家计委对广西的做法给予了高度评价。1992 年 6 月，文化部在南宁召开了"全国农村文化工作暨首届边境文化长廊建设现场会"，有关省（区、市）的副省长、副主席、副市长，以及盟委书记、专员、州长和全国各省（区、市）文化厅的代表共 100 多人出席了会议。会议期间还组织参会人员分西线和南线两路实地考察了广西靖西、龙州、凭祥、崇左等县（市）的边境文化长廊建设情况，与会者对广西边境文化长廊建设给予很高的评价。在这次会议上，时任文化部副部长高占祥正式提出在全国 9 个陆地边境省（区）深入建设"万里边境文化长廊"的实施意见，由此拉开了建设"全国万里边境文化长廊"的序幕。④ 同年 9 月，广西壮族自治区人民政府正式发布了《广西壮族自治区文化长廊建设规划》。该规划指出：构建文化长廊要根据广西实际"以当地人文化地理为前提，以社会共建为方式，以单元达

---

① 左厚尧：《创建社会文化先进县活动蓬勃发展》，广西壮族自治区文化厅编《广西的改革开放·文化艺术卷》，中央文献出版社 2000 年版，第 42 页。

② 广西壮族自治区文化厅编：《广西文化长廊建设探索与实践》，广西人民出版社 1992 年版，第 136 页。

③ 同上书，第 119 页。

④ 李武斌：《千里边疆文化长廊的构建有声有色》，广西壮族自治区文化厅编《广西的改革开放·文化艺术卷》，中央文献出版社 2000 年版，第 34—35 页。

标为基点，以交通线穿越地带的县（市）、乡（镇）、村（屯）户为基础，构成具有一定密度的'馆、站、室、户、点、车'达标的文化网带，形成点连成线、线结成网、社会共建、全面开花的竞争发展机制，有效地实现文化的思想教育、知识传播、审美娱乐三大功能的覆盖"①。按照文化长廊建设规划的总体设想，广西将形成以南宁、柳州、桂林、梧州、北海为龙头带动邻近地区文化发展的辐射态势，重点构建十条具有一定规模、各具特色和优势的文化长廊，即中越边境文化长廊、沿海文化长廊、西江流域文化长廊、桂中民族文化长廊、桂北旅游文化长廊、桂东南文化长廊、柳州—梧州国道文化长廊、桂西南文化长廊、右江河谷文化长廊、红水河文化长廊。

广西文化长廊建设是顺应社会主义文化发展的内在规律，并根据广西的具体情况和社会发展水平，合理选择和制定的文化建设机制。作为经济欠发达省区，广西的文化建设只有集中力量、优化组合各种有利因素，才能顺利取得预期成效。因此，广西文化建设应首先考虑在经济条件相对较好，且人口比较密集的交通沿线取得突破。边境文化长廊建设正是从广西边境地区的实际出发，着力促进本地区文化事业实现更好更快发展的战略举措。广西边境线全长1248公里，边境地区共有7个县（市）、36个乡（镇）与越南毗邻，该边境地区同时是以壮族为主体，还包括汉、瑶、苗、京等10多个民族共存的少数民族聚居区。由于历史因素和其他主客观原因，广西边境地区的经济社会发展相对缓慢，脱贫任务十分艰巨，财政严重紧缺，加上该地区人口分散，交通不便，所有这些皆制约着文化事业的发展。因此该地区的文化事业建设不可能同时全面铺开，只能采取构建文化长廊的方式集中人力、物力、财力，分段建设，在条件较好的公路沿线上取得突破。

广西文化长廊建设同时是推动民族地区马克思主义大众化的有力举措。

第一，文化长廊建设是宣传党的路线方针政策的重要阵地。党的十一届三中全会后，我国确立了以经济建设为中心的发展战略，但是不可

① 参见广西壮族自治区人民政府《广西壮族自治区文化长廊建设规划》，桂政发〔1992〕72号。

否认思想战线的斗争仍将长期存在。这就要求我们在推进民族地区经济社会文化发展过程中，一定要坚持以马克思主义作为指导思想。广西提出建设民族文化长廊的一个重要目标就是要利用这块阵地宣传马列主义，宣传党的路线、方针、政策，宣传好人好事，弘扬民族精神。①

第二，边境文化长廊建设发挥着宣传爱国主义精神和进行国防教育的独特作用。一方面，文化长廊通过开展各种各样的文化活动，加强对边境群众进行"三热爱、四坚持"②的教育。当时典型的文化活动有：凭祥市举办的"军嫂在凭祥"文艺演出、"国防在我心中"和"魂系边防"演讲比赛；龙州、宁明、凭祥等地利用红八军司令部旧址、法卡山、友谊关等教育基地宣传爱国主义精神。另一方面，广西通过开展边境文化长廊的各项活动，给边民提供科技信息和精神食粮，促进边境民族地区经济社会建设不断向前发展，既维护了当地社会稳定，也进一步巩固了国防。③

第三，基层文化长廊建设营造了社会发展的良好文化环境和氛围。"以文治乱、以文治愚、以文治穷"是文化长廊建设的一个重要目标。通过开展丰富多彩、健康向上的社会文化活动，文化长廊能够满足群众"求美、求乐、求知"的需求，有助于促进广西"两个文明"的建设。基层文化长廊通过提供大量的科技信息和图书资料，为发展农村生产力创造了有利条件，并营造了良好的社会环境和氛围。譬如，文化长廊建设中通过文化馆（站）举办各种类型的普及科技知识培训班，提高了农民的科学文化素质，推动了社会生产力的发展。"脱贫致富，文化开路"，"没有文化富不了，有了文化穷不长"等朴素话语道出了农民群众对文化建设重要性的共识。同时，基层文化建设还培养了大批科技人才和文艺骨干，他们在宣传教育、计划生育、旅游、经贸、社会治安等方面都发挥了积极的作用。文化长廊建设还开发了一些娱乐性项目，使群众在工

① 广西壮族自治区文化厅编：《广西文化长廊建设探索与实践》，广西人民出版社1992年版，第71页。
② "三热爱、四坚持"即热爱中国共产党、热爱祖国、热爱社会主义，坚持四项基本原则、坚持以经济建设为中心、坚持改革开放、坚持两个文明一起抓。
③ 广西壮族自治区文化厅编：《广西文化长廊建设探索与实践》，广西人民出版社1992年版，第62页。

作之余身心得到休息。娱乐性项目与科技知识性、宣传教育性项目相配合，让广大群众在参与文化活动中，实现思想觉悟和知识技能"双提高"。

第四，文化长廊建设突出民族特色，增强民族群众的文化自信心和凝聚力。文化长廊建设要求各个文化"馆、站、室、户"所开展的活动将社会主义的思想内容与地域民族特色的形式有机结合起来。广西边疆民族地区有着丰富的民间文化艺术资源。比如：唱山歌、抛绣球、打磨秋、演壮剧、踩竹舞、花灯舞等；以及各种民间传统节日：壮族的歌圩、瑶族的盘王节、京族的唱哈节、彝族的跳弓节等，所有这些都是可以深入挖掘、整理和利用的文化资源。我们可以对传统节日等进行扶植改造，使民族民间文化艺术在内容上富有思想性和知识性，又能够体现出社会主义的时代精神；形式上具有鲜明浓郁的民族特征和地域色彩，展现本地特有的民间文化艺术风采，体现当地群众的文化欣赏习惯和审美情趣，反映当地群众的社会生活和精神风貌。

第五，文化长廊建设致力于打造"大文化"网络，发挥综合效益优势推进马克思主义大众化。文化长廊建设需要发挥文化部门的组织领导作用，又要动员一切社会力量参与进来。一是发动和组织科、教、文、卫、体、农、林、牧等行业，以及宣传、广播、计生、部队、旅游、商业等各部门共同参与文化长廊建设；二是发动和组织基层村屯群众积极参与，开展军民共建、村厂共建、校站共建、城乡共建文化长廊活动，形成综合效益优势。

第六，文化长廊建设培养了民族地区文化人才队伍，壮大了马克思主义大众化的人才力量。一是通过文化长廊建设打造一支脚踏实地、责任心强、业务精通的文化干部队伍；二是培养一批思想和业务素质俱佳的社会文化专业人才；三是充实和稳定基层文化人才队伍；四是初步形成文化人才队伍激励机制，为调动文化人才的积极性、主动性和创造性提供了制度保障。

实践证明，广西文化长廊发挥了宣传教育、传播知识、传递信息、娱乐休息、培养人才等多方面功能，促进了民族地区的"两个文明"建设。

实施"知识工程"，提升广西民族地区的精神文明水平。

　　"知识工程"是由 1994 年广西首倡，继而在 1997 年为中宣部、文化部等中央九个部门在全国组织推广实施的社会文化系统工程。该工程以发展图书馆事业为手段，以倡导群众读书、传播知识、推动社会文明为目的。① 实行改革开放后，广西图书馆事业获得了新的发展契机，馆舍条件、环境和图书馆业务建设等方面取得了一定的成绩，同时也遇到了新的问题。比如，一些地方社会上"读书无用论"风气盛行对群众产生了负面影响；国家投入图书馆建设的经费不足，使图书馆事业发展受到了制约，广西图书馆普及率低、读书难的问题依然存在。为此，在 1994 年3 月广西壮族自治区图书馆正式提出了实施"知识工程"的构想。该工程主要目标是：增强群众的读书意识，引导形成全社会爱书、读书的良好氛围，努力提高民族地区群众的文化素质；促使政府和社会重视图书馆建设、发展图书馆事业；重塑图书馆社会形象，增强图书馆活力；把图书馆建到农村，为振兴农村经济服务。

　　广西为实施"知识工程"专门成立了领导小组，采取了一系列措施和行动促进上述目标的实现。

　　一是组织开展"读书、用书、图书馆知识竞赛""百本好书征文""一月一书""每周一书""农业科普知识竞赛"、高校大学生演讲比赛、农民读书成果报告会等活动，激发人们的求知热情。另外，广西电视台、广西人民出版社联合拍摄了《每周一书》电视系列片，曾在广西卫视的18 个栏目中收视率最高排到第 8 位，在全社会营造了良好的读书氛围。

　　二是建立一批布局合理、方便群众的各种小型和流动式图书馆（室）。1995 年广西开展了"百家企业与乡镇结对子建设图书馆"的活动，先后有 165 家企业出资 150 万元与 116 个乡镇结对子共建图书馆（在1993 年时乡镇图书馆还不到 50 所）。此外，还积极引进海外力量建设了11 所"爱华图书馆"。至 1998 年底，广西共建成开馆的乡镇图书馆有531 所，全区 39% 的乡镇填补了没有图书馆的空白。"知识工程"的实施还推动了图书馆自动化建设的进程。北海、北流、百色、河池等市县 20余家图书馆参加了广西图书采编中心；在数据库建设上迈出了新步伐，

————————

　　① 广西壮族自治区文化厅编：《广西的改革开放·文化艺术卷》，中央文献出版社 2000 年版，第 49 页。

当时许多图书馆都联上了国际互联网，提高了图书馆的文献开发和利用效率，加快了广西文献资源共享的进程。

三是在全区先后开展了 4 次大规模的"捐书助农献爱心"活动，共有百万群众踊跃参与了该项活动。1997 年又发起了"百万图书下乡"活动，掀起了"知识下乡"的热潮，这项活动的开展为缺少书刊的乡镇、农村带去了知识财富和希望。① 当代图书馆业已成为促进广西区精神文明建设，落实"科教兴国"战略的重要推动力量。

（三）发挥广播电视在群众宣传中的作用

党的十一届三中全会后，广西的广播电视媒体已由过去宣传"以阶级斗争为纲"为主转向宣传"一个中心，两个基本点"的社会主义初级阶段基本路线、基本理论、宣传十一届三中全会后党所制定的一系列路线方针政策。宣传模式也从过去的单一转变为多方向、多角度、多层次，全面反映社会各个方面变革。20 世纪 80 年代，广西广播电视尤其侧重对经济改革和发展的宣传。譬如，1980 年全年新闻节目中的经济报道，在广西人民广播电台中占总节目量的 70%，在广西电视台中占总节目量的 49.4%。而在广播电视的经济宣传中，又突出报道了农业生产体制变革，落实联产承包责任制的情况，比如 1980 年广西人民广播电台的《对农村广播》节目，播出这方面的稿件达 248 篇，占节目全年发稿量的 26.6%。另外，1982 年广西人民广播电台还集中报道了百色地区加强农村经济体制改革，发展商品生产，建立十大商品基地，促进少数民族聚居山区经济发展的情况；报道了玉林地区建立外贸商品生产基地，发展外贸商品生产和出口创汇的事迹。1984 年，广西电视台又着重播出系列报道《发展中的广西》，宣传广西在党的十一届三中全会以来在各方面的新局面，报道农村实行家庭联产承包责任制后生产力获得了解放、柳州成为新兴轻纺工业基地、红水河水电开发建设等情况。② 这个时期，广西广播电视媒体广泛宣传党的路线方针政策，对广西经济发展成就的系列报道，深

---

① 广西壮族自治区文化厅编：《广西的改革开放·文化艺术卷》，中央文献出版社 2000 年版，第 50—51 页。

② 广西壮族自治区广播电影电视局编：《广西的改革开放·广播电影电视卷》，中央文献出版社 2003 年版，第 15—16 页。

化了民族群众对党将工作中心转移到经济建设上来的重要性的认识，形成了对党的理论路线方针政策的正确理解，增强了投身广西改革和建设事业的动力。

（四）在青少年学生中开展法制教育、形势与政策教育、区情教育和爱国主义教育

第一，加强法制教育和坚持四项基本原则的教育。"文革"结束后，广西团区委要求各级团组织把对团员青年进行国家法律法规教育作为青少年思想政治教育的重点。各地团组织采用各种形式宣传国家法律法规，并结合典型案例帮助青少年分清是非荣辱，肃清无政府主义和极端个人主义的影响，做到遵纪守法、自觉维护正常的社会生产生活秩序。1986年初，广西团区委又转发了团中央和相关部门关于在全国中小学普及法制常识的通知，要求各级团组织重视中小学生的法制教育。

20世纪80年代，国门打开后一些青年人由于看到中国与西方发达国家之间的差距，而对马列主义、中国共产党的领导、社会主义道路、无产阶级专政产生怀疑。针对这种情况，广西各级团组织积极在青少年中开展学习马列主义和毛泽东著作、学习中国近现代史和中共党史、组织社会调查研究、比较新旧社会等活动，让青年学生对中国历史和现实国情有正确的认知，对当代中国成就和不足做出客观准确的判断。

1986年底至1988年初，针对区外一些大学出现学潮的情况，广西团区委把坚持四项基本原则，反对资产阶级自由化斗争的教育作为全自治区共青团工作的大事来抓，通过组织英模报告会、谈心交心、平等讨论、演讲征文、培训理论骨干、组织党章学习小组等活动形式对青年进行教育，把宣传中国共产党基本路线作为共青团思想政治教育的主题。

1990年前后，广西团区委举办了区内团员青年基本路线教育和国情教育等培训班、讲习班共计5530期，参加学习的团员青年达130.3万人（次），还组织210万团员参加主题团日活动。1991年，广西团区委又围绕政治、经济、社会稳定发展，开展各种学习教育活动和建功献礼活动，为庆祝中国共产党成立70周年而开展"党在我心中"主题系列活动，[1]

---

[1]　广西壮族自治区地方志编纂委员会编：《广西通志·共青团志》，广西人民出版社2002年版，第144—146页。

等等。

第二，开展社会主义市场经济大讨论活动并掀起学习邓小平理论的热潮。1993 年广西团区委根据上级部署，在全自治区的团干部中开展社会主义市场经济大讨论活动。3 月，团区委下发了《关于在全区各级团组织和广大团员青年中开展社会主义市场经济大讨论的通知》，布置开展大讨论活动。3 月至 5 月，两次抽调机关 3/4 的干部组成 7 个工作小组，深入各地、市、县，帮助和指导当地团组织开展大讨论活动。据统计，在此期间广西全自治区有近 8000 名专职团干部参加了市场经济理论的培训，130 万多团员青年参加了学习讨论。① 这些活动的开展，使广西的团员青年进一步深化了由计划经济体制向市场经济体制转变必要性和紧迫性的认识。同时，大讨论活动也是在市场经济条件下开展共青团工作的一次有益尝试。

该时期广西团区委还将组织团员青年学习邓小平理论作为一项重要任务。1983 年 7 月，团区委做出学习《邓小平文选》的部署。采取团组织领导带头学习，举办学习讲座、开办学习班和研讨会等形式，在全区青年学生中掀了学习《邓小平文选》的热潮。1992 年初邓小平发表南方谈话后，团区委在该年度先后召开了 3 次地、市团委书记会议，部署学习邓小平的讲话精神。同时，还要求各级团组织结合学习，开展"三三三思想素质工程"②，要求团员青年进一步解放思想，更新观念，自觉投身到社会主义现代化建设中去。1993 年《邓小平文选》第三卷出版后，自治区级和市级团校开办了《邓小平文选》第三卷学习辅导讲座；共青团直属青年刊物《广西团讯》把学习《邓小平文选》第三卷作为宣传工作重点，开辟理论学习专刊。1998 年团区委还组织专家编写了青年学习理论教育读本《脚踏实地迈向未来》，理论联系实际，向青年学生深入浅出地介绍邓小平理论的基本内容。1999 年又与自治区党委宣传部等单位联合举办了有近 10 万青少年参加的"全区青年学习邓小平理论知识竞

---

① 广西壮族自治区地方志编纂委员会编：《广西通志·共青团志》，广西人民出版社 2002 年版，第 146 页。

② "三三三思想素质工程"即增强三个意识：改革开放意识、发展市场经济意识、科技是第一生产力意识；树立三个观念：想富观念、敢富观念、会富观念；倡导三种精神：敢干精神、敢闯精神、敢冒精神。

赛"活动，推动了学习活动的深入开展。①

第三，开展区情教育，培养青少年爱国爱乡爱党的情怀。区情教育是广西民族地区对青少年进行形势与政策教育的主要内容之一，也是广西推进马克思主义大众化的重要渠道。1994 年，由广西区党委宣传部、区教委、团区委、区新闻出版局联合在全区青少年中开展"爱我广西"的读书活动，旨在青少年中普及宣传广西的光荣区史、多彩区情、优越区位以及光明前景，激发他们爱乡之情，积极投身建设家乡、振兴广西的实践中去。同年，广西人民出版社还组织专家、学者撰写了区情教育读物《爱我广西》，该书以大量的史料、准确的数字、生动的文字，论述了广西的历史、现实与未来，是一本优秀的区情教育读物。

第四，在青少年学生中深入开展道德品质教育和爱国主义教育。20世纪八九十年代的广西青少年道德品质教育有两方面的任务，一方面要完成拨乱反正的任务，配合法制教育，帮助青少年分清是非荣辱，肃清"文革"期间不良思想对青少年的负面影响；另一方面又要积极开展正面教育，在青少年中弘扬正气，褒扬美德，深入开展学雷锋活动，文明礼貌月活动，"五讲""四美""三热爱"活动，② 以及开展青年志愿者行动，创建"青年文明号"等。以"三热爱"活动为例，广西团区委在1982 年 6 月 9 日发出了《关于在青少年中开展"三热爱"教育活动的意见》。各地各级团组织根据该《意见》，通过一系列活动培养青少年的爱国主义精神：一是组织学习中国近现代史、中共党史和地方史，学习老一辈无产阶级革命家的有关著作；二是开展为祖国、为家乡、为单位添光彩活动；三是举办报告会，邀请有关专家教授、革命家、老党员战斗英雄和模范人物做报告；四是举办以爱国主义为主题的征文比赛、摄影比赛、绘画比赛、歌咏比赛、板报比赛和文艺晚会；五是组织参观革命圣地、博物馆等活动。1994 年广西团区委和自治区党委宣传部还围绕纪念中华人民共和国成立 45 周年活动开展了"心向祖国，情系广西"的爱

---

① 广西壮族自治区地方志编纂委员会编：《广西通志·共青团志》，广西人民出版社 2002年版，第 148—149 页。

② "五讲"即讲文明、讲礼貌、讲秩序、讲卫生、讲道德；"四美"即心灵美、语言美、行为美、环境美；"三热爱"即热爱祖国、热爱中国共产党、热爱社会主义制度。

国主义教育百场报告会。1995 年各级团组织利用纪念五四运动 76 周年、纪念中国抗日战争胜利和世界反法西斯战争胜利 50 周年、庆祝国庆节等机会，通过召开座谈会、观看优秀影片、图片资料展览，参观革命历史纪念地，开展"勿忘国耻、振兴中华"革命歌咏比赛等方式，对青少年进行爱国主义教育。

总之，该时期上述一系列教育活动的开展，促使青少年学生对国情、区情有了更加全面深刻的了解，更加关心时事政治；广大青少年的法制观念、理论素质、思想道德品质等都有了一定程度的提升，并自觉树立起为祖国、为家乡发展贡献力量的理想信念和抱负。

二 广西"双学"活动与邓小平理论、"三个代表"重要思想的宣传

20 世纪 90 年代至 21 世纪初，是我国社会主义建设事业承前启后、继往开来的重要时期。面对新形势和新任务，广西密切联系民族地区的实际，在党员干部和群众中广泛开展邓小平理论和"三个代表"重要思想的学习、宣传和普及活动，运用各种形式推进马克思主义大众化。

（一）结合广西民族地区实际开展"双学"活动

1994 年 9 月党的十四届四中全会通过的《中共中央关于加强党的建设几个重大问题的决定》提出，要用三年时间在全体党员中有计划、有步骤地开展建设有中国特色社会主义理论和党章的学习活动（简称"双学"活动）。这是中国共产党加强自身建设的一项重大举措，旨在强化党员的教育和管理，提高党员的理论素养和党性观念，改进党员干部的思想作风，提高党组织的凝聚力、号召力、战斗力。"双学"活动实质是用邓小平建设有中国特色社会主义理论武装全党的一次学习活动。

广西紧密结合本地区实际有声有色地推进"双学"活动的开展。武鸣县（现南宁市武鸣区）是当时广西"双学"活动的一个典型。该县党员"双学"活动的可贵经验是针对不同行业，选择不同活动载体，采取多种形式，在解决突出问题上下功夫，确保"双学"活动的成效。

1. 定方案

1996 年 9 月，广西区党员"双学"活动试点工作指导小组制定了《关于在武鸣县深入开展党员"双学"活动试点工作的方案》，方案阐明了"双学"活动试点工作的目的、意义和指导思想；提出了"双学"活动试点工作的内容与要求；拟定了"双学"活动试点工作的时间和步骤；明确了试点工作的组织领导及各工作组的职责。其中关于内容与要求部分颇具特色，提出学习活动必须与解决党员的实际思想问题结合起来，通过"六个活动"解决"六个问题"："六个活动"——照镜子（以理论和党章为镜对照检查）、量尺子（以模范人物、优秀党员为尺）、明路子（中国特色社会主义的道路和本地发展经济之路）、想法子（设法促进农村两个文明建设事业的发展）、鼓劲子（鼓足干劲）、看果子（看成果和效果）；拟解决"六个问题"——理想淡薄、信念动摇问题；小农经济思想观念问题；先富带后富问题；党员发挥作用的本领不强问题；党支部凝聚力、战斗力不强问题；社会治安、村容村貌问题。与此同时，武鸣县根据不同单位主体的情况提出不同的要求，实行分类指导。农村的"双学"活动，以"双学双争奔小康"① 为载体；企业的"双学"活动，以创"三好"（班子好、管理好、产品好）为载体；机关的"双学"活动，以"三严四自"工程（严格要求、严格管理、严格监督，自重、自省、自警、自励）为载体；学校的"双学"活动，以培育"四有"新人为载体。要求各单位在整个学习活动中，坚持"三个为主"和"一个贯穿始终"，即正面教育为主、思想教育为主、自我教育为主，将理解和把握"两个根本性转变"② 贯穿学习始终。③

2. 树典型

这是"双学"活动开展宣传的另一种重要形式，武鸣县根据不同行业的不同情况选择不同典型开展宣传工作。首先，在农村地区，注意报道农村党支部和共产党员争创"五好"支部、争当"三带"先锋的典型。其次，在企业，宣传的重点是那些为企业改革发展做出贡献的典型。再次，对机关"双学"活动的宣传，包括实施"三严四自"工程的情况，

---

① "双争"一是争创"五好"支部，即好班子、好队伍、发展经济好路子、好经营体制、好管理制度；二是争当"三带"先锋，即带头发展社会主义市场经济，带领群众勤劳致富、共同富裕奔小康，带头搞好社会主义精神文明建设。

② "两个根本性转变"即经济体制从传统的计划经济体制向社会主义市场经济体制转变；经济增长方式从粗放型向集约型转变。

③ 武鸣县"双学"办公室编：《广西武鸣县"双学"活动资料汇编》，内部资料，1996年，第65—71页。

切实解决脱离群众、作风漂浮、纪律松弛、为政不廉等问题的典型，宣传那些政治强、作风正、业务精的领导班子和干部队伍的先进典型。最后，学校和其他事业单位的宣传，重点解决理想信念问题，促使党员干部树立正确的世界观、人生观、价值观，致力于本部门的改革，向群众提供优质服务水平的典型。[①] 譬如，曾被中共武鸣县委授予模范共产党员称号的县殡仪馆党支部书记方英梅，她不顾世俗偏见，顶住社会各种压力，以一个普通共产党员的身份，从事殡仪事业 18 年如一日，努力工作，践行共产党员全心全意为人民服务的宗旨，为党争辉，她被确立为该县新时期共产党员的光辉典范。

"双学"活动还采取了立体的、多样化的宣传方式来宣传典型，注重实效。主要方式有：社会宣传——标语宣传[②]、电影宣传[③]、新闻宣传[④]、文艺宣传[⑤]、其他宣传（包括编印《孔繁森、黄是勇、李正海、刘自忠、王廷江、吴天祥先进事迹学习资料》下发给全县党员学习等）。

3. 编唱歌曲

武鸣县是广西典型的壮族人口聚居区，针对壮族群众爱唱山歌的特点，该县在"双学"活动中将编唱歌曲作为党员宣传教育的重要形式。县宣传部门组织人员编写了 18 首"双学"相关歌曲，代表性的有：郭荣志作曲的《社会主义本质歌》，将社会主义本质的内容谱曲之后让人们传唱；邓永隆作词、方正胡作曲的《三讲三严四自歌》《我们要做时代的先锋》《心中的党旗》；邓永隆作词、吴远雄作曲的《社会主义才能救中国》《做"四有"新人》；邓永隆作词、文东作曲的《贫穷不是社会主义》《发展才是硬道理》等。这些歌曲歌词通俗隽永、易懂易记，反映了邓小平建设有中国特色社会主义理论的核心内容和党章的精神实质，使

---

① 武鸣县"双学"办公室编：《广西武鸣县"双学"活动资料汇编》，内部资料，1996年，第 84 页。

② 武鸣县深入开展党员"双学"活动的标语主要有："社会主义道路是强国富民之路""共产党员要懂得什么是社会主义，怎样建设社会主义""学理论，学党章，加快步伐奔小康"等。

③ 武鸣县电影院和各乡镇电影场在电影放映前利用幻灯或广播进行"双学"活动宣传。

④ 利用武鸣电视台、有线电视台、广播站和《武鸣报》等媒体开展宣传。

⑤ 在支部书记和"双学"骨干培训班教唱"双学"歌曲、在党员群众中传唱"双学"壮语山歌等。

广大党员干部和群众在传唱中受到教育。此外，武鸣县还组织人员编了100首"双学"山歌，这些山歌主题鲜明、内容充实、富有韵律、朗朗上口，符合民族群众的思维方式和表达习惯，易于为他们所理解、记忆和接受。譬如，黄建武编的山歌："大雁南飞一行行，全凭头雁来领航；小平理论指方向，指引人民奔小康。党章像面玻璃镜，人貌美丑现分明，经常对镜照缺点，及早改正身心轻。"[①] 该山歌用比兴手法阐明了邓小平理论的地位和党章的功能，即使文化水平偏低的群众也能理解。又如，覃绍焕所编的山歌："指针引路好翻山，罗盘定向好行船，改革开放搞四化，'邓选'指引路不偏。改革开放百事兴，四化大厦日日升，建设蓝图谁绘制？总设计师邓小平。"[②] 歌词朴实易懂，意蕴丰富，表明了《邓小平文选》的实践指导作用，赞颂了邓小平为改革开放决策做出的功绩。

（二）通俗理论读物的出版发行及其他传统学习宣传载体的运用

1. 通俗读物《理论歌谣》编写出版："从群众中来到群众中去"路线的生动体现

前文提到，广西各族群众素有爱唱山歌的传统，他们热衷于以山歌这种独特的艺术形式表达自己的感情、思想和理想。在党的十四大召开后，八桂大地上曾涌现出大量歌颂邓小平功绩和建设有中国特色社会主义理论的山歌民谣。广西区党委宣传部抓住了这个有利的契机，有效引导群众学习理论的热情，广泛吸收群众的智慧，在全社会征集优秀理论歌谣，组织编写了系统的《理论歌谣》宣传手册，推动了邓小平建设有中国特色社会主义理论的普及。

从1996年5月开始，广西区党委宣传部向全区各地的山歌爱好者发出了征集邓小平理论歌谣的通知。一时间，壮乡瑶寨、沿海、沿边、内地都掀起了编唱理论歌谣的热潮，各地歌手踊跃献艺，积极参与了征集理论歌谣的活动。几个月时间就收到了各类歌谣稿件2万余篇。作者有年逾九旬的老人，也有十多岁的少年。广西区党委宣传部以征集到的歌谣为基础，多次组织专家和学者对之进行筛选、整理、修改，凝练成了

---

① 武鸣县"双学"办公室编：《广西武鸣县"双学"活动资料汇编》，内部资料，1996年，第297页。

② 同上书，第300页。

涵盖280余首歌谣的《理论歌谣》,[①] 并于1997年9月由广西人民出版社正式出版发行,在社会上产生了广泛而积极的反响。

《理论歌谣》是"从群众中来到群众中去"的生动的理论宣传载体。全书共106页,字数仅5.1万字,内容十分丰富,分为"引歌""伟大旗帜篇""思想路线篇""社会主义篇""初级阶段篇"等共计15篇,对邓小平建设有中国特色社会主义理论所涵盖的各方面内容进行了生动的诠释。《理论歌谣》在形式上以广西桂柳话音韵为基础,充分运用传统民歌所特有的赋、比、兴等手法,给人以立意深远、主题鲜明、比喻生动、语言新颖的印象,具有风趣、朴实、深刻,群众易唱、易记、易传等特点。该书已成为广西富有民族特色的理论宣传载体。

2.《"三个代表"重要思想在广西》:党员干部学习实践"三个代表"重要思想的成果荟萃

2000年2月,江泽民在广东考察工作并参加高州市领导干部"三讲"教育会议期间,首次正式提出了"三个代表"重要思想,在全社会引发了广泛的讨论、学习和研究。"三个代表"重要思想指明了新形势下全面加强党的建设的方向,对于提高党的领导水平和执政水平,保证社会主义建设事业的兴旺发达有着深远的意义。广西区党委十分重视对"三个代表"重要思想的学习、宣传和贯彻,具体部署了全区各级党组织和党员干部的学习活动。各地各部门积极响应,联系本地区本单位的实际,采取了报告会、座谈会等形式组织党员、干部和群众开展学习活动;新闻媒体也加强了对"三个代表"重要思想的宣传。2002年11月,广西区党委宣传部和广西日报社联合编辑出版发行了《"三个代表"重要思想在广西》一书。该书由133篇文章汇编而成,是广西党员干部学习实践"三个代表"重要思想的成果荟萃。其中代表性的文章有:《解决"两大历史性课题"的纲领性文献》《把党的先进性放到实现富民兴桂新跨越的奋斗中去考察》《以"三个代表"为指导,大力加强广西思想文化阵地建设》《论"三个代表"重要思想对新世纪民族工作的指导意义》等,这些文章充分反映广西党员干部结合本地区和个人实际学习贯彻"三个代

---

① 中共广西壮族自治区委员会宣传部收集整理:《理论歌谣》,广西人民出版社1997年版,第106页。

表"重要思想的心得，也是向全社会宣传"三个代表"重要思想的可贵读本。

3. "三个代表"重要思想讲习所：传统学习宣传载体的新生

党的十六大召开后，百色市委宣传部提出了成立"三个代表"重要思想讲习所的构想。"三个代表"重要思想讲习所是借鉴革命战争时期党在广西开办农民运动讲习所的做法和经验，并增加了新时代内容的学习宣传机构。"讲习所"这一传统学习宣传载体获得了新生。2003 年初，田东、德保两县率先建立"三个代表"重要思想讲习所（站、室）网络——在县设讲习所，镇设讲习站，村设讲习室。这两个县在自治区党委和百色市委指导下，从本地实际出发确定了讲习所（站、室）的学习内容、学习时间和学习方式等。它们所拟定的学习内容主要有：思想政治理论学习、公民道德与法制教育、市场信息的传递、劳动技能培训、现代科技知识与卫生防疫知识讲座等。讲习所的讲习和宣传方式突出实效性，努力做到"三个结合"：在所里集中讲与进村入户讲相结合；理论专家辅导与技术人员讲课相结合；经济能人传授经验与现场参观相结合。这种实实在在的"讲习"宣传，吸引了广大干部群众积极前来参加，形成了"干部经常受教育，群众长期得实惠"的长效机制。在试点的基础上，百色市委下发了《建立百色市"三个代表"重要思想讲习所及其实施方案》文件。此后，全市 12 个县（区）皆挂牌成立了"三个代表"重要思想讲习所，学习实践活动全面展开。该时期百色市总共成立了 600 多家"三个代表"重要思想讲习所（站、室），成为农村基层干部群众学习贯彻"三个代表"重要思想的新创举。[①] 总之，百色市通过建立"三个代表"重要思想讲习所，开展了内容实在、形式多样的讲习活动，使党员干部受到了教育，群众得到了实惠。百色市的这一探索性做法后来还得到了中组部、中宣部的充分肯定。

三 "四个广西"建设与科学发展观的学习实践活动

党的十六届三中全会提出了坚持以人为本，树立全面、协调、可持

---

① 刘昆、张名章：《广西百色建立 600 多个"三个代表"重要思想讲习所》，《光明日报》2003 年 12 月 2 日。

续的科学发展观。党的十八大报告中指出，科学发展观是马克思主义同当代中国实际和时代特征相结合的产物，"科学发展观同马克思列宁主义、毛泽东思想、邓小平理论、'三个代表'重要思想一道，是党必须长期坚持的指导思想"①。广西结合本地实际，开展了形式多样的学习、宣传和贯彻科学发展观的活动。

（一）围绕构建和谐社会的要求，实施"四个广西"建设

2005 年 8 月 22 日，时任广西壮族自治区党委书记曹伯纯在广西县（市、区）委书记专题研讨班开班典礼上，提出要认识构建和谐广西的重大意义，努力推进富裕广西、文化广西、生态广西、平安广西建设，即"四个广西"建设。"富裕广西"就是实现富民兴桂的目标。其中"富民"，即不断地提高全区各族人民的物质文化生活水平，使他们获得切实的经济和文化利益。兴桂，就是依靠科技，坚持改革开放，壮大广西的综合经济实力，实现由后发展地区到现代化省区的跨越。"文化广西"，就是要把握先进文化的前进方向，发掘和整合广西文化资源，塑造广西精神，打造广西文化品牌，提升广西的综合品位和竞争力，建设文化先进省（区）。"生态广西"，就是根据科学发展观的要求，促进广西经济增长方式转变和改善环境质量，发挥区域生态和资源优势，统筹兼顾，建设一个生产力发达、碧海蓝天、山川秀美的广西。"平安广西"，就是建设民主法治、公平公正、团结和谐、安定有序、人民安居乐业的广西。"四个广西"建设理念，涵盖了经济、政治、文化和社会等各个领域，互为条件、相互促进，构成一个有机的整体。②

"四个广西"建设的理念提出之后，各市县、各部门和各单位以科学发展观为指导，结合自身实际，深入学习、宣传和贯彻落实这一理念，致力于和谐广西的构建。譬如，文化系统提出了"8 个领先"的努力方向，即思想道德领先、文化事业建设领先、文化产业发展领先、文化名

---

① 胡锦涛：《坚定不移沿着中国特色社会主义道路前进　为全面建成小康社会而奋斗——在中国共产党第十八次全国代表大会上的报告（2012 年 11 月 8 日）》，《人民日报》2012 年 11 月 18 日第 1 版。

② 曹伯纯：《构建和谐广西，大力推进富裕广西、文化广西、生态广西、平安广西建设——在全区县（市、区）委书记提高执政能力与构建和谐社会专题研讨班上的讲话（一）》，《当代广西》2005 年第 18 期，第 7—9 页。

人名家辈出领先、文化精品名作迭出领先、文化设施建设领先、文化体制改革和机制创新领先、文化软环境建设领先。① "8 个领先"凝聚着广西人民对建设民族文化强区目标的共识，表现了广西赶超文化先进省区的强烈愿望。

为了适应国际国内新形势发展的需要和全面建成小康社会的要求，中共广西第九次代表大会（2006 年 11 月）上又进一步提出"建设富裕文明和谐新广西"的战略目标，即把广西建设成为经济发展、人民富裕、民主进步、法制健全、社会安定、民族团结、文化繁荣、环境优美的新广西。

（二）结合广西实际开展"八荣八耻"社会主义荣辱观的学习实践活动

自从中央提出在全社会倡导"八荣八耻"社会主义荣辱观的要求之后，广西密切联系本地实际开展了一系列的学习、宣传和实践活动。

第一，学习实践活动的统筹部署。2006 年 3 月 23 日，时任广西壮族自治区党委副书记李纪恒在自治区党委、政府召开树立社会主义荣辱观座谈会，部署在全区开展"六个一"活动，即印制一套反映社会主义荣辱观的宣传画；编写一本宣传社会主义荣辱观通俗读本；推出一批诠释社会主义荣辱观的理论文章；创作一批宣传普及社会主义荣辱观的优秀文艺作品；设置一批以社会主义荣辱观为内容的标语牌、公益广告；组织一批宣讲团，在城乡广泛开展宣讲活动。他还提出"八荣八耻"社会主义荣辱观的学习实践活动要抓住领导这个关键，突出青少年学生的教育这个重点。② 这一部署指引着广西各地有条不紊扎实推进学习实践活动，使社会主义荣辱观家喻户晓，深入人心。

第二，学习实践活动的广泛开展。以教育系统为例，广西壮族自治区教育厅在 2006 年 3 月 27 日发出了《关于全区教育系统学习贯彻胡锦涛总书记讲话精神　切实加强社会主义荣辱观教育的通知》。各学校随后积

---

① 罗昌爱：《特稿：广西"四大建设"并举构建和谐社会》，2018 年 1 月 8 日人民网（http：//politics. people. com. cn/GB/14562/3740258. html）。

② 李纪恒：《树立社会主义荣辱观　为建设"四个广西"提供强大精神力量》，《当代广西》2006 年第 8 期。

极响应，制定了多种措施推动社会主义荣辱观的学习实践活动。南宁市提出了"六个结合"①，贯彻落实社会主义荣辱观的要求；玉林市提出了以开展"五个一"活动②为载体的社会主义荣辱观教育活动。此外，广西大学、广西民族大学、广西师范大学等广西高校也在师生员工中开展了学习实践社会主义荣辱观的学术研讨、征文、演讲等相关活动。其他系统和单位包括科技、卫生、文化、公安等部门也都结合自身实际开展了丰富多彩的学习实践活动。

（三）编印发行宣传科学发展观的通俗读物

精心编印和发行通俗理论读物是近年来广西民族地区推进马克思主义大众化工作的重要举措。2008年4月至5月，由自治区党委宣传部的牵头，广西人民出版社、广西社会科学院当代广西研究所组织专家编写出版了《科学发展　共建和谐——图说建设富裕文明和谐新广西》一书，分"综合篇""基础设施篇""经济篇""环保篇""社会保障篇""医疗卫生篇""文化篇""教育篇""科技篇"九个部分展开论述。全书101页仅8万字，图文并茂，文章主题鲜明、言简意赅、短小精悍，非常适合大众阅读，是不可多得的马克思主义大众化通俗读物。

此外，近年来广西着力推出的通俗理论读物还有《党的民族政策在广西的光辉实践》《理论学习》《我们的精神旗帜》《社会主义核心价值体系通俗读本》《广西精神学习读本》《领导月读》《中华百孝故事》《建设社会主义新农村丛书》等。其中《社会主义核心价值体系通俗读本》《中华百孝故事》曾被列入由中宣部、中央文明办、新闻出版总署联合推介的"全国百种优秀思想道德读物"；中共广西壮族自治区委宣传部编写的《领导月读》《建设社会主义新农村丛书》则在中组部联合新闻出版总署等部门组织的全国党员教育培训教材展示交流活动中被评为创新教材。这些通俗读物已经成为广西民族群众可贵的精神食粮，一定程度上回答

---

① "六个结合"即把社会主义荣辱观教育与深入贯彻落实《中共中央国务院关于进一步加强和改进未成年人思想道德建设的若干意见》、与课堂教学、与社会实践、与校园文化建设及学校教师队伍建设结合起来，把树立和弘扬社会主义荣辱观教育的普遍要求与县区、与学校和不同层次学生的具体情况有机结合起来。

② "五个一"活动即进行一次宣传活动、组织全体师生开展一次主题教育活动、举行一次座谈讨论活动、开展一次征文活动、举行一次演讲活动。

了他们的理论及现实困惑，满足了他们的精神文化需求，也促进了党的理论创新成果在广西民族地区的广泛传播。

四　党的十七大"大众化"新任务提出与"桂理昕"品牌的形成

2007 年 11 月，党的十七大报告中正式提出了推动"当代中国马克思主义大众化"的命题和任务，这体现了党的高度理论自觉和新时期意识形态工作的战略思维，也表明了马克思主义大众化内容和形式与时俱进的迫切性。广西各地随后开展了形式多样的学习、宣传和贯彻党的十七大精神活动，推动民族地区当代中国马克思主义大众化的不断深入。

一是自治区党委和政府层面积极部署和组织学习宣传活动。首先是中共广西壮族自治区第九届委员会第四次全体会议通过了《中共广西壮族自治区委员会关于学习贯彻党的十七大精神的决定》（2007 年 11 月 8 日），提出要在全区范围内迅速掀起学习宣传贯彻党的十七大精神的热潮。随后，自治区宣传部门组织了党的十七大精神宣讲团深入广西各地开展宣讲辅导活动。他们所到各地皆受到当地基层干部群众的热烈欢迎和积极反响。

二是各地结合自身特点开展学习宣传活动。百色市的田阳、田东、靖西、德保、凌云、平果等县基层党组织充分利用地方党校、"农家课堂""农事村办"等各种党员学习和服务平台，辅导农村党员和群众学习十七大精神。北海市铁山港区则寓学习宣传党的十七大精神于群众文体活动之中。河池市凤山县党组织则通过举办座谈会、培训班等形式"把精神送下去，把问题带上来"，使每个党员群众都对党的十七大精神有所了解，并派人深入村屯把民族群众亟须解决的困难和问题报上来，逐一加以解决或答复。

三是通过党报党刊着力打造"桂理昕"理论宣传品牌。中共广西区委党校近年来为充分发挥党校在理论学习和宣传中的作用，推动贯彻落实中央和自治区党委政府的重大决策，该校专家别出心裁地使用"桂理昕"① 这一笔名在《广西日报》等重要报刊媒体上开展理论宣传，发表

① "桂理昕"这一笔名中，"桂"是广西的简称；"理"即理论、说理；"昕"与"新"谐音，暗含理论创新、开启智慧、引领前程之意。

了一系列的理论文章，致力于打造广西理论宣传品牌。近年来，"桂理昕"在《广西日报》等报刊上发表了一系列理论文章，解读宣传党的理论创新成果，这些理论文章不仅在区内党员干部和群众中产生了很大的反响，而且为人民网、《求是》理论网等区外重要媒体所关注，纷纷转载。中共广西区委党校还进一步创设了"桂理昕研习社区"，组织本校教职工和来校学员开展了包括个人自学、支部学习、小组研习和社区研讨等环节的团队学习，学习讨论内容主要有党和国家重大理论和方针政策以及广西工作大局问题，旨在营造全员学习、全程学习和全面学习的良好氛围。"桂理昕研习社区"已成为该校党员干部理论学习和宣传的优秀平台，产生了积极而广泛的社会影响。

五 "广西精神"与建设民族文化强区战略的提出

2011 年 11 月 11 日时任自治区党委书记郭声琨在广西第十次党代会上做的"深入贯彻落实科学发展观 加快实现富民强桂新跨越"报告中，将"广西精神"的内容概括为"团结和谐、爱国奉献、开放包容、创新争先"。① 这是"广西精神"在党的会议和文献中首次提出。"广西精神"是广西各族人民的思想精粹，充分体现了广西的人文特质、民族特质和区域特质，内涵十分丰富。凝练和弘扬"广西精神"有助于广西培育文化自觉，增强文化自信，是建设广西民族文化强区的重要举措。

（一）"广西精神"的内涵

"广西精神"是广西各族人民长期生活奋斗在广西这片热土上所创造的宝贵精神财富的总称。"团结和谐、爱国奉献、开放包容、创新争先"的广西精神内涵丰富。

"团结和谐"是广西精神的根本标志，集中体现了广西各世居民族的先进理念和优秀品格，是广西文化的灵魂和支柱。具体地说，"团结和谐"精神就是广西各民族之间和衷共济、和睦相处，共谋发展的精神，也是各族人民团结协作，共同致力于维护地区和平、稳定，维护国家统一，为实现各民族共同繁荣而奋斗不息的精神。"团结和谐"展示了广西

---

① 郭声琨：《深入贯彻落实科学发展观 加快实现富民强桂新跨越——在中国共产党广西壮族自治区第十次代表大会上的报告》，《广西日报》2011 年 11 月 18 日第 3 版。

各族群众的智慧和自信心。"团结和谐"精神已成为推进广西发展的不竭精神动力和促进广西民族团结、社会和谐进步的一面旗帜，成为凝聚各族群众力量参与广西建设发展，提升广西民族地区良好形象的重要文化资源。

"爱国奉献"是广西精神的重要特征，是广西各族人民千百年来紧密团结在祖国大家庭里的精神内核，是维系祖国统一和民族团结的精神纽带。"爱国奉献"属于一种崇高的政治品质与道德情操。历史上，广西人民素有爱国奉献的优良传统：宋朝的侬智高揭竿而起率众抗击交趾兵的入侵；明朝嘉靖年间的瓦氏夫人为保国安民率俍兵奔赴江浙一带抗倭，立下了赫赫战功；清朝刘永福在临洮，冯子材在镇南关大败法军；左右江革命根据地时期，红八军率龙州人民群众英勇抗击法国的殖民侵略；抗日战争时期，在昆仑山战役、桂林保卫战等战役中，壮乡儿女用鲜血铸就了广西人爱国爱乡的奉献精神。在新时期，爱国奉献精神已成为推动富民强桂新跨越的强大精神力量。

"开放包容"是对广西地域特点、区位优势、历史发展和民族性格的高度凝练和概括。广西处于沿海沿边沿江的地域，具有开展对外交流交往的便利条件。一直以来，广西本着开放、包容的姿态，积极学习其他省区的长处和先进经验，并充分汲取世界上一切优秀文明成果。广西是一个多民族聚居的省区，兼容并蓄的包容精神是各民族共同的性格特征，各民族在交往中互动与整合一直是主流，它们之间通过相互学习、取长补短，博采众长、择善而从。

"创新争先"是广西精神的重要组成部分，是广西历史上优秀传统文化与时代特征相结合而产生的精神品质。广西各族人民在漫长的艰苦奋斗历程中，自强不息、勇于创造、紧跟时代发展潮流，练就了"创新争先"的精神。这是一种敢于挑战落后、不屈不挠、勇于开创美好未来的精神品质。"创新争先"是广西各族人民顺应时代发展潮流，将社会主义核心价值体系所倡导的以改革创新为核心的时代精神元素，融入推动广西大改革、大开放、大发展、大跨越实践中的生动体现。

"广西精神"的几方面内涵构成一个有机整体，不能断章取义。"广西精神"的内涵既具有相对稳定性，又具有与时俱进性，需要我们根据时代的发展变化对它进一步凝练、丰富和完善。宣传普及"广西精神"

是当代广西民族地区马克思主义大众化的重要任务。民族群众对"广西精神"的理解和认同，将有助于转化为他们改造世界、建设广西的精神力量。

（二）"广西精神"的宣传普及活动

2011 年 12 月底广西壮族自治区党委即部署了全区学习践行广西精神的主题教育活动。为了促使"广西精神"家喻户晓，各种大众传媒报刊、影视、网络等共同参与了宣传普及活动。从 2011 年至 2014 年发表在《广西日报》《南宁日报》《当代广西》等报刊上宣传"广西精神"的论文和报道达 100 多篇。同时，广西各地区、各系统也广泛开展了"广西精神"的学习实践活动。譬如，百色市在 2012 年 2 月 28 日就举行了"弘扬广西精神、传承百色起义精神"活动暨万人签名仪式。[①] 此次活动旨在促进"广西精神""百色起义精神"实现大众化。自治区林业厅则在 2012 年 2 月 1 日成立了"弘扬广西精神"主题宣传教育活动小组，通过举行研讨会、报告会等方式宣传广西精神。

为了以群众喜闻乐见的方式更好地传播"广西精神"，广西文学艺术家充分发挥他们的特长。陆坚（广西签约词作家、南宁市文联副主席）和莫军生（广西签约作曲家、广西艺术学院副教授）二人分别作词、作曲创作完成了《领航——广西精神赞歌》，这是一首长达 80 行的赞颂广西精神的歌曲。该歌词写道："在这片秀丽富饶的红土地上/有一种精神传承人民的理想/她书写崇高信念展示高尚情操/她汇聚成民族共有的财富力量/团结和谐，海纳百川/爱国奉献，成就典范/开放包容，共享阳光/创新争先，超越梦想……"[②] 歌词寓意深远，大气磅礴，诗意盎然；歌曲凝练畅快，通俗易唱，朗朗上口，这首歌曲现已成为向民族群众宣传"广西精神"的生动载体。

（三）建设民族文化强区战略的提出

2011 年 10 月，党的十七届六中全会通过了《中共中央关于深化文化体制改革推动社会主义文化大发展大繁荣若干重大问题的决定》（以下简称《决定》），为我国新时期文化发展指明了方向、注入了动力。2011 年

---

① 覃蔚峰：《百色万人签名践约弘扬广西精神》，《当代广西》2012 年第 6 期，第 13 页。
② 蒋林：《〈领航〉歌颂广西精神》，《广西日报》2012 年 8 月 10 日第 6 版。

11 月，广西区党委根据中央《决定》的精神并结合广西实际，在自治区第十次党代会上提出了建设广西民族文化强区的战略任务，从整体上对广西文化发展进行布局，提出"努力建设具有时代特征、壮乡风格、和谐兼容的民族文化强区，成为在全国有较大影响力的区域文化中心、中国与东盟文化交流枢纽、中国文化走向东盟的主力省区"①。2012 年 2 月 8 日在广西全区文化广播影视新闻出版工作会议上又发布了《广西壮族自治区建设民族文化强区实施纲要》（2012—2020 年）讨论稿，提出今后广西将通过实施八大文化建设工程、百个重大文化项目②不断推进文化发展，实现 2020 年建成民族文化强区的目标。

建设民族文化强区战略任务的提出和实施，为不断满足民族地区群众日益增长的文化需求，也为广西经济和社会发展提供强劲的精神动力。建设广西民族文化强区将进一步推动民族地区马克思主义大众化。一方面，民族文化强区的建设，特别是公共文化服务体系建设工程不断推进，文化精品工程的实施，将进一步提升广西的文化软实力和影响力，为满足民族群众基本的和多样化的文化需求奠定基础，使他们能够共享文化发展的成果。另一方面，建设民族文化强区战略任务中社会主义核心价值体系建设工程的实施，"广西精神"的广泛宣传，城乡文明创建和全民读书等文化活动的开展，将促使民族群众的思想政治素质得到进一步提升。

总之，建设民族文化强区战略的提出是广西对我国"建设社会主义文化强国"战略目标的省级文化政策回应。建设民族文化强区，"构筑了广西文化发展新姿态，显示了其对国家认同和社会主义文化的体认和彰显南方文化个性的双向互动"③。建设民族文化强区战略实施后，广西正在逐步由文化资源大省（区）向民族文化强区转变，朝着实现现代化的、

① 郭声琨：《深入贯彻落实科学发展观　加快实现富民强桂新跨越》，《当代广西》2011 年第 23 期，第 14 页。

② 甘宁：《广西加强建设民族文化强区　推进八大文化工程　建设百个重大项目》，《南国早报》2012 年 2 月 9 日第 4 版，其中，"八大文化建设工程"，即社会主义核心价值体系建设工程、公共文化服务体系建设工程、文化精品工程、文化产业倍增工程、文化改革创新工程、文化遗产保护利用工程、文化人才工程、文化传播交流工程。

③ 刘绍卫：《广西构建民族文化强区的历史考察及当代启示》，《广西民族研究》2012 年第 1 期，第 18—19 页。

独具广西特色的社会主义新文化目标迈进。

六　党的十八大以来广西开展理论宣传与系列学习实践活动的概况

党的十八大以来，广西宣传思想文化战线面对近年来的新形势新任务，着力探索新时代马克思主义大众化的有效途径，不断提升理论武装群众的覆盖面、传播力和影响力，为实现富民强桂新跨越提供精神动力。党的十八大、十九大闭幕之后，各地从实际出发开展了形式多样的宣传贯彻党的十八大、十九大精神活动。围绕"中国梦"的宣传，凝聚推动广西跨越式发展的力量；围绕生态文明建设，广泛开展"美丽广西·清洁乡村"活动；围绕党的建设，深入开展党的群众路线教育实践活动；同时还在广西全区广泛开展宣传"四个全面"思想、学习领会习近平新时代中国特色社会主义思想等活动。

（一）党的十八大后广西的理论宣传活动

2012年11月，党的十八大闭幕后，广西学习、宣传和贯彻党的十八大精神活动深入开展，丰富多彩。

第一，组织宣讲和学习活动。自治区党委宣传部组织成立党的十八大精神宣讲团赴各地开展宣讲活动，达110多场次。各级党委宣传部门采取多种形式开展党员干部学习党的十八大精神活动，主要形式有党委中心组学习、组织研讨班、集中轮训等。另外，一些地方通过建设学习型党组织和学习型领导班子，加强领导干部的理论学习。其中，百色市的建设学习型党组织、崇左市的建设学习型领导班子等先进典型还得到中央宣传部门的肯定。

第二，将学习党的十八大精神与谋划广西发展结合起来。在《广西日报》等主要新闻媒体开设"学习宣传贯彻党的十八大精神，加快实现富民强桂新跨越"栏目，及时刊发、报道重要决议、决定和文件，组织刊播了一系列的理论及评论文章，在广大党员干部中掀起学习贯彻党的十八大精神的热潮。

第三，充分发挥广播电视媒体的作用推进科学理论大众化。广西电视台和广西新闻广播分别开辟了《凡事说理》《说事论理》等宣传专栏，加强理论宣传工作。其中《凡事说理》是一档着眼于草根民生的深度访谈节目。它广泛邀请专家学者、媒体名嘴、政府官员和普通百姓做客演播室，与主持人一起面对面交流、交锋。节目题材紧扣广西改革发展中的重大理论和实践问题，以及群众普遍关注的"道德诚信""食品安全""遏制污染""素质教育""遏制腐败"等热点和难点问题，直面争议话题，帮助群众明辨事理。在形式上，《凡事说理》节目以整合电影、网络资源、动漫、新闻短片等手段，还引入卡通形象人物"说理博士"，使"学理论，讲道理"的访谈过程轻松、幽默、接地气，让节目的主题思想更通俗，增强了说理节目的趣味性。① 另外，理论广播节目《说事论理》也体现了理论的权威性、传播的大众性、表述的趣味性等特点，在听众中引起强烈反响，广受好评。宣传部门还向基层党员干部群众赠送《理论热点面对面·辩证看务实办》等理论辅导读物 1 万多册。②

第四，充分利用山歌这一广西民族群众喜闻乐见的载体宣传党的十八大精神。山歌是群众在现实生产劳动和日常生活中创作的诗歌形式，极具生命力和影响力。党的十八大闭幕后，河池市城乡的民族群众以山歌传唱党的十八大精神，用山歌述说他们学习实践党的十八大精神的盛况，各种形式的山歌会层出不穷。中共河池市委宣传部借此收集整理了部分流传在民间学习传唱党代会精神的山歌，编成了小册子《宣传党的十八大精神山歌选编》，在广大干部群众中发行和传唱。这些山歌在形式上以对唱为主，旨在提高传唱的互动性。山歌中的对白诙谐风趣，具有浓厚的生活气息和地方特色，通俗易懂，使群众易于理解、乐于接受。譬如，关于"中国特色社会主义道路"篇中，有歌词道："花香引得蜂满坡，树高引得凤凰落，中国有了特色路，才有小康新生活。""有路才能开得车，有矿才能炼得铁，坚持走好特色路，促进八桂新跨越。"③ 歌词将中国特色社会主义道路与使人民过上小康生活的关系、与实现广西跨越式发展的关系通俗地表达出来。又如，该小册子在"男女对唱：携手高唱新风歌"篇中，有歌词道"女：移风易俗新风尚，优良传统要发扬，

---

① 李燕：《做老百姓爱看的说理节目——从广西电视台〈凡事说理〉看理论节目的创新》，《新闻研究导刊》2014 年第 6 期，第 113 页。

② 广西壮族自治区地方志编纂委员会办公室：《广西年鉴·2013》，广西年鉴社 2013 年版，第 53 页。

③ 中共河池市委宣传部编印：《宣传党的十八大精神山歌选编》，内部资料，2013 年，第 10—11 页。

以后轮到我出嫁，挑担山歌当嫁妆。男：妹若带头树新风，乡村一定换新容，红白喜事从简办，社会和谐乐融融"。① 几句山歌劝诫青年人要移风易俗，树立社会主义新风尚，起到了良好的教育作用。

（二）"中国梦"理念在广西的宣传

党的十八大召开后，习近平关于实现中华民族伟大复兴中国梦的系列重要论述，在社会各界引发了广泛共鸣，在国际上也引起了强烈反响。该时期广西壮族自治区各单位广泛组织开展了学习和践行中国梦理念的活动。中共广西区党委提出，要从实际出发谱写"中国梦"的广西篇章。时任区党委书记彭清华指出，广西要以参与"一带一路"建设为契机，不断优化改革开放的布局，尽快打通西南中南和东盟的通道，着力把广西打造成为"一带一路"陆海交汇、有机对接的门户和枢纽，服务于"两个建成"目标和国家开放发展大局。②

广西理论界专家在深入分析广西区情的基础上，指出要写好中国梦的广西篇章，应做到"三个坚持"：一是坚持解放思想。只有不断解放思想、开拓创新，方能成非常之效。二是坚持改革开放。抓住各种机遇，充分利用广西特有的区位优势，凝聚改革开放的正能量，创造改革开放的红利。三是坚持真抓实干。要保持良好的精神状态，掌握真抓实干的本领，真正为群众办实事、办好事、解民忧、谋福祉。③ 为了让群众更好地学习领会中国梦的精神实质和基本内涵，明确方向，牢记使命和增进认同，广西区党委宣传部组织专家、学者编写了通俗读物《八桂同心共筑中国梦：广西形势政策教育读本》。该读本分"中国梦·人民梦""百年追梦·自强不息""伟大梦想·激荡八桂""中国梦想·广西篇章""实干兴桂·奋力追梦""担当使命·圆梦有期"六个部分，④ 结合广西实际，用简洁明了、通俗易懂的语言诠释了中国梦理念的内涵和实质，

---

① 中共河池市委宣传部编印：《宣传党的十八大精神山歌选编》，内部资料，2013年，第62—63页。

② 魏恒：《彭清华在自治区党委中心组今年第三季度专题学习时强调：积极参与共建"一带一路" 努力写好"中国梦"广西篇章》，《广西日报》2014年7月15日第1版。

③ 桂理昕：《写好中国梦的广西篇章》，《广西日报》2013年4月23日第10版。

④ 中共广西壮族自治区委员会宣传部编：《八桂同心共筑中国梦：广西形势政策教育读本》，广西人民出版社2013年版。

旨在激发各族人民投身振兴广西建设，同心共筑中国梦的热情。

此外，广西其他系统、行业和单位也积极开展中国梦理念的学习和宣传。2013 年春季学期开始，广西区教育厅全面启动了"我的中国梦"主题教育活动，各级各类学校积极响应，结合本单位实际开展"中国梦·广西梦·教育梦"活动，精心设计征文比赛、主题宣讲、主题校园文化建设、主题社会实践活动、"随手拍"摄影作品展示等活动内容和形式，使教育活动贯穿全年并覆盖全体学生。让青年学生在参与活动中深刻领会"中国梦"理念的内涵。广西宗教界发出倡议，各宗教应自觉地把自身的健康发展与中国梦结合起来，汇聚宗教正能量，为实现中国梦助力。① 在电力系统，南方电网将"中国梦"在具体实践中落实为实现"南网梦"，激发和汇聚起全网员工的能量，坚定不移地走创先之路。广西电网公司提出要创建国内先进水平省级电网公司，达到更高质量、更好效益的发展目标，② 等等。

（三）"美丽广西·清洁乡村"活动的宣传和实践

历史事实表明，城乡环境卫生治理水平与人民群众的工作生活质量息息相关。在新民主主义革命、社会主义建设和改革的各个时期，中国共产党都十分重视开展城乡环境卫生治理工作，目标是改善人居和发展环境、保障人民群众的身体健康、倡导文明新风尚。早在第二次国内革命战争时期，中国共产党在革命根据地就组织军民广泛开展卫生运动，搞好环境卫生防病工作；抗日战争和解放战争时期，卫生运动曾被列入陕甘宁边区政府的施政纲领；中华人民共和国成立后的国民经济恢复时期，党领导群众开展了除害灭病的爱国卫生运动，以彻底改变旧中国环境卫生差和传染病严重流行的状况；社会主义改造和建设时期、改革开放新时期，党领导下的城乡环境卫生治理为提高群众的健康水平和促进社会主义现代化建设做出了重要贡献。③

---

① 陆圃霖：《汇聚宗教正能量　携手共筑中国梦——访广西壮族自治区宗教事务局副局长盘誉春》，《中国民族报》2014 年 11 月 18 日第 5 版。

② 桂新文：《广西电网公司董事长、党组书记于培双就"中国梦"、"南网梦"接受记者专访》，《广西电业》2013 年第 7 期，第 13 页。

③ 李政：《党领导开展城乡环境治理的历史经验及其对"美丽广西·清洁乡村"活动的启示》，《传承》2013 年第 7 期，第 8 页。

党的十八大报告将生态文明建设置于更加突出的地位，认为这是关系人民福祉、关乎民族未来的长远大计，报告提出要努力建设美丽中国，实现中华民族永续发展。广西据此提出了一系列措施推进社会主义新农村建设、生态文明建设，努力实现富民强桂新跨越，确保广西能够与全国同步全面建成小康社会。为此，广西从 2013 年起在全区广泛开展"美丽广西·清洁乡村"建设活动。广西区党委办公厅、自治区政府办公厅专门制定了"美丽广西·清洁乡村"活动的实施方案，明确了活动的意义、目标、基本原则、主要任务、活动安排、建立健全长效机制、资金保障、组织保障等方面的内容。"美丽广西·清洁乡村"建设活动被视为广西创造良好人居环境的"民生工程"、建设生态文明示范区的"生态工程"、争创文明先进长效机制的"新风工程"和树立党员干部为民务实清廉新形象的"作风工程"。①

"美丽广西·清洁乡村"活动促使各方力量动员起来，发挥了应有的作用。一是发挥广大群众的主体作用。"美丽广西·清洁乡村"活动需要充分发动和依靠群众的力量，要积极营造人人关心、支持和参与的浓厚氛围。工作队进村入户开展宣讲、走访、调研活动；促进"美丽广西·清洁乡村"活动宣传进机关、进校园、进社区、进农户；通过各种媒体、多种方式宣传开展清洁乡村活动的意义与内容；在中小学生中开展以"美丽广西·清洁乡村"为内容的社会主题实践活动，让学生带动家庭和社会参与活动。"美丽广西·清洁乡村"活动经过一段时间的实践后，乡风文明悄然树立，群众从"要我清洁"变为"我要清洁"，从"冷眼看旁观"向"跟着干""主动干"转变，体现了当地群众作为乡村美好环境受益者与建设者的双重身份。二是发挥党员干部的带头示范作用。一些地方结合党的群众路线教育实践活动，组织开展"清洁乡村先锋行"主题活动，使党员干部在服务百姓的活动中受到教育，同时密切了干群关系。譬如，上林县塘红乡在全乡深入开展党员干部"进百庄访千家联万户"主题实践活动，抽调本乡一批党政机关的党员干部到 183 个村庄

---

① 《自治区党委办公厅　自治区政府办公厅"美丽广西·清洁乡村"活动方案》，《广西日报》2013 年 4 月 22 日第 4 版。

驻点，保证每个村都有工作队、志愿队、挂点党员干部。[①] 另外，一些地方把"美丽广西·清洁乡村"活动与挂点帮扶活动结合起来，建立了定点帮扶机制，帮助群众解决具体问题。三是发挥"清洁乡村"的长效管理作用。通过采用"加强督查，落实责任"；"加大投入，打牢基础"；"建立制度，长效管理"[②] 等方式，确保"清洁乡村"活动取得良好效果。

根据广西区党委和政府的新部署，"美丽广西"乡村建设活动作为新型城镇化的重要抓手，将持续推进 8 年，分四个阶段来开展，即"清洁乡村""生态乡村""宜居乡村""幸福乡村"布局，层层推进。在 2014 年 11 月 14 日后活动由"清洁乡村"转入"生态乡村"建设阶段，席卷八桂大地的三股"清风"——"清洁家园""清洁水源""清洁田园"活动将延续、扩展和升华，演化成"村屯绿化""饮水净化""道路硬化"活动，升级为"生态乡村"建设阶段。[③] "美丽广西"乡村建设活动作为党的群众路线教育实践活动的重头戏、载体和工作平台，对于培育广西党员干部和群众的良好思想政治素质，对于民族地区的物质文明和精神文明建设皆产生了积极而深远的影响。

（四）党的群众路线教育实践活动在广西的开展

坚持走群众路线是中国共产党领导人民取得革命、建设和改革事业胜利的一大法宝。为了解决当前群众反映强烈的突出问题，保持党的先进性和纯洁性，巩固党的执政基础和执政地位，中共中央政治局决定从 2013 年下半年开始在全党上下分批开展党的群众路线教育实践活动，广西结合本地实际采取多种措施将党的群众路线教育实践活动落到实处。

第一，响应中央号召部署本地区群众路线教育实践活动。2013 年 7 月 1 日，广西区党委召开了全区党的群众路线教育实践活动工作会议，对广西的教育实践活动进行动员和部署。这次会议的召开标志着广西党的群众路线教育实践活动的全面启动。广西的群众路线教育实践活动以

---

① 何文明：《乡镇抓好"美丽广西·清洁乡村"工作的思考》，《南宁日报》2013 年 7 月 4 日第 9 版。

② 同上。

③ 袁琳：《"美丽中国"广西实践："美丽广西"建设活动今日从"清洁乡村"转入"生态乡村"》，《广西日报》2014 年 11 月 14 日第 5 版。

整治各种机关病——"软骨病、冷漠病、浮躁病、享乐病、梗阻病、懒散病"为重点，旨在转变全区党员干部的思想和工作作风。从"2013 年7 月起，自治区党委常委班子带领全区 43057 个活动单位、12.43 万个党组织、227.78 万名党员，分两个批次"深入开展党的群众路线教育实践活动。① 党的群众路线教育实践活动在广西的开展深受广大民族群众所欢迎，进一步密切了干群关系。

第二，广泛开展革命传统教育和榜样教育。这是广西开展党的群众路线教育实践活动的重要内容和方式。首先是广西区党委常委班子 2013 年 6 月 28—29 日带头前往革命老区东兰县接受革命传统教育；继而在第二批活动中，相关单位开展的红色教育达 5600 多场次，百色市就曾有 13273 名党员干部到百色起义纪念馆接受教育，与先烈先辈相对照，查找差距，明确今后努力方向，百色起义精神已成为开展教育实践活动的生动教材。此外，广西党的群众路线教育实践活动中还十分重视发挥榜样教育的作用。通过举办优秀党员吴天来等的先进事迹报告会、树立和宣传杜丽群和苏文锋等全区典型；设立网上和网下平台让群众评选"最美基层干部""传递正能量——来自身边的榜样"等，在全区党员干部中掀起学先进、比先进、赶先进的热潮。②

第三，全员深入学习提高素质。此次党的群众路线教育实践活动要求党员系统学习马克思主义理论特别是中国特色社会主义理论体系，认真学习和领会党的路线方针政策，弥补精神之"钙"。要求领导干部带头学习和参加培训，截至 2014 年 10 月全区总共举办了 6 期区级党政干部专题研讨班，有 1850 名厅级以上干部和县（市、区）党政干部正职参加了培训；活动强调学习人员的覆盖面和学习形式的多样性，全区党员全部都要参与学习。一些单位因地制宜搭建了"富民夜校""直播课堂"等学习平台；环江毛南族自治县实施了"红雁引飞——百千万"党员能人培育工程，③ 发挥村屯（社区）党员干部的先锋模范作用；北海市在全体党

---

① 石言、贝为超：《民之所恶必除　民之所盼必为——广西深入开展党的群众路线教育实践活动综述》，《广西日报》2014 年 10 月 13 日第 6 版。

② 同上。

③ "红雁引飞——百千万"党员能人培育工程，即拟培养 100 名左右党员能人担任村（社区）党支书、主任，培育 1000 名左右党员能人，带动 10000 户左右群众实现增收致富。

员干部中开展"三问三思"专题讨论;① 大新县利用短信、QQ 群、微信,打造电信网络学习空间;象州县建立健全党员管理台账,清除"盲区"、补齐"短板";鹿寨县以"红色引擎"为抓手,开展非公企业党员学习活动。② 此外,为了配合开展党的群众路线教育实践活动和党员干部学习国史、党史的需要,2014 年 5 月广西区党史研究室组织专家编写出版了《百色起义与群众路线读本》,为广西开展党的群众路线教育实践活动提供良好教材。

第四,注重与实践相结合彰显教育活动成效。在广西开展党的群众路线教育实践活动中,一些地方通过党员领导干部换位工作和换位生活的方式,深入基层第一线开展"走进群众、改进作风、解决难题"等实践活动,切身体验和感受群众办事之难,真正触动思想和灵魂;严查"四风",努力从群众最盼望的事情做起,从群众最埋怨的事情改起,办好办成关系群众切身利益的实事好事。譬如,梧州市推行"12345 工作法",推动党员干部到重点人群中去,到矛盾多、困难多的地方去;玉林市发动 10 万名机关干部返乡服务,在为乡亲们办实事的同时,兼做调查民情的工作;钦州市的钦南区推行了"首征责任制",使群众提的意见有人跟踪抓落实;来宾市组织万名干部进村察民情、万名党员进社区听意见、万名农民进城住家看变化活动等。③ 一系列主题实践活动的开展,改善了党群和干群关系,基层群众从中得到了实惠,并借此全面了解了党的路线方针政策,增加了对党和政府的信任、支持和拥护。

(五)结合民族地区实际学习和践行社会主义核心价值观

党的十八大报告中提出了在全社会积极培育和践行社会主义核心价值观的要求。2014 年 6 月 20 日广西区党委办公厅印发了《关于培育和践行社会主义核心价值观的实施意见》,其中提出了广西培育和践行社会主义核心价值观的指导思想和原则,要求把培育和践行社会主义核心价值

---

① "三问三思",即面对群众期盼,有多少为民服务的情怀;面对发展重任,有多少务实干事的担当;面对党的纪律,有多少清廉守正的自觉,深入思考入党为什么、当干部做什么、为后人留下什么。

② 石言、贝为超:《民之所恶必除 民之所盼必为——广西深入开展党的群众路线教育实践活动综述》,《广西日报》2014 年 10 月 13 日第 6 版。

③ 同上。

观融入广西国民教育全过程、贯穿到广西全面深化改革和全面建成小康社会的实践中、贯穿于建设民族文化强区过程中、落实和践行到各项具体工作中。[①] 广西各地迅速掀起了培育和践行社会主义核心价值观的热潮。下面仅以南宁市、来宾市为例，呈现广西民族地区培育和践行社会主义核心价值观的情况和特点。

南宁市采取了宣传教育、舆论引导、建设平台、建章立制等一系列措施加强培育和践行社会主义核心价值观，取得了较好的成效。

第一，扎实做好理论学习和宣传教育工作。南宁市充分发挥签约理论专家和社科理论特约研究员的作用，开展社会主义核心价值观的相关课题的研究和成果的宣传工作；将社会主义核心价值观的内容纳入中共南宁市委 2014 年全年理论学习计划，列入南宁市委党校举办的全市处级以上干部 2014 年春季主体班培训内容之中。同时，通过公益广告在全市城乡广泛开展社会主义核心价值观的宣传。比如，利用社区板报、广告栏、工地围挡等张贴跟社会主义核心价值观相关的宣传画、宣传标语等，大中小学的校园也在明显位置创设道德文化墙，在公园和机关院落、各大型商场和超市、宾馆酒店，也都通过张贴宣传画或利用户外电子屏播放宣传标语等方式宣传社会主义核心价值观。

第二，建设针对不同群体的社会诚信体系，搭建践行诚信友善社会主义核心价值观的新平台。南宁市针对干部的失信行为出台了《南宁市委管理干部失信行为惩戒暂行规定》《南宁市机关事业单位及国有企业失信人员从业惩戒规范（试行）》《南宁市城市管理重点领域个人失信行为一览表》等条文法规；针对企业个人失信行为，出台了《南宁市失信人员从业惩戒暂行规定》《南宁市失信联合惩戒办法》《南宁市个人信用信息征集使用管理办法》，建立"红黑榜"发布制度，定期发布诚信典型及失信名单。[②] 在交通服务领域，也开展了创建示范出租车、示范公交车、示范岗、示范企业等活动。南宁市社会信用体系建设工作目前已经进入

---

① 《关于培育和践行社会主义核心价值观的实施意见》2018 年 1 月 8 日（http://news. gxnews. com. cn/staticpages/20140628/newgx53ae016c - 10619799. shtml）。

② 文彩云：《凝魂聚气 强基固本——南宁市大力培育和践行社会主义核心价值观纪实》，《广西日报》2014 年 4 月 12 日第 1 版。

了全面覆盖县区、提质增速的发展阶段。

第三，发挥社会"道德讲堂"和学校教育的作用。南宁市多年来积极推进道德领域的社会教育工作，截至2014年4月，全市完成了250多个"道德讲堂"示范点建设。其中，在南宁孔庙建设市级"道德讲堂"的总堂，已经举办活动40多场。"道德讲堂"活动的开展有助于培育市民养成依法依规行事、用公德良心做事的良好习惯。学校教育方面，早在2011年南宁市就开展了"洒扫应对"主题教育活动，① 该活动已经成为南宁市未成年人思想道德建设的品牌项目，从63所示范学校推广到2000多所中小学校。南宁市还努力创新培育和践行社会主义核心价值观的载体：开展和谐家庭创建活动，以家庭和谐促进社区和谐乃至社会和谐；将学雷锋志愿服务制度化和常态化，开展关爱留守儿童、空巢老人和农民工等活动，② 以实际行动培育和践行社会主义核心价值观。

来宾市通过不断强化宣传阵地建设，活化宣传方法形式，开展了一系列富有特色的培育和践行社会主义核心价值观的活动，成功创建了"国家公共文化服务体系示范区"和"全国全民健身示范城市"，受到中宣部、自治区党委宣传部等部门的关注。下面以武宣县、金秀县、兴宾区为例，勾勒出来宾市培育和践行社会主义核心价值观的基本路径。

武宣县通过建典型、建基地、建"三会"等创新举措，在城乡诠释着培育和践行社会主义核心价值观行动。建典型方面，重视培育、挖掘、宣传来自基层一线、百姓身边的好人好事，开展"文明武宣·身边感动"好人好事征集评选活动，以及道德模范、"十星级文明户""好婆媳"等评选表彰活动等；将本土的道德典型演绎成的戏剧节目下乡演出，以身边的道德典型感染、教育、带动身边的人，促进城乡和谐社会建设；发挥全县1560名注册志愿者的作用，实现关爱扶助困难群体活动常态化。建基地方面，近年来建设了"武宣县道德讲堂总堂"，全县10个乡镇、17个区级文明单位和23个市级文明单位均设立了"道德讲堂"，开展了

---

① "洒扫"指对学生的教育要从生活、劳动教育开始，养成清洁整齐的好习惯，"应对"则指在待人接物方面的礼节教育。"洒扫应对"是儒家教育的基本内容之一。

② 文彩云：《凝魂聚气，强基固本——南宁市大力培育和践行社会主义核心价值观纪实》，《广西日报》2014年4月12日第1、2版。

道德模范宣讲、知识讲座、演讲比赛、诵读经典、"感恩教育"等活动；精心打造了"我们的价值观"主题公园和培育村级主题教育活动示范点，广泛开展社会主义核心价值观的宣传教育活动。建"三会"方面，2013年以来在武宣县544个自然屯先后成立了党支部委员会、村民理事会和监督委员会（即"三会"），增选出"三会"成员1.25万名，有效破解了"事难议、议难决、决难行"的村民自治难题，构建起了村、屯、组三级无缝对接的村民自治组织体系，① 有序地组织开展社会主义核心价值观的宣传和践行活动。

金秀县则努力创新社会管理模式，开展以"一个活动""两个内容"和"三个层面"② 为载体的教育活动，践行社会主义核心价值观。2014年金秀县又着重开展了"七个一"活动——"读好一本书""上好一堂课"、开展一轮知识竞赛、举办一次"最美金秀人物"评选、制作一个电视专栏、出版一批活动板报、组织一系列文化活动。这"七个一"活动的开展使群众的思想道德和法制意识、对社会主义核心价值观的认识有了进一步的提高。金秀县在文化活动方面还实施了"三唱"工程，用"山歌唱好人、山歌诵党恩、山歌传礼仪"，在社会中营造了崇尚良好道德风尚和法律意识的氛围。③

兴宾区在开展培育和践行社会主义核心价值观工作中创新载体，实施"4+4+4+N"的模式主题活动。依据该模式创建打造了河西街道河西社区、八一社区、桥巩镇岜马村、桥巩镇葵花村4社区（村）示范点；开展"4"大活动，实现"4个有"：文化课堂活动有宣讲、群众文体活动有传唱、善行义举活动有榜样、志愿帮扶活动有结合；设立专项档案，实行"N"类管理等。④

概言之，广西民族地区在培育和践行社会主义核心价值观工作中，

---

① 罗侠、韦付玲、杨振文：《武宣"三建"推动美德成风》，《广西日报》2014年12月11日第12版。

② "一个活动"即思想道德法制教育活动，"两个内容"即法制教育和思想道德教育两个内容，"三个层面"即机关单位、学校和社会三个层面。

③ 罗侠、李成金、罗珊：《金秀文明之花绽放瑶乡》，《广西日报》2014年12月11日第12版。

④ 罗侠、罗志斌、莫益路：《兴宾善行义举润心无声》，《广西日报》2014年12月11日第12版。

结合本地实际，通过建章立制、创新载体、加强宣传教育、树立模范典型等多种形式开展教育实践活动，促使社会主义核心价值观的内容通俗化、形象化、具体化，使那些即便是文化水平较低的民族群众也能够理解、领会和接受其内涵和精神实质，并在日常生活中自觉践行。

（六）"四个全面"思想在广西的宣传

自 2014 年 12 月习近平在江苏调研时首次提出"四个全面"思想①后，这一战略思想引发了社会各界强烈的反响，掀起了一股对之进行解读、研究、学习和宣传的热潮。广西民族地区也组织了干部群众开展对"四个全面"战略思想的学习、研讨和宣传活动。

一是注重学习宣传方式的多样化。主要方式有：各级党委中心组积极开展关于"四个全面"思想的专题理论学习；相关科研机构、高等院校等单位组织召开了一系列关于"四个全面"思想的理论研讨会；《广西日报》《当代广西》《广西新闻网》等报刊和网络媒体就"四个全面"思想发表专家解读文章，同时对全区学习实践活动进行宣传和报道等。

二是强调要联系广西的实际对"四个全面"思想和战略布局加以具体落实。"四个全面"不仅是国家的顶层设计，也是各地方工作的根本遵循。时任自治区党委书记彭清华曾在区党委中心组 2015 年第一季度专题学习时提出要把"四个全面"落实到广西的各项工作中，要着力抓好发展第一要务，做好扶贫攻坚工作以使广西能与全国同步全面建成小康社会；要全面深化改革、扩大开放，"积极实施'双核驱动、三区统筹'战略，着力构建面向东盟的国际大通道，打造区域发展的战略支点和'一带一路'有机衔接的重要门户"②；要全面推进广西法治建设以营造公平有序的经济发展法治环境；要继续推进广西的党风廉政建设，打造一支忠诚、干净、担当的干部队伍。另外，在宣传文化工作方面，2015 年初召开的全区宣传部长会议就提出要围绕"四个全面"推动广西宣传思想

① "四个全面"思想，即"全面建成小康社会、全面深化改革、全面依法治国、全面从严治党"，被认为"是我们党治国理政方略与时俱进的新创造、马克思主义与中国实践相结合的新飞跃"。（详见《人民日报首次权威定义习近平所提"四个全面"》2018 年 8 月 20 日，http://politics.people.com.cn/n/2015/0224/C1001-26591248.html。

② 魏恒：《彭清华在自治区党委中心组专题学习时强调：以习近平总书记重要讲话精神为统领，把"四个全面"落实到全区各项工作中》，《广西日报》2015 年 3 月 25 日第 1 版。

工作创新发展，"不断提升舆论引导能力和水平……要抓好文化改革发展，推动文化强区建设……充分发挥面向东盟的区位优势，提升讲好中国故事广西故事水平。要强化党委领导意识形态工作责任制，牢牢掌握意识形态工作领导权主动权"①。这是我们着力推进"四个全面"思想在广西民族地区实现大众化的基本要求。

（七）新时代广西全区学习宣传党的十九大精神活动如火如荼

中国共产党第十九次全国代表大会召开后，广西全区学习宣传贯彻党的十九大精神活动如火如荼，并体现了民族地区马克思主义大众化新时代新特征。

第一，有领导有组织有计划地开展学习宣传活动。一是广西壮族自治区党委及时发布学习通知。党的十九大闭幕刚过 1 个星期自治区党委就发布了关于学习宣传贯彻党的十九大精神的通知，统一部署学习宣传活动。② 二是召开社科界专家座谈会。2017 年 11 月初，自治区社科联在南宁组织了有 40 多位专家学者与会的广西社科界学习贯彻党的十九大精神座谈会，与会代表对党的十九大提出的新思想、新论断、新提法、新举措进行深入的阐述和解读。三是组织好各个层次宣讲党的十九大精神活动：包括迎接中央宣讲团来桂宣讲、自治区层面组织党的十九大广西代表开展宣讲、定向选调生和特聘教授（专家）179 名宣讲团成员深入基层宣讲、贫困村党组织第一书记宣讲等，使党的十九大精神传遍全区的农村（社区）、工厂、企业、机关、校园等。

第二，将学习宣传贯彻党的十九大精神与推动广西建设、改革以及扶贫攻坚任务结合起来，促进广西新发展。2017 年 11 月 1 日至 2 日，时任自治区党委书记彭清华到北海市宣讲，提出要用十九大精神全面引领和检视各项工作，科学谋划好新时代广西发展的新思路、新战略、新举措。广西全区"两新"组织（新经济组织和新社会组织）党组织把学习宣传贯彻党的十九大精神作为首要政治任务，提出打造广西经济社会创

---

① 许丹婷：《全区宣传部长会议强调：围绕"四个全面"推动宣传思想工作创新发展更有作为》，《广西日报》2015 年 1 月 21 日第 2 版。

② 《中共广西壮族自治区委员会关于深入学习宣传贯彻党的十九大精神的决定》，《广西日报》2017 年 11 月 13 日第 1 版。

新发展的"红色引擎"。^① 宣讲团成员自治区人大常委会副主任杨道喜指出,民族地区特别是贫困地区要结合实际学习贯彻党的十九大精神,坚持精准扶贫、精准脱贫方略,推进基础设施项目建设,实施乡村振兴战略,打赢脱贫攻坚战。^②

第三,充分运用民族群众喜闻乐见的各种载体,以接地气的形式,使十九大精神深入人心。一是利用山歌传唱党的十九大精神和宣传习近平新时代中国特色社会主义思想。党的十九大召开后,壮乡各地聚焦宣讲党的十九大报告,摆出歌台说唱新理论,传唱山歌诠释新思想。《广西日报》理论版开设《理论山歌台》专栏,选登部分优秀作品,作品还将结集出版,为基层干部群众提供党的十九大精神宣讲通俗教材。^③ 广西文联则组织歌王歌手以"山歌唱响新时代"为主题进行山歌创作。二是运用少数民族语言宣讲。贺州市八步区是多民族聚居区,为把党的十九大精神及一系列惠民政策转化成当地语言,该区党组织让那些懂瑶话、壮语等方言的党员干部和当地的经济能人、名人当宣讲员,以生动活泼形式宣传党的十九大精神。譬如,瑶族服饰非遗传承人何婷婷围绕十九大报告中加强文物保护利用和文化遗产保护传承的精神,结合瑶族文化遗产保护与瑶族服饰、刺绣传承,用瑶话进行宣讲,让大道理转变成瑶族同胞听得懂、听得清、听得明、听得亲的"土语言"。^④ 无独有偶,龙州县(壮族人口占总人口95%)的干部也利用当地壮话("土话")向老百姓进行宣传解释"进入新时代""中国方案""中国梦"等热门词句,确保当地群众学懂弄通十九大精神,为全县脱贫摘帽等工作注入正能量。^⑤三是利用讲习所传播党代会精神。讲习所是百色市独具特色的理论学习和理论大众化传播品牌。2015年以来,借鉴老一辈无产阶级革命家创办"农民运动讲习所"的成功经验,百色市委率先在全市范围内创建400多

---

① 王春楠:《打造创新发展"红色引擎"——全区"两新"组织党组织学习十九大精神纪实》,《广西日报》2017年11月30日第4版。

② 许丹婷:《杨道喜赴德保宣讲调研时强调以十九大精神为引领推进脱贫攻坚》,《广西日报》2017年11月16日第5版。

③ 覃九宏等:《山歌唱理论　理论传壮乡》,《广西日报》2017年12月21日第11版。

④ 骆怡等:《八步区:方言土话"听得亲"》,《广西日报》2017年12月1日第4版。

⑤ 许志平:《龙州:"土话"宣讲真亲切》,《广西日报》2017年12月7日第9版。

个讲习所，宣讲习总书记系列重要讲话精神和治国理政新理念新思想新战略。为学习宣传党的十九大精神，百色 12 个县（区、市）全部行动起来，利用讲习所这个平台，开展微课堂讲习、小广播讲习、瑶家夜校讲习等，使党的十九大精神传遍百色大地，深入民族群众内心。①

总之，自五四运动以来，广西民族地区马克思主义大众化历经革命、建设和改革几个时期，不断深化着广西各族干部和群众对党的理论创新成果，以及党的路线方针政策的认识、理解和认同，积极引导干部群众树立马克思主义信仰，努力凝聚党心和民心，奠定了实现广西解放，促进社会主义建设和改革事业不断取得新成就的坚实思想基础和群众基础。综观广西民族地区马克思主义大众化的历程，其中已经初步形成了有广西特色的马克思主义大众化基本路径，是我们推进当代中国马克思主义大众化的宝贵借鉴。

---

① 徐顺东等：《百色：用活"老品牌"传播新思想》，《广西日报》2017 年 11 月 16 日第 6 版。

第 四 章

广西民族地区马克思主义
大众化的基本路径

广西民族地区马克思主义大众化的历程是中国共产党在我国民族地区推进马克思主义大众化历史的一个缩影。民族地区马克思主义大众化的路径是解决民族地区马克思主义大众化如何推进，即如何"化"的问题，也就是实现民族地区马克思主义大众化目标可供选择的路线，以及带有一定必然性或普遍意义的方式方法和途径。总结和概括广西民族地区马克思主义大众化基本路径，对于进一步推动当代民族地区马克思主义大众化无疑有着重要的启示意义。

第一节　开展民族地区党员干部教育
培训，增强引领群众能力

"民族地区党员干部参加教育培训—实现素质和能力的提升—引领民族群众投身革命和建设事业"是广西民族地区马克思主义大众化的一条基本路径。党员干部是马克思主义大众化的重点对象，开展党员干部教育培训是中国共产党加强自身建设（包括政党文化建设）的重要方式。广西党组织向来重视民族地区党员干部的教育培训工作。通过举办党员干部训练班（培训班），开展党内教育，达到增强党员干部的思想政治素质、综合能力和组织纪律性的目的。党员干部训练班（培训班）以学习马列主义基本原理、马克思主义民族观、党的方针政策、党的历史、社会发展史等为主要内容，重视讨论和研究宣传群众的工作方法，并注意对党员干部进行形势教育和革命气节教育等。开展干部教育培训是促进马克思主义在民族地区党员干部队伍中实现大众化的重要路径。

一　党员干部教育培训贯穿于广西革命和建设的始终

"政治路线确定之后，干部就是决定的因素。"[①] 而干部能否发挥作用及其发挥作用的大小，不仅要看他们业务能力的强弱，还要看他们马克思主义理论水平高低以及能否准确理解和执行党的政治路线。中国共产党领导下的广西民族地区将对党员干部的教育培训工作贯穿于革命、建设和改革事业的始终。

大革命时期韦拔群等农民运动领导人就创办了以东兰农民运动讲习所为代表的讲习所或培训班，为广西培养了大批农民运动骨干和革命干部。农民运动讲习所通过理论课程讲授并结合革命斗争实践，提高了农运骨干的思想政治觉悟、理论水平和革命斗争艺术，极大地推动了广西农民运动的兴起和发展。左右江革命根据地时期，邓小平、张云逸、李明瑞、韦拔群等红七军、红八军领导人利用战斗休整间隙开办了一系列各级各类党政干部训练班，主要有：红七军前委、右江特委在东兰县武篆区旧州屯开办的党员干部训练班和在恩隆县平马镇开办的两期党政干部训练班，红八军在龙州县创办的军政学校等。[②] 这些培训班的开办，促使红军干部对国内外形势和党的方针政策（包括土地革命政策）有了更深刻的理解，为推动左右江革命根据地建设准备了干部条件。20世纪30年代初期的广西省立师范专科学校（简称"广西师专"）曾在中国共产党员的努力下在青年学生中传播马列主义，对他们进行革命人生观教育，广西师专因此被后人称为"宣传马列主义的阵地，培养革命干部的摇篮"[③]。抗日战争时期被誉为"南方抗大"的广西地方建设干部学校（简称"广西地干校"），是党在桂林文化城重要的宣传阵地。广西地干校

---

① 《毛泽东选集》第二卷，人民出版社1991年版，第526页。
② 中共广西区委党史资料征委会《左右江革命根据地》编辑组：《左右江革命根据地》下，中共党史资料出版社1989年版，第1148页。
③ 路瑶、何砺锋：《三十年代的广西师专综述》，桂林市政协文史资料委员会编《桂林文史资料——三十年代广西师专》，漓江出版社1992年版，第1页。

"自 1939 年初到 1940 年底，共办了四期，培养干部 1400 多名"。① 解放战争时期，桂北党组织在十分困难和恶劣的条件下，坚持领导游击战争，同时不断对党员进行"艰苦奋战、不怕困难、不怕牺牲的革命气节教育；党性和党组织观念教育；党群的鱼水关系，三大纪律、八项注意的教育；民主与集中、纪律与自由的教育"等，② 使党员的先锋模范作用在革命斗争实践中能够充分发挥出来。前文还提到，1947 年 8 月，中共钦廉四属特派员陈华也在合浦县大成山区举办了几期党员骨干训练班，组织干部学员学习毛泽东思想和总结革命斗争经验教训。1947 年 11 月，中共钦防党组织又在防城县大勉村举办军政干部训练班（后改称十万大山公学），根据革命形势和任务的需要加强党的军政干部培训工作。

中华人民共和国成立初期，针对广西民族地区干部缺乏的状况，广西党组织除了做好干部引进工作之外，还大力培养和使用少数民族干部，加强干部的培训和民族政策教育，为落实民族区域自治制度准备干部条件。党的十一届三中全会召开前后，在解放思想、深化改革、扩大开放成为时代最强音的新形势下，广西民族地区将促进领导干部思想实现大解放作为首要任务。20 世纪八九十年代至 21 世纪初，广西在党员干部中开展"双学"活动、"三讲"教育活动、"三个代表"重要思想学习活动、保持党的先进性教育实践活动、党的群众路线教育实践活动、"两学一做"活动等，体现了党对改革开放新时期党员干部教育培训工作的重视。

近年来，广西还开展了多种形式的干部交流挂职锻炼或学习培训活动，取得了良好的成效。根据广西区党委办公厅和区人民政府办公厅所制定的《关于进一步加强各级机关和干部队伍作风建设的实施意见》（桂办发〔2007〕8 号），其中要求连续 5 年从区、市、县、乡四级机关和单位中选派干部下基层，担任社会主义新农村建设指导员，每年下派干部 3

---

① 潘茨宣：《杨东莼：一个非广西籍的广西人》2018 年 1 月 8 日（http：//culture. gxnews. com. cn/staticpages/20070918/newgx46ef0e35 – 1228628. shtml）。

② 陈亮：《回顾解放战争中桂北党的组织建设》，中共广西壮族自治区委党史资料征集委员会编《全国解放战争时期的广西武装斗争》下，中共党史出版社 1992 年版，第 450 页。

万多人驻村开展指导工作。① 这些下基层挂职的干部肩负着重要使命，他们是党的方针政策的宣传员、经济发展的服务员、矛盾纠纷的调解员、社情民意的调研员和基层组织建设的督导员，他们以实际行动转变干部作风、服务基层群众，因此受到当地群众的普遍欢迎。2010 年 8 月 6 日开始，广西又全面实施了"干部交流锻炼千人计划"。按照该计划 2010 年选派 1300 多名干部分 7 个批次到市、县、乡镇单位挂职锻炼。目前广西已经形成了"万名在村、千名在乡、百名在县"的干部交流锻炼工作格局。②

上述广西民族地区党员干部中开展的学习培训和交流挂职锻炼活动，不仅达到锻炼干部，提升其综合素质，促进其成长的目的，而且有助于践行党的群众路线，弘扬党的理论联系实际优良传统，密切了干群关系，从而保证了革命、建设和改革事业的顺利推进。

二　多渠道培养民族干部，增强其引领民族群众的能力

促进少数民族干部的成长是广西党员干部教育培训活动的重要内容。少数民族干部的特点决定了他们在推动民族地区马克思主义大众化过程中举足轻重。少数民族优秀干部除了具备汉族干部的一般共性之外，还具有以下特点：一是他们与本民族群众关系密切，熟悉本民族地区的语言、环境、生活方式和风俗习惯，了解各族群众的思想感情、疾苦和要求，易于取得民族群众的信任；二是熟悉和掌握党的理论、路线、方针和政策，并具有将其贯彻执行的能力和条件，这将有助于民族地区生产发展、经济繁荣、民族团结、政局和谐稳定；三是少数民族优秀干部普遍具有吃苦耐劳的精神，能够坚持在条件相对艰苦的民族地区开展工作并取得成绩。③ 少数民族干部的上述特点，使他们能够在推动民族地区马克思主义大众化过程中发挥重要作用。

---

① 《广西选派万名干部担任新农村建设指导员》2018 年 8 月 20 日，（http：//cpc. people. com. cn/GB/64093/64387/5513093. html）。

② 《广西实施"干部交流锻炼千人计划"干部基层锻炼》，2018 年 8 月 20 日，（http：//www. gov. cn/jrzg/2010－08/09/content_ 1673995. htm）。

③ 何龙群、梁海萍：《少数民族优秀干部成长规律研究》，广西人民出版社 2001 年版，第 13—15 页。

毛泽东曾指出，教育者"是当先生的，他们就有一个先受教育的任务"①。因此，少数民族干部理应首先参加学习和接受教育培训，使自身的马克思主义理论素养和政策水平有质的提升，这样他们才有能力和条件准确地向民族群众传播马克思主义真理。我们党在新民主主义革命时期就十分重视少数民族干部的培养和利用，中华人民共和国成立后又进一步将少数民族干部培养工作制度化系统化，不断提升培养工作的质量和效果。譬如，广西在 20 世纪 50 年代，就曾采取"内培"与"外培"相结合的方式培养少数民族干部。"内培"主要是从农村中吸收骨干分子到机关单位工作，通过以老带新的方式，让年轻的少数民族干部在实践锻炼中成长。"外培"，就是将在职的少数民族干部分批送到广西区干部学校、广西行政学校、广西民族学院、中南民族学院、中央民族学院等院校进行培训。另外，对于边远山区的少数民族干部，则有计划地组织他们到外地参观学习，以开阔他们的视野，提高其思想政治素质和工作能力。② 改革开放后，广西党组织提出要用邓小平理论武装民族干部的头脑、帮助他们解放思想，更新观念，提高素质。从 1991 年起，广西区党委坚持每年确定一个主题，在全区党员干部中广泛开展学习教育活动；1999 年广西在县处级以上领导班子和领导干部中进行以"三讲"为主要内容的党性党风教育活动；在全区党员中开展党的建设理论、社会主义初级阶段理论、对外开放理论和科技是第一生产力理论等的学习教育和培训活动。少数民族干部通过参加上述活动，全面系统地掌握了当代中国马克思主义基本原理和方法，实现了思想的解放和观念的更新，牢固确立了改革开放意识、市场和竞争意识、机遇意识，增强了坚持党的路线方针政策的自觉性。

少数民族干部在接受系统马克思主义理论的教育和培训后，结合自己的岗位实践，自觉运用马克思主义的立场、观点和方法分析和解决所遇到的问题，提高工作质量。更重要的是，少数民族干部通过深入基层、深入群众，言传身教，带头学习和运用马克思主义，向民族群众宣传党的理论创新成果和党的路线方针政策，推动了民族地区马克思主义大众

① 《毛泽东文集》第七卷，人民出版社 1999 年版，第 271 页。
② 蓝美凤等：《巴马瑶族历史与文化》，广西民族出版社 2006 年版，第 30 页。

化的进程。

第二节　利用有民族特点的多样化
载体促进马克思主义传播

　　"创建和利用有民族特点的宣传载体—将党的理论、政策和主张渗透其中—对广大民族干部和群众开展宣传工作"是广西民族地区马克思主义大众化的另一条基本路径。宣传载体对推进民族地区马克思主义大众化不可或缺。广西民族地区在利用和发挥有民族特点宣传载体的功能，确立马克思主义大众化的有效路径方面积累了宝贵经验。

　　一　重视利用有民族特点的报刊图书的宣传功能

　　报刊和图书作为向人们传播消息和知识的重要媒介，是人们获得精神食粮的重要来源。关于书报的作用问题，1911 年 2 月 13 日创刊于桂林的《南风报》曾评论道，"以灌输新学术新思想新言论，而见效之速，得力之巨，尤推书与报"①。正是书报在教育国民方面发挥的特殊的作用，备受人们所重视。在革命和建设时期，中共广西党组织重视利用党报党刊和通俗书籍的宣传功能推进马克思主义大众化。前文提到，五四运动前后广西省内进步报馆、书局、图书馆曾为马列主义早期在广西传播发挥了积极作用。在第一次国内革命战争时期，广西进步报刊主要有南宁的《民国日报》、梧州的《民国日报》《学生日报》《革命之花》等，以及 1926 年由共产党直接领导的苍梧书社等。中共广西党组织一贯重视发挥进步报刊、通俗读物在推进马克思主义大众化过程中的作用。下文仅以《右江日报》《广西日报》、"农家历"和《领导月读》为例对之进行分析。

　　（一）创办和管控《右江日报》《广西日报》等党报党刊，掌握民族地区的舆论导向

　　《右江日报》：该报是在 1929 年 9—10 月即百色起义前夕，由中共党

---

　　①　参见《南风报》创刊号社论《南风观》下篇，转引自彭继良《广西新闻事业史》，广西人民出版社 1998 年版，第 121 页。

组织在百色创办的第一家铅印报纸，在 12 月 11 日百色起义后成为红七军的机关报。《右江日报》的创办，填补了右江民族地区党报党刊的空白。《右江日报》为百色起义的发动和右江革命根据地的创建、巩固，做好舆论工作发挥了积极作用。《右江日报》熔思想性与艺术性于一炉，报道形式丰富多彩，生动活泼，深受红七军战士和民族群众的喜爱。譬如，从现存的一张 1929 年第 44 期《右江日报》看：其专栏有"评论"《目前的主要任务》；"本报专电"《北洋舰亦图异动》《南京震动之桂讯》等电讯稿；"时事评述"《帝国主义为巩固在华特权之太平洋会议》；还报道了《恩奉群众欢迎张军长》《宣传队下乡情况》《农协剿向都土劣》等"消息"；在"通讯"《赤色的平马》中，生动地报道了平马镇群众争相购买红纸红布张贴或悬挂以庆祝工农政府成立的盛况。另外，"工农俱乐部"专栏则登载了署名为亚罕的文章《滑稽专电》，作者以尖锐辛辣的文笔，描绘了李宗仁、黄绍竑两军阀但凡看见红色就害怕得失魂落魄，还亲自督战禁运红纸红布到平马，恐红戒红，甚为忙碌的情景，[①] 让读者看后不禁拍手称快。

由于战事频繁，1930 年 2 月中旬红七军撤出百色后，《右江日报》被迫停刊。1949 年 8 月，为了适应革命形势的需要，中共右江地委在极其困难的条件下在都安县都阳小学出版油印《右江报》，发行时间直至该年 12 月 5 日百色解放。中华人民共和国成立后，1952 年 1 月 1 日，中共百色地委恢复出版了《右江日报》（当时名称为《右江农民》，1958 年 8 月 1 日改回原名《右江日报》），此后一直作为中共百色地委的机关报。"文革"期间由于受极"左"路线的影响，《右江日报》又被迫停刊，直至 1981 年 1 月 1 日才恢复出版。几经曲折，《右江日报》已发展成为一份历史悠久、富有民族特色的地方优秀报刊。

《右江日报》作为党报，是广西民族地区中共党组织的喉舌。它始终坚持党的领导，积极宣传党的路线方针政策，宣传百色民族地区物质文明和精神文明建设的成就，为激励和鼓舞各族群众建设百色、振兴百色提供了不竭的精神动力。

---

① 何国崞：《一张珍贵的〈右江日报〉》，《右江日报史料汇集》第四集，百色：右江日报编辑部内部资料，1990 年，第 147 页。

《广西日报》：最早冠以《广西日报》之名的报纸于 1909 年 5 月至 6 月在梧州创刊，曾经是中国同盟会广西分会的机关报。甘绍相为经理，杨文光、侯羽一为正副主笔，区笠翁、杨奎光等为编辑。当时这张报纸的栏目有国际新闻、国内新闻、时评、杂俎、戏剧、诗歌、社会病态等。由于报社经理、主笔等人秘密参加了孙中山领导的革命组织同盟会，孙中山也曾派陈少白、柳亚子前来指导过该报，因此该报在新闻和评论中多做革命宣传。一方面揭露帝国主义的入侵给中国人民带来的种种灾难；另一方面揭露清廷内政外交腐败无能，丧权辱国，以及国弱民穷、社会百病丛生的丑恶现象。① 当时的《广西日报》为提高人民的政治觉悟，激发他们的革命热情做了不少有益工作，是一份具有革命进步性的报纸。1913 年该报停刊。后来重新创刊的《广西日报》一度成为国民党新桂系的机关报，"国民党新桂系 1936 年 10 月由南宁迁往桂林，其机关报《广西日报》1937 年 4 月在桂林创刊，1949 年 12 月初随着国民党新桂系统治的结束而终刊。其间，新桂系政府在广西一共创办和复刊六种《广西日报》。抗战时期《广西日报》（桂林版）还办过晚刊、晚报、增刊和通讯社"②。

作为中共广西壮族自治区委员会机关报的《广西日报》则于 1949 年 12 月 3 日在桂林创刊，1950 年 1 月 22 日起转至南宁出版。1963 年该报增出农村版。此后，又经过几次改版扩版，质量不断改进，影响力日益增强。中共领导下的《广西日报》始终坚持新闻党性原则，牢牢把握正确的舆论导向，以与党和人民同呼吸、共命运作为办报宗旨。

前文提到，中华人民共和国成立初期《广西日报》在向人民宣传马克思主义哲学、毛泽东思想和宣传党的方针政策方面发挥过重要作用。改革开放以来，《广西日报》继续坚持"团结、稳定、鼓劲"和"正面报道为主"的方针，围绕党的工作大局和自治区党委的工作部署，积极宣传马列主义、毛泽东思想和中国特色社会主义理论体系，党的十八大以来该报又积极宣传习近平同志系列重要讲话精神，宣传党在新时期的

---

① 彭继良：《广西新闻事业史》，广西人民出版社 1998 年版，第 36—37 页。

② 靖鸣：《民国时期广西新桂系政府机关报〈广西日报〉（1937 年 4 月—1949 年 12 月）源与流》，《新闻与写作》2013 年第 12 期，第 74 页。

路线方针政策，报道广西近年来取得的重大成就以及各行各业的先进人物、先进事迹；该报还注意反映民族地区群众的要求和心声，为改革开放和社会主义现代化建设，为富裕文明和谐美丽新广西建设，为广西早日实现"两个建成"目标营造良好舆论氛围。党的十九大召开后，《广西日报》成为宣传党的十九大精神、宣传习近平新时代中国特色社会主义思想的主阵地。

近年来，《广西日报》的报道内容不断丰富形式不断创新，除了常规报道形式之外，还运用专题报道、系列报道、典型报道、图片报道、山歌宣传、专题讨论等形式，使报纸的宣传不仅富有时代感而且尽显地方民族特色。① 同时，《广西日报》作为广西重要的党报媒体还经常发表由广西区党校近年来成立专家组以"桂理昕"为笔名撰写的一系列重要的理论文章，致力于打造广西理论宣传的新品牌。

（二）"文革"前广西印数最大、流传最广的通俗读物样本："农家历"

由"老皇历"发展而来的农家历是历书中的一种。皇历（黄历）亦称通书，是古代经由皇帝钦定发行的历书。皇历最初提供的是历象、记载气候变化及有关经验常识，后来随着时代的推移，内容日趋丰富，成为人们（尤其是农民群众）指导日常生产和生活的依据。纵使朝代更迭，但由统治阶级牵头修订皇历的传统一直延续下来。皇历也被后人称为农家历。

广西人民出版社在 1952 年成立之后，遵循"通俗化、大众化、地方化"的方针出版了一大批供应广西工农群众和基层干部阅读的通俗读物。其中以"农家历"的出版最为典型。1952 年 11 月，广西人民出版社出版了由广西农业厅组织编写的第一本桂版挂历即《1953 年农家历》。此后，每年 9 月后便出版次年农家历，直至 1966 年"文革"发生，从未间断。这期间所出版的"农家历"很好地贯彻了广西人民出版社的出版方针："结合本省情况组织内容——地方化；以群众中最大读者农民为对象——大众化；为适应农村多数农民是文盲、半文盲和农村基层干部文化水平

_____

① 广西大百科全书编纂委员会编：《广西大百科全书·文化》，中国大百科全书出版社 2008 年版，第 54—55 页。

不高的实情，语言文字尽量浅显，使有小学文化的人即能阅读——通俗化。"① 这些版次的"农家历"因为让农民群众觉得看得懂、记得住、用得上而广受欢迎。

1953—1966 年，广西人民出版社所出版的"农家历"从内容到形式上都实现了对以往"农家历"的革新，成为广西民族地区马克思主义大众化的重要载体。这一时期出版的"农家历"与旧历书相比，在编辑时坚持以阳历为主，阴历对照阳历附带编入的原则，既重视农民的意见和要求，又坚持科学性。这样一方面培养了农民使用阳历（公历）的习惯，另一方面又照顾了他们过去依照阴历安排生产、生活的习惯与需要。更为重要的是，"农家历"在内容和形式的安排上充分体现了毛泽东关于"严重的问题是教育农民"② 的指示精神。这一时期"农家历"有以下特点。

第一，"农家历"的意义和作用不仅限于历书，它是生产指南，同时还是文化读物和政治读物。它从内容到形式都做到尽量贴近农民和农村生活，通俗易懂，因此为农民和农村基层干部所喜闻乐见。当时每年的"农家历"都有约一半篇幅的内容与生产耕种有关，是向农民推广先进技术与经验的阵地，对农业生产起到了促进作用。"农家历"所介绍的农业生产知识和先进经验包括种子、植保、肥料、防病除虫、增产丰收、农业气象气候、兴修水利、植树造林、饲养禽畜等，还根据节令设立农事栏，指导农民安排生产。同时针对当时农村文化落后、医药缺乏的情况，每年的"农家历"还登载了不少科学知识、医药常识、妇女卫生知识、生活小窍门等，力图改变农民不良的生活习惯，提高农民生活质量；还登有春牛图、春联、灯谜、山歌、农谚等以丰富农民的文化生活。总之，这一时期的"农家历"在内容上注重实用、通俗（例如 1954 年的农家历每月附有农事说明，农民可以按季节制订生产计划）；在编排上突出日历部分，增加了节日和天干地支，照顾农民的阅读习惯，并且文字通俗，小学文化程度的人就能看懂。在形式上，编辑们还常把党的方针政策、

---

① 胡庆嘉：《"文革"前印数最大的本版通俗读物之———农家历》，广西新闻出版局出版志编辑室编《广西出版史志资料〈第九辑〉》1994 年第 8 期，第 18 页。

② 《毛泽东选集》第四卷，人民出版社 1991 年版，第 1477 页。

国家大事，生产经验和先进技术改写成山歌、农谚、群众贤文、连环画、问答题等群众喜闻乐见的形式在"农家历"上进行宣传。譬如，1960年"农家历"的《八字宪法歌》，①用歌诀形式阐述农业生产需注意的内容、要点和增产措施等，形式活泼，记忆方便；《破除迷信三字经》则用古时三字经的形式阐述破除迷信的新内容，让人读来朗朗上口；《群众贤文——坚决走社会主义道路》则采用群众所熟悉的"贤文"形式开展社会主义教育。"农家历"的短文、句式都浅显易懂，口语化，即使农民自己不认字，靠别人念出来他也能听得懂。

第二，"农家历"密切配合国家政治运动和中心工作，具有很强的思想性和鲜明的时代特色。广西人民出版社当时所出版的"农家历"往往以附件形式刊登搭配有许多短文，联系新形势，对国家重大政治事件向农民做简单明确的说明。譬如，1956年的"农家历"配合当时的农业合作化运动刊登了《走社会主义道路》《怎样办好农业合作社》《怎样改进互助组的评工记分》《广西农民怎样为完成第一个五年计划的农业任务而努力》等短文；1958年的"农家历"为配合反右斗争而刊登了《全民性整风运动的内容和目的》《为什么全国人民要开展反右斗争》《农民如何对待资产阶级右派的进攻》等；为配合社教运动而刊登了《在农村中开展社会主义教育运动的目的及其中心内容》等。另外，为配合"大跃进"运动，1961年的"农家历"刊登了《夺取粮食大丰收向党的四十周年献礼》，1962年的"农家历"刊登了《大办农业夺丰收》《公社政策贯彻好》《农业生产日日高》等短文。为抵制三年经济困难时期农村中曾一度泛滥的封建迷信现象，1962—1964年出版的"农家历"刊登搭配有《破除迷信三字经》《算命先生的花样》《有没有风水先生》等短文。"农家历"所刊登搭配的上述短文是时代的产物，是为当时的中心工作服务的，不可避免地带有时代的局限性，但是它们能够做到联系国家的大政方针和本省区的实际，采用深入浅出的表达方式，通俗易懂地为农民和基层

---

① 农业八字宪法，是指毛泽东主席根据我国农民群众的实践经验和科学技术成果，于1958年提出来的农业八项增产技术措施。即：土壤耕改大普查，肥料巧施试验抓。水利农田沟配套，种优稻麦乐农家。密植合理基础打，保护禾苗害虫杀。管理田间科学化，工具改革效能挖。"八字"就是：土、肥、水、种、密、保、管、工。

干部学习提供宝贵的参考资料，这一点又是值得肯定的。

（三）新时期广西面向广大干部的优秀通俗读物：《领导月读》

广西党组织为了配合党员干部开展学习教育活动，促使党员干部能够掌握马克思主义基本原理，近年来出版了一系列通俗理论读物。其中以广西区党委宣传部、讲师团组织编写出版的《领导月读》《理论学习》最为典型，深受党员干部欢迎，产生了积极的社会影响。其中，《领导月读》丛书紧扣当前形势和工作实际，着重精选部分马列主义哲学经典和实务文章，短小精悍，既有高深理论阐释，也有日常哲理论述；既有时事政论，也有趣味小品，资料齐全、信息量大，熔思想性、理论性、趣味性、可读性于一炉，被读者认为是学理论、用理论的好教材。① 《领导月读》和《理论学习》的出版发行，推动了广西学习型党组织和学习型领导班子的建设。

此外，面向广西干部群众发行的优秀通俗理论读物还有：由中共广西壮族自治区委员会主办的半月刊《当代广西》、由中共广西壮族自治区委员会宣传部收集整理的《理论歌谣》（1997）、由广西社会科学院当代广西研究所组织专家编写的《科学发展　共建和谐——图说建设富裕文明和谐新广西》（2008）、由中共河池市委宣传部编印的《宣传党的十八大精神山歌选编》（2013）、由中共广西壮族自治区委员会宣传部编写的《八桂同心共筑中国梦：广西形势与政策教育读本》（2013）、广西可持续发展促进会和南宁市委党校编写的《生态文化与美丽广西》（2014）、广西人民出版社出版的《凡事说理——广西热点面对面》（2015）等，都产生了较大的社会反响。正是通过这些通俗理论读物的发行和传播，当代中国化马克思主义理论和党的路线纲领方针政策能够传遍广西的各机关单位、学校、工厂、企业、社区、千家万户，形成了正确的政治导向和良好的社会舆论氛围。

二　发挥民族文艺在传播马克思主义过程中的作用

利用山歌艺术作为马克思主义大众化载体是广西马克思主义大众化

---

① 罗殿龙：《学理论用理论的好教材——学习〈领导月读〉的感悟》，《广西日报》2014年3月4日第11版。

的重要经验。广西素有"歌海"的美誉。山歌是深受民族群众所喜爱的民间艺术形式。少数民族地区大多都有"歌圩"节。民族群众无论文化水平高低，在日常生活中都有唱山歌的喜好：以歌代言、以歌传情、以歌会友，唱山歌成为他们生活中不可或缺的一部分。广西山歌种类繁多，主要有叙事歌、情歌、时政歌等。历史上，山歌在民族地区还常常被长辈们用来作为对晚辈进行伦理道德教育的手段。民族群众通过传唱伦理道德山歌，使尊老爱幼、热心公益、诚实守信、团结互助、淳朴礼让的优良传统得以传承和发扬。新民主主义革命时期，山歌这种古老的艺术形式经过革命者的改编，赋予其革命精神的内涵，已然成为向群众宣传革命道理、传播马克思主义真理、唤醒群众翻身闹革命的生动载体。革命山歌在韦拔群和陈伯民等人领导的东兰农民运动中，[①] 在邓小平、李明瑞、韦拔群等人领导的百色起义和龙州起义，以及创建左右江革命根据地的过程中，在中共广西党组织领导民族群众进行抗日战争和解放战争的过程中，都发挥着宣传群众、提高其政治觉悟，胜利推进革命事业的重要作用。中华人民共和国成立后，民族群众所喜闻乐见的新编山歌作为马克思主义理论和党的路线纲领方针政策的宣传载体，在宣传社会主义道德，宣传改革开放战略，宣传邓小平理论、"三个代表"重要思想、科学发展观，宣传习近平新时代中国特色社会主义思想，宣传党的历次全国代表大会精神，宣传"中国梦"理念，宣传"广西精神"和"美丽广西·清洁乡村"等活动中都担当着重要的角色。

因势利导，发挥"刘三姐艺术"《妈勒访天边》为代表的壮族民间艺术在弘扬民族精神方面的作用。刘三姐的传说、民歌、影视、戏剧和评论曾在全中国乃至东南亚国家中产生过广泛而深远的影响，被人们称为"刘三姐现象"。它是我国多民族文艺发展中的一个重要现象。刘三姐传说流传于南方的广西、广东、贵州、湖南、云南、江西、台湾等地，在民间口语中已经传承 1200 多年。直到 20 世纪 50 年代刘三姐口语传说才

---

① 譬如，第一次国内革命时期，广西东兰农民运动讲习所在韦拔群的领导下，曾别开生面地开设了具有浓厚政治色彩的"音乐课"，教学学员们传唱和创作有民族特色的革命歌曲，用歌声抒发革命情怀，激起革命斗志，通过山歌来感染和教育群众。山歌这种源于民族地区草根阶层的古老艺术形式，经过了革命者的改造而彰显出新的艺术魅力，成为不可多得的革命宣传工具和推进马克思主义大众化的重要载体。

得以记录整理发表，50 年代末 60 年代初又搬上舞台和银幕，并借助现代信息载体而向全国和世界其他国家传播。① 刘三姐具有爱憎分明、勇于斗争的精神，她不畏强权不屈从于命运的安排，不懈地追求自由和解放，这是人们敬重和爱戴她，并世代传唱她的山歌的重要原因。刘三姐还被认为是少数民族接受汉族民间文化的先锋，她的山歌在促进民族文化交流和民族融合过程中发挥过重要作用。

《妈勒访天边》则是由南宁市艺术剧院根据流传于桂中一带的壮族民间探索性神话而创编的大型壮族舞剧，讲述的是一位孕妇肩负父老乡亲的重托，远走天涯历尽艰难曲折寻找天边的故事，作品中"所表现的追求光明、追求自由、追求幸福的坚韧不拔和执着精神，正是我们民族赖以生存与发展的精神支柱"②。《妈勒访天边》在业内享有盛誉，曾获得第六届中国艺术节优秀剧目奖、2004—2005 年度国家舞台艺术精品工程"十佳"剧目奖、第二届中国舞蹈"荷花奖"、第八届"五个一工程"奖、广西第五届"桂花金奖"等多项殊荣，产生了较大的社会影响。

广西民族地区对以"刘三姐艺术"《妈勒访天边》为代表的壮族民间艺术的因势利导加以利用的历程，也是广西弘扬和培育民族精神、建设先进文化的历程。

借助广播、影视推进民族地区马克思主义大众化。广播、电影、电视这些艺术传播媒体为丰富群众的精神文化生活，配合党的中心工作开展宣传发挥了重要作用。前文提到，在中华人民共和国成立之初，广播、电影为广西民族地区党的宣传工作做出了突出贡献。20 世纪 50 年代，广西省电影队为老、少、边地区人民群众送去电影，映前幻灯播放的大部分内容都是党方针政策和中心工作，为发动群众同土匪恶霸做斗争、转变旧有思想观念、配合广西土地改革运动等方面起到了积极的作用。近年来，广西人民广播电台、广西电视台推出的《说事论理》《凡事说理》等通俗理论节目也深受听众或观众所欢迎和喜爱，收到了良好的宣传效果。

---

① 覃桂清：《刘三姐纵横》，广西民族出版社 1992 年版，第 7 页。

② 李纪恒：《繁荣先进文化　建设文化广西》，《广西日报》2005 年 11 月 16 日第 1 版。

三　善用传统媒体增强马克思主义传播的效果

传单、布告、标语和漫画的巧妙运用。左右江革命根据地时期，广西党组织就曾通过印发小传单和宣传漫画、书写标语和张贴布告等形式，揭露国民党的罪状，同时阐明共产党的主张。1930 年 3 月、5 月、11 月，邓小平、张云逸、李明瑞等率领红七军三驻河池镇宿营和休整期间，通过标语、漫画等形式向民族群众广泛宣传革命道理。在当时红军军部的一幢土木结构三进两层的民房里，楼上楼下的墙壁上留下了当年红军书写的标语 55 条、漫画 6 幅，书写面积达 98 平方米。这些标语和漫画详尽地介绍了红军的性质和纪律，以及共产党的性质、革命纲领、革命任务、革命对象和革命前途等。① 这些标语浅显易懂，给民族群众留下了深刻的印象，使他们从中受到启发和教育，体会到中国共产党是为他们谋利益的政党。譬如，红七军第二纵队部士兵委员会在河池宿营地民房墙壁上留下的一些标语："世界上一切，只归生产者所有，那里容得寄生虫"②，"共产党所到的地方马上就废除苛捐杂税！国民党所到的地方，他不特不废除，反为别设名目，大税特税，大捐特捐，不顾群众的痛苦只顾他大老爷们荷包满！"③ "红军的好处略述：一、解除群众的痛苦（废除苛捐杂税、搜剿军阀豪绅地主资本家、打倒不平的统治……）；二、不借端滋扰良民；三、不奸淫掳掠；四、公平交易（不强买强卖）；五、向各处游击时，不拉夫；六、官兵待遇平等；七、内外纪律严明"④；等等。这些当年红七军留下的标语启迪了民族群众的阶级意识，使他们积极拥护共产党和红军，自觉参加推翻国民党反动统治的革命斗争。

挂图、板报和广告的恰当运用。2007 年 12 月，为宣传党的十七大精神，广西区党委组织部、宣传部组织有关专家学者和美术工作者，共同创作了《十七大精神宣传挂图》，这些挂图印刷后在广西城乡张贴，让广

---

① 黄家周：《左右江革命根据地时期邓小平领导宣传文化工作的特点探析》，《毛泽东思想研究》2014 年第 4 期，第 45 页。

② 广西壮族自治区文物管理委员会编：《广西河池红军标语》，内部资料，1976 年，第 7 页。

③ 同上书，第 24 页。

④ 同上书，第 33 页。

大民族群众能充分了解党的十七大精神。又如，近年来南宁市积极利用公益广告宣传社会主义核心价值观；利用社区板报、工地围挡、大型户外电子屏、广告栏等张贴或播放有社会主义核心价值观内容的宣传画、宣传标语等；不少学校的校园内设置了道德文化墙；并且在公园和机关院落、星级宾馆酒店、各大型商场和超市等的显眼位置，也都通过张贴或播放广告的形式，大张旗鼓地宣传社会主义核心价值观。

广西民族地区党组织充分利用各种传统媒体积极开展党的理论和方针政策的宣传，大大扩大了大众传播的覆盖面、提高了大众的可接受性，进一步强化了马克思主义传播的效果。

四　利用现代传媒打造理论传播新模式

广西民族地区的党和政府勇于面对新形势，积极应对新挑战，准确把握机遇，因势利导，充分利用以互联网为代表的现代传媒做好新时期的马克思主义大众化工作。前文提到的近年来由广西区党委宣传部、广西区广电局主办，广西电视台承办的理论宣传节目《凡事说理》中就整合了电影、动漫、网络资源、新闻短片等手段，还引入卡通形象人物，使得"学理论，讲道理"的访谈过程更接地气，增强了说理节目的通俗性、趣味性，让观众更易于理解和接受；广西大新县在党的群众路线教育活动中，利用短信、QQ群、微信，打造电信网络学习空间，拓宽了党员干部开展学习实践活动的渠道。

在改造传统媒体打造新型主流媒体方面，广西日报传媒集团近年来致力发展新媒体领域的"新党报"的做法和成绩让人刮目相看。广西日报传媒集团新媒体以"权威领主流，沟通凝力量"为宗旨，致力于"三个结合"：体现党的主张与反映人民的诉求相结合，新闻宣传与服务社会相结合，坚持正确舆论导向与通达社情民意相结合。建立起权威、高端、有力量的媒体新形象。广西日报传媒集团现已构建了平面媒体、网络媒体和移动媒体全覆盖的多媒体传播格局，成为当代广西新媒体产品形态最齐全、影响力和传播力最强、人员配备最完备、技术力量最强、与自治区各级党委和政府配合最紧密的传媒机构。广西日报传媒集团目前建立了微博公众账号35个，经过认证的编辑记者个人微博账号100多个，微信公众号5个，手机客户端5个。在清华大学与《中国青年报》联合推出的"全国综合性报纸微信公众号巅峰榜"第一期的榜单上,《广西日报》排在全国日报（党报）的第四位,明显高于广西经济实力在全国的排名。① 此外,当代广西网在 2015 年 6 月 9 日正式开通上线,"标志着当代广西杂志社在推进广西党刊媒体融合、加快数字化转型上跨出了实质性步伐,也标志着广西主流网络媒体新增一支主力军"。当代广西网"将重点打造广西理论、广西党建、广西文化三大品牌,建成广西理论研究的主要平台、广西党建党务工作的交流平台和广西文化发展成就的展示平台"②。广西日报传媒集团的发展和当代广西网的开通是广西民族地区积极利用互联网等现代传媒打造理论大众化传播新模式的一个缩影。

第三节　加强民族文化建设,发挥
先进文化的育人功能

"建设民族文化—满足民族群众的文化需求并实现其素质提升—自觉接受和认同马克思主义这一先进文化"是广西民族地区马克思主义大众化的又一条基本路径。文化建设从根本上讲是人的建设,全面提高人的素质是文化建设的核心。提高人的素质是推进马克思主义大众化的重要目标,又是进一步推动马克思主义大众化的必需条件。综观广西马克思主义大众化的历程,我们不难发现无论在革命、建设还是改革时期,中国共产党皆十分重视民族文化建设事业,发挥文化的育人功能,助推马克思主义大众化工作。

一　新民主主义文化在广西的发展及其功能

左右江革命根据地时期,广西党组织就十分重视根据地文化建设,在颁布的《中国红军第七军目前实施政纲》《中国红军第七军司令部政治部布告》中都提出了发展根据地文化和教育事业的方针和措施;右江苏

---

① 赵新乐:《广西日报:致力发展新媒体领域的"新党报"》,2018 年 8 月 20 日（http://china. huanqiu. com/hot/2015—02/5763375. html）。

② 谢义薇:《当代广西网开通上线暨广西党刊媒体融合正式启动》,《当代广西》2015 年第6 期,第 2 页。

维埃政府加强了与文化教育相关的组织和领导机构建设；百色县苏维埃政府建设的各级各类劳动学校面向广大工农子弟开放，且不收学费，还创立了一批由共产党领导的农民夜校；重视民族教育平等问题，创造条件让瑶族等少数民族贫困家庭的子弟也能接受教育；围绕党的中心工作开展群众性文化娱乐活动；等等。这些举措在提升民族群众的思想政治觉悟和文化素质方面发挥了重要的作用。

抗日战争时期，中国共产党通过南方局及八路军桂林办事处加强对桂林抗战文化运动的领导，广泛宣传党的抗日统一战线政策主张。中国共产党通过各种方式，与当时到桂林的郭沫若、茅盾、欧阳予倩、何香凝、胡愈之、梁漱溟、马君武等著名文化人士或社会名流相互配合，共同致力于抗战宣传，共同反对国民党的文化专制；利用"三校、一会、三军"①的基层党组织以及发挥广大党员的作用，宣传共产主义和进步文化，开展统战工作；带领和引导抗日救亡歌咏群众运动、戏剧运动和文艺创作活动的开展，大力弘扬爱国主义精神，积极培养有战斗力的文化新生力量。中共通过组织和引导上述文化活动，牢固地掌握了桂林抗战文化运动的领导权。

新民主主义文化在广西民族地区的运用和发展，发挥了双重功能：一是在一定程度上提高了民族地区群众的思想文化素质、革命意识，丰富和活跃了民族群众的精神文化生活，发挥了文化育人和教化功能；二是引领了广西民族文化发展的潮流，掌握着正确的舆论导向，不断提升民族群众的政治觉悟，为广西新民主主义革命的最终胜利奠定思想基础和群众条件。

二　社会主义文化在广西的发展及其功能

"文革"前广西民族文化事业的兴起。中华人民共和国成立初期广西民族地区采取了一系列措施推进文化体制改革，促进社会主义文化的发展，包括贯彻"百花齐放、推陈出新"的文化发展方针，深入开展戏曲改革运动，推行"改人、改戏、改制"的政策；积极开展文学艺术创作

---

① "三校"即广西师专、广西地方建设干部学校和广西省立桂林师范学校；"一会"即广西建设研究会；"三军"即第一、二、三届广西学生军。

活动，在戏剧、音乐舞蹈曲艺等领域涌现了大批不同题材和风格的、大众喜闻乐见且具有先进性的文艺作品。一批少数民族优秀剧目创作并流行开来，包括桂剧《拾玉镯》，邕剧《拦马》，壮戏《宝葫芦》，侗戏《秦娘梅》，彩调剧《田间小曲》，舞剧《红崖》《刘三姐》等；以及音乐舞蹈曲《壮人永跟毛泽东》《瑶家心向毛主席》《红水河有三十三道湾》《好个日头好个天》《赶坡》等，它们在弘扬了少数民族优秀传统文化的同时，借助歌舞载体热情讴歌党和领袖，歌唱社会主义祖国，反映了广西社会主义革命和建设的新风貌。曲艺工作者还创编了渔鼓《敬老院中歌声响》、麒麟调《大破迎亲宴》、零零落《红棉似火》、唱天《幸福的日子》、果哈《一花引来百花开》等一批新曲目，它们多次在参加全国及大区性的曲艺会演中获奖。此外，这个时期广西民族地区还兴办了一大批文化馆、图书馆、文化站等群众文化事业机构，广泛开展群众性文化活动；图书出版发行业、公共图书馆事业和电影业发展迅速。这些成绩表明社会主义文化在广西民族地区的发展掀开了新篇章，体现了文化发展的正确方向。

改革开放以来广西民族文化事业逐渐走向繁荣。第一，不断推进公共文化服务建设，保障民族群众的文化民生。20世纪90年代至21世纪初，广西结合本地区实际深入开展创建社会文化先进县活动，并在全国最先提出并推进"文化长廊建设工程""文化信息资源共享工程""知识工程""民族民间文化保护工程"等文化民生工程，取得了良好的社会效益。近年来，自治区政府还推广实施了一系列新农村"文化致富"工程，其中文化项目带动型的阳朔模式、民族文化生态型的靖西模式、休闲文化旅游型的恭城模式、文化知识致富型的横县模式、农业生态文化型的北流模式等，是广西发展城乡文化产业的典型。这些文化产业发展模式的实施推广使广大农民群众有机会共享文化发展的成果。此外，在广西"十一五""十二五""十三五"规划实施期间，广西广播电视村村通工程建设不断推进，该工程的建成将使公共文化服务的公益性、基本性、均等性得到了充分体现。

第二，实施文化精品战略，提升文化艺术的质量。近十多年来，广西不断推进文化体制改革，实施文化精品战略，不断提升文化艺术产品的质量，诞生了一批文化精品力作。譬如，近年来广西入选国家舞台艺术精品工程"十大精品剧目"作品有：民族音画《八桂大歌》、桂剧《大儒还乡》、壮族舞剧《妈勒访天边》等。广西舞台艺术的成就被人们誉为中国舞台艺术的"广西现象"。2012 年新编历史剧《七步吟》（由广西戏剧院桂剧团创作排演）获得了国家舞台艺术精品剧目称号；音乐剧《桂花雨》在中宣部第 12 届精神文明建设"五个一工程"评选中获得优秀作品奖；彩调剧《刘三姐》（广西彩调剧团创作排演）获得了文化部第二届优秀保留剧目大奖。①

第三，广泛开展群众文化活动，丰富基层群众精神生活。近年来，广西群众文化活动开展得有声有色，"桂林山水旅游节""南宁国际民歌艺术节""梧州宝石节""河池铜鼓山歌艺术节""崇左花山艺术节"等大型活动，让举办城市声名鹊起，同时也丰富了当地群众的文化生活。此外，还有些地方结合商贸活动举办了"芒果节""荔枝节""西瓜节""月柿节""美食节"等，群众在参与这些节日活动中也充分体验了广西民族文化的魅力。广西各地的群众文化队伍近年来不断壮大。目前广西全区有各种类型的文化户 30495 个、山歌队 4384 支、业余演出队 3888 支、民办剧团 673 个。② 这些文化户和演出队长期活跃在基层，丰富了当地群众的精神文化生活。

第四，推进文博业的发展，保护和传承民族优秀传统文化。近年来，广西相继建成了一批免费向观众开放的民族博物馆。比如，广西民族博物馆、靖西旧州壮族生态博物馆、南丹白裤瑶民族生态博物馆、三江侗族生态博物馆、崇左壮族博物馆、柳州工业博物馆等；龙胜龙脊壮族生态博物馆作为全国示范点项目建设也在不断推进中；2012 年底《铜鼓文化（河池）生态保护实验区规划纲要》已经通过中国非物质文化遗产保护中心组织的专家论证。广西文博业的迅速发展，表明我们越来越认识到保护和传承民族优秀传统文化的重要性，认识到它们是民族群众的精神家园所系。文博业是开展青少年爱国主义教育的重要载体，构建和谐社会的重要抓手。

---

① 广西壮族自治区地方志编纂委员会办公室：《广西年鉴·2013》，广西年鉴社 2013 年版，第 272—273 页。

② 蒋林：《广西文化事业成果喜人》，《广西日报》2007 年 5 月 3 日第 8 版。

此外，改革开放以来，广西民族地区还充分发挥广播电视媒体等的宣传作用，在民族群众尤其是青少年学生中广泛开展区情教育活动，进一步推动当代民族地区马克思主义大众化的深入。

第四节　发挥先进人物的示范功能和
社会力量的参与作用

"先进人物的示范和群众组织的积极参与—带动民族群众开展学习和实践活动—在全社会形成普遍认同马克思主义的局面"是广西民族地区马克思主义大众化的又一基本路径。马克思主义大众化不可能自然而然地实现，也不能单纯依靠党组织的力量去推动，而要综合发挥各方社会力量共同参与。广西民族地区历来重视发挥先进人物的教育示范功能和社会力量的参与作用共同推动马克思主义大众化，历史实践表明了这一路径选择的正确性。

一　广西先进人物教育示范功能的发挥

在新民主主义革命、社会主义建设和改革时期，广西民族地区曾涌现了一批为马克思主义大众化做出过突出贡献的先进人物和典型，他们广泛传播和实践马克思主义，并以自己的言行带动和影响其他人。先进人物的教育示范功能和榜样作用，促使民族群众自觉学习、认同和接受马克思主义，理解和贯彻党的路线纲领方针政策。

（一）新民主主义革命时期先进知识分子最先接受并向群众宣传马克思主义

在第一次国内革命时期，一批曾到北京、上海、广州等地学习或工作的广西籍先进知识青年如黄日葵、谭寿林、宁培英、韦拔群、高孤雁、陈勉恕、陈洪涛等人都曾为马克思主义在广西的传播做出了开创性的贡献。一方面，他们自己自觉学习阅读马列主义、宣传关于十月革命的进步书籍；另一方面，他们向家乡亲朋好友、同龄人宣传革命进步思想，促进了马列主义在广西的传播。

在广西革命斗争的艰苦岁月里，先进人物始终是率领民众坚持斗争追求民族独立和解放的一面旗帜。1930年冬，红七军主力北上后，韦拔群和黄举平（时任东兰县苏维埃政府主席，在 1931 年 7 月又任右江革命委员会主席）等民族干部留了下来，坚持在右江地区领导开展革命斗争。面对国民党反动派对革命根据地和游击区进行反复扫荡的严峻形势，他们不屈不挠，保持坚定马克思主义理想信念，坚持走群众路线。韦拔群牺牲后，黄举平继续与国民党反动势力进行艰苦卓绝的斗争，他率领一支革命队伍迂回于右江上游和黔桂边地区，一直到 1945 年 2 月才与中共广西省工委恢复了联系。解放战争时期，黄举平和其他领导同志坚守在西山，组织了西山、中山和东山等地的反扫荡斗争，保卫了西山革命根据地，以实际行动支援和配合解放军南下解放广西的战斗。正是黄举平等这样一批有着崇高理想信念和不懈斗争精神的广西少数民族共产党人的努力，才使右江革命斗争的红旗不倒。

杨东莼是我国著名的马克思主义学者、教授，曾经担任广西省立师范专科学校（后更名为国立桂林师范学院）首任校长。杨东莼从 20 世纪 20 年代初就开始致力于马克思主义科学理论的研究和宣传，时间长达半个世纪。1923 年，他在长沙加入中国共产党；曾任长郡中学教务主任兼《国民日报》编辑；1936 年他到广西开展统战工作；1939 年在桂林受邀就任广西地方行政干部学校（以下简称"地干校"）教育长。在任广西地干校教育长期间，他广揽人才，邀请了一大批中共党员和进步人士到校任教。当时先后到地干校工作和学习的中共党员有 100 多人。地干校依靠党员，团结进步分子，引导广大学员掀起学习进步书刊、先进理论的热潮；他们还积极开展抗日民族统一战线工作，发动和组织全校师生员工参加抗日救亡运动。广西地干校在两年间共开办了四期学习班，培训了乡、村长和小学教员、行政职员 1400 人，由于办学成绩卓著而得到国内社会舆论的赞扬，曾被誉为"南方抗大"。[1] 1949 年初，杨东莼到达香港，在那里他团结新闻工作者，继续与国民党反动派的独裁内战政策展开斗争。总之，广西早期一批具有共产主义理想信念的先进人物以其风范、风骨和为民情怀，为推进民族地区马克思主义大众化工作做出了杰出的贡献，永远值得后人所铭记。

---

[1]　中共广西壮族自治区委员会党史研究室：《中国共产党广西历史》第一卷，中共党史出版社 2004 年版，第 275 页。

（二）建设和改革时期各行业重视树立典型，发挥榜样的示范作用

中华人民共和国成立之初，广西民族地区就积极在各行各业开展树典型活动，营造赶超先进的氛围，已然成为民族群众思想政治工作的重要一环。1953 年 2 月 25 日至 3 月 6 日，广西首届农业劳动模范代表大会在南宁召开，339 人出席了大会，其中劳模代表 194 人。大会开展了交流丰产经验和评比树立旗帜等议程，号召全省农民积极组织起来，开展爱国丰产运动。① 从 20 世纪 90 年代中期开始，由广西壮族自治区区级、市级的组织、宣传、共青团等多家单位联合主办了多届"广西十大杰出青年""南宁十大杰出青年"等评选活动，评选表彰了一大批在各行业涌现出来的优秀青年。通过他们的引领作用，激发民族地区广大青年的创业激情、奋斗豪情和奉献热情，为广西的经济社会发展凝聚智慧和精神力量。

近年来，广西各条战线上又涌现了一批先进典型，他们在建设和改革事业中充分发挥了榜样示范功能。黄胜新、吕建华、陆兰军、文惠新、蓝云等就是其中的优秀代表。他们来自各行各业，是"立足岗位争优秀，为生命站岗"的时代先锋，在平凡的岗位上做出了不平凡的业绩，唱响了广西精神的最强音。他们的先进事迹通过《广西日报》等党报党刊、影视、网络主流媒体报道后，"形成一股正面的强大力量，从而引导受众舆论"②，促进社会的健康、和谐、稳定和发展。

在群众中开展评选先进人物的活动也是广西民族地区推进马克思主义大众化的重要方式。近年来在广西区党委宣传部的指导下，广西日报传媒集团和自治区文明办以"广西公民楷模新闻人物"评选活动为契机，加强公民道德建设，推进感恩教育、社会主义和谐社会的构建和社会主义核心价值观的践行。该项评选活动自 2012 年开始连续开展了三年。广大读者可以通过电话、短信、邮寄报纸选票、网络、扫描魔码等方式积极参与评选活动。评选活动本身就是对群众的一场直接的教育活动。

---

① 中共广西壮族自治区委员会党史研究室编：《中共广西地方史大事记（1949 年 12 月—1999 年 12 月）》，广西人民出版社 2001 年版，第 22 页。

② 周燕琳：《从当代先进人物典型报道看地方主流媒体的议程设置与传播力——以〈广西日报〉一版人物通讯的报道为例》，《中国传媒科技》2013 年第 8 期，第 136 页。

2014 年开展的评选活动"各类选票高达 140 多万张,刷新了纪录,活动关注度和影响力还波及相邻数个省区,评选公民楷模、学习公民楷模、宣传公民楷模、争当公民楷模、关爱公民楷模蔚然成风"①。该项活动评选出的公民楷模是来自基层的道德标杆,他们用自己的行动传递正能量,诠释着文明的力量,是群众身边看得见、摸得着、学得到的践行社会主义核心价值观和践行"广西精神"的榜样,他们的一言一行对群众无疑起着示范和导向作用。

　　值得一提的是,广西为了树立"好人有好报"的价值导向,积极营造学习道德模范先进人物、崇尚和关爱道德模范、争做道德模范的浓厚社会氛围,2012 年 3 月在全国率先出台了《广西壮族自治区关爱道德建设先进人物实施办法(暂行)》(以下简称《办法》)。《办法》提出要重点关爱广西各地在践行社会主义核心价值观过程中,在各个行业涌现出来的"诚实守信""敬业奉献""助人为乐""见义勇为""孝老爱亲"等道德先进人物。《办法》从制度措施上明确给予道德模范物质上"回报"、政治上关怀、政策上关照、生活上关心,旗帜鲜明地挺正义、树正气、压邪气、抑歪风,激励更多的干部群众学模范,做模范。②《办法》的制定和实施,对于推进社会主义核心价值体系建设,形成践行社会主义核心价值观的氛围,确立广西道德建设的长效机制将起到重要的促进作用。

二　广西妇女组织对党的宣传工作的参与作用

　　广西民族地区的妇女和妇女组织为马克思主义的传播曾发挥过重要的作用。五四运动时期广西各地就有不少女学生积极参加学联,向群众宣传新思想、新文化,倡导男女平等、婚姻自由,发动妇女参加爱国示威游行。经受五四运动洗礼的广西妇女中的先进分子逐渐接受了马列主义,她们已经意识到妇女解放与国民革命的密切关系。第一次国内革命战争时期,广西省妇女部出版了《妇女革命》《妇女之光》《妇女先锋》

　　① 许丹婷、黄景婭:《2014 广西公民楷模新闻人物颁奖典礼在邕举行·12 个"广西故事"感动人心》,《广西日报》2014 年 9 月 3 日第 1 版。

　　② 本报评论员:《爱模范　学模范　做模范》,《广西日报》2012 年 3 月 26 日第 1、4 版。

等一批宣传革命道理的刊物，各市县的妇女部还组织了妇女宣传队，运用山歌、演剧等艺术形式发动妇女参加革命。①

　　土地革命时期，左右江革命根据地的妇女运动在苏维埃政府的直接领导下开展得有声有色。特别是苏维埃各县均组织了人数不等的妇女宣传队，东兰、凤山、果德、恩隆等县还组织了区、乡妇女宣传队。各级妇女宣传队宣传的主要内容有：反对帝国主义和封建主义，揭露反动统治阶级对广大劳苦大众的压榨，号召妇女起来参加革命，打倒军阀和土豪劣绅，开展土地革命，拥护共产党和苏维埃政府、支援红军；宣传妇女解放、男女平等、婚姻自由等。妇女宣传队经常深入圩镇集市，通过山歌、街头演讲、散发传单等方式开展宣传，深受群众欢迎。②

　　抗日战争时期，广西妇女在中共抗日民族统一战线旗帜的指引下通过多种方式积极参加抗日救亡活动。妇女们参加抗日宣传活动主要有两种途径：一是文字宣传。当时广西省新运妇委会主办了《广西妇女》杂志，每期杂志向省内外乃至海外发行两千多份。广西各县市出版的妇女刊物有十多种，广西学生军中还创办有《新女性》《女兵》《女声》等刊物。二是活动宣传。各地妇委会组织妇女参加演剧、演讲、唱歌、辩论、座谈会以及举办各种文娱晚会、示威游行等活动进行抗日救亡宣传。③

　　解放战争时期，桂林、柳州、南宁、梧州四市的女党员们根据党的指示积极参加城市的各项斗争，并积极培养和发展一些进步女学生参加党的外围组织，譬如"爱国主义青年会""广西学生解放联合会""广西妇女解放联合会"；中共桂林、柳州区工委还通过女党团员广泛地团结女教师、女学生、佛教徒、天主教徒等，宣传党的方针政策，印发革命传单，搜集敌伪情报资料，积极开展迎接解放工作。④

　　中华人民共和国成立初期，广西各界妇女积极参加剿匪反霸、减租退押、镇压反革命、抗美援朝、爱国主义生产竞赛、土改复查、民主改革、"三反""五反"以及婚姻法宣传、普选、扫盲、农村互助合作、城

---

① 广西壮族自治区地方志编辑委员会编：《广西通志·妇联志》，广西人民出版社 1998 年版，第 77—80 页。

② 同上书，第 81 页。

③ 同上书，第 87 页。

④ 同上书，第 91 页。

市技术革新等一系列运动，并在其中发挥了特殊作用。比如，1952 年柳州市参加反贪污分子战斗队的女队员达 1428 名，包括女工、工属和女店员等。又如，当时大批农村妇女积极投身农业生产及开展互助合作运动，既提高了农业生产力，又培养了妇女骨干、妇女劳模，在妇女群众中树立了旗帜。1957 年，中国妇女第三次全国代表大会确定了妇女运动"勤俭建国、勤俭持家"（简称"两勤"）的方针。广西妇联组织对"两勤"方针进行广泛宣传，促进了妇女"两勤"运动在广西城乡的兴起。农村妇女在"两勤"运动中，自觉树立爱国、爱社、爱家的思想，城市妇女则围绕增产节约运动开展"两勤"活动。①

社会主义现代化建设新时期，广西各级妇联号召妇女努力提高自身素质，实现"四自"（"自尊、自信、自立、自强"），积极投身建设事业。同时在广大妇女中开展普及法律知识的教育、家庭伦理、社会公德和职业道德教育，倡导树立"四有"（有理想、有道德、有文化、有纪律）、"四自"的人生观。并以"双学双比"② 等活动为载体，发挥妇女在"两个文明建设"中的作用。广西妇女组织还在日常通过各种传媒在妇女中宣传马克思主义妇女观，开展学习英模和先进妇女的活动。

近年来，广西通过开展妇女先进人物进校园活动的方式加强和改进大学生思想政治教育。自 2012 年开始，广西壮族自治区妇联、自治区高校工委每年在全区各大高校组织开展"优秀成功女性进高校"活动，培育大学生社会主义核心价值观、宣传男女平等理念和弘扬先进性别文化。截至 2014 年 12 月，广西全区已经开展以"优秀成功女性进高校"为主题的各类励志报告会、宣讲会、招聘会 36 场，有来自广西各行各业的优秀女性 128 人次走进高校，与约 1.5 万名大学生进行了交流互动。③ 该项活动现已成为广西高校服务大学生发展需求，进一步加强大学生思想政治教育、激发女性"四自"精神、促进大学生成才成长的一项励志工程。

---

① 广西壮族自治区地方志编辑委员会编：《广西通志·妇联志》，广西人民出版社 1998 年版，第 93—99 页。

② "双学双比"即学文化、学技术、比成绩、比贡献。

③ 黄振义、高峰：《广西：先进性别文化为女大学生励志引航》，《中国妇女报》2014 年 12 月 3 日第 A2 版。

三　广西青年学生组织对党的宣传工作的参与作用

成立青年学生联合会，引领群众开展革命活动。五四运动时期，广西梧州青年学生以实际行动支持北京学生的爱国主义斗争，在 1919 年 5 月 27 日成立了广西第一个学生爱国团体——梧州学生联合会救国团，该团体以"联络学界，抵制劣货，援助外交，实行学生分内救国之事"为宗旨，公开发表了《梧州学生联合会救国团宣言书》。6 月初，又在梧州大会场召开有几千名学生参加的反帝爱国集会；安排梧州市各学校举行罢课、上街游行事宜；还创办了以"唤醒同胞，振兴国货""自立图强，救亡雪耻"为宗旨的《救国旬报》。7 月 20 日，广西全省学生联合会（简称"省学联"）在梧州宣告成立。省学联配合工人、商人开展了一系列政治活动。① 此外，桂林学联、南宁学联、柳州江道学生救国联合会、容县学生联合会、贵县学生联合会等也相继成立并开展了一系列的反帝爱国活动，包括举行游行示威、街头演讲、到各圩镇乡村宣传救国道理、抵制日货、创办会刊等。这些活动的开展提高了青年学生在内的广西民族群众的政治觉悟和参加革命斗争的热情。

通过创办、购买或传阅革命刊物等方式宣传马列主义。1923 年 7 月黄日葵、谭寿林两位青年在北京组织广西籍学生创办了革命刊物《桂光》（半月刊），所出版的刊物寄回广西各地发行。该刊物发表的文章积极宣传无产阶级暴力革命思想，运用马列主义的立场观点来评论广西的局势，受到广西青年读者的好评。1924 年以后，为了使马列主义在广西青年学生中更广泛地传播，南宁学生联合会和一些学校的学生组织创办出版了《血钟》《火把》《赤焰》《晨钟》等革命刊物；梧州、柳州、南宁等地还办有专门出售马列主义著作和进步刊物的书社和书店。这些书店销售的革命刊物中，《向导》《新青年》《中国青年》《共产主义 ABC》《少年先锋》等最受广西青年所欢迎。

组织读书会、研究会、歌咏会等进步社团，学习和传播革命进步思想。1932 年，广西师范专科学校成立后，校长杨东莼，进步教师朱少希、

---

① 广西壮族自治区地方志编辑委员会编：《广西通志·共青团志》，广西人民出版社 2002 年版，第 14—15 页。

薛暮桥等人积极组织读书会、研究会等学术团体，指导学生阅读进步书刊，宣传革命道理；1933 年，廉州中学、合浦一中也先后成立了进步学术团体艺宫学术研究会、新哲学研究会和静励斋，团结了一批进步学生阅读革命书籍，宣传抗日救国，在学生中营造追求进步的社会风气；1936 年，中共梧州地下党组织以进步青年为骨干，在青年学生和中小学年轻教师中普遍组织读书会、社团组织（比如"霄征社""救国话剧社""民众歌唱团"等），阅读进步书刊，团结各界爱国青年参加抗日救亡活动。1937 年冬，日军从钦州北海登陆后大有直扑南宁之势，南宁市各校师生迅速行动起来，组织歌咏队、演剧队走上街头或到郊区农村宣传抗日，唤起民众抗战斗志。南宁市学生抗日后援会还成立了"南宁市歌咏协会"，举行歌咏会或歌咏游行，演唱《在太行山上》《黄河大合唱》等抗战歌曲。[①] 1938—1944 年广西各地青年抗战团体活动频繁、斗志激昂：北海进步青年发起组织了北海青年抗敌同志会，南宁 50 多名青年参加了中共南宁市文化支部发动组织的业余剧团，灵山县进步青年组织了灵山青年抗敌同志会，合浦县组建了合浦青年抗日先锋队，广泛开展抗日救亡宣传活动，将当地抗日救亡运动推向高潮。桂林阳朔也成立了青年抗日宣传队（后为临阳联队），开展抗日斗争。中共党员潘大琪在龙州县的省立第七中学组织读书会，指导和帮助青年学生学习马列主义和其他进步书刊，开展抗日宣传。在解放战争时期，读书会（社）的活动继续开展。比如，1946 年 10 月梧州高中进步学生成立了十月读书社；次年 10 月梧州龙城中学进步学生周民震、刘明文等人发起组织革命文学团体奔流社，出版社刊《奔向太阳》，但是次年该社被迫转入地下。[②]

　　发挥广西共青团传播马克思主义的组织和引领作用。共青团组织作为党的后备军，它紧密围绕党的中心任务开展符合青年人特点的活动。1925 年 7 月、8 月间，中共广东区委和共青团广州地委先后派龙启炎、周济等人到广西梧州开展建团、建党活动。9 月 4 日，成立了广西第一个青

---

　　① 广西壮族自治区地方志编辑委员会编：《广西通志·共青团志》，广西人民出版社 2002 年版，第 27 页。

　　② 同上书，第 32—33 页。

年团梧州支部；12 月，改为共青团梧州特支。① 此后，广西各地的共青团组织也逐渐建立起来，成为宣传革命、开展革命斗争的一支重要力量。中华人民共和国成立后，广西共青团组织从地下到公开，从小到大，团员由 3000 名发展到 2000 年的 224 万多名，团的基层组织也从 10 多个发展到 8 万多个。② 广西共青团组织通过开展一系列的活动，发挥其特有的引领作用，在青少年和群众中广泛传播马克思主义。

第一，积极开展扫盲活动。中华人民共和国成立之初，广西曾有 342 万青年是文盲、半文盲，占青年总数的 80% 左右，③ 广西共青团组织主动与教育、工会等部门配合开展扫盲工作，致力于提高民族群众的文化水平。主要措施有：在一些村屯举办夜校、在工厂中与工会合作成立职工业余学习组织（工人业余学校或工人夜校）等。共青团组织在扫盲工作中的任务：做宣传鼓动工作，配合行政部门挑选和训练扫盲教师，配合制定扫盲工作规划，做好发动青年入学工作等。1956 年，由 3.6 万多名青年组成的 1014 个青年扫盲队活跃在全省各地，开展扫盲活动。1957 年 12 月 9 日，广西团省委和省教育厅等单位联合发布《关于在全省农村掀起学文化新高潮的通知》提出扫盲工作要结合农业生产和社会主义思想教育运动进行，推行"有会隔两晚学，无会晚晚学"，"小会会前学，生产工地学"的做法。至 1959 年 11 月，全自治区脱盲青年人数达 138 万。有 35 个县和 4 个市已经完成扫除文盲任务。④ 此外，除了参与扫盲工作，广西共青团还组织青年开展学习科学技术活动。1956 年 5 月，团省委、各团地委和省直机关团委以及部分市、县团委都召开向科学进军的动员大会和知识青年大会，动员他们自觉学习文化科学。

第二，组织青少年进行政治理论学习活动。1950 年暑假，在省团工委的要求下，南宁、柳州、桂林、梧州 4 市的团工委和永淳、邕宁、武鸣、博白、贵县、上思等县的团工委都举办了暑期"青年学园"活动，学习内容有历史唯物论的基本问题、中国新民主主义革命史等。方式主

---

① 广西壮族自治区地方志编辑委员会编：《广西通志·共青团志》，广西人民出版社 2002 年版，第 35 页。

② 同上书，第 97 页。

③ 同上书，第 164 页。

④ 同上书，第 165 页。

要是邀请政府领导或专家来做讲座或演讲，主题涉及"个人与集体的关系""劳动创造世界""社会发展史""国内外形势"等，[①] "青年学园"活动使学生思想实现了改造，形成了正确的世界观和人生观。中华人民共和国成立至今，团区委还在广大青年团员中组织了一系列政治理论学习活动，内容有：20 世纪 50 年代初至 80 年代以学习马列主义基本原理、毛泽东著作为主的活动；80 年代至 90 年代重点学习邓小平理论的活动；21 世纪初至今主要学习"三个代表"重要思想、科学发展观、习近平新时代中国特色社会主义思想，培育社会主义核心价值观、宣传"广西精神"等活动。

第三，组织开展形势与政策教育、道德品质教育和爱国主义教育活动。中华人民共和国成立以来，广西共青团组织一直都很重视对团员青年开展时事政策教育、道德品质教育和爱国主义教育。关于形势与政策教育：在 20 世纪 50 年代主要开展了抗美援朝教育、土地改革宣传、劳动教育；60 年代着重进行阶级教育，工厂团组织邀请老工人讲述厂史开展忆苦思甜教育，农村的阶级教育则结合社会主义教育运动开展，学校团组织则采用看、听、访、谈、写、唱等形式进行阶级教育。[②] 改革开放之后，在 80 年代、90 年代，团区委组织开展的形势与政策教育以法制教育、四项基本原则教育、社会主义市场经济大讨论和经济理论知识教育为主要内容，1999 年还在团员青年中开展了揭批"法轮功"活动，组织青年学习马克思主义哲学，提高他们辩证唯物主义和历史唯物主义思维能力。进入新世纪新阶段之后，广西共青团在青少年中开展的形势与政策教育主要围绕宣传科学发展观、构建社会主义和谐社会、宣传中国梦理念、宣传习近平新时代中国特色社会主义思想，以及宣传建设"美丽广西·清洁乡村"等活动开展。

关于道德品质教育：在中华人民共和国成立初期，典型的是 1956 年9 月召开的青年团广西省第二次团员代表大会所提出的要寓思想道德教育

---

① 广西壮族自治区地方志编辑委员会编：《广西通志·共青团志》，广西人民出版社 2002 年版，第 147 页。

② "看"是指看有关阶级书籍、电影、展览、图片等；"听"就是组织团员青年聆听国内外形势报告；"访"即组织团员青年访贫问苦；"谈"就是组织团员青年对以上各项活动进行漫谈讨论；"写"就是写心得体会；"唱"即唱革命歌曲。

于经常性的思想言行之中，提倡勤劳朴素，反对好逸恶劳，挥霍浪费；提倡爱护公共财物，维护公共利益，反对破坏、浪费公共财物和损害公共利益；提倡尊老爱幼，尊重妇女，反对歧视、压迫、侮辱妇女的行为；提倡诚实，反对欺诈；发扬高尚生活志趣，反对赌博、酗酒、颓废、堕落的思想行为等。① 20 世纪 80 年代至今，广西团员青年的道德教育主要通过学雷锋活动、文明礼貌月活动、"五讲""四美""三热爱"活动、青年志愿者行动、创建"青年文明号"等活动来开展。以高校青年志愿者服务活动为例，每年在南宁举办的中国—东盟博览会、中国—东盟商务与投资峰会和南宁国际民歌艺术节（简称"两会一节"）期间，都有千名来自广西大学、广西民族大学、广西财经学院等高校的大学生志愿者为开幕式现场、新闻中心、宾馆咨询等岗位提供翻译、礼仪接待、后勤保障、应急支援等志愿服务。广大志愿者通过自己的辛勤劳动、优质服务和无私奉献生动地诠释了志愿者精神。截至 2014 年 6 月，广西总共成立文化志愿者市级分中心 25 个、县级支中心 614 个、基层服务点 1996 个。当前，广西文化志愿者网络已经覆盖区、市、县、乡四级，并逐渐向村一级发展。②

关于爱国主义教育：一是利用重大事件有针对性地在青少年中开展爱国主义教育，比如 20 世纪 50 年代的抗美援朝、1979 年 2 月的对越自卫还击战，鼓励青年报名参加支援前线工作。在对越自卫反击战中，全自治区参加支前的青年达 7.6 万多人，其中团员有 1.8 万多人。③ 二是开展"三热爱"教育增强青少年的民族自尊心和自信心，激发他们热爱祖国、热爱社会主义、热爱中国共产党的热情。三是在学校爱国主义教育活动中，一方面把课堂作为主渠道外，另一方面运用了影视、书刊、歌曲以及重大节日和纪念日等活动进行教育，寓爱国主义教育于丰富多彩的校园文化活动之中。

第四，创办青少年相关报刊，建设青年之家、青少年宫等文化阵地。

① 广西壮族自治区地方志编辑委员会编：《广西通志·共青团志》，广西人民出版社 2002 年版，第 150 页。
② 莫曲：《广西：万名文化志愿者服务在城乡》，《中国文化报》2014 年 3 月 27 日第 2 版。
③ 广西壮族自治区地方志编辑委员会编：《广西通志·共青团志》，广西人民出版社 2002 年版，第 151 页。

广西共青团主办的报刊有：由团省工委主管的《广西青年》（1952 年创办）、《广西团讯》（20 世纪 50 年代初创刊）、《农村建团资料》、《支部工作》（1950 年出版，内部读物）；团省委主管的《广西青年报》（1955 年创刊）、《广西少年报》（1956 年创刊）；团区委主管的《金色年华》（1985 年创刊）、《团支部生活》（1964 年出版第一期，内部刊物）。这些报刊是向青少年宣传马克思主义的重要平台。1998 年，广西团区委为配合团员青年的理论学习，编写出版了通俗读物《脚踏实地迈向未来》，该书介绍了社会主义初级阶段的理论形成和发展的过程、阐述社会主义初级阶段的基本特征和主要矛盾，旨在帮助团员青年将自己的前途命运与国家民族的前途命运联系起来，明确奋斗的目标和方向。

中华人民共和国成立后，广西各级团组织就十分重视青少年文化阵地建设。在 20 世纪 50 年代，各级团组织建立起了文化夜校、俱乐部、青年图书室、青年之家、青少年宫、业余文化技校等青少年文化阵地，在配合农村的扫盲工作和业余文化学习，开展职业教育，抵制资产阶级思想的侵蚀，以及宣传党和国家的路线纲领方针政策等方面发挥了重要作用。1985 年 5 月，团区委在全自治区农村开展了"青年之家"建设竞赛活动；各城市加强了青少年宫等基础设施建设和青少年宫的辅导员队伍建设。上述活动的开展，提高了广大青少年的综合素质，促进了青少年的健康成长，为培养"四有"新人做出了重要贡献。

第五节　强化民族团结教育在促进民族和谐发展中的作用

"在群众中开展民族团结教育—促使群众理解和接受党的民族理论和民族政策—积极投身民族地区革命和建设事业"是广西民族地区马克思主义大众化的又一条重要路径。我国是一个多民族国家，民族团结是我国民族理论的核心内容，民族政策是关系到国家和民族前途命运的重大问题。"做好民族工作，最关键的是搞好民族团结，最管用的是争取人心。"[1] 中国共

---

[1] 《中央民族工作会议暨国务院第六次全国民族团结进步表彰大会在京举行》，《中国统一战线》2014 年第 10 期，第 5 页。

产党高度重视处理民族关系、积极维护民族团结。

民族团结教育历来是广西民族工作的重要任务。中国共产党在领导广西革命事业的过程中，就十分重视在民族群众中宣传马克思主义民族理论和党的民族政策，发挥民族群众的力量服务于民族地区的革命和解放事业。中华人民共和国成立之初，广西实行民族区域自治制度，建立了广西壮族自治区。时至今日，"广西的民族关系基调是融洽、和谐的……为广西经济与文化的繁荣发展，特别是近几年的高速发展提供了良好的社会环境"①。这是广西各族人民在长期交往过程中形成了相互包容、理解和信任心理的体现，也是在中国共产党领导下广西广泛开展民族团结教育，实施正确的民族政策的结果。

一　民族团结教育是广西革命和建设事业的制胜法宝

中国共产党领导广西各族人民在新民主主义革命斗争过程中孕育积淀了光荣的民族团结传统，促进了广西民族团结局面的形成，推动了革命形势的发展。百色起义前后，马克思主义民族平等观和党的民族政策在左右江地区得到了广泛的宣传和实践。广西早期农民运动领袖韦拔群，自小就接受壮族传统伦理道德中注重人人平等、无贵贱之分思想的影响；他14岁时进入东兰高等小学堂学习后，思想上已初步具有民族平等意识，他经常教育自己的弟妹不能侮辱和歧视瑶胞，不能直呼瑶胞的小孩为"勒瑶"。韦拔群在从事农民运动领导工作，特别是接受马克思主义之后，更加坚信民族平等思想。他号召人们解放瑶奴，他本人以身作则率先全部解放了家里的瑶族长工，还动员了陈伯民等人解放家中的长工，让他们解散回去，成为自由民。韦拔群常常教育革命同志和下属要尊重瑶胞，在称呼上不要蔑称瑶人为"瑶子""山瑶""山丁"等，而要改称为"瑶友""瑶族老乡"，或者根据瑶胞的性别、年龄不同使用不同的尊称，如"瑶叔""瑶伯""瑶公""瑶妹""瑶姐""瑶婆"等。在韦拔群看来，这不仅是称呼上的变化，更重要的是由此确立了马克思主义民族平等观。在东兰农讲所开班之后，韦拔群非常重视对学员们进行民族团结教育，他对有的学员把瑶族人蔑称为"瑶佬"的错误做法进行了严肃

---

① 李秋洪：《广西民族交往心理》，广西人民出版社1996年版，第184页。

批评，指出"我们决不能像地主老财那样称呼瑶胞，无论瑶家，还是壮家的受苦人都是受压迫剥削的阶级兄弟呀！我们不要歧视他们"。① 学员们在韦拔群的启发教育下改正了错误，逐步确立了民族平等的观念，坚定了参加革命的决心。

1929 年 10 月韦拔群指挥东兰农军攻占县城后，颁布了《广西东兰县革命委员会最低政纲草案》，其中就瑶民方面特别做出了 4 条规定："提高瑶民的智识教育""严禁虐待瑶民""瑶民经济、政治、教育、工资上与其他人民一律平等""没收山主的山场、土地、森林，分给瑶民"。② 1930 年 3 月 2 日《中共中央给广东省委转七军前委的指示》中亦提到要注意少数民族问题，"广西内部杂居不少的瑶民，……（我们要）注意他们生活的苦痛，宣传汉瑶平等待遇，要发动他们的自决权"③，这些规定和指示体现了马克思主义民族平等观在广西的运用，体现了我党对瑶民为代表的少数民族利益的维护。

左右江革命根据地和中国红军第七军、第八军的成功创建，得益于左右江地区广大壮、汉、瑶、苗等民族群众的大力支持。红七军和红八军的战士大部分是壮族和瑶族子弟，他们为建设和巩固左右江革命根据地立下了汗马功劳。中国共产党在左右江革命根据地推行民族平等政策，"这在广西民族关系的历史上是破天荒的第一次"④。左右江革命根据地推行民族平等政策主要表现：一是促进各民族政治地位的平等。在第一届右江苏维埃政府的 10 名委员中有 8 名是壮族，第二届右江苏维埃政府的 8 名委员全部是壮族和瑶族人。"大批少数民族干部参军、参政是左右江革命根据地的最大特点，也是各民族政治平等的最集中体现。"⑤ 二是促进各民族经济上的平等。右江革命根据地深入开展土地革命，没收土豪劣绅和地主的土地，分给各民族无地或少地的农民群众耕种。邓小平、

① 黄雨山：《回忆东兰农民运动讲习所》，陆秀祥《东兰农民运动（1921—1927）》，广西民族出版社 1986 年版，第 175 页。
② 中共广西区委党史资料征委会《左右江革命根据地》编辑组：《左右江革命根据地》上，中共党史资料出版社 1989 年版，第 93—94 页。
③ 同上书，第 239 页。
④ 广西壮族自治区地方志编纂委员会编：《广西通志·民族志》上，广西人民出版社 2009 年版，第 654 页。
⑤ 同上。

韦拔群还在东兰县那烈乡东里屯组织了"共耕社"试验，实行集体生产，共同分配劳动果实。三是促进各民族文化上的平等。右江革命根据地深入开展了文化教育工作，组织文化识字班，扫除文盲；建立劳动小学，瑶族乡村还特地设立瑶族小学，其办学经费全部由苏维埃政府支付，瑶族学生免费接受教育，获得了与其他民族一样平等的受教育权利。民族团结教育的开展、民族平等政策在左右江革命根据地的推行，促使少数民族群众的觉悟进一步提高，积极参加红军、参与革命斗争实践，保卫和巩固了革命根据地。

抗日战争时期，中共广西党组织将民族团结教育活动与宣传党的抗日统一战线主张结合起来，与广西抗日文化运动、抗日救亡活动和敌后抗日游击斗争结合起来，领导和组织游行示威、街头演讲、歌咏和戏曲下乡等抗日宣传活动，号召各族群众和各界人士团结起来，凝聚力量，共同抵御外侮。解放战争时期，广西的民族团结教育活动则与号召各族群众反对内战、反抗国民党反动派的专制独裁，争取和平民主的斗争相结合，与开展游击战争和武装起义、开展城市工作和迎接解放军南下的工作相结合，创造了实现广西全境解放的有利条件。

中华人民共和国成立后，广西民族地区又开展了一系列民族团结教育活动。一是建立了各级民族事务委员会，保障民族政策的落实。帮助少数民族建立民族自治地方，培养少数民族干部，组织少数民族群众发展生产。二是广泛开展民族政策的学习和宣传。1952 年 12 月，中共广西省委发出了《关于学习民族政策的通知》，要求在机关、企业、学校广泛开展一次民族政策的学习运动。次年 8 月，制定了《关于学习民族政策的几项规定》，对民族政策的学习文件、要求、时间和方法等做出了具体规定；1954 年《宪法》颁布后，要求各地将学习《宪法》的活动与学习民族政策的活动紧密结合起来。① 三是消除历史遗留的民族歧视，教育干部群众要尊重少数民族风俗习惯和宗教信仰。中华人民共和国成立初期，广西就出台了相关规定禁止使用那些历史上遗留的带有歧视和侮辱性的族名、地名、碑碣、匾联等，否则要对之加以更改。例如，将一些族名

---

① 广西壮族自治区地方志编纂委员会编：《广西通志·民族志》上，广西人民出版社 2009年版，第 660 页。

中带有侮辱性的部首"犭"改为"亻"旁，将"獞族"改为"僮族"（后来又改为"壮族"），将"猺族"改为"傜族"（后来又根据群众意愿改为"瑶族"）等。四是在土地改革和推行民族区域自治过程中贯彻民族政策，开展民族团结教育。1954年1月广西省委和政府根据中央政策和广西实际，制定了《少数民族地区土地改革实施方案》，提出了"和平土改"的方针，对当时广西上层人物、地主阶级、富农采取了不同的政策，坚持"就低不就高"的原则划分阶级，以村为单位进行土地、财产的分配，以乡为单位进行民族间的调剂。这些措施尊重各阶层利益，增加了各民族之间的互相信任，改善了民族关系，增进了民族团结。

广西贯彻民族区域自治制度经历了一个过程。1950年2月广西省人民政府成立后，少数民族地区陆续建立了民族政治地方、民族乡或民族民主联合政府。自1951年8月起相继建立县级的龙胜各族自治区、大瑶山瑶族自治区、三江侗族自治区、大苗山苗族自治区、隆林各族自治区，至1955年9月，这些县级自治区又全部改为自治县。1956年，广西全省共有7个民族自治县，近200个民族乡。1952年12月广西成立了以少数民族群众为主体的桂西僮族自治区（副省级），之后在1956年3月又改为桂西僮族自治州（同年12月20日撤销）。经过精心筹备，广西壮族自治区于1958年3月5日正式成立。广西民族自治地方和广西壮族自治区建立的过程，是向群众广泛宣传马克思主义民族理论和党的民族政策，是广西各民族群众行使当家做主权利的过程。自此，广西逐渐形成了平等、团结、互助、和谐的社会主义新型民族关系。

当然，广西民族关系发展之路并非坦途。1958年后的十几年间，由于"左"的错误进一步滋长，广西的民族关系和民族团结教育工作受到了严重的冲击。特别是"三江会议"[①]使广西民族地区"左"倾思想的错误进一步扩大化，会议所批判的所谓"特殊论""落后论""条件论"，实际上是否定民族地区与汉族地区的差别，现实中助长了民族工作中的主观主义和唯意志论，致使民族地区的各项建设事业和民族关系遭受破坏。十年"文革"广西民族区域自治名存实亡。"文革"结束后，广西民

---

① "三江会议"即1958年，中共中央统战部、国家民委在广西三江侗族自治县召开的全国民族工作现场观摩会议。

族工作的指导思想实现了拨乱反正，被破坏的民族关系逐步得以恢复和改善，推翻了那些强加给民族工作者的罪名，平反了一批冤假错案，民族工作重点开始转移到经济建设方面来。至 1990 年完成了民族识别工作，广西民族团结得以进一步加强，民族区域自治制度不断完善。

自 1978 年下半年开始至 20 世纪 90 年代中期，广西民族地区采取多种措施广泛开展民族政策再教育和宣传活动。一是从 1978 年 7 月 18 日起，在《广西日报》发表了《民族政策通俗讲话》，用"八个专题"① 通俗地讲解了中国共产党的民族政策。在 1980 年春节前后又开展了民族政策的宣传活动，进行了执行民族政策情况的检查。② 二是开展了一系列的民族团结进步表彰活动，发挥了榜样的示范作用。从 1984 年至 1995 年，广西先后有 80 多个地、市、县召开了民族团结进步表彰大会，总共表彰了 2100 个先进集体和 6300 多名先进个人。③ 三是编写印发《民族工作宣传提纲》。《民族工作宣传提纲》于 1992 年 6 月由自治区民委、自治区党委宣传部联合编写，并印发给各地各部门，指导干部和群众开展马列主义民族观的教育。④ 上述政策措施的贯彻，为广西营造了良好的社会氛围，巩固了民族团结，改善和发展了社会主义民族关系。

二 新世纪新阶段广西强化民族团结教育的新举措

进入 21 世纪以来，广西区党委和政府继续加强民族团结教育，卓有成效地推进民族工作，促进民族地区的和谐、稳定和发展。

第一，采取多种措施加强对青少年的民族团结教育，尤其是马克思主义民族理论和党的民族政策教育。从 2004 年开始，广西中小学每年 9 月统一开展"弘扬和培育民族精神月"活动，集中对中小学生进行民族团结教育。为促进党的民族理论和政策进教材、进课堂、进学生头脑，

---

① "八个专题"包括民族平等和民族团结政策、民族区域自治政策、培养少数民族干部政策、帮助少数民族发展经济文化建设的政策、各民族有使用和发展自己的语言文字权利的政策以及尊重少数民族风俗习惯的政策等。
② 黄海坤：《同舟论——当代广西民族关系研究》，广西民族出版社 1998 年版，第 66—67 页。
③ 广西壮族自治区地方志编纂委员会编：《广西通志·民族志》上，广西人民出版社 2009 年版，第 701 页。
④ 谢之雄主编：《广西年鉴·1993》，广西年鉴社 1993 年版，第 498 页。

组织专家编写了供全日制小学、初中教学使用的《广西民族团结教育读本》系列教材共 6 册，系统介绍了马克思主义民族观、党和国家的民族政策、爱国主义精神内涵和事迹，以及广西壮族自治区 12 个世居民族的基本常识、民族优良传统和革命传统等。为了进一步提高广西中小学民族团结教育的水平，2014 年 9 月 1 日至 11 月 10 日，广西教育厅组织开展了广西首届中小学民族团结知识网络竞赛活动。竞赛内容覆盖了民族政策、语言、工艺、节日、历史、宗教、礼仪等方面，使中小学生从中全面了解广西的民族状况，激发他们热爱家乡的情感，确立投身建设美好家园的志向。

广西壮族自治区教育厅还制定了一系列加强大学生民族团结教育的措施：充分发挥课堂教学的主渠道作用，将民族团结教育内容有机融入高校各门思想政治理论课的教学之中，引导大学生树立马克思主义祖国观、民族观、宗教观，正确区分民族文化与宗教信仰；要求民族院校专门开设民族团结教育的有关课程；发挥教师在民族团结教育中的主导作用；组织大学生深入民族地区开展社会调查、志愿服务等，积极投身地方生产建设、文化建设等活动；定期举办民族团结教育专题形势报告会，以重要纪念日、"三月三"歌圩节、"盘王节""藏历年"等各少数民族传统节日为契机，通过开展形式多样的有益文体活动，增进大学生对不同民族文化风俗的认识和了解。[①] 上述措施的落实使大学生树立起牢固的民族团结观念，促使全社会形成团结和谐的良好氛围。

第二，开展民族团结创建活动，推进民族团结进步事业。广西民族地区从 1984 年至 2014 年，总共开展了七次自治区级民族团结进步表彰活动。2008 年 11 月 15 日又启动了自治区级"民族团结月"活动。各地通过举办报告会、座谈会、演讲会、文艺演出、知识竞赛、图片展览、联谊活动等多种形式，促使民族团结教育更加深入，形成了民族团结和睦、社会和谐稳定的良好局面，改善了民族地区的社会面貌。

第三，实施"国旗工程"，开展群众性爱国主义教育活动，将其作为民族团结宣传教育的重要阵地。从 2002 年起，广西各地实施了"国旗工

---

① 张莺：《广西壮族自治区：多种措施推进民族团结教育》2018 年 8 月 20 日，http：//www.jyb.cn/china/gnxw/200908/t20090831_ 306472. html。

程"。该工程分为边境一线、海疆一线和少数民族乡三个层面。按照统一规划和标准、统一设计和制作的要求，在一些行政村（居委会）统一建立国旗台杆，开展爱国主义和民族团结教育活动。该工程的开展增强了各族干部群众尤其是青少年的爱国意识和民族自豪感，达到了维护民族团结和社会稳定的目的。①

第四，推进民族教育的研究和民族团结教育的师资培训工作。2012年4月18日广西民族大学成立了全国首个地方民族教育研究中心——广西民族教育研究中心，积极开展民族团结教育方面的课题研究。该校2011年12月还在教科院挂牌成立了广西民族团结教育师资培训基地，截至2015年4月上旬该基地共举办了7期民族团结教育骨干教师培训班，总共培训了700多名中小学骨干教师。②

此外，广西民族地区为促进民族团结进步事业的发展，还加强民族团结进步教育基地建设。目前共设立有全国民族团结进步教育基地4个，③自治区级民族团结进步教育基地30个，广西民委已累计投入286万元专项资金，用于开展民族团结进步宣传教育活动。④广西还持续开展了民族团结进校园、建立民族关系监测评价处置机制等工作。

第六节　学习借鉴其他地区先进经验，
推进自身实践创新

"学习先进—借鉴吸收—实践创新"是广西民族地区推进马克思主义大众化的又一条路径。从历史和地缘上看，广西由于地处西南一隅，交通和信息相对闭塞，经济社会文化发展滞后。但是广西人却素有好学和包容的精神，在一定程度上弥补了某些先天不足，因此总能通过不断学

---

① 《广西"国旗工程"构筑民族团结教育长廊》，《人民日报》2009年10月10日第3版。

② 钟碧华：《教科院开展民族团结教育培训　促进民族地区团结事业发展》，2018年8月20日（http://www.gxun.edu.cn/info/1358/35688.html）。

③ 即李明瑞、韦拔群烈士纪念馆，百色起义纪念馆，广西民族博物馆，东兰革命烈士陵园。

④ 《广西壮族自治区民委2014年投入100万元支持民族团结进步教育基地建设》2018年8月20日（http://www.seal.gov.cn/art/2014/6/10/avt-3982-206434.html）。

习，实现对先进的省区追赶，有些领域甚至能后来居上。学习借鉴其他地区推动马克思主义大众化的先进经验和做法，并结合本民族地区实际加以创新和发挥，是广西民族地区推进马克思主义大众化的基本路径。

一　新民主主义革命时期对其他地区先进经验的学习借鉴

广西早期农民运动领导人韦拔群和陈伯民曾为了帮助农民群众找到一条翻身解放的新路子，不远千里前往当时中国革命中心广州市，进入了广州农民运动讲习所学习，谋取领导农民运动的"真经"。二人学成回到广西东兰后，立即模仿广州农民运动讲习所的做法创办了东兰农民运动讲习所，先后举办了3期学习培训班，培养了近600名壮、汉、瑶族的农民运动骨干。东兰农民运动讲习所推进马克思主义大众化卓有成效，得益于韦拔群等人将广州举办农民运动讲习所的先进经验与广西民族地区实际相结合，并加以创新。比如，东兰农民运动讲习所采用了灵活机动的教学方式和学习方法，注重教与学的互动，理论教学与社会调查、宣传实践、军事斗争相结合。特别是为了照顾少数民族学员的实际，教员们还采用了双语教学（国语和少数民族语言教学）；还别开生面地开设了具有浓厚政治色彩的"音乐课"，教导学员创作和传唱革命歌曲；农讲所还为文化水平稍低的学员补充安排识字课程，扫除文盲和培育学员革命斗争意识"双管齐下"；将宣传马克思主义与当地少数民族群众的需求紧密结合起来。[①]

左右江革命根据地时期，广西民族地区继续坚持学习借鉴其他地区的先进经验：第一，从广西民族地区实际出发，准确宣传马克思主义民族理论和贯彻党的民族政策。该时期，第七军、第八军和苏维埃政府分别出台了《中国红军第七军目前实施政纲》《中国红军第八军目前实施政纲》《右江苏维埃各级政府组织与职责》等一系列的纲领和措施，其中就蕴含着民族平等思想：要求废除一切对少数民族的歧视性称呼，保证少数民族群众获得平等的经济、政治、教育等方面的权利，要注意培养和

---

① 黄家周：《论东兰农民运动讲习所与民族地区马克思主义大众化》，《毛泽东思想研究》2013 年第 5 期，第 124—128 页。

使用少数民族干部等。① 这是马克思主义民族理论在广西运用的体现。第二，学习借鉴井冈山革命根据地和中央苏区的好经验。一是处理好武装斗争、土地革命和根据地建设之间的关系，维护少数民族群众的根本利益。严明红军纪律，不能侵犯少数民族利益。在百色起义前后右江特委和红军军部颁布的布告、实施政纲中都体现了对少数民族根本利益的维护。二是借鉴了井冈山革命根据地、中央苏区开展土地革命的政策和措施。邓小平曾认为自己在右江地区开展土地革命的一些做法，便是他在上海党中央工作时，从毛泽东和朱德领导的红四军关于土地革命的经验中学习到的。② 在右江革命根据地创建时期，邓小平、韦拔群、雷经天、陈洪涛等领导人就通过召开党政军干部会议、举办党员干部训练班等方式，深入研究土地革命和根据地建设问题。当时根据地所颁布的《右江苏维埃政府土地法暂行条例》（1930 年 5 月 1 日）中就吸收了毛泽东在中央苏区进行土地革命的经验。③ 当然，右江革命根据地的土地革命做法也有所创新。比如，关于土地分配，在《右江苏维埃政府共耕条例》中规定："全乡的土地如有过剩，应准别乡、区移民共同耕作，移民数量由区、县苏维埃政府决定。移来之民，与原乡民众享有同等之权利。"④ 这是一种符合当地农民集体利益的创新性做法。邓小平在 1931 年 4 月给中共中央写的《七军工作报告》中关于右江土地革命的部分也提道："我们没有提出'平分一切土地'的口号。分配的方式是'平分'、'共耕'、'没收豪绅地主反革命土地分给贫苦农民'三个办法，由群众……自己选择。"⑤ 这是从右江革命根据地实际出发做出的正确决策。

　　抗日战争时期，广西民族地区对外部先进经验的学习、借鉴和吸收，主要体现在桂林文化城的形成上。当时作为大后方的桂林吸引汇集了大批著名学者和文化名人，成为中国抗战大后方的文化中心之一，成为创

　　① 黄家周：《左右江革命根据地时期邓小平领导宣传文化工作的特点探析》，《毛泽东思想研究》2014 年第 4 期，第 43—47 页。

　　② 毛毛：《我的父亲邓小平》上卷，中央文献出版社 1993 年版，第 238 页。

　　③ 《左右江革命根据地资料选辑》，人民出版社 1984 年版，第 238 页。

　　④ 同上书，第 244 页。

　　⑤ 中共广西区委党史资料征委会《左右江革命根据地》编辑组：《左右江革命根据地》上，中共党史资料出版社 1989 年版，第 405 页。

造和传播先进文化的高地。中国共产党在桂林抗战文化城的形成和发展过程中起了关键性的引领作用。一方面，中国共产党通过宣传共产主义和抗日民族统一战线主张，对桂系首脑、桂系民主派，以及文化教育、新闻出版、文艺、科技各界进步文化人，发挥思想领导作用；另一方面，通过借助各基层党组织共产党员的力量，发挥了组织领导作用。① 中国共产党当时在桂林高举先进文化的旗帜，大力倡导抗日民族统一战线，积极开展群众性的抗战文化活动，因势利导举办"西南剧展"、领导"国旗献金大游行"、组织"桂林文化界抗战工作队"奔赴桂北前线展开抗日救亡宣传活动等，为启迪民族群众觉悟，凝聚力量、抵御外侮发挥了积极作用。

　　解放战争后期及中华人民共和国成立初期，接纳和发挥"南下干部"的作用，也是广西学习借鉴区外先进经验的重要方式。当时为解决南方新解放区干部缺乏的问题，中共中央做出决策部署，从北方老解放区派出大批能够管理军事、政治、经济、党务、文化教育等项工作的干部南下（简称"南下干部"）。派到广西的南下干部到达后努力推进广西各项事业的发展，在发动群众、筹粮支前、剿匪锄霸、土地改革、发展生产、民主建政等方面都做出过很大的贡献。南下干部同时是推进广西马克思主义大众化的重要力量。他们是先进文化理念的传播者，积极参与了新解放区的文化建设。当时随军南下的文艺团体向广西等南方地区社会各界广泛传播革命文化，可以说每个南下干部都是宣传员、文化使者，践行了我党"四面八方""五湖四海"的政策。② 他们将追求民族解放与自由之风、先进文化的清新之风、勇于担当之风带到南方新解放区并感染着当地人民，对新解放区的建设、新政权的巩固都发挥了积极作用。

二　社会主义建设和改革时期对其他地区先进经验的学习借鉴

　　在社会主义建设和改革时期，广西根据本地实际和时代发展要求进

① 王福琨：《中国共产党在桂林抗战文化形成和发展中的作用》，广西人民出版社 2007 年版，第 3 页。

② 唐传喜：《南下战略与南下干部的历史贡献——兼论弘扬南下精神的时代意义》，《理论学刊》2012 年第 8 期，第 22—26 页。

一步加强了对其他地区先进经验的学习借鉴。学习的层次更高、规模更广，学习内容更为丰富，学习方式方法更为多样，更注重运用先进经验指导本地区的整体和长远的发展。从内容上看，既学习其他地区开展理论宣传的先进经验，也学习其推动改革开放，促进经济、社会和文化发展的先进经验。从方式上看，既有引进或邀请区外有关专家学者、能人来桂工作或讲学，"传经送宝"的方式；也有广西民族地区的领导干部"走出去"，进行长短期考察学习，"拜师学艺"的方式；还有广西民族地区选送有关人员前往发达省、市或地区交流任职、挂职锻炼，"实践历练"的方式等。

引进区外优秀人才服务广西发展。2010 年，广西出台了《关于加快吸引和培养高层次创新创业人才的意见》（桂发〔2010〕30 号）；在中央组织部的关心和支持下，2013 年广西从中央金融单位和华润集团共引进42 名金融和企业管理人才来桂挂职。[①] 他们是行业内的优秀人才，来到广西后能够立足岗位，发挥专长，大胆创新，为广西金融和产业的发展献计出力，并对广西本土人才起到传帮带的作用。2013 年广西还"接收第14 批中央博士服务团 13 名成员到广西挂职锻炼"。[②] 2014 年上半年广西又组织实施了多项重点引智活动，执行国家级和自治区级引进国外技术、管理人才项目 46 项，引进外国专家 62 人。[③] 广西壮族自治区人民政府2017 年 5 月 27 日印发的《广西人口发展规划（2016—2030 年）》提出，要"深化与国家机关、部属高校的人才战略合作，聚焦我区特色优势领域和重点学科，多渠道多形式引进急需紧缺专门人才和海外高层次人才"[④]。区外优秀人才的引进，对于促进广西思想解放、加快发展、追赶先进无疑具有重要的意义。

---

① 董文锋、徐顺东：《陈武勉励来桂挂职干部"知广西事、说广西话、做广西人" 为打造新的战略支点贡献力量》，《广西日报》2013 年 10 月 13 日第 1 版。

② 广西壮族自治区地方志编纂委员会办公室：《广西年鉴·2014》，广西年鉴社 2014 年版，第 50 页。

③ 翁晔：《广西上半年引进国外技术、管理人才项目 46 项专家 62 人》2018 年 8 月 20 日（http://www.cnrepark.com/news/2014-07/20140726-72001.shtml）。

④ 《广西壮族自治区人民政府关于印发广西人口发展规划（2016—2030 年）的通知》（桂政发〔2017〕24 号）2018 年 8 月 20 日（http://www.gxzf.gov.cn/zwgk/zfwj/zzqrmzfwj/20170620-613527.shtml）。

开展培训和外出参观学习活动。1992 年 4 月 25 日由广西壮族自治区党委、自治区人民政府发出的《关于进一步加强民族工作的意见》中，对培养民族干部工作提出了各项具体规定：其中指出，要继续办好少数民族干部培训班，组织少数民族干部到沿海经济发达地区考察学习，保送优秀的少数民族干部到各类大中专院校深造，交流少数民族干部到沿海地区任职或挂职锻炼，以提高他们的素质。1992 年 6—7 月，广西举办了第一期民委主任经济管理培训班，参加人数 49 人（其中地市 10 人，县市 39 人），先是到广州、珠海、深圳和海南省等地参观，然后集中学习和交流经验。在集中学习环节主要学习经济学、市场学概论、民族地区乡镇经济管理概论、外经外贸基础知识等课程。① 2017 年 9 月 25 日，由广西壮族自治区党委组织部与全国干部教育培训浙江大学基地、浙江大学继续教育学院共同举办的"2017 年广西人才工作者研修班"顺利开班，根据研修班教学目标在 5 天的时间里就安排了 4 门专题课程，2 次人才工作者经验座谈分享，3 次现场案例教学，2 次班级讨论交流。② 这些活动为提高民族干部的思想政治素质和业务素质发挥了重要作用。

让民族干部在挂职锻炼中提升能力。选派干部到中央单位和经济发达地区挂职锻炼，是广西民族地区加强干部队伍建设的一项重要举措，得到中央有关部门如中组部、中央统战部和国家民委等的大力支持。广西自 1990 年开展此项工作以来，截至 2014 年已经先后选派了 480 多名干部到中央单位和经济发达地区挂职。③ 其中，2013 年就曾"依托中央单位优质平台、优势资源，选派 28 名领导干部和管理骨干到国家部委、部属高校和东部发达省份挂职锻炼"④。这些举措加强了广西与中央单位、经济发达地区的交流合作，提升了民族地区干部的能力，为广西民族地区培育了一批高素质人才。

① 谢之雄主编：《广西年鉴·1993》，广西年鉴社 1993 年版，第 499 页。

② 《浙江大学 2017 年广西人才工作者研修班侧记》2018 年 8 月 20 日（http://www.zdpx.zju.edu.cn/zfpx3_1_2648_414.html）。

③ 蒋秋：《广西今年集中选派 22 名优秀干部赴中央单位和广东省挂职》，《广西日报》2014 年 3 月 24 日第 4 版。

④ 广西壮族自治区地方志编纂委员会办公室：《广西年鉴·2014》，广西年鉴社 2014 年版，第 50 页。

　　组成党政代表团赴发达地区学习考察。近年来，广西几乎每年都举办由自治区领导率领的党政代表团前往发达省区考察交流，以学习借鉴发达省区在经济建设、文化建设、社会建设等方面的先进经验。根据《广西日报》报道：2005 年 1 月 6—12 日，时任自治区主席陆兵曾带领广西党政代表团，前往浙江开展"学习、考察、联谊、合作"活动；2006年 1 月 5—10 日，时任自治区党委副书记李纪恒、宣传部长沈北海等带领广西文化工作和文体设施建设学习考察团前往江苏、上海、浙江、广东四省市进行参观考察学习，重点对四省市发展先进文化、建设重大文体设施等方面的经验进行学习，同时推动广西与苏沪浙粤四省市的文化交流往来；2008 年 4 月 16—17 日，为学习借鉴广东的先进经验和做法，时任广西壮族自治区主席马飚率广西党政代表团前往广东学习考察，以推动广西解放思想，开放创新，并深化两广合作；2011 年 4 月 6—9 日，自治区领导又率领广西政府代表团到福建考察学习，旨在借鉴福建科学发展的典型经验，加强桂闽交流与合作；2013 年 4 月 16 日和 2015 年 3 月16—17 日，广西代表团两次赴天津学习考察，旨在学习借鉴天津滨海新区开发的成功经验，创新思路提升广西北部湾经济区的建设水平，同时"深化桂津开放合作，共推'一带一路'建设"①。

　　总之，社会主义建设和改革开放时期，广西少数民族干部通过参加培训、挂职锻炼、开展外出学习考察活动等方式和途径，解放思想，开阔视野，进一步提升他们领导本地区民族群众推动经济建设、政治建设、文化建设、社会建设、生态文明建设的能力。

---

① 魏恒：《广西代表团赴天津学习考察》，《广西日报》2015 年 3 月 19 日第 1 版。

第 五 章

广西民族地区马克思主义
大众化路径的主要特点

广西民族地区马克思主义大众化是党的意识形态建设在区域层面的体现，是一项长期的、系统的工程。广西民族地区马克思主义大众化路径的选择和实现上呈现出诸多特点：具有明确的目标任务，围绕实现党的中心任务和满足民族地区群众求解放、求富裕、求幸福的利益需求开展马克思主义宣传，体现了鲜明的民族特点，采取了多方面的保障措施，同时呈现出多样化综合化的发展态势。

第一节　明确的目标任务

具有明确的目标任务指向是广西民族地区马克思主义大众化路径选择上最基本的特点和要求。综观广西民族地区马克思主义大众化的发展历程不难发现：马克思主义大众化的路径选择首先是围绕实现党的中心任务和满足民族群众的利益需求而确定的；同时，它将实现民族地区和谐稳定繁荣和民族群众的全面发展作为根本目标。

一　围绕党的中心任务宣传马克思主义

马克思主义是时代精神的精华，是为解决时代课题和完成时代任务而创立发展起来的科学理论，具有科学性、革命性、实践性、阶级性等特征。中国共产党在各个历史阶段总是面临着不同的中心任务。在新民主主义革命时期，党的中心任务是争取民族独立和实现人民解放；在社会主义建设和改革时期，党的中心任务则是解放和发展生产力，实现国家强盛和人民幸福。上述中心任务的顺利完成，需要依靠党的正确领导，依靠人民群众主体力量的充分发挥；需要马克思主义这一理论武器的指导，因此必须推进马克思主义大众化。广西民族地区马克思主义大众化是整个党和国家马克思主义大众化工作的一部分。广西民族地区马克思主义大众化路径选择的一个重要特点是围绕完成党在广西民族地区的中心任务而展开的，体现为广泛宣传马克思主义先进文化和党的路线方针政策，凝聚社会共识。

党的宣传文化工作应服从和服务于党的中心任务，这是我们党开展思想政治工作坚持的一贯原则。第二次国内革命战争时期广西党的中心任务是武装斗争、土地革命和根据地建设，党的宣传文化工作正是围绕此中心任务展开的。比如，为了建立和巩固左右江革命根据地，广西党组织一方面在群众中广泛开展武装斗争动员和土地革命政策的宣传，使中共的路线方针政策能够家喻户晓；另一方面是深入开展根据地政治、经济和文化建设。其中就文化建设而言，中共制定了一系列反映劳动群众利益和愿望的发展文化教育的政策和措施；加强了与文化教育相关的组织和领导机构建设；创立了各级劳动学校和农民夜校；围绕党的中心工作开展群众性文化活动，等等。马克思主义大众化已经融入根据地文化建设的各项活动之中。抗日战争时期，广西党组织充分利用国共合作的有利形势，在民族群众中广泛宣传党的抗日民族统一战线政策和主张；党通过掌握桂林抗战文化领导权引领抗战文化之先，进一步扩大马克思主义在广西的传播。解放战争时期，广西党组织遵照党中央的指示，领导民众开展反对桂系集团追随蒋介石发动内战的斗争；为配合和迎接解放军南下解放广西做了大量的宣传工作，使中共的政策和主张深入民心，奠定了解放广西战争最终胜利的群众基础和思想基础。

中华人民共和国成立初期，肃清匪患、恢复生产和重建国民经济、完成社会主义"三大改造"并确立社会主义制度，是当时广西党组织面临的中心任务。广西民族地区的宣传工作、马克思主义大众化正是紧密围绕这些任务展开的。1958年广西壮族自治区成立前后，党通过在民族群众中开展马克思主义民族观、中国共产党的民族理论和民族政策教育，使民族群众能够充分了解民族区域自治的理论、方针和政策，树立主人翁意识和使命意识。

改革开放新时期，伴随着经济从计划向市场转轨、社会从相对封闭向开放转型、国家从相对落后向现代化发展的历程，广西民族地区马克思主义大众化也呈现出新特征，民族群众思想不断实现解放，与社会主义现代化建设相适应的思维方式和思想觉悟逐步确立起来了。具体地说，20 世纪 80 年代，广西党组织在全社会范围内广泛开展了关于社会主义初级阶段基本路线的宣传、关于"两个文明建设一起抓"思想的宣传、关于坚持四项基本原则反对资产阶级自由化思潮的宣传；20 世纪 90 年代开展关于邓小平南方谈话精神和党的十四大精神的宣传、关于构建社会主义市场经济体制目标的宣传；在党的十五大召开后，广西又积极开展党代会精神的宣传，以及广西"三大战略，六大突破"新思路的宣传；20 世纪 90 年代末至 21 世纪初，在民族群众中广泛开展实现"富民强桂新跨越"的宣传；直至近年来广西所提出的构建和谐广西、建设美丽广西、营造广西"三大生态"实现"两个建成"的宣传等，皆是广西党组织围绕不同时期党在广西的中心任务而推进马克思主义大众化的体现。

二　结合满足民族群众利益需求选择科学理论大众化的路径

"理论在一个国家实现的程度，总是取决于理论满足这个国家的需要的程度。"[1] 换言之，理论唯有能够满足一个国家和人民的需求，有助于解决他们所遇到的难题，才能使他们乐于接受和自觉运用这一理论。马克思主义是以实现无产阶级和全人类的解放、实现人的自由全面发展为旨归的理论。以马克思主义为指导思想的中国共产党将振兴中华民族，满足人民群众的需求，实现和维护人民群众的根本利益为己任。正如习近平指出"人民对美好生活的向往，就是我们的奋斗目标"[2]。为了达到这个目标，中国共产党始终坚持走群众路线，一切为了群众、依靠群众，从群众中来到群众中去，发挥人民群众创造历史的作用，因此必须着力推进马克思主义大众化。中国共产党在选择广西民族地区马克思主义大

---

[1]　《马克思恩格斯选集》第一卷，人民出版社 2012 年版，第 11 页。

[2]　《习近平在十八届中共中央政治局常委同中外记者见面时强调，人民对美好生活的向往就是我们的奋斗目标》，《人民日报》2012 年 11 月 16 日第 4 版。

众化的路径上，总是围绕满足广大民族群众的需求进行的。中华人民共和国成立前，中国共产党在领导广西各族群众在实现翻身解放过程中推进马克思主义大众化；中华人民共和国成立后，中国共产党又在领导广西民族地区建设"五个文明"，不断满足各族群众物质和精神文化需求过程中推进马克思主义大众化。

（一）中华人民共和国成立前，中国共产党在领导广西各族群众实现翻身解放过程中推进马克思主义大众化

实现翻身解放是新民主主义革命时期广西各族群众最大的愿望和需求，而实现这一愿望和需求必须紧密依靠他们自身的力量消除来自国内外反动势力的压迫、剥削和奴役才能达到。依靠群众必先启蒙群众，启蒙群众又要遵循一定的方法和手段。正如毛泽东所言：过河要先解决桥或船的问题。[①] 广西早期农民运动领袖韦拔群在指导东兰农民运动讲习所学员开展群众宣传工作时就强调："宣传一定要抓住农民的心理，讲到他们的心里去，适应他们的要求，这样群众才愿意听，才容易接受。明确了革命道理，群众才能一道同我们干革命。"[②] 即是说，宣传鼓动民族群众参加革命的演讲，其内容必须密切联系群众的思想实际和符合他们的利益、愿望及需求，且宣传方式能适应群众的可接受性，方能引发他们的共鸣，达到预期效果。邓小平在左右江革命根据地创建时期也曾就党的宣传工作对官兵说："我们红军每一个战士都要使用两杆枪，除了你们手上的武器之外，还要掌握宣传的武器，要做到既是一个战斗员，又是一个宣传员。作战时要一面打敌人，一面喊口号，问他们为什么要作战，为谁而战，是为自己的利益呢，还是做了军阀的工具呢？天下穷人是一家，穷人不打穷人，我们欢迎你们过来！我们把道理讲通了，敌人的军心就会动摇的，就会向我们投诚，或者是不拼命作战。"[③] 可见，革命启蒙教育的关键在于设身处地从听众（观众）的立场和利益出发，想其所想，了解其所愿，急其所需，方能使他们信服和认同。中国共产党在左右江革命根据地时期，宣传党的土地革命政策时，将宣传工作与满足农

---

①　《毛泽东选集》第一卷，人民出版社 1991 年版，第 139 页。

②　陆秀祥：《东兰农民运动（1921—1927）》，广西民族出版社 1986 年版，第 175 页。

③　《左右江革命根据地资料选辑》，人民出版社 1984 年版，第 103 页。

民群众千百年来希望拥有一块属于自己的土地这一需求结合起来，收到
了良好成效，深得广大农民群众的支持和拥护。

抗日战争时期，广西党组织的宣传工作主要是围绕建立民族统一战
线，抵御外侮、救亡图存这一关系每个民众的切身利益而展开的。解放
战争时期，广西党组织的宣传工作则是围绕民族群众求民主反独裁、求
和平反内战、求生存反饥饿的斗争而展开的。实践表明，广西民族群众
翻身解放之路，也是中国共产党围绕满足民族群众需求和根本利益不断
推进马克思主义大众化之路。

（二）中华人民共和国成立后，中国共产党在围绕建设广西"五个文
明"，不断满足民族群众的物质和精神需求，让民族群众过上幸福美好生
活的过程中推进马克思主义大众化

"五个文明"即物质文明、精神文明、政治文明、社会文明和生态文
明。"五个文明"是人民过上美好生活的基本前提和基础。中华人民共和
国成立后，中国共产党领导广西各族人民在建设"五个文明"过程中不
断开拓马克思主义大众化的路径，促使马克思主义理论和党的路线方针
政策深入民心。

加强物质文明建设，推进民族地区经济发展和民生改善，实现和维
护民族群众的根本利益。中华人民共和国成立初期，广西的经济情况跟
其他省区相类似，都是在一穷二白的基础上起步的，没有什么现代工业
企业，农业是全省国民经济的主体且农业的生产力水平低下，有些地区
甚至还处于刀耕火种的状态。广西各族人民在党的领导下为了改变落后
局面进行了艰辛的建设和探索。党的十一届三中全会后，广西壮族自治
区党委和政府陆续提出了一系列深化改革和扩大开放的政策措施，包括：
"三大战略，六大突破"① 的跨世纪发展战略思路（1997）、富民兴桂新
跨越的决策（2001）、建设富裕文明和谐新广西（2006）、制定实施"广
西北部湾经济区发展规划"（2008）、提出实现"两个建成"的战略目标
(2012)、营造"三大生态"（2016）等。值得一提的是，进入 21 世纪以

---

① "三大战略"就是实施区域经济战略、开放带动战略和重点突破战略。"六大突破"就
实现思想认识、经济结构优化、经济体制转换、对外开放、科学技术与经济结合、人才开发使用
的突破。

来，广西区党委和政府还通过统一部署、连续实施大会战的方式，集中力量解决广西革命老区、边境地区和少数民族聚集区的贫穷落后、民生发展滞后问题。这些大会战包括东巴凤①革命老区基础设施建设大会战、边境地区基础设施建设大会战、大石山区的五县（都安、大化、隆安、马山和天等）建设大会战、沿海基础设施大会战、边境七县一区（靖西、那坡、龙州、东兴、宁明、大新、凭祥和防城区）基础设施建设大会战、桂西五县（凌云、乐业、西林、田林和隆林）基础设施建设大会战、桂西北少数民族村寨防火改造工程，以及推进农村新型合作医疗、广播电视村村通工程会战等民生项目，这使广西民族地区农村的生产和生活条件获得了极大改善，居民的物质文化生活水平有了很大的提高。② 经过中华人民共和国成立 60 多年来特别是改革开放 40 年的发展，广西经济社会建设取得了巨大成就，城乡居民生活实现了由温饱向小康的历史性跨越，现在正朝着全面建成小康社会的目标迈进。民族群众深切地体会到家乡和自身所发生的变化，"事实胜于雄辩"，这些无疑有助于增强马克思主义和党的路线纲领方针政策对民族群众的说服力。

加强政治文明建设，建立和逐步完善民族区域自治制度，实现和维护民族群众的政治权益。中华人民共和国成立前后，党在广西各族群众中广泛宣传民族区域自治政策，为建立民族自治区做了充分的舆论准备。在建立区、乡级民族自治区（民族乡）的基础上，于 1958 年 3 月 15 日正式成立了广西壮族自治区，成为继内蒙古、新疆之后的第三个省级自治区。广西壮族自治区的成立是我国实施民族区域自治政策的又一伟大胜利，让广西各族人民真正实现了当家作主的愿望，极大地激发了他们投身社会主义建设的热情。③ 为了给广西民族团结进步事业提供可靠法律保障，广西壮族自治区成立后，有关部门积极开展建立健全民主法制工作。特别是自《中华人民共和国民族区域自治法》（1984）颁布实施以来，广西的民主法制工作进入了健康发展的快车道。近十多年来，广西

---

① "东巴凤"即广西的东兰、巴马和凤山三个县的简称。

② 王福琨：《腾飞广西：中国共产党在广西执政 60 年》，广西人民出版社 2009 年版，第 95 页。

③ 同上书，第 19 页。

总共"制定了 289 条地方性法规，其内容包括经济、政治、教育、科技、文化和社会保障等"，"12 个自治县都先后制定了《自治县自治条例》"。①党的十八届四中全会召开后，广西全区上下广泛开展了依法治国、依法治桂的宣传活动，这为各族干部和群众树立正确的法制观念，增强当家作主的自治意识发挥了重要的作用。

加强精神文明建设，实现和维护民族群众的文化利益。从中华人民共和国成立初期以"改人、改戏、改制"为中心的戏剧改革运动到党的十一届三中全会后广西少数民族文学创作全面复苏，一批优秀民族文化品牌（诸如八桂民族音乐、漓江画派和山水实景演艺等）的形成，体现了马克思主义对广西文化发展的指导和引领作用；从科教兴桂、人才强桂战略到建设广西民族文化强区、提升广西文化软实力战略的提出，体现了广西建设社会主义文化的高度自觉；从保护和传承广西民族文化遗产，建立三江侗族生态博物馆、靖西旧州壮族生态博物馆等民族文化生态保护区，到南宁国际民歌艺术节、阳朔"印象·刘三姐"等民族文化产业品牌的形成，民族群众从中充分体会到文化建设、发展给他们带来的益处；从广泛开展群众性文化活动、广西道德模范的评选活动，到深入凝练和宣传"广西精神"，民族群众在积极参与文化建设中充分体验到先进文化给他们带来的正能量和积极向上的精神动力。

加强社会文明建设和生态文明建设，着力创建广西民族地区美好家园，为广西各族群众过上美好生活提供条件和保障。让人民群众都能过上幸福美好生活是中国共产党的不懈追求。美好生活既包括物质和精神方面，还包括美丽的生态环境以及和谐的社会氛围。重视人民群众的生活环境卫生和生态治理是中国共产党的优良传统。然而在改革开放后，某些地方官员由于受市场经济功利主义和 GDP 崇拜等扭曲政绩观的影响，片面强调经济成就而忽视社会效益和生态环境的保护，导致了社会矛盾激增、经济社会发展失衡、生态环境恶化等诸多问题，广西民族地区也概莫能外，教训十分深刻。为了从根本上改变这种不利局面，中国共产党在全社会大力倡导科学发展观，努力推进"创新、协调、绿色、开放、

---

① 王福琨：《腾飞广西：中国共产党在广西执政 60 年》，广西人民出版社 2009 年版，第 138 页。

共享"五大发展理念深入人心。近年来，广西各级党委和政府致力于民族地区和谐社会的构建，积极开展"城乡清洁工程"，推进"美丽广西·清洁乡村""美丽广西·生态乡村"建设活动，努力促成人与自然之间、人与人之间、各民族之间和谐相处，实现科学发展的目标。

同时，广西还注意从本地区的实际出发，集中力量为各族群众办实事办好事，切实解决各族群众尤其是困难群众的燃眉之急，维护他们的切身利益；重视做好民族团结工作和扶贫工作。在20世纪90年代后，广西不断创新扶贫模式，"先后实施了'八七'扶贫攻坚计划、贫困人口异地安置、连片特困区域基础设施建设大会战、'整村推进'扶贫开发、特困农户茅草房改造工程、沼气池建设工程等"①，极大地推动了民族地区社会经济文化的发展。广西扶贫工作从过去"扶贫到村"，到现在"精准到户"的精准扶贫，还整合组建了"美丽广西"乡村建设工作队开展扶贫工作，一些地方积极探索智力扶贫、文化扶贫和旅游扶贫等模式。广西扶贫工作成效显著，贫困人口从2010年的1012万人下降到2014年的538万人；② 2016年广西减贫111万人，比上年增加23万人，减贫人数排全国第一位，减贫速度25%排全国第二位，已实现943个贫困村、4个贫困县脱贫摘帽。③ 广西扶贫工作的成就是本地区社会事业不断进步的体现，利于增强民族群众对美好未来的希望和信心。

民族群众的需求不是抽象的而是具体的。因此，理论宣传工作始终要"扎根基层，服务群众"才能保持旺盛生命力。近年来中共广西崇左市委宣传部开设的"大榕树课堂"，推进"理论下基层"的经验就很有借鉴意义。据统计，自2010年以来，崇左市各级各部门总共举办"大榕树课堂"1000多场次，受益群众超过12万人次。"以满足群众需求为根本指针"是崇左市"大榕树课堂"取得成功的一条重要经验。它实行的是"'1+n'宣教模式，'1'即是急需宣传的重大理论政策问题；'n'即关

---

① 王福琨：《腾飞广西：中国共产党在广西执政60年》，广西人民出版社2009年版，第134—135页。

② 《2014年广西精准扶贫成效显著》2018年1月8日（http://news. gxnews. com. cn/staticpages/20150313/newgx55030791-12391744. shtml）。

③ 《广西发布2016年脱贫工作成效 减贫人数全国第一》2018年8月20日（http://gx. people. com. cn/n2/2017/0418/c179430-30050791. html）。

于农业种养、上学看病、外出务工、征地拆迁、农村三大纠纷等群众关心关注的热点难点问题"①。"1＋n"宣教模式实现了宣教内容与形式的有机统一，既满足了群众现实需求，又促使党的宣教工作走进乡村、田间地头、村头小店，深入民心。

此外，广西党组织还坚持以实现民族地区和谐发展、实现民族群众的全面发展为目标推进民族地区马克思主义大众化工作；注意加强民族平等和民族团结教育，反对大汉族主义和地方民族主义，抵制分裂势力，抵制境外非马克思主义思潮的渗透、破坏和演变，努力维护广西民族地区的和谐稳定，促进各民族共同发展和繁荣。

总之，无论在革命、建设还是改革时期，广西民族地区都注意将马克思主义大众化与实现和维护民族群众的根本利益和现实需求紧密结合起来，着力保障民族群众的政治、经济、文化、社会、生态等权益，使他们不断增强对党和政府的信任和支持，进而深化对马克思主义的认同。

第二节　鲜明的民族特点

广西民族地区的特殊区情决定了在马克思主义大众化的路径选择上，必然会呈现鲜明的民族特点。主要体现为：将民族干部、群众和青少年学生作为马克思主义大众化的重点对象；将传播马克思主义民族理论、党的理论创新成果、党的路线方针政策作为马克思主义大众化的重要内容；利用广西丰富的民族文化资源作为马克思主义大众化的载体；将实现民族地区和谐稳定繁荣和促进民族群众的全面发展作为马克思主义大众化的根本目标等。

一　以民族干部、群众和青少年学生为马克思主义大众化的重点对象

民族干部是民族地区马克思主义大众化的一个重点群体。民族干部这里主要指长期工作和生活在民族地区的党员干部，包括土生土长的少数民族干部，也包括部分汉族干部。无论是革命、建设还是改革时期，

---

① 中共崇左市委宣传部：《开设大榕树课堂　推进理论下基层》2018 年 8 月 20 日（http：//www. wenming. cn/djw/xcgz/dfxcgz/201209/t20120919_859995. shtml）。

加强民族干部、党员理论学习和业务培训一直是中国共产党在广西民族地区推进马克思主义大众化的重要路径。从大革命时期农民运动讲习所的创办、左右江革命根据地时期各级党政干部短期训练班的开办、抗日战争时期广西地方建设干部学校和广西省立桂林师范学校等对革命人才的培养，到中华人民共和国成立后，党通过民族大专院校、党校培养或培训各类干部和人才；新世纪新阶段新时代，各地普遍开展了干部轮训活动、挂职锻炼、选派机关干部担任贫困村党组织第一书记等方式，不断推进马克思主义在民族干部中实现大众化。

广西党组织在民族干部培训工作中特别注意理论联系实际，将理论教育与实践教育结合起来。譬如，早期广西农民运动领导人韦拔群在创办东兰农民运动讲习所时，不仅要求学员掌握马克思主义理论和党的政策、了解革命形势，而且要求他们在课余走上街头、进入农户开展革命宣传。在当代，广西党组织继续在党员干部中倡导理论联系实际、全心全意为人民服务的优良传统。百色市在 2012 年 3 月 21 日启动了"万名干部入乡住村"活动和基层党组织建设年活动，组织万名机关党员干部与万户贫困户结成帮扶对子，力所能及地帮助贫困户解决实际问题，党员干部在实践中加强学习和锻炼，充分发挥其在扶贫攻坚工作中先锋模范作用。广西从 2013 年下半年开始又在全区党员干部中分批开展党的群众路线教育实践活动，2016 年又开展"两学一做"活动，都强调要坚持理论联系实际的优良党风。

民族群众也是广西民族地区马克思主义大众化的重点对象。民族群众主要指民族地区城乡各个阶层和从事各行业的普通群众。广西作为一个农业大省，农民占总人口比例高，农民是马克思主义大众化不可忽略的群体。广西党组织历来重视对农民的宣传工作，注意从农民文化知识水平和接受能力出发选择他们喜闻乐见的宣传载体。比如，党政宣传部门通过改编和创作民族山歌向农民宣传马克思主义和党的方针政策；又如前文提到，中华人民共和国成立初期由广西人民出版社所出版的"农家历"既是指导农民开展农业生产的好帮手，也是宣传党的路线方针政策的好载体；20 世纪五六十年代，电影队深入老、少、边民族地区向群众开展放映活动，丰富了他们的精神生活，又配合了清匪反霸、土改工作、"三大"改造等活动的开展。近年来，广西在全区推进"美丽广西·

清洁乡村"工程,将宣传和发动民族群众结合起来,是推进当代马克思主义大众化的重要举措。

青少年学生也是民族地区马克思主义大众化的重点群体。在大、中、小学生中广泛开展形势与政策教育、爱国主义教育、中国特色社会主义理想信念教育和共产主义道德品质教育,是广西党组织在青少年群体中推进马克思主义大众化的重要方式。近年来,广西壮族自治区教育厅通过指导各级学校在青少年学生中开展形势与政策知识竞赛、演讲比赛以及组织学生到爱国主义教育实践基地开展参观学习活动等方式培育青少年学生树立社会主义核心价值观。

值得一提的是,广西党组织为在民族干部、群众和青少年学生中推进马克思主义大众化,始终注意从民族语言、民族风俗习惯、宗教信仰等因素,以及民族群众特有的心理特质及社会环境出发,做好思想"转化"工作,促使马克思主义内化为民族群众的世界观和方法论,指导他们积极投身革命、建设和改革的伟大事业中。

二　重视普及马克思主义民族理论和党的民族政策

为了促进民族解放事业,维护民族平等和团结,实现各民族共同繁荣,广西党组织长期以来十分重视在民族干部群众中宣传普及马克思主义民族理论、党的理论创新成果及党的路线方针政策,推进马克思主义大众化。

早在左右江革命根据地时期,广西党组织就注意宣传和贯彻马列主义的民族平等、团结和互助观。《广西东兰县革命委员会最低政纲(草案)》(1929年10月)中明确提出了保障瑶民权利方面的条款,诸如"瑶民经济、政治、教育、工资上与其他人民一律平等"[①] 等。在红七军、红八军和苏维埃政府所颁布的有关文件、报告和相关政策中,也都有促进民族平等和维护民族团结的内容。抗日战争时期,中国共产党大力倡导抗日民族统一战线,强调团结各民族各阶层中的一切进步力量共同抗日。解放战争的胜利是中国共产党领导各族群众共同奋斗的结果。中国共产党在民族群众中开展马克思主义民族平等、团结和互助观教育,致力于民族解放事业的宣传,是民族地区取得新民主主义革命胜利的重要

---

① 《左右江革命根据地资料选辑》,人民出版社1984年版,第174页。

原因。

中华人民共和国成立之后，广西壮族自治区党委和政府坚持在各族干部群众中开展以马克思主义民族理论和党的民族政策为中心内容的民族团结宣传教育，"在建立平等、团结、互助的新型民族关系方面，做了大量卓有成效的工作"①。在中华人民共和国成立初期，中央民族访问团在广西期间就深入民族地区进行社会调查，这也是对民族群众进行党的民族政策宣传教育的过程；中共广西省委在 1952 年 12 月发出了《关于学习民族政策的通知》，要求在全区广泛开展一次民族政策的学习运动。1958 年前后，广西党组织又在各族干部群众中广泛开展民族团结宣传教育，为广西壮族自治区成立营造了良好的舆论氛围。"文革"结束后，为实现民族工作的拨乱反正，广西从 1978 年下半年开始采取多种措施开展民族政策再教育和宣传活动，多次举办了民族团结进步表彰活动；在1999 年，广西壮族自治区民族事务委员会专门组织人力编印《广西民族工作手册》，发放给各级民族干部查阅学习，促使他们更多地了解民族工作知识，增强业务能力，深刻理解党的民族理论和政策。

近年来，广西积极部署和推进民族团结进步模范区建设，民族地区经济社会实现了较快发展，民族群众生产生活条件不断改善，民族团结进步事业成绩显著，其中以河池市最为典型。② 该市人民政府曾在 2005年和 2009 年两次被国务院授予"全国民族团结进步模范集体"荣誉称号。自 2008 年开始该市将每年 9 月定为"民族团结宣传月"。在宣传月期间，市委宣传和组织部门、中小学等单位往往通过专题报告、座谈交流、知识竞赛、文艺演出、民族联谊等形式，宣传党和国家的民族政策和民族法律法规，促使民族大团结的思想深入人心，由此巩固了平等团结互助和谐的社会主义民族关系。2012 年以来该市还命名了 5 个市级民族团结进步教育基地，丰富了民族团结进步宣传教育的内容。河池市建设民族团结进步模范区的努力，是广西普及马克思主义民族理论和党的

---

① 王福琨：《腾飞广西：中国共产党在广西执政 60 年》，广西人民出版社 2009 年版，第 130 页。

② 河池是一座以壮族为主的多民族聚居城市，有壮族、汉族、瑶族、仫佬族、毛南族、苗族、侗族、水族、土家族 9 个世居民族，市区人口大约 409 万人，其中少数民族人口 321 万人，占总人口的 78.48%。

民族政策的一个缩影。

三 运用民族文化资源作为马克思主义大众化的重要载体

第一，积极运用少数民族语言文字宣传马克思主义。早在大革命时期，韦拔群等人在领导广西东兰农民运动过程中就注重运用壮语、瑶语等在民族群众中开展革命宣传，使党的政策主张很快传遍壮乡瑶寨，启发了民族群众的阶级觉悟和革命意识。左右江革命根据地的民族教育中曾采用国语和少数民族语言进行双语教学，以便易于为民族群众所接受。中华人民共和国成立后，中国共产党在广西民族地区积极推行使用壮文，这为扫除壮族文盲，提高壮族地区的文化教育水平，促进当地经济、政治、文化发展方面发挥了很大的作用。从 1957 年至 1966 年，广西全区成立了自治区、地区、县三级壮文学校共 52 所，先后培训壮文专业教师8000 多人，群众扫盲教师 40000 多人，农技人员 16000 多人。壮文图书方面，编译出版了农村扫盲课本、中小学和干部教材、马列著作、毛泽东著作、党的方针政策汇编以及社会科学、自然科学、文化艺术等各种书籍，学文化、学科学、学技术等通俗读物 430 种 1044 万多册。[①] 另外，广西的党组织和地方政府还重视做好民族语言广播工作，在改革开放后民族语言广播事业获得了长足的发展。1982 年，广西人民广播电台设立了壮族编辑部（后改为壮语部、民族部）。该部成立后，针对壮语广播节目的对象主要是壮族农村基层干部和农民群众的特点，突出宣传党的农业方针、政策，宣传农村经济体制改革促进生产发展的先进典型，传播科学文化知识，为实现四个现代化服务。壮语广播节目还开辟了"壮语新闻""壮乡新风""壮语谈心会""壮语科技知识""壮族文艺"等栏目，深受广大听众欢迎。[②] 近年来，广西区党委宣传部门进一步加强了民族语言理论读本的编写和翻译工作，先后组织人员把《科学发展观学习读本》等 50 多种理论书籍资料翻译成少数民族语言，使民族群众能够及时学习、了解党的理论创新成果和路线方针政策。据报道，在 2017 年党

[①] 广西壮族自治区地方志编纂委员会编：《广西通志·民族志》下，广西人民出版社 2009年版，第 952 页。

[②] 同上书，第 827 页。

的十九大召开后，广西龙州县干部就充分利用当地壮话（也称"土话"）向老百姓宣讲党的十九大精神，确保民族群众学懂弄通。①

第二，善于借用少数民族民间文艺形式作为马克思主义大众化的载体。新民主主义革命时期，民族地区山歌这种古老的艺术形式经过革命者的改编，成为向群众宣传革命道理和传播马克思主义真理、唤醒群众革命觉悟的有效载体。时至今日，山歌艺术还被我们用来作为宣传党的理论创新成果的重要载体。以河池市为例，近年来该市深入挖掘民族传统文化，建成了市非物质文化遗产展示中心和民族文化展示传习中心等场馆。该市每年还举办刘三姐文化旅游节、铜鼓山歌艺术节、瑶族祝著节、毛南族分龙节和仫佬族依饭节等系列民族节庆活动，丰富群众文化生活的同时，弘扬了地方优秀民族传统文化。河池市还成功开发了一批以刘三姐文化为代表的以壮、瑶、苗等民族风情为主题的旅游品牌产品，初步构建了支撑河池特色民族旅游产品体系。② 河池市上述一系列措施的实行，不仅传承了当地优秀民族传统文化，而且带来了显著的经济和社会效益，改善了各族群众的物质和精神生活，深化了民族群众对党的民族政策，以及中国特色社会主义理论、道路、制度和文化的认同。

第三节　多方面的保障措施

实践表明，广西民族地区马克思主义大众化的顺利推进离不开物质、组织、人力、制度等方面的充分保障。这些保障共同为马克思主义大众化路径选择的实现提供了必要条件。

一　物质保障

第一，经费和文化基础设施保障。马克思主义大众化是党的意识形态建设活动，必然要求有相应的经费来保证活动的顺利开展。民族文化建设，特别是公共文化服务体系建设为马克思主义大众化路径选择的实

① 《龙州："土话"宣讲真亲切》，《广西日报》2017年12月7日第9版。
② 陈刚：《河池市推进民族团结进步示范市建设工作情况汇报（2013年10月17日）》，内部资料，2013年，第3页。

现提供了必要的物质基础设施。改革开放以来，广西文化管理部门根据上级决策部署，先后组织实施"文化长廊建设工程""知识共享工程""民族民间文化保护工程""广播电视村村通工程"，加强各级图书馆、科技馆和博物馆的建设、新华书店广西地方分店的建设等，为广西民族地区马克思主义大众化提供了坚实的物质基础和条件。

第二，党报党刊、传统的和现代的传播媒体、民族文化资源等为马克思主义大众化提供了必要的物质载体（宣传平台）。以《广西日报》《右江日报》《当代广西》等为代表的党报党刊在推进广西民族地区马克思主义大众化过程中担当了重要的角色；广西电影发行放映公司、广西人民电台、广西电视台、广西师范大学出版社、"南疆理论在线"等传媒在宣传马克思主义理论和党的方针政策方面也发挥了举足轻重的作用。广西丰富的民族文化资源——民间文学、山歌艺术、戏剧歌舞等也为民族地区马克思主义大众化提供了多样化的可资利用的宣传载体。

第三，一批通俗理论读物的定期出版发行，为实现马克思主义传播对象全面覆盖提供了物质条件。譬如近年来广西出版的面向各级领导干部的通俗读物有《领导月读》《理论学习》；面向普通群众的通俗读物有《图说建设富裕文明和谐新广西》《中华百孝故事》《建设社会主义新农村丛书》《广西精神学习读本》等；面向青少年学生的通俗读物有《爱我广西》《美丽广西——广西大学生区情教育读本》等。它们为宣传普及马克思主义和党的理论创新成果提供了必要的物质条件，是科学理论与民族地区干部群众之间的桥梁。

此外，广西民族地区党政有关部门通过开展马克思主义理论和党史党建相关学科的建设，组织课题项目的申报，重大社科课题的招标等方式，也为民族地区马克思主义大众化研究提供了必要的学科和项目经费支持。

二　组织保障

中国共产党历来重视通过加强组织建设为推进广西民族地区马克思主义大众化提供保障。在左右江革命根据地时期，右江苏维埃政府实行文化建设的系列措施中就曾提出：建立跟宣传文化相关的组织和领导机构，安排专人负责宣传文化和教育工作；在各县苏维埃政府内设立宣传委员，在各区和乡苏维埃政府设立文化委员，其分工明确，权责分明，有力地推动了右江革命根据地的文化建设和马克思主义大众化的开展；另外，在 1930 年 9 月 9 日中国红军第七军前委发布的《前委通告（第六号）》中就当时党的总任务和右江党的工作进行了指示，其中第一条即为"扩大党的政纲、反军阀混战的宣传，要在一切机会、一切集会中，有计划的来实现这一工作"①。抗日战争时期，桂林"八办"② 在宣传党的抗日方针，团结新桂系、文化名流和其他爱国民主人士组成抗日民族统一战线，在加强党对桂林抗战文化运动领导等方面，做了许多有益的工作。当时的《新华日报》桂林分销处、《救亡日报》社、中国青年记者学会、新知书店、生活书店、西南印刷厂等新闻出版机构都在桂林"八办"的直接领导之下。

广西妇女组织和共青团组织在革命和建设的各个时期，也都积极参与了党的宣传工作。譬如，广西妇联组织在服务妇女群众的同时，面向其他群众开展党的宣传工作，在社会上广泛宣扬男女平等观，为推进革命、建设和改革事业营造良好的社会氛围。广西共青团组织作为教育青年、促进青年成长的大学校，在推进民族地区马克思主义大众化过程中担当着重要的角色，在组织开展青少年形势与政策教育、爱国主义教育和道德教育等活动中也做出了贡献。

中华人民共和国成立以来，广西民族地区的党和政府各级组织部门、宣传部门、文化教育部门和民族事务委员会在宣传马克思主义理论和党的路线方针政策方面发挥了重要的作用。譬如，广西文化教育部门在开展民族团结教育方面，依托广西民族大学等高校成立了广西民族教育研究中心、广西民族团结教育师资培训基地。又如，自治区、市、县的各级民族事务委员会全面贯彻执行党的民族政策，发展平等团结互助和谐的社会主义民族关系，帮助少数民族地区发展经济文化，促进马克思主义在广西民族地区的广泛传播。

---

① 中共广西区委党史资料征委会《左右江革命根据地》编辑组：《左右江革命根据地》上，中共党史资料出版社 1989 年版，第 336 页。

② 桂林"八办"成立于 1938 年 11 月中旬，是国民革命军第十八集团军驻桂林办事处（即第十八集团军驻桂通讯处兼新四军驻桂通讯处）的简称，它同时也是中共中央南方局桂林办事处。

此外，为汇聚力量完成党的中心任务，推进马克思主义大众化，广西党组织还注重统筹和协调群众中的其他因素。譬如，积极引导各类宗教与社会主义相适应；充分利用民间进步力量和组织为党的意识形态工作服务；发挥其他地区尤其是沿海发达地区的单位、企业、组织和个人给予广西民族地区对口支援；等等。

三　人力保障

少数民族党员干部在学习和传播马克思主义工作中担当着重要的角色。他们是各民族中的骨干力量、优秀分子，是联系科学理论与各族群众之间的纽带。长期工作和生活在民族地区的少数民族党员干部熟悉当地风土人情和舆论动态，因此能够在马克思主义大众化中发挥特殊作用。历史上，无论在革命还是建设时期，广西马克思主义大众化的路径选择上都十分重视发挥少数民族党员干部和先进人物的引领和示范作用。当然，少数民族党员干部和先进人物首先是一个受教育者，然后才是一个教育者。因此，广西党组织历来重视少数民族干部的教育和培训工作，定期开展培训活动，帮助其掌握马克思主义民族理论和党的民族政策，提升其综合素质，以便更好地发挥他们在推进马克思主义大众化中的作用。

近年来，广西的少数民族人才队伍正在不断优化，不仅数量有所增加，整体素质也在不断提高，他们已成为民族团结进步事业的骨干力量，为广西民族地区马克思主义大众化提供了必要的人力保障。以百色市为例，该市组织部数据显示，截至 2017 年 12 月，全市有厅级领导干部 38 人，其中少数民族干部 21 人，占 55.3%；县处级领导干部 1400 人，其中少数民族 1037 人，占 74.1%。百色市少数民族干部人才队伍的不断壮大，他们服务宣传党的方针政策和服务改善民族群众民生的能力不断增强。此外，广西民族地区基层文化人才队伍建设方面近年来也取得了较大的成绩。2016 年，广西的艺术业、图书馆业、群众文化服务业、艺术教育业等文化及其相关产业的机构总数达 8571 个、从业人员总计达

60590 人,① 且专业技术人员的结构有了较大改善、质量也在不断提升,这为广西民族地区马克思主义大众化奠定了坚实的人才基础。

广西党的理论工作者、各级领导干部、社区党员等深入研究、宣传党的理论创新成果和路线方针政策,架起了马克思主义理论与人民大众之间的桥梁。以"桂理昕"为笔名的广西区党校理论专家组定期在《广西日报》、人民网、新华网等区内外报刊媒体上发表系列理论通俗文章,产生了广泛的社会影响。近年来,以各级党和政府的领导班子、哲学社会科学领域的专家学者、党代会代表、驻村第一书记等组成的各级宣讲团,成为在基层群众中宣传党的历次代表大会精神和党的理论创新成果的一支重要力量。

四 制度保障

广西党组织在历经了革命、建设和改革的时期之后,已经初步确立了一套比较系统的党员干部学习和教育培训制度、理论宣传制度、道德文化建设制度等。

党员干部学习和教育培训制度方面,各级党委基本上都建立了学习中心组制度,定期开展马克思主义理论和党的路线方针政策学习活动,并就民族地区或本单位当前存在的热点和难点问题展开研讨;民族干部定期轮训制度,干部交流、挂职锻炼以及外出考察学习制度等也已基本形成。这些制度的确立为马克思主义在民族干部中实现大众化提供了可靠保障。

理论宣传制度方面,为促进马克思主义在广西民族地区全社会的传播,各市、县宣传部门也基本形成了有本地区特点的理论宣讲制度,尤其是理论宣传讲师团工作制度。广西一些地方还将宣传制度与实践机制的建设紧密结合起来,有效推进马克思主义大众化。譬如,近年来,梧州市为了在群众中培育社会主义核心价值观,积极探索建立宣传教育的经费、阵地保障机制,典型推广和宣传示范机制,在实践中取得了较好的成效。南宁市则重视通过法制手段推进社会诚信体系建设,积极搭建

---

① 《广西统计年鉴 (2017 年)》2018 年 8 月 20 日 (http://www.gxtj.gov.cn/tjsj/tjnj/2017/zk/html/19-16.jpg)。

践行核心价值观的重要平台。针对干部的失信行为，制定实施了《南宁市委管理干部失信行为惩戒暂行规定》《南宁市机关事业单位及国有企业失信人员从业惩戒规范（试行）》等条文，促使干部群众在日常生活中养成守信、诚信的习惯。

建章立制加强公民道德建设，营造学习道德模范先进人物的浓厚氛围。2012 年 3 月广西率先出台了《广西壮族自治区关爱道德建设先进人物实施办法（暂行）》，从制度措施上明确给各行各业中"助人为乐""见义勇为""诚实守信""敬业奉献"等道德模范先进人物以"回报"：从政治上关怀、政策上关照、生活上关心他们，旗帜鲜明地树立浩然正气，传播正能量，激励更多的人学习模范、争当模范。

近年来广西民族地区还积极推动文化体制改革创新，在文化产业发展方面，探索出了"'一体多制'、'跨地域联合体'、'剧目股份制'、'责权利机制'等改革模式"，[①] 推动了文化产业的发展和文艺创作的繁荣，广西文化实力不断发展壮大。这也为广西民族地区马克思主义大众化的实现创造了必要条件。

第四节　理论传播路径多样化综合化的态势

马克思主义大众化并非单向的线性活动，在推进马克思主义大众化过程中，马克思主义的传播者、受众、传播内容和传播中介等要素相互联系而又错综复杂，需要统筹兼顾。综观广西马克思主义大众化史，我们发现在民族地区马克思主义大众化路径选择上，特别是在马克思主义宣传教育模式的构建过程中，呈现出多样化和综合化的态势。

一　多样化态势

多样化是广西民族地区马克思主义大众化宣传教育模式的一个重要特征。一是主体力量多元化，需要发挥党和政府的主导作用和各方力量的辅助作用共同致力于马克思主义的宣传；二是基于不同对象宣教形式多样化，即针对不同受众的知识水平和接受能力的差异等特点运用不同

---

① 曹玉娟：《发展文化产业繁荣文化市场》，《广西日报》2011 年 3 月 2 日第 11 版。

的方式、方法和载体传播马克思主义。

历史上，广西党组织一直致力于构建和完善多样化的马克思主义宣传教育模式，积极构建马克思主义大众化的多样化路径：推进马克思主义大众化的多样化宣传队伍和组织建设——从革命时期创办农民运动讲习所到改革开放新时期"三个代表"重要思想讲习所，举办党员干部学习和培训班，建设学习型党组织，组织党代会精神宣讲团；打造各具特色的多样化载体——出版发行具有广西特点的马克思主义理论通俗大众读物，发挥《右江日报》和《广西日报》等党报党刊的作用，编唱革命山歌和理论歌谣，组织街头演讲，运用广播和影视等媒体进行科学理论和党的方针政策宣传，张贴与宣传马克思主义理论和党的理论创新成果相关的标语口号和图画；发挥多方力量作用——包括党政宣传和组织妇女组织和团体、共产主义青年团、志愿者组织和其他民间社会组织等的力量共同致力于马克思主义的宣传等。

广西民族地区马克思主义大众化在路径的选择上，还注意针对不同民族群众的语言文化背景、知识水平和接受能力的差异采用不同的宣传教育方式方法。在新民主主义革命时期和中华人民共和国成立初期，广西统筹兼顾将推进马克思主义大众化与在民族群众中开展扫除文盲工作结合起来，与指导民族群众进行革命斗争实践和生产实践结合起来。同时，还针对民族地区党员干部、普通群众和青少年学生等不同群体采用学校正规教育、业余夜校教育、社会教育、家庭教育等多种方式，提升民族地区群众的思想政治素质和文化素质。广西党组织还重视从少数民族语言文字多样化的特点出发，在开展马克思主义理论和党的路线方针政策宣传时，预先做好将汉语"文本"转译为各少数民族语言"文本"的工作，酌情采用少数民族语言文字开展广播影视宣传。另外，针对少数民族边区乡村宗教和迷信风气较盛的特点，广西党组织注意将马克思主义大众化与努力促进民族地区移风易俗、树立社会主义新风尚的工作结合起来，采用以说服教育为主的方法，坚持思想转化工作的"持久战"。总之，广西民族地区推进马克思主义大众化路径的多样化既是历史图景的呈现，也是当代中国马克思主义大众化的特征和未来发展的趋势。

二　综合化态势

在全球化、信息化、网络化的新时代，广西意识形态工作面临的机遇和挑战前所未有。广西文化和宣传部门着力探索新形势下马克思主义大众化的有效路径，努力提升马克思主义武装群众的覆盖面、传播力和影响力，构建与新时代相适应的立体式综合化的马克思主义宣传教育模式，为实现广西的经济社会发展提供强大的精神动力。当代广西民族地区马克思主义大众化路径的综合化态势体现为显性路径与隐性路径相结合、官方路径与非官方路径相结合、宣教路径与实践路径相结合。

第一，掌握和巩固宣传舆论阵地，建设马克思主义大众化显性路径的同时，强化隐性路径建设。广西民族地区马克思主义大众化的显性路径一般体现为：广西各级党委和宣传部门每年根据上级指示精神列出学习专题任务，举办党政干部培训班；组织教授博士宣讲团、村支书宣讲团、教师宣讲团等深入广西各地开展党的理论创新成果和各次党代会精神的宣讲活动，架起科学理论和党的方针政策与人民群众之间沟通的桥梁；[1] 广西区党委宣传部多次组织有关专家在报刊的重要版面和广播电视的重要时段开设专栏专题，推出一批高质量的理论文章；近年来还编印推出了《理论热点》《党的民族政策在广西的光辉实践》《社会主义核心价值体系通俗读本》等一批通俗理论读物。同时充分运用现代传媒传播党的理论创新成果：在广西人民广播电台、广西电视台推出《说事论理》和《凡事说理》通俗理论节目，创建了"南疆理论在线"等一批优秀的思想理论类网站和红色网站。

广西民族地区加强马克思主义大众化隐性路径建设体现为：开设"网络问政"平台，透过网络舆情准确把握群众情绪的"第一信号"，及时引导社会热点难点问题；组织社科界专家学者深入学校、厂矿、乡村，开展结对共建与帮扶，以及民情恳谈活动；发挥民族文化的熏陶和教育功能：组织实施广播电视村村通等十大"文化惠民工程"，开展"千团万场"群众文化活动、全民读书活动；还在广大民族群众中开展了理论山

---

① 广西壮族自治区党委宣传部：《着力探索马克思主义大众化的有效路径》，《党建》2013年第6期，第41页。

歌创作、山歌擂台赛、山歌传唱等活动，① 借以宣传党的理论和方针政策；发挥家庭教育和社会教育的功能，实现马克思主义教育的生活化，促进群众之间开展自我教育，实现他们思想认识的整体提升。

当然，广西民族地区马克思主义大众化的显性路径和隐性路径往往又是交织在一起的，没有绝对的界限，体现了马克思主义大众化路径的综合性，要求组织者具备宏观思维和统筹兼顾能力。

第二，官方路径与非官方路径相结合。广西民族地区马克思主义大众化的官方路径集中体现为：发挥本地区党和政府所掌握的组织机构、媒体、人力和财力等力量推进马克思主义大众化；非官方路径则体现为：发挥妇女组织、青年志愿者组织、公益性的民间文化社团、社会贤能及其他非政府组织的作用服务于马克思主义大众化工作。官方路径和非官方路径相辅相成：官方组织需要非官方的民间组织进行协助和配合，非官方的民间组织则需要官方的积极引导，二者共同致力于民族地区马克思主义大众化目标的实现。

第三，宣教路径与实践路径相结合。宣教路径就是马克思主义传播者采用各种方式手段和载体对大众广泛开展宣传教育，使大众充分了解和掌握马克思主义。实践路径主要是通过组织大众参与相关活动，在活动中体验和把握马克思主义的精髓，这实质上是一种理论联系实际的教育方法。实践路径还体现为大众掌握了马克思主义的立场、观点和方法之后，在生产和生活实践中对之进行运用和检验。显然，宣教路径和实践路径并非相互独立和分离，而是辩证统一的。广西民族地区马克思主义大众化的历史上，广西党组织既注重通过党报党刊的作用开展宣传、组织党员干部开展街头演讲、深入居民农户进行宣传教育，也重视开展党的群众路线教育实践活动、引导群众参与建设"美丽广西·清洁乡村"活动、指导开展群众文化活动，还体现为对群众的实践经验进行总结和提升等。宣教路径和实践路径相得益彰，共同促进马克思主义大众化目标的实现。

---

① 广西壮族自治区党委宣传部：《着力探索马克思主义大众化的有效路径》，《党建》2013年第6期，第41页。

第 六 章

完善广西民族地区马克思主义
大众化路径的思考

推进当代广西民族地区马克思主义大众化，我们一方面需要继续坚持加强党员干部教育和培训、坚持文化育人、发挥先进人物的示范作用、开展民族团结教育和积极借鉴其他地区先进经验等基本路径；另一方面又要准确把握当前路径选择和实现过程中的存在问题和制约因素，对马克思主义大众化路径进行优化、拓展和创新。笔者认为，完善当代广西民族地区马克思主义大众化路径需要从多方面着手：发展民族教育、不断改善民族地区文化民生、充分利用广西丰富的文化资源服务于马克思主义大众化，同时还应建立健全有广西民族地区特色的马克思主义大众化组织、制度和机制。

第一节　民族地区马克思主义大众化路径
实现存在的问题和制约因素

广西民族地区推进马克思主义大众化过程中成绩和问题并存。在历经革命、建设和改革各个时期之后，广西民族地区马克思主义大众化业已形成了一定的模式和路径，在实践过程中有成绩，也存在一些问题。文化教育发展相对滞后在一定程度上制约着马克思主义理论大众化的推进，再加上形势的发展变化，传播主体和受众的心理观念变化，传播内容、任务和要求的新变化等因素增加了马克思主义大众化的难度，迫切需要我们创新马克思主义大众化的模式，完善马克思主义大众化的路径。

一　存在问题

当代中国马克思主义大众化是中国特色社会主义文化建设的中心工作，而文化建设的开展又为马克思主义大众化路径选择提供了条件和基础。文化建设的整体水平直接影响和制约着马克思主义大众化的成效。就当前广西文化建设的整体水平而言，尚存在文化引领能力、文化服务能力、文化创新能力、文化竞争力和文化支撑力不够强等问题，距离建成具有广西气派、壮乡风格、现代特征的先进文化省区的目标还有不小的差距。广西民族地区马克思主义大众化路径的实现上还存在诸多不足。

广西文化引领能力和文化服务能力仍需要加强。譬如，在公共文化服务均等化方面至少存在以下五个问题：[1] 一是公共文化服务的意识日益增强与现实中公共文化服务在经济社会发展中的地位偏低之间的矛盾。改革开放以来，广西民族地区由于一度形成的重经济建设忽视文化建设，重经济指标忽视文化指标等做法，导致一些地方出现社会道德丧失、传统文化遗失、公共文化服务单一、城乡文化差距的产生、文化人员被默认为"弱势群体"等现象。二是城乡公共文化基础设施差距较大。近年来，广西文化部门加强了信息资源共享工程和其他重点文化工程建设，农村公共文化服务能力有了一定提升。但是，城乡公共文化基础设施的差距仍然较大，县级文化馆和图书馆存在设施老化问题，有的乡镇综合文化站设备不足，存在"空壳"现象，有的由于人员缺乏无法正常开放等。三是公共文化财政投入逐年增加，但是投入不均衡，导致不同群体不能公平享受均等的文化待遇。四是公共文化服务的手段还比较欠缺，还不能完全满足群众的需要。一些地方由于农村基层公共文化服务的设施有限，服务手段单一，机制缺乏创新，群众"求知、求乐、求技"的文化需求还难以得到满足。五是农村文化技术人才不足。近年来，广西民族地区相关文化部门通过扶持和鼓励文化示范户和农村业余文艺团体的发展，举办农村文化能人、文艺骨干、文化站长等各种类型的培训班，在一定程度上缓解了农村文化人才不足的压力。但是从总体上看，广西

---

[1]　陈映红：《公共文化服务均等化问题的思考和对策》，广西壮族自治区文化厅《广西文化年鉴2010》，南海出版公司2010年版，第13—14页。

民族地区农村文化人才的素质仍停留在较低的水平，文化人才数量缺乏且知识结构不均，队伍不稳定；基层文化专干位虚薪低，工作积极性不高，带动群众参加文化建设活动的成效不明显。

广西文化的创新力、竞争力和支撑力还相对薄弱，特别是文化产业的发展程度还较低，存在不少问题：文化产业增加值总量小；文化产业结构不合理，核心层文化服务业诸如新闻出版、广播影视等比重偏低；新兴文化产业的业态发展缓慢而且不均衡；文化产业在建项目多，短期还不能形成大的经济和社会效益；文化产品销售行业所占比重偏低；文化相关产业及文化市场某些经营单位利润下降等。①

因此，广西民族地区文化建设应进一步强化优忠，意识和改革创新意识。广西只有加强文化人才培养，传承和创新发展民族文化，激发文化创造活力，积极应对"自媒体"时代的冲击，才能形成广西文化产业的集群效应，重塑广西文化形象。

当代中国马克思主义大众化面临的难题是多方面的："生动、通俗、科学的大众化读物欠缺，没有很好地占领大众的阅读时间和空间""对党的创新理论的误解造成部分人的困惑""对大众化对象理解的偏颇，使大众化不够大众""地方各级缺乏有组织的精通马克思主义的专业化团队"等。② 这些归在一定程度上指明了马克思主义大众化的努力方向。

就民族地区马克思主义大众化而言，除了上述难题之外，还存在以下几个问题。

一是民族地区经济社会发展水平相对滞后且发展不平衡性，在一定程度上影响了民族群众对中国特色社会主义道路、制度和理论的认同。一些地方拥有丰富的自然资源却主要由国有企业或其他外来企业进行开发利用，当地群众从中并没有得到多少益处，反而承担着自然资源开发所带来的生态环境污染风险和社会治安不稳定因素增加的风险。另外，

---

① 广西壮族自治区党委宣传部调研组：《广西文化产业发展现状、存在的主要问题及其对策》，《广西经济》2012 年第 3 期，第 48 页。
② 曾家华：《在科学理论与人民群众之间架起桥梁——推动当代中国马克思主义大众化的思考》，《广西日报》2009 年 9 月 1 日第 10 版。

民族地区不同阶层群众收入分配差距的拉大，社会保障制度的不够完善，也使民族群众感觉到未能公平享受国家经济社会发展的成果，在一定程度上造成了民族群众对党和国家方针政策的困惑，消解着他们对党和国家的信任和支持。

二是多元化社会思潮对民族地区马克思主义大众化造成了一定的冲击。随着改革开放的深入，经济全球化、政治多极化、文化多元化和信息网络化态势加速发展，民族地区经济社会状况和群众的生产生活都发生了深刻变化，各种外来社会思潮和文化形态在民族地区群众思想中相互碰撞和交融，这对他们健康精神生活方式和正确价值观的形成产生了一定不利影响。以美国为首的西方国家继续对我推行"和平演变"战略，在一定程度上消解着我们在民族地区推进马克思主义大众化的成效。

三是民族地区部分党员干部和群众对马克思主义大众化的重要性认识不足，学习动力缺乏，精力投入有限。有些党员干部整天忙于经济"实务"，疏于学习马克思主义理论和党的方针政策，导致方向感和工作"灵魂"缺失。有些党员干部在开展马克思主义大众化工作时照本宣科，大搞形式主义和表面文章。有些民族群众认为马克思主义晦涩难懂，且远离现实生活，不能为自己带来直接的物质利益与经济效益，认为学习马克思主义和党的方针政策是没有多大必要的"务虚"行为；而一些民族群众则排斥马克思主义的宣传，认为学习马克思主义只是党员干部的事。

四是民族地区马克思主义传播队伍力量薄弱，宣传方式欠科学。主要体现为两方面。一方面，民族地区基层马克思主义传播者、宣传者数量不足且水平有限。近年来，广西一些农村党员呈现队伍数量不足且年龄偏大、文化水平偏低等问题，宣传能力和榜样示范性不够强，甚至一些地方基层党组织涣散，党员干部理想信念淡薄，凡事总讲物质金钱回报、讲享受，不讲奉献。另一方面，一些地方宣传马克思主义和党的方针政策时存在针对性不够强、流于形式的问题；一些地方大搞"一刀切""一阵风"，盲目照搬其他地区的做法，宣传工作没有与解决当地重大现实问题相结合，没有充分了解和准确把握群众的理论需求和思想困惑；一些地方宣传方式和宣传媒介单一，没有很好地利用少数民族文化载体，未能与少数民族群众的语言表达方式和民族生活习惯紧密结合起来，因此效果欠佳。①

五是宗教迷信在少数民族群众中的影响长期存在，在一定程度上成为传播先进思想文化和社会主义核心价值观的障碍，群众中出现宗教认同与马克思主义认同的冲突。有些人"宁信鬼神，不信马列"，宗教迷信思想在他们心目中根深蒂固，制约着他们对马克思主义的认知、理解和运用。②

六是民族意识的觉醒与增强产生了双重影响，一方面有利于民族主体意识的提高和民族群众主体作用的发挥；另一方面，在一定程度上可能会消解马克思主义在民族地区的话语权、影响力。比如，民族意识的觉醒与增强可能引发民族自我中心意识、民族保护主义和分离主义倾向出现，甚至可能成为阻碍先进文化和价值观在民族地区传播的因素，会削弱中华民族统一大家庭的凝聚力，消解社会主义意识形态在民族地区的影响力，③ 还会给外来势力干涉、外来负面思潮入侵提供可乘之机。

在民族地区马克思主义大众化路径实现过程中也存在一些亟待解决的问题。

首先，路径不够顺畅。马克思主义大众化不是单纯的科学理论"传播"问题，而是包括"传播—认同—行动"等几个前后相继环节构成的完整"大众化"周期。当前民族地区由于受传统观念、旧体制或制度等因素的影响，传播者在宣传工作中往往侧重"灌输"而忽视科学"指导"和良性"互动"，注重表面"形式"而轻视充实"内容"，重视"言说"论证而轻视"事实"证明。一些推进"大众化"的措施和要求还仅停留在文件里、电视讲话和标语口号中，而没有见之于指导群众的行动中；理论工作者和宣传者对"少数民族群众"这一宣教对象研究不够，未能做到"因材宣教"，且忽视对宣传效果的检视；而一些民族群众作为受众则是"被动接纳"多于"主动接受"，"冷眼旁观"多于"热情参与"，

---

① 李世辉、李虹霞：《民族地区马克思主义大众化的现实困境及其对策探析》，《内蒙古农业大学学报》（社会科学版）2011 年第 5 期，第 209 页。

② 同上。

③ 杨晓梅：《民族地区当代中国马克思主义大众化路径选择》，《宁夏党校学报》2010 年第 6 期，第 6 页。

他们仅被看作静态的"思想收纳箱",而不是一个个鲜活的能动主体,其主观能动性受到很大抑制,更有甚者会对党所宣传的先进文化产生排斥。

其次,路径不够明晰。有些关于马克思主义大众化路径的提法比较笼统,联系现实不够紧密,不是围绕解决实际问题而是仅仅为形式上大众化而大众化;有的"大众化"工作仅停留在纸上谈兵的层面,现实可操作性不强。譬如,关于马克思主义大众化的宣传路径,为大家所熟知的有报刊图书宣传、广播影视宣传、报告讲座宣传、标语口号宣传、网络通信宣传等,形式不可谓不多,然而对于如何将马克思主义的精华内容真正融入这些宣传载体之中,如何针对不同的对象采取不同的宣传方式方法以提高宣传的效果,如何检验、反馈和调节宣传活动成效等则言之不多,或者含糊其辞;特别是针对如何从少数民族聚居区的特定历史和现状,以及当地群众的思想实际出发确定宣传路径模式等欠明晰。

再次,路径不够完备。有些提出的马克思主义大众化路径当代适用性不够,效果不明显。彼时彼地适用的路径不等于此时此地也能完全适用,尤其是我国当前正处于开放与多元、竞争与合作、张扬与包容共存的时代,理论传播的传统"灌输"方式、二元思维、单一线性路径已难以适应新时代马克思主义大众化工作的需要。而一些路径的辅助条件、支撑力量不强。马克思主义大众化是一项社会实践活动,既需要正确的指导思想和明确的目标方向,又需要一定的人力、物力、制度和文化力量作为支撑。此外,反馈路径的不完备、作用发挥不明显也成为制约马克思主义大众化推进的原因之一。

最后,路径创新性不足。在以往的研究中,人们就民族地区马克思主义大众化的路径问题进行了可贵的探索,但是所提出的一些路径跟其他地区的马克思主义大众化路径相比存在一定程度的雷同;马克思主义大众化没有很好地与少数民族地区悠久的历史、优秀的民族文化、多彩的现实生产生活结合起来,马克思主义大众化路径的民族特色、地域特色、时代特色还不够鲜明。而肩负推进民族地区马克思主义大众化使命的主体（理论传播者）由于受思维惯性的影响，易于形成路径依赖，① 路径创新性缺乏，难以适应当下复杂多变的形势，未能很好地把握一些民族群众价值观多元易变、科学信仰缺失的实际，且对少数民族群众特有的认知心理认识不够。因此，未能在挖掘、借用少数民族优秀传统文化资源和促进民族文化走向现代化的进程中，有成效开拓马克思主义大众化的文化路径。

二　制约因素

民族地区马克思主义大众化路径实现过程中之所以存在各种问题，主要是源于现实中存在的主观和客观、内部和外部等诸多因素制约。

（一）主观因素

第一，主体对马克思主义大众化重要性认识不足。这里所说的主体包括马克思主义的传播者（组织和个人），也包括马克思主义的接受者（党员干部和普通群众）。民族地区某些领导干部偏重经济工作，而忽视了马克思主义理论的学习和宣传，或者宣传中搞形式主义，都是对马克思主义大众化重要性认识不足的体现。而一些民族群众则缺乏学习马克思主义理论和党的方针政策的积极性和自觉性，甚至反感马克思主义的宣传，没有充分认识到马克思主义世界观和方法论对指导自己正确认识和改造世界的意义。

第二，主体的文化素质偏低影响着大众化工作的顺利推进。"素质"一般包括人的体质、品质和素养，文化素质则是指人们在文化方面所具有的相对稳定的内在品质，体现着人们的能力行为、情感等综合发展的质量、水平和特点。主体文化素质的高低关系到马克思主义大众化的成效。列宁曾指出"文盲是处在政治之外的"②。主体具备一定的文化素质和知识水平是其能够参与政治生活，发出自己声音的前提条件。假若主体素质偏低，无疑会影响他们对马克思主义的理解和认同。根据中国2016 年统计年鉴的数据，总体上看广西人口受教育程度与邻省广东相比，

---

① 根据诺贝尔经济学奖获得者道格拉斯·诺思的观点，"路径依赖"类似于物理学中的惯性，事物一旦进入某一路径，就可能对这种路径产生依赖。

② 《列宁选集》第四卷，人民出版社 2012 年版，第 590 页。

受教育程度人口所占 6 岁以上人口的比例，小学和初中水平段广西略高于广东，但是广西高中以上的人口比例低于广东的水平（详见表6—1），表明了高素质人口比例广东要优于广西。

表6—1　　　　2015 年"两广"6 岁及以上受教育程度人口构成之比较①　　　单位:%

受教育程度人口占 6 岁以上人口比例　　省份	广东	广西
小学	22. 59	31. 20
初中	40. 43	41. 10
高中和中职	21. 53	13. 76
大专及以上	11. 99	9. 21

此外，2015 年广西文盲人口占 15 岁及以上人口的比重达 4.66%，这一比重也高于广东（2.90%）。② 广西民族群众整体文化素质偏低不仅影响到广西经济社会的发展、和谐社会的构建，也制约着马克思主义在广西民族地区的传播和普及。

第三，主体的民族意识和民族文化心理中的某些消极因素也会给马克思主义大众化带来一定的负面影响。"民族意识包括民族自我意识、民族交往心理、民族感情、民族性格、民族价值观、民族需要结构、民族动机体系和民族社会化等等内容。……民族意识和民族自我意识特征体现在民族成员的心理活动过程和民族人格之中，通过民族成员的价值观、信念、动机和需要体系反映出来。"③ 民族意识作为区分本民族与其他民族的心理标志，是维系本民族稳定、生存和发展的心理基础，也是让民族成员产生归属感、向心力和凝聚力，增进民族成员团结的心理基础。这些都是民族意识的积极功能。民族意识的消极功能则体现为"具有一

---

① 相关数据系根据《中国统计年鉴（2016 年）》整理所得，2018 年 1 月 8 日（http://www. stats. gov. cn/tjsj/ndsj/2016/html/0214CH. jpg）。

② 《中国统计年鉴（2016 年）》2018 年 1 月 8 日（http://www. stats. gov. cn/tjsj/ndsj/2016/html/0215CH. jpg）。

③ 李秋洪:《广西民族交往心理》，广西人民出版社1996 年版，第4—5 页。

定的狭隘性、保守性、排他性和利己性及其所带来的阻滞或破坏民族正常发展和正常交往的社会作用"①。譬如，广西瑶族历史上传承下来的同宗共祖意识，尽管曾对瑶族的生存繁衍起过积极的作用，但是基于这种意识而形成的以族长为中心的瑶老组织，家长制作风浓厚，扼制了本民族成员个性的发展，产生了宗族的狭隘性；同时，只认同宗的意识还会导致本民族自我封闭，外族的先进文化难以传播进来，将会延缓本民族社会发展的步伐。② 另外，瑶族群众将盘瓠看作创世主、救世主及学习楷模的崇祖意识，尽管对于传承民族传统文化有一定的积极意义，但是假如将这种崇祖意识的积极性夸大化，一味强调恪守古训，自我满足、思想僵化、缺乏主见，将使瑶族群众向外学习的能力受到抑制。③

第四，传统宣教方式和学风文风中存在的问题。传统宣教往往体现为宣讲者与受众之间"你说我听""你做我看"的单向线性过程，宣讲者缺乏与受众的互动和交流，宣讲者对民族群众的所想所盼了解不足，未能与之建立起心灵的沟通，因此大众化工作效果有限。另外，传统学风文风中还存在一定程度的形式主义、主观主义、教条主义和经验主义等倾向，偏离少数民族地区实际、脱离群众，导致马克思主义大众化工作对民族群众的吸引力不足、影响力不强。

（二）客观因素

第一，民族地区经济社会发展程度和文化教育水平相对滞后，某些地方社会风气欠佳，一些农村地区赌博、吸毒、搞封建迷信活动盛行。所有这些无疑会影响民族地区群众的思想和智识水平，制约马克思主义大众化的成效。

从表6—2中可见：2016年广东的地区生产总值是广西的4.3倍，公共财政预算收入和支出也分别是广西的6.7倍和3倍，说明两个省区的经济发展水平差距较大；社会的发展程度方面，广东的城镇化水平达69.2%，而广西的仅为48.1%左右；从两个省区的各个阶段教育学生占在校学生总数的比例看，广西与广东在义务教育阶段的差距并不大，但

---

① 潘志清：《西南少数民族心理特征嬗变研究》，广西人民出版社2006年版，第31页。

② 李本高：《瑶族文化心理结构探微》，《民族论坛》1992年第2期，第85页。

③ 同上书，第86—88页。

是在中等教育和高等教育阶段显示出了较大的差距；科技活动人员数和科研经费的使用情况两个省区的差距也比较明显；文化方面，广东的杂志出版数量和报纸出版数量是广西的 2.9 倍和 4.6 倍。可见，广西民族地区经济社会发展程度和文化教育水平与先进省份广东相比处于相对落后地位，这对于广西民族群众的思想开放、开拓创新精神的培养和接受先进文化的能力都会带来不利影响。

表 6—2   2016 年"两广"的经济社会发展状况和文化教育水平之比较

项目	省区	广东	广西
地区生产总值（亿元）		79512.05	18317.64
地方财政（亿元）	公共财政预算收入	10390.35	1556.27
	公共财政预算支出	13446.09	4441.70
人口（万人）	年末常住人口	10999.00	4838
	城镇人口	7611.31	2326
	乡村人口	3387.69	2512
教育（在校学生数，万人）	普通高等学校	189.29	81.03
	中等学校	705.05	360.50
	小学	905.22	451.37
	在校学生总数	1799.56	892.87
科技	科技活动人员数（万人）	73.52	12.08
	R&D 经费内部支出（亿元）	2035.14	117.75
文化	图书出版数量（万册）	31200	29193
	杂志出版数量（万册）	12270	4236
	报纸出版数量（万份）	298800	64275

资料来源：《广东统计年鉴 2017》2018 年 8 月 20 日（http：//www.gdstats.gov.cn/tjnj/2017/directory/content.html？01-02-0；http：//www.gdstats.gov.cn/tjnj/2017/directory/content.html？01-02-2）；《广西统计年鉴 2017》2018 年 8 月 20 日（http：//www.gxtj.gov.cn/tjsj/tjnj/2017/zk/html/01-03.jpg）。

第二，少数民族特有的传统社会组织和习惯法的消极因素也给马克思主义大众化带来一定的负面影响。不可否认的是，民族传统文化中有不少优秀文化因子值得我们传承，但是也存在某些已经与时代潮流相背离的东西根深蒂固地附着在人们的思想观念之中，成为人们追逐先进文化的阻力。因此，恩格斯曾说"传统是一种巨大的阻力，是历史的惯性力"①。我们这里仅以广西壮族地区存在的"都老制"和"习惯法"为例做粗略探讨。"都老制"是广西壮族历史上曾经长期存在过的社会组织，它根源于原始社会父系氏族制度，形成和发展于农村公社时期。这种组织形式，一般以同一宗族或由几个宗族组成的村寨构成，各个家族的族长组成村寨的议事机构，有的地方称为"议事团"。"议事团"的头人称为"都老"或"寨老"（尊称为"波板"，意为村寨之父）。寨老有权召开长老会议或村民大会，讨论和决定村寨的重大事情。在当代，"都老""寨老"作为村寨自然领袖的性质已经式微，但是其在民族地区群众心理层面的影响依然存在。"习惯法"则是民族群众在长期的共同劳动和生活中形成的行为规范，是社会成员共同意志和利益的反映。它是原始社会生产方式在意识形态上的表现，尽管随着原始社会的解体习惯法受到了削弱，但是直至今天它在民族地区依然发挥着一定的作用。

壮族地区的"都老制"和"习惯法"，强调共聚"议事"及平等原则具有一定原始民主的意味（这一点在下文中还会进行论述），但其对壮族社会发展的消极影响也是明显的，主要体现在：一是"都老制"和习惯法强化了村寨的自然性和封闭性，过于强调村寨的局部利益，阻碍了壮族社会内外经济、文化的联系和交流。二是"都老制"和"习惯法"按照旧传统来管理村寨，长期反复向人们灌输旧传统观念，譬如宗教观念、地域观念、小农经济观念等，越来越与今天的改革开放形势和法制化要求格格不入。三是"都老制"和"习惯法"强化村寨对人们的管理和约束，长期禁锢了人们的思想，加大了村寨成员对村寨的依附性。② 历史上一些不成文习惯法缺乏严格的法律准则和完备的实施程序，村寨头人往往按照自己的意志来解释和执行习惯法，立案、审案和断案过程往往没有经过认真的调查研究，单凭原（被）告人的一面之词来断案，作为立法、司法和执法的村寨头人（都老/寨老）的喜恶对案件的处置影响

---

① 《马克思恩格斯选集》第三卷，人民出版社 2012 年版，第 772 页。

② 周光大：《壮族传统文化与现代化建设》，广西人民出版社 1998 年版，第 277—278 页。

很大，难免发生徇私情、主观臆断的情况。为此，我们需要进一步加强民族地区社会主义法制建设，加强社会主义法制和政治民主教育。

第三，民族地区群众中宗教信仰和封建迷信的存在给马克思主义大众化带来不利影响。恩格斯曾对宗教产生的原因和实质进行过揭示："宗教是在最原始的时代从人们关于他们自身的自然和周围的外部自然的错误的、最原始的观念中产生的。"① 即宗教是一种错误的意识形式，"一切宗教都不过是支配着人们日常生活的外部力量在人们头脑中的幻想的反映，在这种反映中，人间的力量采取了超人间的力量的形式"②。人们创造了宗教这种意识形式反过来却又支配和影响人本身。马克思则深刻地揭示了宗教的社会功能，指出"宗教是人民的鸦片"③。列宁将这些观点看作马克思主义在宗教问题上的全部世界观的基石。广西民族地区群众所信仰的宗教是多元的：有传统的自然崇拜、祖宗崇拜，也有佛教、道教、基督教等宗教信仰，各种宗教信仰又与封建迷信因素相互交织，对人们的日常生产生活、民族地区经济社会发展，也对马克思主义和党的路线方针政策的宣传带来了不利影响。有学者指出，在新形势下"每一民族的传统文化中所隐含的褊狭性、排他性、封闭性和落后性都是本民族自身发展的羁绊"④。因此，我们在弘扬本民族传统优秀文化的同时，又要顺应时代潮流，移风易俗、推陈出新，变革那些已经与社会发展不相适应的旧思想、旧观念、旧道德、旧习俗、旧规范，在广大民族群众中树立起与市场经济和全球化态势相适应的开放、竞争、合作意识，法律意识，大局意识等，这是民族地区文化建设的当务之急。

第四，民族地区某些党员干部没有起到应有的带头示范作用，无所作为或乱作为，甚至出现贪污腐败问题，损害了民族群众的利益，也破坏了党和政府在民族群众中的良好形象。这些无疑会给民族群众理解和认同马克思主义和党的理论政策带来不利影响，增加马克思主义大众化的难度。

---

① 《马克思恩格斯文集》第四卷，人民出版社 2009 年版，第 309 页。
② 《马克思恩格斯文集》第九卷，人民出版社 2009 年版，第 333 页。
③ 《马克思恩格斯选集》第一卷，人民出版社 2012 年版，第 2 页。
④ 徐万邦、祁庆富：《中国少数民族文化通论》，中央民族大学出版社 1996 年版，第 415 页。

第五，改革开放新时期各种社会思潮在民族地区粉墨登场，人们价值观选择呈现多元化态势，也成为影响马克思主义大众化的重要因素。"当代中国，既有爱国主义、集体主义、社会主义思潮，也有民主社会主义、新自由主义、历史虚无主义、个人主义、民族主义、新左派思潮和公共知识分子思潮等。"① 这些社会思潮呈现出较强的现实针对性、传播方式和媒介多样化、传播对象平民化、演变长期性等特点，给民族地区马克思主义大众化带来了不小的挑战。

此外，宣传载体建设和创新相对滞后、推进科学理论大众化过程中差异化策略运用不足、保障措施不到位、对民族群众文化权益维护不够等，也都是制约民族地区马克思主义大众化顺利推进的客观因素。

第二节　发展民族教育，筑牢
马克思主义大众化之基

民族振兴的希望在教育，发展教育事业是实现我国社会主义现代化的关键。民族教育是国家整体教育事业的重要构成部分，是我国民族工作的重要内容。发展民族教育，有利于培育和提升民族群众的科学文化素质，有利于科学技术在民族地区的传播和民族优秀传统文化的传承，有利于党的路线方针政策在民族地区的贯彻，有利于民族平等、团结、互助、和谐关系的构建，有利于各民族共同繁荣和国家长治久安的实现。发展民族教育是促进民族地区马克思主义大众化实现的重要路径和举措。

一　发展民族教育助力提升民族地区马克思主义大众化成效

民族地区主体文化素质偏低是直接影响科学理论大众化的关键因素之一；民族地区文化教育发展的相对滞后直接影响民族群众的思想观念和智识水平的提升，进而影响马克思主义大众化的成效。我们要破解马克思主义大众化路径选择的难题，首先要大力发展民族教育，不断提升民族教育的质量。

① 黄家周：《论以社会主义核心价值体系引领社会思潮的几个关键》，《中共云南省委党校学报》2010 年第 2 期，第 41 页。

（一）重视民族教育是党推进民族地区马克思主义大众化的基本经验

左右江革命根据地时期的民族教育促进了马克思主义在民族地区的传播。第一，制定和实施民族教育政策，建立管理民族教育的机构。当时中国共产党领导下的红军和苏维埃政府，将发展民族教育事业视为根据地建设的重要任务之一。红七军颁布的《中国红军第七军目前施政纲领》中明确提出"实行平民教育，发展识字运动"①；在《中国红军第七军司令部政治部布告》中又进一步提出"提高文化，普及教育，劳动儿童，免费入学。推翻旧礼教，创造好风俗"② 等发展民族教育的方针。此外，左右江革命根据地的县苏维埃中皆设立文化委员会，区、乡苏维埃中设立文化委员来统一负责文化教育工作。第二，重视开展民族干部教育。左右江革命根据地时期红军在战斗休整期间举办的干部培训班有：东兰县七星区党政干部训练班、东兰武篆旧州屯党员干部训练班、恩隆县平马镇党政干部训练班、右江上游党政干部训练学校、龙州军政学校等，这些培训班培养了一批革命急需的干部和人才。第三，广泛开展农民教育。百色起义后不久，红七军即发出通告，要求根据地广泛开展识字运动，实行平民教育，扫除文盲的同时提高群众的思想觉悟；举办夜校是当时党开展农民教育的重要方式。从 1929 年 12 月至 1930 年 1 月，"左右江革命根据地各县，凡建立苏维埃的乡村，都有农民文化夜校或平民夜校。仅恩隆县、向都县北区、奉议县仑圩就有农民文化夜校或平民夜校 160 余所"③。农民夜校的学员在学习政治文化知识的同时，还学唱和编唱革命歌曲，配合苏维埃的中心工作将他们学到的革命道理、党的方针政策向其他群众开展宣传，达到群众自我教育的目的。第四，积极开展普通教育。左右江革命根据地党和苏维埃政府积极发展普通教育，并且将思想政治教育作为普通教育的重要内容。苏维埃政府成立后即在根据地中心区域各县乡普遍开办了劳动小学，并建立了一些新型中学。百色省立第五中学被改名为广西第一劳动中学，校长由百色县苏维埃政

---

① 中共广西区委党史资料征委会《左右江革命根据地》编辑组：《左右江革命根据地》上，中共党史资料出版社 1989 年版，第 105 页。

② 同上书，第 256 页。

③ 蒙荫昭、梁全进：《广西教育史》，广西人民出版社 1999 年版，第 603 页。

府文化委员会主席杨柳溪兼任。该校在教学上推行了一系列改革，取消了国民党"党义"课，增设了革命理论和军事训练等课程。总之，左右江革命根据地民族教育政策的制定和实施，使根据地呈现出了崭新的面貌，干部群众的文化素质得到了一定提升，马克思主义在民族地区也进一步传播开来。

抗日战争时期，中国共产党充分利用广西地方建设干部学校（简称广西地干校，1939 年 2 月 1 日由广西当局筹办成立）这个阵地培养抗战文化人才。广西地干校一成立，中共随即在其中建立了省外党员和省内党员两个支部。杨东莼（广西地干校教育长）和中共党组织把党员安排在学校各个部门、单位中担任要职，掌握了学校行政、教学、训练等主要阵地。广西地干校在两年间总共开办了四期，培训了乡、村长以及小学教员、行政职员共 1400 人。在此期间，师生员工的思想政治觉悟在参加学习和培训活动中得到了提高，适应了抗战形势的需要。[①] 同时，桂林师范学校（前身为两江师范）也为推动桂林文化城的抗日救亡群众运动和培养抗日文化运动骨干做出了贡献。另一方面，抗日战争时期和解放战争时期，桂林的广西大学、逸仙中学、桂林中学、桂林师范学校等都有中共组织，这些学校的共产党员和进步人士在教学中给学生介绍进步书刊，灌输进步思想，讲授革命道理，领导学生开展抗日救亡活动以及解放战争时期的民主运动。

中华人民共和国成立后，中国共产党明确提出了民族教育的社会主义办学方向。广西地方党和政府从实际出发采取了一系列政策措施发展民族教育。主要有：在大中专学校和中小学举办各种类型的民族班、建设民族院校，定向招收少数民族考生和定向分配的政策，加强了少数民族师资的培养，积极推广使用民族语文教学，组织区内外其他先进地区帮助少数民族地区发展教育事业，加强民族教育科学研究工作等，[②] 都取得了较好的成效。

---

　　① 中共广西壮族自治区委员会党史研究室：《中国共产党广西历史》第一卷，中共党史出版社 2004 年版，第 273—275 页。

　　② 金宝生：《社会主义初级阶段的广西民族问题》，广西人民出版社 1988 年版，第 185—188 页。

党的十一届三中全会以后，教育战线实现了拨乱反正，广西壮族自治区制定了发展民族基础教育的基本政策，实行大中专院校招收少数民族学生时适当降低录取分数线的照顾政策，继续在大中专院校举办各种类型的民族班以培养少数民族的中高级人才，组织支教工作队开展对少数民族的支教服务等一系列特殊政策，促进民族地区教育事业的发展。特别是民族院校建设方面取得了较显著的成绩：在党的十一届三中全会之前，广西仅有 1 所民族学院和 1 所中等民族师范学校，经过国家和广西地方的共同努力，至 1988 年广西全区已经办有民族学院、民族医学院、民族师范专科学校各 1 所，办有工业、农业、商业、卫生等民族中等专业学校共 7 所，中等民族师范学校 4 所，民族干部学校 8 所，专门培养壮语文工作者和壮文师资的壮文学校 1 所，各类民族院校的在校学生超过10000 人。① 各类民族院校不仅规模不断扩大，教育质量也得到提升。改革开放以来，发展民族教育已成为广西民族地区社会主义精神文明建设的重要任务。

经过中华人民共和国成立后尤其是改革开放以来几十年的努力，广西民族教育事业取得了巨大的进步。但是与先进省区相比仍有较大的距离。民族教育中存在的主要问题是：基础薄弱、发展不平衡不协调，小学入学率、巩固率、升学率偏低，一些地方中学教学质量欠佳；教育结构不合理，对职业技术教育的重视不够，民族高等教育发展缓慢，同时民族教育还存在受传统和宗教观念影响较深等问题，不能完全适应广西改革开放和现代化建设对高素质人才迫切需要的新形势。

（二）发展民族教育是解决当代民族地区马克思主义大众化难题的关键

解决当代民族地区马克思主义大众化实现的难题，关键在人；而解决人的素质偏低问题的关键在发展教育。广西民族地区发展民族教育任重而道远。

现实中广西一些少数民族地方由于过去长期处于封闭半封闭状态，文化教育发展滞后，民族群众中安于现状、追求平均主义、轻商鄙利等思想仍然存在；一些地方受历史上自然经济半自然经济的影响较大，市

---

① 金宝生：《社会主义初级阶段的广西民族问题》，广西人民出版社 1988 年版，第 187 页。

场经济发展缓慢，改革开放举步维艰；一些地方宗教迷信盛行，陈规陋习和旧俗的负面影响严重；一些地方文化人才匮乏，民族工作难开展等。上述情况制约着广西民族地区社会发展进步，成为马克思主义和党的方针政策在该地区广泛传播的瓶颈。只有大力发展民族教育才能从根本上改变这种不利情势。

首先，大力发展民族教育有助于提升民族群众的文化素质，促使他们思想实现解放，改变传统陈旧观念，接纳先进文化和新鲜事物。民族群众文化素质的提升又有助于深化他们对马克思主义和党的民族方针政策的理解。发展民族教育还有助于打破少数民族语言、思维习惯和心理因素对马克思主义传播的约束：由于少数民族青年学生从小就生活在学习和运用本民族语言的环境中，他们在学习汉语文时，不可避免要受到原来本民族语言语音、语法、词汇和思维上的干扰而造成一定的困难和障碍。解决这种困难和障碍的途径就是加强民族教育。

其次，大力发展民族教育能够培养大批服务于民族地区经济社会发展的各类干部和人才。教育成就人才，人才成就伟业。只有大力发展民族教育，才能提升民族群众的智力水平，培养大批各行业所需的人才，缓解民族地区人才匮乏危机，才能开辟民族地区经济社会发展的新路子。

再次，大力发展民族教育有助于营造尊重知识、尊重人才、尊重创造、见贤思齐的良好社会氛围。蒙昧落后的意识、封闭保守和不思进取的意识只有通过教育才能消除。我们要通过发展民族教育激发民族群众创造潜能，为经济社会发展提供智力支持。发展民族教育又要端正教风学风，教风学风正则社会风气正，二者的良性互动又有助于推进民族地区马克思主义大众化。

最后，大力发展民族教育有助于民族文化的传承和创新。民族教育不仅起着启民智、正民风的作用，而且具有传承和创新民族文化，促进民族文化向现代转型的使命和功能。民族教育倡导保护和传承民族优秀传统文化，并将其作为青少年人文教育的重要内容；民族教育过程中推进传统文化的改造和创新，促使民族文化在新时期以新形态彰显其新鲜活力和价值。这些变革将有助于实现优秀民族传统与马克思主义的契合，从而为马克思主义这一先进文化在民族地区传播提供条件和可能。

二　着力促进教育公平并充实民族教育内容

衡量教育发展程度有两个重要指标：教育质量和教育公平，这也是人民群众对教育事业是否满意的标准。广西教育经过中华人民共和国成立以来尤其是改革开放40年来的发展，目前已经基本普及9年义务教育，跨入免费教育阶段；职业教育全面展开，中等职业教育逐步实现与普通高中教育同步发展；高等教育的规模快速扩大，跨入"大众化"发展阶段。但是，广西教育的总体发展水平在全国依然靠后，尤其是高中阶段以上教育与全国平均水平相比还有较大的差距，教育供应与人民群众日益增长的教育需求之间的矛盾仍然比较突出。我们认为广西当前发展民族教育不仅要扩大规模、增加数量，更重要的是提升质量、促进公平，实现内涵式发展。"打造广西教育升级版"已成为广西发展民族地区教育的共识。而所谓"升级"，最主要的是教育质量和公平的升级。

（一）着力促进民族教育公平，实现教育均衡发展，不断提升教育质量

第一，将党和政府发展广西民族教育的有关制度、政策和措施落到实处。党的十一届三中全会后，广西党和政府不断深化教育体制改革，逐步完善发展教育的制度、政策和举措。1992年6月，广西壮族自治区第七届人民代表大会常务委员会第二十九次会议通过了《广西壮族自治区教育条例》。这个条例对广西的基础教育、职业技术教育、高等教育、成人教育、少数民族教育等各种类型教育做出了原则性的规定，对师范教育和教师、教育经费和物质保障、教育行政管理、奖惩制度提出了明确要求。在2014年1月，广西壮族自治区人民政府又印发了《广西教育振兴行动计划总体方案》（桂政发〔2014〕13号），该方案提出在2014—2017年全广西投入1018.8亿元，实施"八大工程"①。这些工程的实施使得各级各类学校的办学条件得到改善，教育资源有效增加，教育质量

---

①　"八大工程"：义务教育均衡发展工程、高中阶段教育突破发展工程、现代职业教育发展工程、高等教育特色化上水平工程、学前教育发展工程、教师队伍强质增量工程、教育信息化建设工程、教育扶贫富民工程。详见《广西壮族自治区人民政府关于印发广西教育振兴行动计划总体方案的通知》（桂政发〔2014〕13号），广西壮族自治区人民政府公报2018年8月20日（http：//www.gxedu.gov.cn/Item/11642.aspx）。

进一步得到提升，将为广西早日实现"两个建成"目标提供更加优质的人力资源支持。具体落实党和政府发展民族教育的有关制度、政策和措施是发展民族教育造福于民、取信于民的关键。

第二，充分发挥各方力量扶持民族教育。民族地区发展民族教育不仅是政府各级教育部门的事，同时需要相关职能部门的支持和配合，比如财政厅、科技厅、民委、发展改革委、扶贫办等相关部门和单位都有责任为发展民族教育服务。另外，还应发挥区内外企业、个人和其他社会力量对民族地区教育事业进行支援、扶持和资助。譬如，自1996年起，广州和百色就结成对口帮扶对子，帮扶形式从农村贫困人口的帮扶延伸到企业帮扶、教育帮扶、科技帮扶、文化帮扶、信息帮扶等，帮扶领域不断拓展，治穷与治愚相结合，成效显著。其中，在教育帮扶方面，广州大力支持百色中小学的基础设施建设。据报道，近20年来广东省社会各界共捐资1亿多元，在百色市先后兴建希望中小学和培训中心校245所，总建筑面积达25万平方米，惠及全市12个县（市、区）80多个乡镇，解决了8万多名少年儿童入学难的问题。同时，多年来广州市还采取多种方式为百色培训、培养了大批中小学校长和骨干教师。① 正是得益于外部力量的支援和扶持，再加上民族地区的自力更生，才有广西民族地区教育事业的长足发展。

第三，在民族群众中宣传和培育"读书有用"意识。广西一些地方曾出现过颇为尴尬的局面是：地方政府对民族教育不可谓不重视，经费投入不少，但是某些民族群众并不"买账"，认为在子女教育上花费太多划不来。究其根源有很多方面，其中很重要的一点就是某些民族群众心目中根深蒂固地存在唯我意识和功利观念，认为只有我和我的意识才是正道，什么后代、前代都与我无关。譬如，有些苗族群众在对待子女接受教育的问题上，就认为送子女入学要么能实现"读书当官梦"，要么是"读书能挣大钱"，一旦看到他人或自己的子女不能达到期望，就会备受打击，得出"读书无用"的结论；还有一些苗族群众认为送子女上学会吃大亏，因为子女自上学之日起就离"我"而去，导致眼前不能帮家里

---

① 徐顺东等：《情系右江二十载——广东省、广州市对口帮扶百色纪实》，《广西日报》2016年9月15日第8版。

干活，将来也不一定回归。① 我们要改变这种状况，一方面就要重视成年人（父辈）的思想教育，使他们真正认识到子女接受教育的重要性，培育"读书有用"意识，用翔实的案例使他们充分认识到知识可以改变命运、改变家庭、改变家乡、改变国家和民族的道理，而这些改变是符合自己的根本利益和长远利益的，从而使他们乐意送子女上学多读书；另一方面又要深化教育人事制度改革，加强教师的业务培训，实行择优奖优的方针，调动教师工作的积极性，不断提升教育质量，增强学校教育对学生及其家长的吸引力。

第四，合理配置教育资源，科学调整教育布局，推进民族教育均衡发展。当前广西民族教育存在的一个主要问题是：教育资源在区域之间、城乡之间、校际之间、群体之间的配置不够均衡，教育布局不尽合理。义务教育未能完全实现均衡发展，城镇教育水平比较高，农村地区特别是少数民族聚居区、大石山区、贫困地区、边境地区，以及一些边远的工矿企业、城乡接合部、移民安置区等地方的教育力量比较薄弱。高等教育布局也不尽合理，广西的高校大部分集中在南宁市和桂林市，其他有些城市仅有一两所本专科院校、有些城市没有高等院校。广西高等教育资源过分集中在某些地方，对民族教育的整体发展是不利的。

因此，我们要坚持教育的公益性、普惠性原则，逐步调整广西不合理的教育结构和布局，改革资源配置方式，统筹城乡教育资源，适当向基础薄弱的地区和学校倾斜，以促进教育公平、提高教育的质量和内涵。当然，我们所强调的教育公平不是搞平均主义、一刀切，而是强调要遵循教育规律、注重教育效率、实现动态发展的公平。"要根据学龄人口居住状况，综合考虑城镇化进程、新农村建设等各种因素，合理确定各类学校布局和规模，科学配备师资力量，把有限的资源配置到教育发展最需要最紧缺的地方，使其发挥最大最好的效益。"② 我们应根据这些指导方针和原则，制定具有较强操作性的具体改革措施，推动民族教育实现均衡发展。

---

① 王光荣：《边境民族教育的瓶颈与对策——广西那坡水弄苗寨教育状况的调查与思考》，《广西师范学院学报》（哲学社会科学版）2005 年第 4 期，第 19—21 页。

② 彭清华：《打造广西教育升级版》，《中国教育报》2014 年 1 月 27 日第 4 版。

(二) 充实民族教育的内容

民族教育的一个重要目标是：实现民族群众尤其是青少年的德智体全面发展，促进民族地区社会的和谐、稳定和发展，以及国家的长治久安。民族教育的内容就是要围绕这个目标而确定。笔者认为，当前广西民族教育发展应该注重实现民族教育内容的全面性、多层次协调性和长效性。

其一，民族教育内容的全面性。一是思想政治教育。包括在民族群众中开展社会主义核心价值观教育和理想信念教育，加强习近平新时代中国特色社会主义思想教育，加强理论自信、制度自信、道路自信和文化自信的教育；加强马克思主义民族理论和党的民族政策教育；加强民族地区的区情教育等。二是生产知识和职业生产技能的教育。这可以通过开展民族地区职业技术学校的系统教育以及通过政府有关部门组织各类免费或低学费的长期或短期的职业生产技能培训来实现。三是确立终身学习和科学教育观。"思路决定出路"。我们要通过解放思想、加强教育、更新观念，打破束缚民族地区发展的精神牢笼；应在日常的宣传中使群众体会到树立终身学习和科学教育观念的重要性。四是政治参与意识和能力的教育。少数民族群众是创造民族地区历史的主力军。我们要充分尊重民族群众的主体地位，发挥他们的主人翁精神，促使民族区域自治制度和其他方针政策落到实处。为此，我们还应加强少数民族地区群众政治参与意识的教育，提高他们政治参与能力，发挥他们政治参与的积极性、主动性、创造性。这也是当代民族地区马克思主义大众化的题中应有之义。

其二，民族教育内容的多层次协调性。我们应根据不同的对象和目标协调民族教育的内容，包括协调全日制大中小学教育的德育、智育、体育、美育等内容，协调非全日制教育和成人教育的内容，协调普通群众教育和党员干部教育的内容；我们还应根据国家整体教育目标、民族地方的教育需求和时代发展变化的要求调整教育的内容。既要注重教育内容的全面性，又要根据不同地方民族群众的特点和不同时期的教育要求突出教育重点，进行协调和统筹兼顾。

其三，民族教育内容的长效性。发展民族教育不是权宜之计，而是长久之举。因此，一方面，民族教育要注重提高教育效果，使民族地区群众能够从接受民族教育的内容中持久受益；另一方面，民族教育在内容的设置上既要服务于当下又要着眼于长远：着力解决当前民族教育存在的瓶颈问题（比如传统教育与互联网时代教育的衔接问题），又要未雨绸缪有一定的前瞻性，建立民族教育内容动态调整机制。

三　根据民族地区特点丰富民族教育形式

内容离不开形式，需要通过形式来反映；形式也离不开内容，要为表现内容服务。开拓和丰富教育形式是广西民族教育的重要任务，也是推进民族地区马克思主义大众化的重要条件。改革开放以来，我国官方的教育政策文件中曾多次提出要构建与民族地区相适应的民族教育形式。譬如，1980 年 10 月教育部、国家民委《关于加强民族教育工作的意见》中提出了扶持和发展民族教育的方针和具体措施，特别指出发展民族教育"必须从各民族的实际出发。不能照搬汉族地区的做法，也不能在各个少数民族之间搞一刀切"，要"逐步建立适合少数民族地区特点的民族教育体系"[1]。时隔 12 年后，《国家教委、国家民委关于加强民族教育工作若干问题的意见》（1992）再次强调发展民族教育事业"要根据当地经济、教育发展的不同程度，合理确定和调整本地区各级各类民族教育事业发展规模、速度以及教育结构和办学形式"[2]。进入 21 世纪，《国务院关于深化改革加快发展民族教育的决定》（2002）中又指出"民族教育的改革与发展要坚持实事求是、从实际出发，在发展规划、改革步骤、目标要求、办学形式、教学用语、课程设置、学制安排等方面因民族、因地区制宜。……使我国民族教育既保持自身特色，又具有鲜明的时代特点"[3]。可见，党和国家强调民族地区结合自身特点发展民族教育的要求是一以贯之的，越来越明晰化且更具现实指导意义。因此，我们为推进广西民族教育，不仅要充实教育内容，还要不断丰富民族教育形式。

---

① 《教育部、国家民委关于加强民族教育工作的意见》2018 年 1 月 8 日（http://www.china.com.cn/guoqing/zwxx/2011—10/02/content_ 23540608. htm）。

② 《国家教委、国家民委关于加强民族教育工作若干问题的意见》2018 年 8 月 20 日（http://www.seac.gov.cn/art/2011/1/19/art_ 59_ 108614. html）。

③ 《国务院关于深化改革加快发展民族教育的决定》2018 年 1 月 8 日（http://www.gov.cn/gongbao/content/2002/content_ 61658. htm）。

第一，拓宽教育渠道，针对不同少数民族的特点，促进民族地区的学校教育、家庭教育和社会教育密切配合。历史上广西民族地区关于这三方面的教育积累了不少可资借鉴的宝贵经验。

学校教育方面。广西民族地区古代当政者就曾经把发展学校教育看作启发民智、安抚民心、促进民族地区发展进步的重要手段。壮族先民聚居的岭南地区早在秦汉时期就出现私学；两汉之交在苍梧广信（今梧州）出现了陈钦、陈元父子两位著名的经学家，他们为岭南地区文化教育的发展做出了很大贡献。隋开皇十七年（597），桂州总管令狐熙拨专款为各州县"建城邑，开设学校"，此为广西官学兴办之始。宋代的广西则崇尚理学，重视兴学宣道，广建学宫，教育人民。清朝曾在壮族聚居的桂西地区相继创办了镇安府学、太平土州学、奉议州学、西林县学等15 所学校，并在民族地方创办了一批义学和书院。在 20 世纪 30 年代雷沛鸿任广西教育厅厅长期间，曾积极倡导和推行国民基础教育运动。中华人民共和国成立后，民族地区的教育事业得到党和政府的高度重视，当时省教育厅专门成立了民族教育科以加强对民族教育工作的领导。在当代广西民族地区已经形成了由高等、中等和初等教育共同构成的有民族特点的多种类型教育体系。再以瑶族为例，宋代封建中央皇朝就曾在梅山地区推行"以儒为教"的措施，开始在瑶族地区办学。明王朝在镇压罗旁瑶族农民起义和大藤峡瑶民起义之后，便在瑶族聚居的地区增设州、县，建立学校，允许一些归降的瑶族酋首的子弟入学接受教育，以此进行笼络。至清代，清皇朝在瑶族地区建立"瑶学""官学""义学"，鼓励苗、瑶子弟入学读书。民国时期，桂系军阀在各瑶族地区设立学校，推行"开化"瑶民的系列教育措施。中华人民共和国成立后，经过数十年的努力，瑶族聚居的乡、村都办起了小学，乡、镇办初中，县办高中和民族中学，边远的山区还办寄宿制的初中或民族班，让瑶族子弟都有接受教育的公平机会。① 自 1986 年 7 月《中华人民共和国义务教育法》施行后，广西各地深入宣传和实施该项法律，取得了较好的成绩，九年义务教育在瑶族地区逐步实现了普及。

---

① 广西壮族自治区地方志编纂委员会编：《广西通志·民族志》上，广西人民出版社 2009年版，第 234—235 页。

　　社会教育方面。一是重视开展农业生产知识和劳动技能的教育。壮族的先辈们通常用言传身教和编唱山歌的方式向后辈传授农业生产知识。比如，壮族乡村民间广为流传的"四季歌""十二个月农事歌"等。壮族乡村还在岁时节日如开耕节、插秧节、牛魂节、蛙婆节等祝祀活动中传授生产知识和宣传爱护耕牛、青蛙的意义。瑶族同样有利用歌谣、故事传说传授历史知识和生产知识的传统。二是重视人生礼仪、道德规范方面的教育。主要是通过长辈指导、山歌传唱等方式使本民族成员能够在待人接物、言谈举止、借贷买卖等方面形成良好的习俗和规范；在一些壮族乡村还通过制定和宣传（通过口头及木刻、石碑文字等方式宣传）乡规民约，维护了当地正常的社会生产和生活秩序。① 瑶族一些地方则通过举办集会方式进行社会教育，还有的地方通过群众性活动教育加强社会公德教育。比如，桂西一带布努瑶素有"笑酒"习俗，② 实为教育人们遵守社会公德。款约则是侗族民间社会教育的重要方式。中华人民共和国成立前，各地侗族村寨都制定有款约，内容涉及侗民的田地山林、池塘水源、作物房产及公有财产的使用和管理、社会治安、环境保护、道德规范等方面，款约中明确具体的处罚条款和处罚方式。款约制定之后，通常使用集款（召开村民大会）的方式，由款首或寨老宣讲款约的内容，对寨民进行教育。而对那些违犯款约者，往往也通过召开群众大会来说明处罚的理由与处罚方式，以儆效尤。侗族通过款约的教育形式，促使群众在日常生活中养成良好的道德，并利于营造当地和谐安定的社会环境。③

　　家庭教育方面。历史上，广西各少数民族同样十分重视利用家庭对子女传授生活常识、生产技能和伦理道德。以瑶族为例，瑶族家庭常常在家人围坐火塘取暖时或者饭后闲谈时，家中老人会勉励子女勤劳生产，

---

　　① 广西壮族自治区地方志编纂委员会编：《广西通志·民族志》上，广西人民出版社2009年版，第67—68页。

　　② 布努瑶的"笑酒"习俗：在桂西一带的布努瑶村庄，每逢村中有喜事，主家在设酒席宴请亲朋好友时，有意把那些平时不遵守社会公德、有越轨行为的人安排在一桌，由几个老人陪伴。席间，老人借喝酒的机会，运用比喻、讽刺的方法互相对白，教育众人，俗称"笑酒"。

　　③ 广西壮族自治区地方志编纂委员会编：《广西通志·民族志》上，广西人民出版社2009年版，第337页。

不要好吃懒做或干偷抢等坏事，要敬老爱幼、夫妻和睦、与人诚实相处等。每逢大节祭祖时，还常请族中老人由近及远地念唱历代祖先的姓名和"祖图"，以示"不忘祖根"；丧事时缅怀老人功德，教育后代要继承先辈优良传统；① 等等。

笔者认为，在当代丰富民族地区的民族教育形式，既要善于从历史上各民族的学校教育、社会教育和家庭教育形式中汲取有益养分，采用民族群众喜闻乐见的方式开展，又要从现实的需要出发，添加与时代相适应的新教育内容，不断改进教育形式，促使少数民族群众树立起牢固的现代知识观、社会主义民主观、和谐观和法制观。同时，我们还应促进各种教育形式密切配合，显性教育与隐性教育相结合，在潜移默化中达到教育的目标。

第二，因材施教，针对不同受教育对象，促使民族地区党员干部教育、普通群众教育和青少年学生的思想政治教育相得益彰。就党员干部教育而言，由于不同地区所面临的社会难题不尽相同以及个体的教育需求存在差异，党员干部的教育形式应该多样化：有的强调学历教育，有的要求增加业务知识，有的希望能增加异地交流和挂职锻炼的机会。当前，我们应在健全和完善由各级党校、各类干部学校和民族院校所构成的教育培训网络的基础上，进一步丰富民族地区党员干部教育的形式、层次和渠道。比如，为民族干部增加参加国内外交流和挂职锻炼的机会、鼓励他们到高校进行业务进修，运用互联网载体开展干部远程教育、制作音像制品为载体的党员干部廉政教育等。另外，广西还可以借鉴其他民族地区干部教育方面的有益经验。譬如，新疆维吾尔自治区在民族干部培养选拔所实行的"规划先行、分类实施、跟踪考核、育选结合"培养模式和"学习培训、实践锻炼、岗位交流、结对帮带"四位一体的培训途径，最大限度地提升民族地区党员干部教育的效果。

就加强民族群众思想政治教育而言。一是要充分考虑各民族群众的心理特点，更好地开展思想政治工作。我们要不断满足民族群众的物质和精神生活需要，充分了解其民族自尊心和民族自治意识，不断增进民

---

① 广西壮族自治区地方志编纂委员会编：《广西通志·民族志》上，广西人民出版社2009年版，第235页。

族团结，进一步增强少数民族群众对国家的认同和向心力。二是有针对性地做好对少数民族群众的宣传教育工作。民族地区的宣传教育应注意将坚持新闻事业的党性原则与地方特色密切结合起来。党的宣传教育工作方式也要注意符合当地民族文化传统和风俗习惯，把握各民族的个性和民族心理意识特征，充分考虑民族群众对所宣传内容和方式的"可接受性"。三是在群众中广泛宣传报道各民族在建设中国特色社会主义进程中体现的团结进取精神，宣传民族地区改革开放以来在各方面所取得的新成就、新经验，创造良好的舆论环境。[①]

就青少年学生思想政治教育而言。除了要进一步加强和改进民族地区大、中、小学的思想政治理论课程的教学之外，还应广泛开展有本地特色的区情教育。广西民族地区一直以来将区情教育作为青少年思想政治教育的重要方式。早在 20 世纪 90 年代初，广西区党委宣传部、区教委、团区委、区新闻出版局就曾联合在全区青少年中开展"爱我广西"读书活动，目的就是在青少年中宣传普及广西的光荣区史、多彩区情、优越区位以及美好的发展前景，激发他们热爱家乡、建设家乡、振兴家乡的情感。1994 年 3 月，广西人民出版社组织有关专家、学者撰写出版了通俗图书《爱我广西》，该书从八个方面[②]，以大量翔实准确的史料数据、生动的语言文字，概括地反映了广西的历史、现实和未来，是一本十分难得的区情教育读物。"2013 年广西课程教材发展中心又组织区内得力专家和学者编写了《美丽广西——广西大学生区情教育读本》，为民族地区高校大学生进行区情教育提供了很好的素材。该书从红色广西、生态广西、和谐广西、文化广西、富裕广西、壮乡之最等六个方面介绍和描绘了'美丽广西'，旨在让大学生了解广西、热爱广西，进而投身建设广西事业中去。"[③] 除了出版教材外，近年来广西区教育厅还通过举办区情知识竞赛、专家讲座等方式在大、中、小学生中深入开展区情教育。

---

　　① 乌兰：《关于加强和改进民族地区群众思想政治教育的思考》，硕士学位论文，东北师范大学，2006 年，第 22—23 页。

　　② 包括"悠久的历史文化""光荣的革命传统""丰富的自然资源""纯美的民族风情""辉煌的建设成就""繁荣的社会百业""光辉的发展前景""优秀的各族儿女"八个方面。

　　③ 黄家周：《民族地区高校大学生中国特色社会主义理想信念教育路径研究》，《前沿》2013 年第 20 期，第 31 页。

　　总结以往广西区情教育的经验，笔者认为很重要的一点就是：努力实现教育内容和教育形式的与时俱进，尤其是在当代要充分运用互联网载体开辟区情教育新阵地。当然，目前广西区情教育仍存在需要克服的一些问题：一是师资的不足，现有的区情教育师资基本上是由思想政治理论课教师兼任，他们对区情的专业知识储备不够，难以做到游刃有余开展区情教育教学；二是区情教育读本大多对当代青少年的吸引力不够强，教育效果有所减弱。为此，一方面我们要加大区情教育的师资队伍建设力度，建立一支专职兼职师资队伍；另一方面，要将区情教育与加强青少年学生的民族传统文化教育结合起来，同时为增强区情教育的吸引力，可以考虑在教材或教育制品中植入动漫、音视频等，增强区情教育的直观性、形象性和生动性，并具有一定的互动性，还应创造条件运用情景模拟体验方式使青少年学生在参与中感受区情教育的魅力。

　　第三，加强实践教育环节，以建设和改革的成果教育人、说服人。这里的实践教育既体现为党在民族地区落实方针政策所取得的成果，表明了方针政策的正确性，也体现为引导民族群众参加一些惠民项目的实践，使他们在参与实践中感受到事业的崇高性，体会这些实践与自身利益的关联性，这本身也是一种教育。譬如，近年来，广西在全区开展"美丽广西·清洁乡村"活动时实施了向基层派驻工作队和向贫困村选派驻村第一书记的方式帮扶当地发展的举措，这既是党员干部接受实践锻炼和教育的重要渠道，也让民族群众从参与的活动中受到了教育。据报道，在"美丽广西·清洁乡村"活动开展之初，一些地方曾出现了"干部捡垃圾，群众旁边笑"的现象。经过在民族群众中广泛宣传和教育引导，特别是让他们体会到活动成果带来的便利，民族群众的观念发生了转变，积极支持并自觉投身清洁乡村活动中。有研究者于 2013 年在广西大化县弄法村进行调研时，听到该村二五小队 32 岁的瑶族村民蓝××感慨："以前村里不通路，到处脏乱差，导致村里的女青年都不愿嫁在本地……这几年村里通了路，环境变好了，春节期间举家回村过节的男女青年明显多了。"① 瑶民朴素的话语道出了在党和政府以及村民的共同努

---

① 杨亚非、许凌志、程启原：《农村外出务工人员在"美丽广西·清洁乡村"活动中的重要作用——广西大化县弄法村调研的思考》，《学术论坛》2013 年第 10 期，第 96 页。

力下农村生存生活环境的改善给村民带来的实惠，也促使他们的观念在悄然发生变化，这种实践教育比单纯的话语宣传更有说服力，更有助于激发农民作为主体力量参与建设和改革的热情。

此外，我们还应重视发挥民族群众的自我教育作用。中国共产党在长期开展思想政治教育的实践中则创造了忆苦思甜、讨论磋商、批评与自我批评等各种自我教育的有效方法，这些方法在条件艰苦的革命战争年代和中华人民共和国成立之初都曾经对于调动人们的积极性、主动性和创造性发挥了重要作用。

在当代民族地区，笔者认为可以从多方面推进民族群众自我教育活动的开展。其一，通过综合比较的思想教育方法，启发民族群众觉悟，使他们知晓自身的优势和劣势，激发他们向先进地区和先进人物学习的意识；其二，"有的放矢"，教育工作者要弄清民族群众内心的所思所想，即其当下最关心、最困惑和最敏感的问题有哪些，协助民族群众解决好这些问题，并增强他们自力更生的意识；其三，还可以开展与民族群众谈心和交流活动，引导他们思考和解决自己遇到的矛盾和问题，指导他们在参与实践活动中认识和反思自己的不足，自觉开展自我教育。

第三节　改善文化民生，夯实马克思主义大众化的路径

关注、发展和改善民生是中国共产党的重要执政理念之一。民生不仅指满足人民基本物质需求，还包括实现人民基本文化需求。文化民生作为文化层面的人民生计，是整个民生的有机组成部分。当前，我国文化民生的基础依然比较薄弱，社会各界对文化民生的重要性、必要性、紧迫性的认识也有待进一步提高。文化民生在发挥文化惠民、文化富民和文化育民方面的功能有着特别的意义。"文化民生是一条让社会主义意识形态润物无声地融入人民群众、满足人民群众、引领人民群众的现实路径。"[1] 发展和改善文化民生有助于促进人民群众树立坚定的马克思主

---

① 温兆标：《文化民生：社会主义意识形态大众化的新路径——以江苏的生动实践为例》，《长白学刊》2010 年第 6 期，第 133 页。

义信仰，解决"广大群众的精神生命的安顿问题，亦即安身立命之道的解决问题"①。在民族地区，我们通过建设和完善公共文化服务体系、组织开展积极健康的群众文化活动、保障民族的基本文化权益来改善文化民生，以进一步夯实马克思主义大众化路径，提升民族凝聚力和创造力。

一　加强民族地区公共文化服务体系建设

公共文化服务体系是由政府主导、社会和公民共同参与下形成的"普及文化知识、传播先进文化、提供精神食粮、满足人民群众文化需求、保障人民群众文化权益的各种公益性文化机构和服务的总和"②。公共文化服务体系是基层宣传思想文化工作的重要支撑，为发挥文化的教育功能创造条件。近年来，广西的公共文化服务体系建设整体推进，规模不断扩大，质量逐步提升，成绩令人瞩目。其中，2013年"来宾市率先建成全国首批国家公共文化服务体系示范区。玉林市被列为第2批国家公共文化服务体系示范区创建城市。柳州市的'鱼峰歌圩'获得文化部创建全国公共文化服务体系示范项目资格"③。目前，广西已初步形成了市、县（区）、镇（街道）、村（居委）四级覆盖城乡的公共文化服务设施网络体系；已经建成了一批提供公共文化服务的馆、站、室并投入使用，深入实施了一系列文化改革发展项目，培育和打造了多项文化活动品牌，基层和社区文化服务得到了加强。但是，广西公共文化服务体系的总体建设水平与先进省区相比仍有不小的差距，跟广西经济社会发展水平和民族群众日益增长的精神文化需求相比也仍显不足。我们要按照党和国家关于建设中国特色社会主义文化的要求，从广西实际出发，统筹兼顾、开拓创新，推进广西公共文化服务体系建设。

第一，准确把握新时期党关于建设公共文化服务体系的要求。党的十八届三中全会通过的《中共中央关于全面深化改革若干重大问题的决定》中专门就"构建现代公共文化服务体系"提出了相关原则和要求：

---

① 李宗桂：《提升软实力重在文化民生》，《人民论坛》2007年第21期，第77页。

② 杨先农、黄家周：《毛泽东统筹兼顾思想与公共文化服务体系建设》，《理论学刊》2012年第5期，第73页。

③ 广西壮族自治区地方志编纂委员会办公室：《广西年鉴·2014》，广西年鉴社2014年版，第52页。

建立公共文化服务体系建设协调机制、群众评价和反馈机制，完善绩效考核机制，引入竞争机制等。2015 年 1 月，在中共中央办公厅、国务院办公厅联合印发的《关于加快构建现代公共文化服务体系的意见》中，特别指出：要明确老少边穷地区服务和资源缺口，集中实施一批文化扶贫项目；进一步加强边境地区基层公共文化设施建设，打通公共文化服务"最后一公里"；促进地区对口帮扶，尤其是加大人才交流和项目支援力度；推动革命老区、民族地区、边疆地区、贫困地区的公共文化建设实现跨越式发展等。① 由此，广西应从自身实际出发，落实好党和国家有关构建公共文化服务体系的要求，加快构建和完善有广西特点的现代公共文化服务体系，实现公共文化服务的社会化、均等化和特色化。

第二，建立健全广西民族地区基本公共文化服务标准体系。基本公共文化服务标准体系包括国家级的，也包括地方级别的。二者的共同点是：坚持"以人为本"的原则，从人民群众的基本文化需求出发，以实现他们的基本文化权益为目标；坚持"量力而行"的原则，根据国家和地方的经济社会发展水平和供给能力，确定所提供公共文化服务的内容、种类、数量和水平；坚持"权责明确"的原则，明确各级政府的责任和群众的文化权利和义务，充分发挥群众的积极性、创造性，保证文化利益分配的公平性等。而广西民族地区基本公共文化服务的标准体系还应充分体现自身的特色：一是要与广西民族地方经济社会发展水平相适应，符合民族群众的需求，相关指标应具有地域特点和民族特色，有助于推进整个民族地区文化的发展和繁荣。二是要进一步建立健全具有广西地方特点的公共文化服务法律体系，完善广西地方公共文化服务的法律规范，不断提高地方公共文化服务领域的法治化水平，让民族群众的基本文化权利、文化权益得到法律保障，使民族群众的文化创造力受到保护。三是要建立广西基本公共文化服务标准体系的动态调整机制。我们既要确保该标准体系一定时期内的相对稳定性、权威性，又要根据广西经济社会发展变化的新情况适时调整其中的某些具体指标，增强该体系的适用性和实效性。

---

① 《关于加快构建现代公共文化服务体系的意见》（全文）2018 年 8 月 20 日（http：//www. xinhuanet. com/zgjx/2015—01/15/c_ 133920319. htm）。

第三，坚持统筹兼顾的思想，推进民族地区现代公共文化服务体系建设。"建设和完善我国公共文化服务体系应着力统筹兼顾资金、技术、物力、人力等要素以及不同单位、不同领域、不同区域、不同主体等各方面关系，妥善处理好各类矛盾和问题。"① 广西民族地区建设现代公共文化服务体系同样需要遵循统筹兼顾思想，统筹用于各领域的公共财政支出确保用于公共文化服务体系建设的资金，统筹政府的力量和非政府的力量，统筹区域之间和城乡之间的关系，统筹文化人才队伍建设与民族群众主体作用的发挥，最大限度地发挥各种因素和力量的积极作用。要不断完善民族地区公共文化服务的管理制度，明确党和政府的领导管理权责，统筹发挥财政、金融、规划、教育、科技、人力资源、城乡建设等部门在推进民族地区公共文化服务体系建设方面的职能和协同作用。通过有效整合基层公共文化服务的各种资源，实现共建共享、互联互通，提高公共文化建设项目的综合效益，为民族群众提供高质量的公共文化服务。

第四，着力解决现存问题，不断提升广西民族地区公共文化服务体系建设的质量和水平。当前，包括广西在内国内不少地方在公共文化服务体系建设过程中存在的一个突出的问题是"一头热，一头冷"，政府积极热心投入，群众反应冷淡。政府文化管理部门大多是按照自己的想法提供公共文化产品，而没有充分考虑群众的意愿和需要，结果导致效益低下。譬如，一些地方的农家书屋工程建设过程中曾出现"有屋没书"和"有书无人"的现象。因此，构建公共文化服务体系，一定要强调人民共享、共建、共有的原则。就广西民族地区而言，政府相关管理部门，一方面要深入调查研究民族群众有哪些精神文化需求以及这些需求的轻重缓急，围绕群众的需求和意愿，分类分批推进公共文化服务体系建设，为群众提供喜闻乐见的文化产品；另一方面还应保障政府与民族群众沟通渠道的顺畅，放手发动群众，鼓励群众积极参与公共文化服务管理，提高公共文化服务的利用效率和社会效益；同时鼓励社会力量参与公共文化服务体系建设，"众人拾柴火焰高"。

---

① 杨先农、黄家周：《毛泽东统筹兼顾思想与公共文化服务体系建设》，《理论学刊》2012年第5期，第72页。

另外，针对广西民族地区基层公共文化服务基础比较薄弱，尤其是农村公共文化服务基础设施较差、基层文化队伍不足等问题，我们将来要进一步加大对农村及社区文化服务硬件和软件建设的扶持力度，培养一支能够长期扎根农村基层服务群众的高素质文化人才队伍，逐步缩小城乡文化服务的差距，保障农民的基本文化权益，着力改善社区层面的文化民生，让老百姓能就近享受优质社区公共文化服务。

二　发展有少数民族特色的文化产业

发展文化产业对于优化经济结构，满足人民群众日益增长的多样化文化需求有着重要意义。近年来，广西文化产业发展迅速，形成了一批具有广西民族特色的成功样本和品牌，包括"印象·刘三姐""南宁国际民歌艺术节""广西师范大学出版社集团""广西日报传媒集团"等。广西文化产业规模不断扩大、产值提升快。"2015 年广西有文化及相关产业机构 9008 个，从业人员 6.22 万人；文化产业增加值 424.22 亿元，占GDP 比重 2.52%，增速 11.2%。规模以上企业 615 家。"[1] 在笔者看来，当前广西文化产业一方面要继续提高经济和社会效益；另一方面要为改善民族地区文化民生服务，为民族地区意识形态工作服务。

第一，通过发展文化产业带动扶贫工作和民族群众就业工作，促进社会和谐发展。譬如，曾获文化部创新奖的"印象·刘三姐"作为中国首部大型山水实景演出作品被纳入中国文化产业十大经典案例，它是"集资源唯一性、艺术民族性、产业增长性、效益综合性于一体的成功项目"[2]。"印象·刘三姐"把开发山水景观大舞台与拉动旅游、公交、住宿、餐饮、娱乐等行业结合起来，与生态环境保护、社会主义新农村建设等政策的落实结合起来，不仅创造了文化产业发展的奇迹，而且产生了较好的经济、社会和生态效益。"印象·刘三姐"项目的实施还促进了广西民族地区的扶贫工作和就业工作。参加山水实景演出的 600 多名演员中有 400 名选自当地农民；在 2007 年该项目直接和间接"拉动了近 5000

①　广西壮族自治区地方志编纂委员会办公室：《广西年鉴·2016》，广西年鉴社 2016 年版，第 330 页。

②　覃振锋：《广西文化产业发展论》，广西人民出版社 2010 年版，第 43 页。

人的就业"①。"印象·刘三姐"项目所在地阳朔，已经由原来的典型旅游中转地演变为热点休闲旅游目的地，为当地农民走上全面小康之路创造了有利条件。

此外，广西民族地区还实施了系列"文化致富"工程，扶持当地民族民间文化和手工业的发展。以靖西旧州绣球、桂林五通"三皮画"、北海贝雕、钦州坭兴陶、河池铜鼓等"一地一品"为代表的民间工艺品牌产品，将弘扬广西传统文化与旅游商品生产紧密结合起来，产生了较好的经济效益和社会效益，也让民族群众能够共享文化产业发展的成果。这些发展文化产业的良好方式方法值得进一步推广。

第二，通过发展文化产业提供丰富的公共文化产品和服务，既能满足民族群众多层次的文化消费需求，又可广泛传播先进文化，对民族群众尤其是青年学生起到潜移默化的教导作用。广西日报社（广西日报传媒集团）下辖30个内设机构（部、处、室、中心）、14个设区市记者站、7报3刊5网站及20家子公司1工厂（截至2015年）。② 其业务范围十分广泛，覆盖了平面媒体、网络媒体、移动媒体等，涉及多个产业领域。广西日报传媒集团在建立报业集团的过程中始终坚持"八个原则"：一是党对报纸的领导；二是党委机关报的性质；三是坚持党的基本理论、基本路线、基本方针为指导；四是"政治家办报"的思想；五是党的新闻工作的基本原则；六是坚持为人民服务、为社会主义服务、为全党全国工作大局服务三个服务的方向；七是社会效益和经济效益相统一的原则；八是新闻宣传工作集中统一领导的原则。值得一提的是，该集团还与商务印书馆联手创立商务印书馆（南宁）有限责任公司，作为集团产业链的一环，公司秉承"开启民智、昌明教育、普及知识、传播文化、辅助学术"的经营理念，实现了出版品牌与传媒集团的资源整合，成为广西出版业界的一道亮丽风景，为先进文化在广西的传播做出了应有的贡献。

另外，广西发展文化产业还借势造势，在实施品牌延伸战略方面积累了一定经验。譬如，广西师范大学出版社的《大学人文读本》一度成

---

① 覃振锋：《广西文化产业发展论》，广西人民出版社2010年版，第44页。

② 《广西日报社概况》2018年1月8日（http://www.gxnews.com.cn/about/gxrb/）。

为畅销书，发行了6万套，引发媒体轰动。① 该读本后来延伸开发出一系列的文化产品，包括高校的人文教材"大学人文教程""大学科学读本""大学思想读本""大学美育读本""大学人文丛刊"等，汇集了人类人文思想的精华，使青年大学生从中受到先进文化的熏陶，深化了对人与自然、人与社会、人与历史关系的认识。一言以蔽之，广西民族地区上述文化产业模式成功运作的一条重要经验就是：发展文化产业不仅要追求经济效益，而且要坚持"以人为本"的原则，传播先进文化，切实满足从人民群众多样化的文化需求，为实现人的全面发展服务。

第三，通过发展文化产业不断增强区域文化软实力，借助文化产业推动民族教育和其他公益性事业的发展。一方面，我们要积极推进广西文化产业品牌体系建设，建设好"以'八桂大歌'为代表的广西民族歌舞品牌，以'印象·刘三姐'为代表的刘三姐文化品牌，以中国—东盟博览会为代表的会展品牌，以南宁国际民歌艺术节为代表的节庆文化品牌，以广西民族博物馆'1＋10'工程为代表的文博品牌，以广西卫视、《南国早报》为代表的传媒产业品牌，以广西师范大学出版社、接力出版社为代表的出版品牌，以靖西绣球、临桂三皮画等'一地一品'为代表的民间工艺品牌等等"②。建设广西文化产业的品牌体系不仅有助于扩大广西文化的影响力，而且对于促进民族群众树立广西文化自信、文化自觉和文化自强意识也将大有裨益。另一方面，我们通过发展文化产业为民族地区广纳贤才和创造财富，营造良好社会环境等，借以为民族教育和其他公益性事业提供各种支持，推动民族地区文化事业和社会保障事业的发展。这也将有助于深化民族群众对党的文化发展政策、民族政策的理解和认同。

三　倡导和组织健康向上的群众文化活动

群众文化是人民群众为丰富自身精神文化生活的需要，利用业余时间自娱自乐和自我提高文化素养的一种文化形式。群众文化形式多样、内容丰富多彩。常见的群众文化活动形式有：公园或广场音乐会、舞会、

---

① 覃振锋：《广西文化产业发展论》，广西人民出版社2010年版，第68页。
② 同上书，第67—68页。

歌咏比赛、文化艺术节、文艺晚会、节日文化活动、秧歌队、腰鼓队、群众美术、书法、摄影作品展、文化下乡等。群众文化活动的主体涉及阶层面广，涵盖了老中青的文艺爱好者。群众文化活动类型十分广泛，主要有：广场文化、社区文化、校园文化、军营文化、企业文化、乡土文化、家庭文化，以及社会的歌舞厅、曲艺厅、卡拉 OK 厅、音乐茶座、台球厅、游艺厅、老年活动中心等，其都属于群众文化活动的范围。

倡导健康向上的群众文化活动具有重要意义。第一，健康向上的群众文化是社会主义精神文明建设的重要内容。它不仅能让群众娱乐身心，而且有助于提高群众的思想道德素质和科学文化素质，也有助于民族地区和谐社会的构建。因为健康向上的群众文化具有教育、引导、激励功能，有利于营造宽松、良好的社会环境；有助于人们在轻松愉快的氛围下，自觉接受和认同党和国家的路线方针政策，在潜移默化中接受社会主义核心价值观；还有助于人们养成自觉遵守社会公德、家庭美德、职业道德的习惯。有研究者直言，健康向上的群众文化活动丰富了人们的业余生活，"还有效地减少了赌博、封建迷信、打架斗殴等不良行为和各种犯罪活动，对稳定社区秩序起到了积极的促进作用"①。第二，健康向上的群众文化活动开辟了广阔的学习空间，有助于提升民族群众的文化素质。民族群众在参加诸如"文化下乡"、科普宣传教育活动等文化活动过程中增长了知识和才干，而群众个人文化素质的提升，必将有助于提升整个社区和社会的文明程度。

新时代，我们更要重视组织和引导好广西群众文化活动，发挥其在意识形态工作中的特殊作用，更好地推进马克思主义大众化。

首先，在认识上改变过去只注重发展专业文化艺术而轻视组织开展群众文化活动的偏见。过去一些地方的文化行政主管部门由于思想认识上的偏差，为追求多出快出"精品"而把大量的人力、财力和物力投放于少数院团和艺术家身上，对一些专业艺术项目动辄数百万元经费的投入，高成本、大制作。但是相关部门却忽视投资、组织和引导群众文化活动，将群众文化视为可有可无的业余娱乐。甚至有些专业文艺工作者也把群众文化看作低级的、没有艺术含量和价值的活动。实际上，群众

---

① 黎雪萍：《发展群众文化　促进社区和谐》，《科技信息》2011 年第 17 期，第 422 页。

文化是社会主义先进文化发展和繁荣的基石，是孕育、滋养专业文化的土壤。文化行政主管部门应注意双管齐下发展专业文化艺术的同时组织开展群众文化活动。"专业艺术带动群众文化提高，群众文化推动专业艺术发展，这才是艺术发展的辩证法。"①

其次，进一步完善文化基础设施，为群众开展文化活动创造物质条件。特别是要进一步完善基层公共文化基础设施，包括修建完善基层公共文化服务中心、农村图书阅览室（农家书屋）、卫生室、农村电化教室、农村娱乐室或其他多功能活动室、体育运动场所、戏台、文化信息资源共享工程站等。这些基础设施将为农民或社区群众开展文化活动提供便利条件。

再次，将"送"文化与"种"文化结合起来，活跃基层群众文化生活，让健康向上的文化艺术在基层"开花结果"。在这方面，广西钦州市钦北区的经验值得推广。钦州市钦北区近年来为了让"草根文艺"活起来而不懈努力：一是加大群众文化建设的投入力度。"钦北区筹措近3000万元资金，先后规划建设镇级综合文化站10个、镇级文化信息资源共享工程站11个及建成村级'农家书屋'、文化信息资源共享工程接收点各169个、文化健身活动场所87个，让村民群众既能学习文化知识，又能娱乐健身"。二是探索农村文化的内生机制。钦北区"在全区11个乡镇分别成立镇级文联，发展会员3000余人进行文艺创作……组织300多场次的送文艺下乡下村活动"。三是建立"点对点"帮扶机制。钦北区"对300多名民间艺人进行登记造册，并建立'点对点'帮扶机制，聘请文化辅导员下村传授文艺知识，对乡镇文化干事、农村文艺骨干进行辅导，把文化的种子'种'入乡村大地，把'送'文化变为'种'文化"②。钦北区这种"种"文化的做法，增强了群众文化的传承与创新能力，让土生土长的老百姓担当文艺晚会舞台上的主角，增加了节目的吸引力和感染力。四是加强基层文艺界与社会各界的联系，吸引社会力量积极参与到群众文化事业建设中来，为其注入新活力。总之，钦州市钦北区在农

---

① 廖文：《群众文化：为人民而坚守》，《人民日报》2010年6月18日第20版。
② 张冠年等：《由"送"到"种"激活农村文化——钦北区群众文化建设纪实》，《广西日报》2013年11月8日第15版。

村"种"文化的各种举措和实践经验值得其他地区借鉴。笔者认为,健康向上的农村文化和体育活动有助于丰富民族群众的精神世界,提高其道德修养,促使他们的价值观念、交往行为和交往方式向良好的方向转变;有助于树立农村新风尚、传播正能量,不断消除农村占卜算命、搞封建迷信等陋习,有效减少赌博、偷盗等违法行为的发生;也有助于在民族群众中树立文明、法治、友善的社会主义核心价值观。

最后,形成有效的群众文化激励和创新机制,提升群众文化活动的质量和水平。一是要发挥群众文化活动品牌的示范效应,推动各地群众文化活动的深入开展。近年来,广西各地市所形成的具有地方特色的群众文化活动品牌,南宁市国际民歌艺术节"绿城歌台"、桂林市"漓江之声"、柳州市"柳江之夏"等,产生了一定的示范效应。各地可以上述文化活动品牌为榜样开展有本地特色的群众文化活动,围绕基层民众多样化文化需求选择合适主题,吸引他们自觉参与其中,在娱乐身心的同时提升自身素质、传承民族文化。二是做好群众文化活动的评比工作,形成激励和创新机制。可以通过开展类似"千团万场"群众文化活动,[①] 以群艺馆、文化馆和乡镇文化站为平台,实施"基层文化骨干培训大行动",并对农村和社区开展群众文化活动进行有针对性的辅导,建立"周周演""月月比""季季赛""年年奖"的活动机制,激发群众参与文化、自办文化、办出特色的热情,引导群众创造富有时代感内容和形式的文化活动,使他们在活动中各展其长、各得其乐,形成全民共建美好精神家园的良好氛围。三是培育健康向上、多姿多彩的民族文化形态。譬如,对群众性节日民俗活动、民间传统群众性体育活动进行组织和规范;引导民族群众的宗教活动与社会主义相适应,发挥其在构建和谐社会过程中的作用;有计划地组织党员干部和青年学生深入封建迷信和宗教活动风气较盛的某些农村地区,帮助民族群众消除陈规陋习的负面影响,培育社会主义文明新风尚。此外,我们还应通过组织各种群众文化活动促

---

　　① 2010年初,广西壮族自治区文化厅决定利用3年时间领导组织开展"和谐文化服务行"——"千团万场"群众文化活动,即通过组织全区千名文化工作者深入基层开展文化服务活动,指导、鼓励、扶持全区上千个业余群众文化团体,开展万场自编自导自练自赛自比的文体娱乐活动。详见尹华平《"千团万场"群众文化活动正式启动》,《广西日报》2010年1月29日第11版。

进各民族之间、少数民族地区与非少数民族地区之间群众的相互文化交流交往，实现互补互利共荣。还可以利用广西边疆少数民族地区与东盟国家接壤的特点，加强我边疆民族与邻国民族之间群众文化活动的国际交流，支持有广西民族特色的群众文化"走出去"，充分展示广西文化软实力。

四　维护少数民族的文化权益，培育少数民族群众的主体意识

实现和维护人民的基本文化权益、促进人的全面发展是文化民生的重要内容和目标。"少数民族的文化权益主要是指少数民族的文化权利以及因其对文化的享有而带来的利益。"① 包括少数民族的物质和非物质文化遗产保有和传承权、少数民族的受教育权、少数民族的文化权利、少数民族的语言文字使用权利以及少数民族的宗教权利等。概括地说，少数民族文化权益从内涵方面可以划分为精神性权益和经济性权益，其中精神性权益又可细分为署名权、文化尊严权、文化发展权等。② 实现和维护少数民族文化权益是民族地区完善马克思主义大众化路径的重要举措。

第一，文化行政管理部门应进一步提高关于实现和维护少数民族文化权益重要性的认识。"人们为之奋斗的一切，都同他们的利益有关。"③ 少数民族文化权益是少数民族群众根本利益的组成部分。实现和维护少数民族文化权益，使人们能够体会到奋斗的价值和希望所在。现实生活中，我们看到有关部门对少数民族的某些文化权益维护工作做得还不够，致使少数民族的利益受损。譬如，某些地方将少数民族文化遗产和非物质文化遗产商业化、庸俗化，过度开发、原生态环境被破坏，滥设"文化保护区"等做法，使少数民族的文化尊严权和发展权受到难以估量的损害。还有某些地方出现侵害、歧视少数民族语言文字权益的现象，忽视民族教育的公平性、平等性。这表明了维护少数民族文化权益工作十分紧迫。为此，我们一方面要提高对维护和保障少数民族文化权益重要

---

① 徐中起：《中国少数民族文化权益保障研究》，中央民族大学出版社 2009 年版，第 43 页。

② 同上书，第 61—63 页。

③ 《马克思恩格斯全集》第一卷，人民出版社 1995 年版，第 187 页。

性的认识，树立"以人民为本，以基层为根基"的文化发展理念；另一方面，又要制定有利于民族地区文化发展和繁荣的措施，创建"共享文化成果，共建和谐家园"的长效机制。

第二，制定、健全维护少数民族文化权益的法律法规，发挥其应有作用。我们要严格遵循《宪法》和《民族区域自治法》中与少数民族权益相关的法律法规，严格遵照和执行国务院、文化部和国家民委等部门所制定的有关少数民族文化权益方面的规章制度，发挥民族区域自治制度在保障少数民族文化权益方面的作用。少数民族地方也应加强地方立法，具体规定地方民族民间文化传统的保护范围、文化权益保障机关的职责、民族民间文化传承人的培养以及传承单位的责任、民族传统文化保护区建设的权责等方面，为少数民族文化权益的实现和维护提供法制保障。

第三，重视民族地区特殊群体的基本文化权益保障。公共文化服务的对象应关照到老年人、未成年人、农民工、农村留守妇女儿童、残疾人、生活困难群众等特殊群体。一是应为老年人和未成年人提供公益性文化艺术培训服务，开展科普活动；二是向中小学生推荐各种优秀出版物、影片和戏曲；三是开发和建设有利于青少年身心健康的互联网网站，创作出更多健康向上的网络文化作品；四是公共文化机构、社区和用工企业要关注农民工，特别是新生代农民工的基本文化需求，让他们能够在常住地享受到公共文化服务；五是通过城镇文化部门建立常态化"文化下乡"工作机制，充分利用文化志愿者的力量，为广大农村留守妇女儿童开发"文化绿洲"，建设"精神家园"。

广大民族群众是发展民族地区文化的主体。我们还应重视培育民族群众的主体意识，特别是主人翁意识，这是推进民族地区马克思主义大众化的一项重要任务。首先，要培育民族群众的公民素养，培养他们为本地区发展做贡献的责任感、使命感和自觉意识。其次，教育民族群众树立"共同体"意识，增强民族群众服务本民族地区发展的积极性、主动性和创造性，努力实现民族地区发展与个人发展的统一。从一定意义上说，培育民族群众的主体意识与马克思主义所倡导的实现人的自由全面发展精神具有高度的契合性。

第四节　利用民族优秀文化资源开拓
马克思主义大众化路径

理论形态的马克思主义唯有通过利用一定的载体进行演绎和传递，才能够更好地为大众所理解和掌握。充分利用民族优秀文化资源作为科学理论传播的载体是广西民族地区马克思主义大众化的重要经验。在当代，我们仍需要继续深入挖掘和利用好广西民族文化资源进一步完善马克思主义大众化的路径。

一　促进广西民族传统文化优秀因子与马克思主义相契合

一般而言，由于认知惯性和文化惯性的影响，人们往往更容易接受那些自己所熟知的东西，或者那些跟自己所熟知的东西相似、联系密切的东西。这就启示我们，要想让普通群众认同和接受新事物、新思想，就应注意发现新事物、新思想与他们此前已经接受或熟知的事物和思想具有哪些共性、相似性或联系，以此为契机引导群众接受新事物、新思想。广西民族传统文化正是民族群众所熟知的东西。而马克思主义从根源上看却属于一种外来的先进文化形态。因此，要让民族群众乐于接受马克思主义，就要给他们阐明马克思主义与本民族优秀传统文化的契合性，以及二者融合的可能性。广西民族传统文化中存在不少优秀因子与马克思主义倡导的精神具有一定程度的契合性，这为我们在传承民族传统文化过程中推进马克思主义大众化提供了可能，也为中国化马克思主义引领和整合社会多元信仰提供了契机。马克思主义之所以能够与广西民族优秀文化相融合，正是源于马克思主义本身所具有的科学性和开放性等特征。广西民族传统文化的优秀因子是我们当前推进民族地区马克思主义大众化，尤其是在培育社会主义核心价值观过程中应注意汲取的文化养分。

第一，弘扬广西民族传统文化中的民主、自由、平等的思想观念。陈洁莲在《民主壮族——中国壮族乡村民主自治研究》一书的"导论"中指出，"从过去到如今，如野草般不尽生发的壮族乡村民主自治，与壮族人热爱自由和崇尚平等这两大传统有着莫大的关系"①。壮族乡村历史上的都老制可以看作一种相对民主的村民自治制度。都老制既不同于过去被纳入国家政权控制范围的保甲制，也与具有浓厚儒家色彩的汉族族长制有别。民主被认为是都老制的价值核心，"都老制完全依赖'在村规民约面前人人平等'的'法治'理念实施社区治理"②。尽管古代壮族村屯都老成员的选举具体程序与当今村屯的村委会成员的选举程序和民主监督的具体过程未必完全一样，但是二者在选举过程、民主监督中秉持公正、讲究民主等精神方面本质上具有一致性。

　　自由平等是民主的体现和保障。壮族的自由平等传统历史悠久，这一传统不仅体现乡村治理方面，甚至还体现在婚恋自由方面。譬如，关于壮人以歌为媒、自由择偶，不落夫家、离婚自由等风俗的记述在《岭外代答》（宋朝·周去非）、《兴安县志》（清朝·黄海）、《岭表纪蛮》（民国·刘锡藩）、《武鸣县志》（1998）等文献中随处可查。黄现璠等主编的《壮族通史》中将壮族人"倚歌择配"的婚姻形式称为"歌婚"。③这是壮族人崇尚恋爱自由、婚姻自主传统的典型表现。关于离婚自由问题，刘锡藩在《岭表纪蛮》中也有记述："宜北壮人，夫妇感情破裂，当众取绳一条，男女各执一端，中断为二，双方关系，立告断绝。"④ 在壮族地区，自由传统与平等传统密切相关。从古代都老制至今，壮人的权利平等原则从未改变，在壮族传统婚姻家庭关系中男女之间也是平等的，"壮族人的道德体系中并没有那些专门束缚女性的'特别条款'，女性在很多方面拥有和男性同等的权利和自由"⑤。概言之，村规民约前人人平等、婚姻家庭关系中男女地位平等是壮族社会平等传统的两个典型表现。

　　正因为广西壮族乡村有着历史悠久的民主、自由、平等传统，因此1980 年2 月在广西壮族自治区宜州市合寨村诞生了中国第一个村民委员

---

①　陈洁莲等：《民主壮族——中国壮族乡村民主自治研究》，广西人民出版社 2009 年版，第 10 页。

②　同上书，第 16 页。

③　黄现璠等：《壮族通史》，广西民族出版社 1988 年版，第 690 页。

④　转引自陈洁莲等《民主壮族——中国壮族乡村民主自治研究》，广西人民出版社 2009 年版，第 146—147 页。

⑤　同上书，第 152 页。

会，该村后来被誉为"中国村民自治第一村"。广西民族地区民主、自由、平等的传统观念和精神与社会主义核心价值观所倡导的民主、自由、平等、公正等内涵在一定程度上不谋而合，这为我们解读和重构广西民族传统文化中的优秀价值观因子，推进社会主义核心价值观在广西民族地区实现大众化是十分有益的。

第二，弘扬广西民族传统文化中的和谐、勤劳敬业、诚信等观念。首先，广西民族传统文化中具有丰富的人与自然和谐相处的思想。比如，某些少数民族的宗教习俗中存在万物有灵论、动植物崇拜等思想，尽管从其本质上属于唯心主义，但它们所倡导的尊重自然、提倡人与自然和谐相处的精神却是值得肯定的。这在一定程度上与马克思主义提出的妥善处理人与自然关系的观点相契合。恩格斯指出，我们人类"绝不像征服者统治异族人那样支配自然界，绝不是像站在自然界之外的人似的去支配自然界——相反，我们连同我们的肉、血和头脑都是属于自然界和存在于自然界之中的"[1]。也就是说，我们只有妥善处理好人与自然的关系，才能实现人类的可持续发展。在当代广西民族地区，我们在普及新发展理念的时候，可以引导民族群众学习传统文化中古人尊重自然的精神，以增强教育效果。其次，倡导人与人和谐相处的思想。在处理人与人关系上，广西少数民族传统文化中所提倡的一些伦理道德也与社会主义核心价值观的某些内容具有相通之处。譬如，流行于广西红水河流域一带的《传扬歌》[2]，就以少数民族群众喜闻乐见的山歌形式传扬做人的道理。其中提出：邻里、家人之间要互敬、互帮、互让，和睦相处，切莫相吵、相斗、相争，有歌词唱道："春耕待插秧，有牛要相帮，挨家轮流种，合力度大忙。"又言："莫为鸡相吵，莫为猪相斗，莫学狗咬人，乡里名称臭。"还有的歌词教导夫妻之间要互敬互爱："夫妻一条心，勤俭持家忙，苦楝变甜果，家贫变小康，小事多相让，大事好商量"[3] 等。

---

① 《马克思恩格斯选集》第三卷，人民出版社 2012 年版，第 998 页。

② 《传扬歌》大致产生于明末清初时期，中华人民共和国成立前曾广泛流传于广西上林、马山、忻城、都安一带的壮乡。全歌共 2100 行，1 万多字，用"土俗字"即古壮字写成，歌本从"养育""训子""勤劳""善良""交友""孝敬""睦邻""择婚""夫妻""妯娌"等方面述说和宣扬壮族的伦理道德。

③ 黄庆印：《壮族哲学思想史》，广西民族出版社 1996 年版，第 108—109 页。

《传扬歌》歌词所表述的一系列处理人际关系的道德规范和准则是当代民族地区构建社会主义和谐社会所应借鉴的。再次，劝诫人们要勤劳敬业。《传扬歌》中有词唱道："每日斗黄土，最怕无心人……薄田苗不旺，多收靠人勤。""双手造甘泉，终生用不完；遗产是洪流，流过地皮干。人不能自立，日后必寒酸；多少糊涂人，千金也用完。"① 最后，提倡诚信思想。壮族人历来将善良正直、安分守己看作高尚的品德，"他人一叶菜，过路也绕开。"年轻人要听从前辈教诲，做一个善良正直、务正业的人，不偷、不抢、不骗，若放纵自己必会落得身败名裂的下场。《传扬歌》还教导人们待人要有礼、真诚交友。"交友要交心，好比石头重，……出门何所靠，情义重如金，两脚走四方，相敬得人心。"壮人结交朋友（即认"老同"）时，都将对方看成情同兄弟、手足。

上述《传扬歌》中所提出的道德规范与当前社会主义核心价值观所倡导的文明、和谐、友善、敬业、诚信等内容具有一致性。因此今天我们提出要充分利用中华优秀传统文化来涵养社会主义核心价值观，要将弘扬少数民族传统文化与倡导社会主义核心价值观的工作结合起来。一方面，发挥文化方面的专家学者、基层文化专干的作用，将广西民族传统文化中的优秀因子融入城乡群众性文化活动之中，融入图书报刊、户外广告、宣传壁画、广播影视等媒体和互联网载体之中。另一方面，在大中小学通过开设民族传统文化选修课或区情教育课、邀请专家做相关专题报告或讲座，使民族传统优秀文化和传统美德融入青少年学生的课堂教学和校园文化建设之中。

第三，弘扬广西民族传统文化中的爱国主义精神。梁庭望教授认为，广西历史文化属于稻作农耕文化的范畴，具有很强的向心力："政治上维护国家统一，维护国家领土、领海安全，抵御外来侵略，有爱国传统且包容共处。"② 广西民族传统文化中的爱国主义传统源远流长。宋朝壮族人侬智高率兵抗击交趾（今越南）的入侵和反对宋王朝的腐败无能而揭竿而起，表现了强烈的爱国情怀；明朝壮族人瓦氏夫人率俍兵奔赴江浙一带抗倭体现了可贵的爱国热忱；左右江革命根据地时期，红八军前委

① 黄庆印：《壮族哲学思想史》，广西民族出版社1996年版，第107页。
② 梁庭望：《广西历史文化纵横谈》，《当代广西》2015年第4期，第57页。

和中共左江特委所颁布的《中国红军第八军目前实施政纲》中明确提出了扩大反帝运动、没收帝国主义在华一切资本企业、取消帝国主义在华一切特权等要求。① 1930 年 2 月 19 日，左江革命根据地组织了声讨帝国主义罪行的群众大会和游行示威，数千群众冲进了盘踞在龙州的法国领事馆，包围了海关楼、天主教堂等机构，将法领事、武官、传教士等七八人驱逐出境，"做了国民党军阀政府数十年所不能做、所不敢做"的事。② 他们以实际行动践行了中国共产党的反帝爱国主义政纲。上述广西民族地区历史上爱国主义事迹体现的思想，是我们新时期对民族群众进行爱国、爱乡教育可资利用的宝贵资源。

第四，充分发掘和利用广西少数民族文化遗产的功能和价值，发挥它们在构建社会主义和谐社会和建设生态文明中的独特作用。民族文化遗产的价值是凝结在历史文化遗迹和遗物中的一般人类劳动，充分体现了人类的智慧和历史的进步。民族文化遗产具有独特的、不可再生的存在价值，内在的历史价值、艺术观赏价值、教育传承和科学研究价值，以及外在的经济价值。③ 我们要重视对民族文化遗产所包含的价值特别是教育价值进行发掘和利用。以下仅以壮族和侗族文化遗产的教育价值利用为例略做说明。

壮族文化遗产特别是布洛陀文化在当代依然有特殊的功能和价值。广西右江河谷一带自古以来就流传着有关布洛陀的神话、风物传说、歌谣，形成了壮族独特的文化现象即布洛陀文化。布洛陀文化被认为是壮族传统文化的根基，是壮族原生态文化中的精品。在壮族神话传说中，布洛陀是无所不知、无所不能的智慧老人，是壮族的智慧祖神，是古今壮族民众心目中的丰碑。覃彩銮研究员在《布洛陀神话的文化内涵、社会功能及其价值》一文中，认为布洛陀神话具有文化储存与传承、文化认知和教育、文化认同和民族精神的激励三大功能。"神话传说所传递的民族文化信息和传

----

① 中共广西区委党史资料征委会《左右江革命根据地》编辑组：《左右江革命根据地》上，中共党史资料出版社 1989 年版，第 203 页。

② 中共广西区委党史资料征委会《左右江革命根据地》编辑组：《左右江革命根据地》下，中共党史资料出版社 1989 年版，第 1205 页。

③ 邓元东、郑威：《瑶族文化遗产价值研究之我见》，《广西社会主义学院学报》2009 年第 4 期，第 53 页。

播其文化成就，对启迪先民们的智慧，继承先辈艰苦创业、富于创造的优良传统，激发其开拓创新精神，……丰富人们的知识，规范其道德行为，都具有积极的教育作用。就是对于今天的人们来说，仍然具有启示、借鉴和思辨、哲理与审美的价值。"① 布洛陀文化所体现的勇于创造创新精神、追求和谐精神和开放包容精神，这与社会主义核心价值体系基本内容中倡导改革创新部分内容具有一定程度的契合性，弘扬布洛陀文化中的有关精神将有助于推进社会主义核心价值观大众化。

新时期为了进一步弘扬、研究阐释和传承布洛陀文化，地方政府的宣传和文化部门可以积极介入、扶持和指导开展布洛陀文化相关的纪念活动、研讨活动、教育活动等，使其实现健康发展，这将有助于增强人们对社会主义核心价值体系和社会主义核心价值观的理解和认同。另外，壮族的文化遗产还有许多意蕴丰富的文化事象：以嘹歌为代表的民歌、以北路和南路壮剧为代表的民间戏曲、以绣球和壮锦为代表的民间工艺、以"三月三歌圩"为代表的民俗节庆、"干栏"建筑艺术，以及民族舞蹈和民族服饰等，它们都是广西壮族文化发展历史的缩影。今后，我们应进一步加强对壮族文化遗产的传承、保护和开发，建设好自治区级的壮族文化生态保护区，完善民族地区的文化基础设施和打造一支充满活力的民族文化建设人才队伍，增强民族群众的文化自信、文化自觉和文化创新意识。

广西三江侗族文化遗产的教育功能利用问题同样值得我们高度重视。侗族文化源远流长，主要有：以鼓楼文化和风雨桥文化为代表的建筑文化，以"款"文化为代表的组织文化，以及关于生产、饮食、服饰、节庆、婚俗、礼仪、文学、艺术、歌曲、戏曲、舞蹈、医药等。由于鼓楼被看作侗族的族徽和侗族的灵魂，因此鼓楼文化在侗族文化中的有着特殊的地位，是侗族文化的代名词。"鼓楼文化是以'侗寨鼓楼'为代表，含鼓楼、戏楼、风雨桥、吊脚楼等在内的以和谐为主题的民俗建筑体系，是中华传统和谐文化中一颗灿烂的明珠。"② 鼓楼文化体现了侗民族独特

---

① 覃彩銮：《布洛陀神话的文化内涵、社会功能及其价值》，覃乃昌《布洛陀寻踪：广西田阳敢壮山布洛陀文化考察与研究》，广西民族出版社 2004 年版，第 151 页。

② 黄晓平、杨永和：《试论鼓楼文化在建设和谐社会中的作用》，吴桂贞、杨顺丰《鼓楼文化与和谐社会建设》，广西民族出版社 2009 年版，第 3 页。

的价值追求和审美情趣，具有鲜明的公益性（遮风避雨、休息娱乐、村寨议事中心）、浓郁的民族性（体现民族智慧、凝聚民族情感、传承民族精神）、广泛的群众性（群策群力修建鼓楼、群众开展生产生活技术交流、交往活动和娱乐活动的场所）等特征。在当代，我们要将鼓楼文化的积极功能与宣传新发展理念的工作结合起来，利用鼓楼文化对民族群众的吸引力，发动他们积极参与公共性的民族文化活动，参与民族原生态文化和文化遗产的保护工作，发扬互帮互助的民族传统美德，共同建设和谐、美丽的生态乡村。

侗族大歌已被列入国家首批非物质文化遗产名录，它也是我们推进民族地区马克思主义大众化可资利用的宝贵文化资源。其一，充分利用侗族大歌资源，实施"民族文化进课堂"工程，使青少年从小就感受到优秀传统文化的熏陶；其二，借鉴以往"举办'湘、桂、黔三省公民道德侗歌大赛'、'法制宣传侗歌大赛'等系列主题活动，将这些活动与三江的节庆结合起来，与生产活动结合起来，与乡风文明结合起来，与休闲旅游结合起来"① 的经验和做法，加强侗乡的物质、精神、政治、社会、生态五个文明建设；其三，建立"侗族大歌文化研究与发展中心"，科学制定侗族文化发展规划，让侗族文化发展能够造福广大民族群众。

此外，我们还应发挥少数民族中有关乡规民约（如侗族的"款"）和习惯法在规范民族群众言行方面的积极作用。乡规民约和习惯法曾是民族地区开展民间社会教育的重要方式和手段之一，对于维护民族地区正常的社会生产和生活秩序，管理和使用公共财产、建设公益事业、保护环境和处罚犯规者等发挥过重要的作用。今天，乡规民约、习惯法也可以成为民族地区开展思想政治教育的载体。我们应根据新时代的要求，促进村规民约与现代法制和谐发展，通过改造、制定、实施新的乡规民约和习惯法，培育民族群众的现代民主法制观和平等观，让人人都养成遵纪守法的自觉性。

---

① 杨顺丰：《侗乡文化和谐发展的九点思考》，吴桂贞、杨顺丰《鼓楼文化与和谐社会建设》，广西民族出版社 2009 年版，第 177 页。

二　深入挖掘和弘扬广西红色文化

中国共产党在领导人民进行革命、建设和改革的历程中创造了具有本党特色的多维复合的文化形态——红色文化。一般说来，红色文化包括物质文化和精神文化两种形态。物质形态的红色文化主要包括革命旧址、遗址、遗迹、遗物等；精神形态的红色文化主要包括中国共产党所制定的革命和建设纲领、路线等制度规范，以及其中所凝练形成的价值观念、思维方式，所倡导的红色精神（诸如井冈山精神、长征精神、改革创新精神等），还包括红色艺术、红色文学等多种文化形态。在我国社会主义现代化建设的新时期，红色文化依然处于不断丰富和发展的过程中。红色文化是中国共产党领导人民推进我国革命和建设事业不断从胜利走向胜利的精神动力之源。

广西是红色文化资源"富集"地区，红色文化类型齐全、数量多、分布广。从其发展历程看，广西红色文化涵盖了在革命、建设和改革时期中国共产党领导广西各族人民致力于翻身解放和社会主义现代化的过程中所创造的具有"红色"特征的物质和非物质文化。于瑮等人所编著的《广西红色文化》一书，从"光辉业绩"、"红色作品"（诗词、歌谣、标语）、"红色印迹"（机构旧址和事件遗址）、"纪念设施"等方面系统介绍了广西红色文化的概况。广西红色文化资源蕴含着八桂各族人民艰苦奋斗、不怕牺牲、自强不息、改革创新、团结和谐、开放包容等的积极向上精神品质。这些精神是中华民族宝贵精神财富的组成部分，具有特殊的教育功能。广西红色文化已成为当代教化人心，特别是开展青少年思想政治教育的重要载体。

左右江地区的百色、河池、龙州等地红色文化资源是广西红色文化的代表。20世纪20年代，马列主义就开始在左右江地区传播。1926年8月，在恩隆县罗明林场成立的"中共恩隆奉议特别支部"是右江地区第一个共产党组织。随后中共党组织在东兰、凤山等县如雨后春笋般建立起来，左右江农民运动风起云涌。中国共产党成功领导了百色起义（1929年12月11日）和龙州起义（1930年2月1日），创建了中国红军第七军、第八军和左右江革命根据地。这是我党探索走中国式革命道路的又一次成功尝试，培育了一支新型的人民军队和大批革命骨干，正确执行了党在革命战争年代的民族政策。龙州起义还被认为是土地革命战争时期中国共产党领导的唯一一场高举反帝旗帜的起义，实践了中国共产党反帝国主义政纲，具有特殊意义。红七军、红八军将士和左右江各族儿女在革命斗争和根据地建设的实践中，铸造了艰苦奋斗、百折不挠、不怕牺牲、敢于胜利的百色起义和龙州起义精神。左右江地区现存的革命纪念旧址有中国工农红军第七军军部旧址（粤东会馆）、中国工农红军第七军政治部旧址（清风楼）、中国工农红军第七军前敌委员会旧址（东兰县武篆镇魁星楼）、右江工农民主政府旧址（位于田东县平马镇，原为建于清代的经正书院）、奉议县农讲所旧址、乐业县红七军与红八军会师旧址、东兰农民运动讲习所旧址（位于东兰县善学乡西南拉甲山半山腰的北帝岩）、河池红军标语楼①等。广西河池东兰县的红色历史文化则享有"三地三乡一中心"② 之称。1999 年 12 月 11 日建成开馆的百色起义纪念馆③，被中共中央宣传部命名为全国爱国主义教育基地。

中国共产党领导广西革命和建设过程中所创造的光辉业绩、所创作的红色作品、形成的革命遗迹和纪念设施等，都蕴含着深厚的红色文化基因和革命精神，都值得后人传承和发扬光大。正如习近平所提出，我们"要把理想信念的火种、红色传统的基因一代代传下去，让革命事业薪火相传、血脉永续"④。多年来，广西民族地区在弘扬红色文化方面，卓有成效地开展了一系列工作，成为我们利用红色文化资源推进民族地区马克思主义大众化的坚实基础。

一是建立完善了一批革命（或起义）纪念馆（碑）、革命文物馆、革

---

① 河池红军标语楼，即大革命时期广西红军北上在河池民主人士吴自若先生家留宿时在住宅土墙上写下了大量的标语和漫画（现显露的标语有 55 条、漫画 6 幅），内容涵盖共产党的性质、革命纲领、红军的性质和纪律等。

② "三地"即广西农民运动的发祥地、右江革命根据地的腹心地、百色起义的策源地。"三乡"即红七军的故乡、韦拔群的故乡、全国少数民族将军之乡。"一中心"即邓小平在广西革命的指挥中心。详见罗荣辉《精心打造特色文化》，《广西日报》2012 年 3 月 1 日第 6 版。

③ 始建于 1961 年，设在中国工农红军第七军军部旧址粤东会馆里，原名"右江革命文物馆"，1996 年 9 月更名为"百色起义纪念馆"。今天的百色起义纪念馆是 1999 年 12 月 11 日（百色起义七十周年纪念日）正式开馆，位于后龙山上的新建百色起义纪念馆。详见《百色起义纪念馆》2018 年 8 月 20 日（http：//baike. baidu. com/view/487874. htm）。

④ 曹智、王士彬等：《在古田会议光芒照耀下继续前进——习近平主席出席全军政治工作会议侧记》，《人民日报》2014 年 11 月 3 日第 2 版。

命英烈馆，修缮革命遗迹，精心打造了一批青少年革命爱国主义教育基地。比如，百色起义纪念馆、龙州起义纪念馆、红军长征突破湘江烈士纪念碑园、八路军桂林办事处旧址等。

二是将弘扬红色文化与发展旅游业紧密结合起来。百色市早在2000年3月就在全国率先提出了发展红色旅游的思路，该年所开展的以"邓小平足迹之旅"为主题的爱国主义教育旅游活动产生了积极的社会反响。十多年来，从国内外前往百色各红色旅游景区景点的游客已超过1000万人次。① 广西民族地区将弘扬红色文化与发展旅游业相结合，取得了良好的经济和社会效益。

三是依托地方党史研究室、社会科学研究机构和高校建立红色文化研究基地（中心），出版发行了一批关于革命事件或人物的研究著作、红色通俗图书，搜集整理出版了大众喜闻乐见的红色歌谣等。主要有《韦拔群评传》《韦拔群精神论》《永恒的丰碑——河池革命老区》《中国共产党河池历史（第一卷）》《百色起义与党的群众路线读本》等。百色学院在2006年建立了邓小平早期思想研究中心，几年来形成了一批有代表性的论著：《百色起义精神研究》《右江苏维埃政权史》《百色起义光照千秋》《百色起义·红色记忆》《左右江革命根据地红色歌谣》《邓小平与民族精神的弘扬和培育》，以及一批有代表性论文：《论百色起义精神的科学内涵》《百色起义精神的现实启示》《红色记忆与国家认同》等。以《左右江革命根据地红色歌谣》为例，该书收集整理了左右江革命根据地时期流传的有代表性的红色歌谣共160余首，编者将其分作6个部分："讴歌伟大的党　颂扬革命领袖""歌颂革命队伍　号召参加革命红军""控诉黑暗社会、宣传革命主张""歌颂土地革命　赞美红色政权""鼓动武装斗争　坚信革命成功""赞颂美好生活、倡导新型风尚"。② 该书的出版使左右江红色歌谣在当代重放异彩。

四是将红色文化融入青少年学生区情教育和思想政治教育之中。广西历来重视通过各种方式对青少年学生进行区情教育和思想政治教育。有关部门积极组织专家编写学生区情教育读本（教材）或拍摄相关音像

① 百色市文化局：《百色市民族民间文化建设情况汇报》，内部资料，2013年。
② 梁文化：《左右江革命根据地红色歌谣》，广西美术出版社2009年版，第1—3页。

作品，① 以及在大学中学开设区情教育课堂，建设区情教育网站（广西地情网），举办区情教育讲座、知识竞赛、演讲比赛等，使青少年学生充分了解广西的历史和现状，充分认识中国共产党在广西革命和建设事业中的领导核心作用，进而引发他们热爱广西、热爱中国共产党的情怀，树立投身建设美丽广西的理想信念。

笔者认为，当代广西民族地区中进一步弘扬红色文化、学习革命精神、坚定理想信念，除了继续做好上述工作之外，还需要进一步完善相关措施。

首先，打造有广西特色的红色网站和研发"广西红色文化" App，充分利用互联网和智能手机平台为宣传广西红色文化服务。广西红色网站和红色文化 App 可以由"红色人物""红色故事""红色遗址""红色印迹""红色文艺""红色旅游"等板块组成，多维度、系统地对广西红色文化进行全方位宣传和介绍，引发民族群众在学习中思考，在思考中提高觉悟。同时，我们还可以构建红色旅游电子商务平台，发挥其在民族地区、革命老区文化扶贫工作中的辅助作用。

其次，在弘扬广西红色文化过程中，应将宣传教育与实践体验结合起来，提升红色文化教育的实效性。譬如，在发展红色旅游业方面，各个红色景区（景点）不仅要向游客提供优质观光服务，详尽讲解革命遗迹（遗物）由来、故事、意义等，而且要根据时代发展和游客日益增加的体验需求，"及时调整自身管理模式和业务工作方式，积极开展体验式服务和营销"②。红色景区可以通过创设再现情景、角色模拟等方式，让游客积极参与其中，既得到感官上的满足，又提高了认识和觉悟水平、获得精神上的满足，提升他们对红色旅游的满意度。这是新时期红色旅游业的生存和发展之道，同时促使红色旅游业能够更好地为党的意识形

---

① 1998 年出版了由杨基常主编的《广西区情教育读本》；2007 年至 2009 年拍摄了的广西首部地方史志电视专题片、百集大型区情电视系列片《广西之最》；2013 年广西课程教材发展中心组织广西区内得力专家和学者编写了《美丽广西——广西大学生区情教育读本》，该读本从红色广西、生态广西、和谐广西、文化广西、富裕广西、壮乡之最六个方面介绍和描绘了"美丽广西"，是一部对大学生进行区情教育好教材。

② 黄春锋：《关于红色文化的思考——中国博协纪念馆专委会"红色文化论坛"的思考》，《中国文物报》2013 年 1 月 23 日第 7 版。

态工作服务。

再次，充分发挥红色文化的育人功能，尤其在塑造青少年正确人生观和价值观方面的作用。为此，我们要促进红色文化宣传实现常态性、提高实效性，在大中小学中做好广西红色文化"四进"（进校园、进教材、进课堂、进学生头脑）工作，营造以红色文化育人的浓厚氛围。比如，"高校可以采用设立展厅、展板或张贴海报、建网站等方式对革命先进人物进行宣传"[①]，使青年学生对这些革命先进人物耳熟能详，并以之为榜样加强自我修养，做一个品格高尚的人，一个有益于国家和人民的人。

最后，整合和利用好红色文化资源，加强红色文化的法律保护问题的研究。一方面，我们应统筹兼顾，对红色文化资源开发与保护并举，经济效益与社会效益兼顾，避免红色文化因过度商业化而缺失其应有的宣传教育功能；同时将开发民族地区红色文化资源与加强民族地区的扶贫工作，促进当地实现科学发展的行动结合起来。另一方面，我们还应深入研究如何建立和完善保护红色文化法律法规的问题，重视在民族群众中开展普法工作，增强人们保护红色文化的法制观念和意识。

三　广泛宣传和践行广西精神

广西精神是"团结和谐、爱国奉献、开放包容、创新争先"的精神，是广西民族文化的核心，是广西发展进步的精神动力源。新时代我们要继续深入凝练，广泛宣传和践行广西精神，汇聚广西力量，服务广西发展大局。

第一，加强广西精神的研究和宣传。一是组织汇聚有关专家学者的力量，并在民族群众中集思广益，深入研究和探讨广西精神的内涵和内容，并研究广西精神如何形成、如何运用、如何丰富发展等问题。二是以民族群众喜闻乐见的方式，运用现代多样化的传播载体，深入开展"广西精神"的宣传，在民族群众中树立团结和谐共同繁荣的理念。三是开拓广西精神宣传的途径和形式，通过校园文化建设、课堂教学、先进

---

① 黄家周：《民族地区高校大学生中国特色社会主义理想信念教育路径研究——以广西民族地区高校为例》，《前沿》2013 年第 20 期，第 32 页。

事迹报告等，在青少年学生中广泛开展广西精神的教育，使广西精神能够代代相传。

第二，将在民族群众中培育广西精神与培育社会主义核心价值观活动结合起来，不断提升民族群众的整体素质。社会主义核心价值观是广西精神的统领，广西精神是社会主义核心价值观的体现，二者本质上具有一致性。要促进二者的有机结合：一是要重视发展民族地区民生事业，夯实团结和谐的物质基础和社会基础。二是加强广西民族地区法制建设和法制宣传。我们应根据新时期新形势贯彻落实好党的民族政策，完善少数民族地区相关法律法规，让民族群众的平等权利和其他合法权益得到充分的法律保障。三是建设一支高素质的少数民族宣传队伍，为宣传广西精神和社会主义核心价值观提供组织和人才保证。

第三，营造践行广西精神的良好社会氛围。一是营造各民族之间团结和谐、互助共荣的氛围，群策群力建设好广西民族团结进步模范区。二是营造全社会共同致力于传承和发展民族文化的氛围。民族文化建设是弘扬团结和谐、开放包容精神的题中应有之义。三是营造对外文化开放和交流的氛围。通过扩大对外文化开放和交流，让广西民族文化中特有的开放包容品质能够广为人知；同时广西民族文化通过加强与东盟各国乃至世界上一切优秀文化的交流，在博采众长中提高本民族文化的水平。四是积极营造重视创新、尊重创造性劳动和爱护创新性人才的氛围。

第四，发挥党员干部在践行广西精神过程中的标杆作用。党员干部有别于普通群众，这不仅体现在他们具有优秀的学识和能力水平上，而且体现在他们具有较高的思想道德水平上，理应在革命、建设和改革过程中体现更高的自觉意识、使命意识、责任意识和奉献精神。为此，我们应充分发挥党员干部在践行广西精神过程中的先锋模范作用，发挥其在引领民族群众践行广西精神的示范功能。由此，我们就可以形成党员、领导干部、广大民族群众三方面正能量共同弘扬和践行广西精神，汇成推动广西实现跨越发展的强大合力。

第五节　建立健全马克思主义大众化路径
实现的组织、制度和机制

民族地区马克思主义大众化路径选择的实现，还应该有一定的组织、制度和机制作为保障。我们应该着力建立"民族地区马克思主义大众化推进中心"；健全民族地区马克思主义大众化的人才制度，专项经费支持制度和奖惩制度；构建与民族地区区情相适应的马克思主义大众化传播话语转换机制、反馈机制和辅助机制。

一　建立"民族地区马克思主义大众化推进中心"

艾思奇曾在《大众哲学》一书的后记中对于自己怎样写成这本著名的马克思主义哲学通俗读物进行了说明，他感慨道："《大众哲学》实在花费了我不少精力。如果我用同样的精力来做专门的学术研究，我想至少也可以有两倍以上的成绩了罢。一本不到十万字的小册子，前后竟经过了一年才完成。"① 之所以如此，从一定意义上看是由于撰写通俗文章比撰写专门的学术文章难度更大，作者不仅要精确把握理论，而且要与现实生活打成一片，掌握一定的写作技术，方能够写得具体、轻松、生动，让读者喜爱。可见，写作和出版马克思主义通俗读物，做马克思主义大众化工作不是一件很容易的事情。推进民族地区马克思主义大众化可以说是一项艰巨的工程。因此，笔者认为很有必要着手建立类似"中央编译局"这样的专门组织或机构，设有专项的运作资金，配备有专门的人员来做这项工作，机构名称可以初定为"民族地区马克思主义大众化推进中心"，地位上隶属于自治区党委宣传部（或文化厅、民族事务委员会），也可以与这些机构地位相平行，同时在市、县（区）两级设立分中心。"民族地区马克思主义大众化推进中心"集马克思主义大众化研究、宣传、反馈、协调、交流、经验推广等职能于一体，人员构成上采用专职和兼职相结合。在笔者看来，该中心至少应发挥以下八项职能。

一是研究和宣传马克思主义理论。汇集相关领域专家学者、理论工

---

① 艾思奇：《大众哲学》，生活·读书·新知三联书店1979年版，第278页。

作者的力量以通俗化方式向民族群众阐释和传播马克思主义经典著作、马克思主义发展史、马克思主义中国化的历史、马克思主义在广西的传播史、各个时期中共领导广西人民的奋斗史；系统阐释中国化马克思主义理论（党的理论创新成果），宣传普及党的路线、方针、纲领和政策，聚焦民族群众关心的重大理论和现实问题，解疑释惑。

二是参与推动马克思主义中国化、地方化（区域化）的理论创新和传播工作。在全区组织开展马克思主义大众化研究相关课题项目的申报、立项、研究和结题工作，每年形成一批有重要理论价值且有较强现实应用价值的研究成果；关注当代中国马克思主义最新发展动态，及时向民族地区党员干部和群众宣传党的理论创新成果。

三是组织相关专家和专业人员，编写、出版和制作适合民族群众阅读或观赏的有关宣传马克思主义理论、党的理论创新成果和党的路线方针政策等方面的图书和报纸杂志类通俗读物、音像和电子制品、广告标语等。

四是创建、完善和管理好有广西特点的红色网站、党的宣传媒体和数字化理论和政策宣传平台。加强民族地区网络意识形态建设，有效掌控网络舆情，发展健康向上的网络文化。

五是组织专业专职人员（专家、学者）定期对影响广西民族地区的社会思潮、社情民意进行专题调查和研判，为相关部门提供决策依据和参考。

六是加强与政府有关宣传、文化、教育等部门的联系，并与社会科学研究机构、高等院校等广泛开展合作，共同致力于推进民族地区马克思主义大众化。

七是深入总结广西民族地区马克思主义大众化的基本经验、基本规律、基本路径，形成系列相关研究成果；组织力量构建民族地区马克思主义大众化的绩效评价指标体系，为相关部门提供工作成效的衡量标准、决策建议，服务于提升马克思主义大众化效果。

八是加强与其他地区马克思主义宣传和研究机构开展交流和合作，学习借鉴其他地区的先进经验，跟其他地区分享广西推进马克思主义大众化的良好经验和做法，扩大广西民族地区文化的影响力。

二　健全民族地区马克思主义大众化的保障制度

"没有规矩，不成方圆。"建立健全广西民族地区马克思主义大众化的制度，能够促进马克思主义大众化规范化、有序化、常态化，减少盲目性，增强针对性，确保长效性。根据广西民族地区推进马克思主义大众化的历史经验，为解决现存问题，笔者认为需要进一步建立健全马克思主义大众化的人才制度、专项经费支持制度和奖惩制度。

首先，健全民族地区马克思主义大众化人才培养、引进和使用制度。民族地区马克思主义大众化方面的人才不同于其他的专业技术人才，他们是专职做党的宣传工作、理论普及工作、思想政治教育工作和群众工作等为党的意识形态建设服务的人才。为此，健全马克思主义大众化人才培养、引进和使用制度十分重要。一是要健全以提升原有人才业务水平为目标的定期学习培训和轮训制度，增强人才培育的针对性、适用性，切忌搞形式主义和"一刀切"。二是要建立培养有志长期服务于民族地区马克思主义大众化工作的创新人才制度。特别是要高度重视少数民族成分干部人才的培养，注重从少数民族农村基层干部和少数民族大学生中发现苗子进行培养，而对于那些目前正在农村基层服务的干部或少数民族成分大学毕业生，他们服务一定年限之后，人事管理或相关部门应给予其在公务员考试录用、职务职称晋升、工资福利提高、学历深造等方面一定的政策关照，所有这些都要在制度上明确化和具体化，以激发他们工作的热情。三是健全民族地区引进和使用马克思主义大众化方面人才的制度。笔者认为，只要是政治立场坚定、具有一定的文化水平和理论政策水平的人才，即使个性方面有所不足，都应不拘一格地引进和使用，以壮大民族地区基层人才队伍的力量。我们还可以"基层宣传干事""基层社情民意联络员""基层文化专干"或"村官"等名义招聘和引进这类人才，经过考核合格后给予其国家公务员的身份或待遇。在人才使用和稳定人才队伍方面，民族地区也应建立健全相关制度，给予人才在工作和生活条件上的充分保障，减少其后顾之忧，使"人尽其才""才尽其用"。同时要让人才看到成长发展的空间，增强其对未来的信心。为避免人才流失，我们应坚持制度留人与感情留人相结合的做法；同时，我们还应考虑建立民族地区马克思主义大众化人才储备制度。

其次，健全民族地区马克思主义大众化研究和宣传的专项经费支持制度。一定的经费支持能够为持续推进民族地区马克思主义大众化提供保障。民族地区马克思主义大众化研究和宣传的专项经费支持制度涉及经费来源、经费支出、经费预算和结算等方面的制度。关于经费来源，笔者认为，推进民族地区马克思主义大众化工作除了需要有中央、省区级和基层地方的专项财政经费划拨之外，还可以鼓励区内外的企业、组织、个人和其他社会力量提供经费赞助和支持。关于经费支出，一方面提供给各级推进马克思主义大众化的组织开展研究和宣传工作所用，尤其是要大力支持马克思主义大众化相关课题和项目的研究开展、研究成果的推广等工作。对此，我们要设法改变以往一些单位或个人在课题申报及研究工作中出现的"重申报，轻研究和结题""重研究出成果，轻成果推广"、经费划拨"重城镇、轻乡村"等不合理的现象。凡是有助于马克思主义大众化相关项目开展的工作都应为其提供充足的经费保障。经费支出的另一个重要方面是，利用在支持开展民族地区马克思主义大众化的效果评估指标体系建设上，包括组织人力、物力开展评估指标体系的制定、使用和反馈等工作的经费所需。关于经费的预算和结算，目标是科学规范经费的使用，实现"财尽其用""用而见效"。民族地区马克思主义大众化经费的预算和结算工作，应由相关部门的专业人员定期进行审计和测评经费使用效果。

最后，健全民族地区马克思主义大众化研究和宣传工作的奖惩制度。该项制度的目标是提升马克思主义大众化工作的实效性，营造民族地区各部门和各单位推进马克思主义大众化工作中赶超先进、不甘落后的氛围。首先要确立民族地区马克思主义大众化研究和宣传工作的奖惩制度之根据，即建立一套行之有效的与民族地区状况相适应的马克思主义大众化效果评价指标体系作为评判标准。关于奖惩制度的实施，笔者认为可以由自治区级的组织、人事、宣传和教育文化等部门抽调数名相关领域专家学者组成考核评价小组，每年对各级党政机关、研究和宣传部门、学校等单位推进马克思主义大众化工作情况进行考评，并据此表彰和奖励优秀者，通报批评不合格者，并督促整改。

此外，建立健全民族地区马克思主义大众化的各项制度，还应注意把握好制度的相对稳定性和动态性的辩证统一。经过广泛征求意见和充分论证后，最终确立的正式制度可以 3—5 年作为一个实施周期，每一个周期结束后要对相关制度的实施情况进行总结评估，弥补制度缺陷，完善制度内容。

三　健全民族地区马克思主义大众化的实践机制

"机制"原意为机器的构造和运作原理，现通常用来借指事物的内在工作方式，包括工作系统有关组成部分的相互联系、相互作用的过程和方式。在笔者看来，新时代民族地区推进马克思主义大众化过程中要进一步建立健全传播话语转换机制、反馈机制、辅助机制等。

第一，构建与民族地区区情相适应的马克思主义大众化传播话语转换机制。这是民族地区有效推进马克思主义大众化的关键一环。首先，应着力寻找话语转换的契合点。有学者指出，马克思主义大众化要注意"在话语方式上，从控制和劝导式转向对话式""在话语内容上更加贴近生活世界""在话语意蕴上，融注更加积极的情感"[1]。这些看法是中肯的。就民族地区而言，马克思主义大众化传播的话语还应注意与民族群众特有的话语习惯相结合，消除他们对马克思主义大众化传播话语的隔阂和陌生感，提升其可接受度。其次，应确立话语转换的适用方式方法。一是促进马克思主义文本理论话语向民族群众易于接受的通俗叙事话语转换。我们可以将抽象的理论和政策话语转化并融入少数民族歌谣、说唱、戏剧等大众喜闻乐见的话语形式之中，运用马克思主义解读民族群众身边熟悉的榜样人物和事迹，深化人们对马克思主义理论和党的方针政策的理解、认同和接受。二是要将马克思主义意识形态话语转换为民族群众日常生活话语，用主流文化的话语引领民族地区的大众文化话语。为此，党的理论工作者和宣传者应该多深入基层、深入群众、深入生活，以甘当小学生的精神向当地老百姓学习，把握他们的语言和表达方式、风格，了解他们的所思所想，从而能够有针对性地解读和传播马克思主义，为民族群众答疑解惑。以马克思主义为核心的主流文化重要职责就是引领大众文化。大众文化与群众生活联系最为密切，它被认为"是当

---

① 李春会：《传播视域下的马克思主义大众化》，人民出版社 2013 年版，第 218—219 页。

今社会产量最大、受众最多、影响最大的文化类型"①。因而主流文化要实现大众化，就应适当融入大众文化的文学、艺术作品中，让民族群众在消费大众文化产品、享受文化服务的同时，感受到积极向上精神品质的熏陶，感知主流文化的影响力。三是倡导身处民族地区基层的领导干部除了能够使用普通话作为交流语言之外，还应根据自己的工作实际需要，学习和熟练掌握一种以上工作地的少数民族语言（方言），以便增强与当地群众交流的亲和力，更有成效地开展党的宣传工作。

第二，构建民族地区马克思主义大众化的反馈机制。马克思主义大众化工作中的"反馈"，指的是传播主体在推进大众化工作过程中收集和掌握阶段性工作情况的信息并分析得失对错，在此基础上围绕既定目标适时调整相关措施以顺利实现马克思主义大众化目标的过程。马克思主义大众化反馈机制的构建，有助于传播者开展马克思主义大众化效果的评估工作，使其能够在充分审视马克思主义大众化目标、运行状况和环境的基础上，制定改进措施。

当前，我们构建民族地区马克思主义大众化反馈机制应注意以下几点。一是要充分发挥各种传播媒介在马克思主义大众化反馈机制中的作用。特别是要发挥计算机、手机、互联网为代表的现代传媒手段在问卷、统计、反馈、互动、信息共享等方面的重要作用，促进民族地区马克思主义大众化的反馈机制实现由传统向现代转型。二是要注重疏通马克思主义大众化的反馈渠道，从民族地区实际出发协调好各个环节，防止反馈信息受阻或半途而废，同时也要避免重复劳动和提供无效信息。应设法让马克思主义大众化现状的准确信息能够直接送达主管部门，为新的马克思主义大众化实践决策提供科学依据。三是要做好民族地区马克思主义大众化反馈机制的顶层设计。我们尤其要重点解决民族地区马克思主义大众化中"靠谁反馈""反馈给谁""反馈什么""如何反馈""怎样协调反馈过程""反馈效果如何评价"等问题，所有这些都应该有一套较完整的制度和机制设计。譬如，我们可以确立民族地区马克思主义大众化信息联络员工作机制。在城镇，联络员可以由社区管委会的工作人员兼任；在农村，联络员可以由村干部兼任。马克思主义大众化信息联络

---

① 李春会：《传播视域下的马克思主义大众化》，人民出版社 2013 年版，第 222 页。

员在每个月、每个季度和每年都要有一定的任务安排，要定期不定期地向上级主管部门反馈情况，同时积极配合上级主管部门、宣传部门、社科研究机构或理论工作者开展马克思主义大众化相关课题调研或访谈等工作。四是要为民族地区马克思主义大众化反馈机制的运行提供必要的经费支持。尤其是对于那些财政经费不足的少数民族地方或基层农村而言，亟须提供充足的专项经费支持以期做好当地马克思主义大众化工作效果的反馈工作。

第三，健全民族地区马克思主义大众化的辅助机制。辅助即协助、配合、协同之意。马克思主义大众化作为一项系统工程，在实践中除了需要建立完善的传播和反馈机制之外，还需要建立健全必要的辅助机制。马克思主义大众化辅助机制对整个马克思主义大众化工作的开展将起到润滑、协调和助推等作用。

一是健全相关机制引导民间文化社团、社会组织和社会贤能等辅助马克思主义大众化工作，充分发挥它们作为"社会稳压器""社会和谐调节剂"的作用。民间文化社团是由公民自愿组成，以开展文化研究、文化创造、文化娱乐等活动为主要内容的非营利民间组织。民间文化社团主要有两种类型：一类是旨在保护文化多样性的民族民间传统文化社团；另一类是旨在丰富群众精神文化生活的娱乐性群众文化社团。[①] 活跃于群众日常生活中的各种民间文化社团、社区文化社团，以其文化实践活动构成了重要的民间舆论场，直接承载着意识形态功能。在当代，我们应积极促进民间文化社团意识形态导向、传播和教育功能的实现：（1）民间文化社团通过整合社会多元化的利益诉求，建立起民众与政府之间民主商谈的平台，增进民间社会与国家政府的沟通，既维护国家政府的权威，也保障民众的根本利益；（2）民间文化社团通过文化实践活动，直接参与促进社会发展中的政治动员，引导民众增强对主流意识形态的认同感；（3）民间文化社团通过组织开展文化活动，参与地方文化建设，发挥其在政府与民间社会之间上情下达、下情上传的作用，凝聚政治共

---

① 陈媛、刘鑫淼：《民间文化社团的意识形态功能探析》，《学术论坛》2012 年第 12 期，第 63 页。

识，促进社会和谐。① 此外，我们还应重视培育高校大学生社团、支持引导 NGO（非政府组织）、NPO（非营利组织）、社会贤能等的活动，发挥它们在辅助民族地区马克思主义大众化中的积极作用。譬如，发挥环境保护领域各种非政府组织在向民族群众宣传马克思主义生态观和宣传党的生态环境保护政策和法规中的积极作用；发挥扶贫开发领域的各种非政府组织在开展民族地区扶贫工作、宣传党的扶贫政策，消除民族地区贫困现象中的作用。

二是建立健全民族地区马克思主义大众化的协同推进机制和信息交流平台。我们可以通过构建相关机制和平台实现信息共享，促进民族地区不同市、县（区）、镇、乡、村之间，以及不同单位、不同社区之间协同推进马克思主义大众化工作，还可通过该平台学习外省、市在党的理论和政策宣传方面的先进经验。这样的平台既包括实体的，也包括虚拟的（互联网的）。实体平台的构建方面可通过每年定期召开研讨会、培训会等方式分享成果，或共同研讨解决当代民族地区马克思主义大众化工作中遇到的难题；网络平台方面也要有党政相关职能部门对之进行统一规划和组织实施，有专人进行管理和维护，及时更新交流信息。

三是健全多元化保障措施和机制确保民族地区马克思主义大众化的目标能够顺利实现。民族地区马克思主义大众化除了需要人才、经费和激励制度方面的保障之外，还应包括制定和实施民族团结进步的政策，健全与民族地区经济社会发展相适应的法律法规，营造良好的社会环境和氛围，探索民族地区推进马克思主义大众化的"试点—推广—经验总结—创新实践"模式和实践机制，支持各地根据实际需要创新和完善马克思主义大众化的路径。

---

① 陈媛、刘鑫淼：《民间文化社团的意识形态功能探析》，《学术论坛》2012 年第 12 期，第 65—66 页。

结束语

　　推进马克思主义大众化是社会主义文化建设题中应有之义,社会主义文化建设又助推马克思主义大众化的实现。民族地区文化建设与马克思主义大众化二者相辅相成。广西是我国少数民族人口最多的省区,也是民族文化建设取得较大成绩,民族工作比较出色的地区。以广西为样本,基于中共领导广西文化建设的历史视域研究民族地区马克思主义大众化的路径无疑具有典型意义。

　　今天是昨天历史的继续,明天又是今天实践的延伸。探索当代广西民族地区马克思主义大众化的实现路径问题,我们需要深入考察自五四运动以来广西推进马克思主义大众化的历史。广西马克思主义大众化经历了从五四运动至中华人民共和国成立的发轫期,中华人民共和国成立至 20 世纪 80 年代的开拓期,20 世纪 80 年代至今的全面推进期。以往马克思主义大众化的成功经验和挫折教训,都是弥足珍贵的精神财富。广西马克思主义大众化在近百年的实践历程中,形成了以下基本路径:一是开展党员干部教育培训,促进其成长并增强其引领群众的能力;二是运用有民族地区特点的多样化载体推进马克思主义大众化;三是加强民族文化事业建设,重视先进文化的育人功能;四是发挥先进人物的示范作用,同时引导社会力量参与党的宣传文化工作;五是发扬民族团结教育作用,促进民族地区和谐发展;六是借鉴其他地区先进经验,实现本地区马克思主义大众化内容和形式的创新。

　　一切从民族地区的区情出发,一切从党的中心任务出发,一切从民族群众的需要和根本利益出发,是广西民族地区马克思主义大众化路径选择最重要的原则;而遵循马克思主义大众化的普遍规律与坚持民族地区马克思主义大众化路径选择的特殊性相统一，保持路径的相对稳定性与适时更新完善相统一，是推进民族地区马克思主义大众化需要把握的辩证法。广西民族地区马克思主义大众化的路径选择上体现了四个主要特点：围绕实现民族群众的利益需求而确定目标任务，鲜明的民族特点，多层次多方面的保障措施，多样化综合化的发展态势。

民族地区马克思主义大众化的实现是一项长期的系统工程，不能一劳永逸、一蹴而就。当代马克思主义大众化面临的机遇和挑战同在。如何选择、把握和利用好马克思主义大众化的路径关键在人。笔者认为，应该在中国共产党的正确领导下发挥民族群众的主体作用、党员干部的榜样示范作用，统筹兼顾人力、物力、财力等各种因素和利用好各方力量共同致力于马克思主义大众化；同时促使民族地区党员干部和群众在实践中学习、理解并自觉运用马克思主义，实现自我教育和自我提升，这是民族地区马克思主义大众化路径选择的根本方法。马克思主义大众化归根结底是文化认同、利益认同、人心所趋的问题。因此，广西民族地区马克思主义大众化路径的选择上应更加重视民族文化建设，重视民族地区社会实现充分、协调的发展，重视民族群众利益需求的实现，重视民族群众思想的教育和正确导向。在笔者看来，完善广西民族地区马克思主义大众化的路径：第一，要大力发展民族教育，筑牢马克思主义大众化之基；第二，要改善民族地区文化民生，夯实马克思主义大众化的路径；第三，要充分利用广西优秀文化资源，开拓马克思主义大众化路径；第四，要建立健全民族地区马克思主义大众化实现的相关组织、制度和机制。

本书研究和分析广西民族地区马克思主义大众化的基本路径及其特点所得出的结论，所提出完善民族地区马克思主义大众化路径的思考和建议期待能够对相关部门的决策工作具有一定的参考价值和启示意义，能够为现实中的马克思主义大众化工作提供方法论借鉴。笔者认为，推进当代广西民族地区马克思主义大众化，既要重视吸收和借鉴历史经验，把握其基本路径和特点，又要根据当前形势的新变化和工作的实际需要对马克思主义大众化的路径进行完善。因此，笔者提议建立"民族地区马克思主义大众化推进中心"，做好马克思主义大众化的规划和组织工作，着力解决大众化工作中的难题，组织力量建立一套科学的民族地区马克思主义大众化绩效评估指标体系。马克思主义大众化不仅是马克思主义理论和党的路线方针政策实现通俗化能够为党员干部和群众所理解和掌握的问题，也是促进党员干部和群众的素质和能力得到提升进而更好地改造世界的问题。为此，我们应进一步加强民族地区文化建设，发展民族教育不断提升党员干部和民族群众的综合素质，正确发挥主体能动性，推动马克思主义大众化目标顺利实现。另外，面对复杂多变的国内外、区内外形势，我们还应该未雨绸缪为民族地区马克思主义大众化制定应对挑战之策。

本课题方向未来仍有进一步开拓研究的空间。第一，从传播心理学视角深化关于民族群众由民族文化认同到对当代中国化马克思主义理论认同之间桥梁的研究。第二，进一步加强对民族地区马克思主义大众化绩效评估指标体系的构建及其操作可行性问题的研究。第三，探索国内各民族地区之间、我国民族地区与其他社会主义国家民族地区之间在马克思主义大众化路径选择问题上的比较研究，系统总结民族地区马克思主义大众化规律。

主要参考文献

一 著作类

《马克思恩格斯选集》第 1—4 卷，人民出版社 1995、2012 年版。

《马克思恩格斯文集》第 1、3、4、8、9 卷，人民出版社 2009 年版。

《马克思恩格斯全集》第 1 卷，人民出版社 1995 年版。

《马克思恩格斯全集》第 3 卷，人民出版社 2002 年版。

《马克思恩格斯全集》第 21 卷，人民出版社 2003 年版。

《马克思恩格斯全集》第 33 卷，人民出版社 2004 年版。

《列宁选集》第 1—4 卷，人民出版社 1995、2012 年版。

《列宁全集》第 36 卷，人民出版社 1959 年版。

《列宁全集》第 7 卷，人民出版社 1986 年版。

《列宁专题文集·论社会主义》，人民出版社 2009 年版。

《斯大林文集（1934—1952）》，人民出版社 1985 年版。

《毛泽东选集》第 1—4 卷，人民出版社 1991 年版。

《毛泽东文集》第 6、7、8 卷，人民出版社 1999 年版。

《邓小平文选》第 1—3 卷，人民出版社 1994、1993 年版。

《习近平谈治国理政》第 1、2 卷，外文出版社 2018、2017 年版。

《习近平总书记系列重要讲话读本》，学习出版社、人民出版社 2014 年版。

《党的十九大报告辅导读本》，人民出版社 2017 年版。

李资源等：《中国共产党少数民族文化建设研究》，人民出版社 2011 年版。

黄筱娜：《文化转型与民族文化建设》，中央文献出版社 2003 年版。

辛文斌：《新民主主义论与中国文化现代化》，中央编译出版社 2007 年版。

胡海波、郭凤志：《马克思恩格斯文化观研究》，中国书籍出版社 2013 年版。

唐代兴：《文化软实力战略研究》，人民出版社 2008 年版。

李长春：《文化强国之路：文化体制改革的探索与实践》上，人民出版社 2013 年版。

毛韵泽：《葛兰西：政治家、囚徒和理论家》，求实出版社 1987 年版。

肖东波、黄俊：《新中国成立初期的马克思主义大众化》，浙江人民出版社 2011 年版。

陈运普：《邓小平与马克思主义大众化》，社会科学文献出版社 2011 年版。

刘勇：《马克思主义大众化的实践研究》，中国矿业大学出版社 2012 年版。

李萍：《当代中国马克思主义大众化的历史与前瞻》，中山大学出版社 2015 年版。

刘丽琼：《接受理论视域中的马克思主义大众化研究》，人民出版社 2016 年版。

黄成授：《广西壮族革命史》，广西民族出版社 1994 年版。

庾新顺：《广西革命战争史纪事（1919—1949）》，广西人民出版社 1999 年版。

庾新顺、黄芬：《见证广西——中国共产党在广西 85 年》，广西人民出版社 2006 年版。

周光大：《壮族传统文化与现代化建设》，广西人民出版社 1998 年版。

蒙荫昭、梁全进：《广西教育史》，广西人民出版社 1999 年版。

王福琨：《中国共产党在桂林抗战文化形成和发展中的作用》，广西人民出版社 2007 年版。

邓群：《中国共产党与桂林抗战文化》，广西人民出版社 2005 年版。

陆宝琪：《广西壮族自治区新华书店史》，广西民族出版社 2000 年版。

黄海坤：《同舟论——当代广西民族关系研究》，广西民族出版社 1998

年版。

覃桂清:《刘三姐纵横》,广西民族出版社 1992 年版。

梁文化:《左右江革命根据地红色歌谣》,广西美术出版社 2009 年版。

彭继良:《广西新闻事业史》,广西人民出版社 1998 年版。

李秋洪:《广西民族交往心理》,广西人民出版社 1996 年版。

潘志清:《西南少数民族心理特征嬗变研究》,广西人民出版社 2006 年版。

徐万邦、祁庆富:《中国少数民族文化通论》,中央民族大学出版社 1996 年版。

金宝生:《社会主义初级阶段的广西民族问题》,广西人民出版社 1988 年版。

何龙群、梁海萍:《少数民族优秀干部成长规律研究》,广西人民出版社 2001 年版。

沈桂萍:《少数民族干部教育问题研究》,民族出版社 2004 年版。

覃振锋:《广西文化产业发展论》,广西人民出版社 2010 年版。

徐中起:《中国少数民族文化权益保障研究》,中央民族大学出版社 2009 年版。

陈洁莲等:《民主壮族——中国壮族乡村民主自治研究》,广西人民出版社 2009 年版。

黄现璠等:《壮族通史》,广西民族出版社 1988 年版。

黄庆印:《壮族哲学思想史》,广西民族出版社 1996 年版。

于瑮等:《广西红色文化》,广西人民出版社 2012 年版。

艾思奇:《大众哲学》,生活·读书·新知三联书店 1979 年版。

李春会:《传播视域下的马克思主义大众化》,人民出版社 2013 年版。

黄德俊:《桂西文史录》(第四、五卷合订本),广西人民出版社 1997 年版。

王福琨主编:《腾飞广西:中国共产党在广西执政 60 年》,广西人民出版社 2009 年版。

陆秀祥:《东兰农民运动(1921—1927)》,广西民族出版社 1986 年版。

覃乃昌:《布洛陀寻踪:广西田阳敢壮山布洛陀文化考察与研究》,广西民族出版社 2004 年版。

中共广西壮族自治区委员会党史研究室：《中国共产党广西历史》第 1
　　卷，中共党史出版社 2004 年版。

中共广西区委党史资料征委会《左右江革命根据地》编辑组：《左右江革
　　命根据地》上、下，中共党史资料出版社 1989 年版。

《左右江革命根据地资料选辑》，人民出版社 1984 年版。

中共广西区委党史研究室编：《党在广西各地战工团》，广西人民出版社
　　2004 年版。

广西壮族自治区文化厅编：《广西的改革开放·文化艺术卷》，中央文献
　　出版社 2000 年版。

广西壮族自治区文化厅编：《广西文化长廊建设探索与实践》，广西人民
　　出版社 1992 年版。

广西壮族自治区广播电影电视局编：《广西的改革开放·广播电影电视
　　卷》，中央文献出版社 2003 年版。

中共广西壮族自治区委员会宣传部收集整理：《理论歌谣》，广西人民出
　　版社 1997 年版。

广西大百科全书编纂委员会编：《广西大百科全书·文化》，中国大百科
　　全书出版社 2008 年版。

广西壮族自治区地方志编纂委员会编：《广西通志·民族志》上、下，广
　　西人民出版社 2009 年版。

广西壮族自治区地方志编辑委员会编：《广西通志·妇联志》，广西人民
　　出版社 1998 年版。

广西壮族自治区地方志编纂委员会编：《广西通志·共青团志》，广西人
　　民出版社 2002 年版。

广西新闻出版局出版志编辑室编：《广西出版史志资料（第九辑）》1994
　　年第 8 期。

何国堙：《右江日报史料汇集（第四集）》，右江日报编辑部（内部资
　　料），1990 年。

广西壮族自治区文化厅编印：　《广西文化事业发展历程（1949.12—
　　1978.12）》，《中国共产党广西历史》第二卷专题资料（内部资料），
　　2007 年。

广西壮族自治区电影发行放映公司编著：《广西电影发行放映史（1903—

1986）》，广西电影发行放映公司（内部资料），1995 年。

武鸣县"双学"办公室编：《广西武鸣县"双学"活动资料汇编》（内部资料），1996 年。

中共河池市委宣传部编印：《宣传党的十八大精神山歌选编》（内部资料），2013 年。

［英］爱德华·泰勒：《原始文化：神话、哲学、宗教、语言、艺术和习俗发展之研究》，连树声译，广西师范大学出版社 2005 年版。

［美］克莱德·克鲁克洪等：《文化与个人》，高佳等译，浙江人民出版社 1986 年版。

［美］约瑟夫·奈：《美国定能领导世界吗》，何小东、盖玉云等译，军事译文出版社 1992 年版。

［意］安东尼奥·葛兰西：《狱中札记》，葆熙译，人民出版社 1983 年版。

［俄］E. A. 瓦维林、B. Ⅱ. 福法诺夫：《马克思主义文化范畴论》，奚洁人译，上海人民出版社 1992 年版。

Richard Weiner, *Cultural Marxism and Political Sociology*, Beverly Hills: Sage Publications, 1981.

Joseph S. Nye, Jr. , Soft Power, *The Means To Success in World Politics*, New York: Public Affairs, 2004.

二 论文类

王永贵、郭晓禄：《经典作家关于马克思主义大众化路径思想及其当代启示》，《理论探讨》2011 年第 6 期。

方小年、曹根记：《毛泽东推进中国马克思主义大众化的理论思考》，《当代世界与社会主义》2008 年第 4 期。

陈运普、田苗：《江泽民推进当代中国马克思主义大众化研究》，《理论月刊》2009 年第 12 期。

于伟峰、李文桥：《胡锦涛对推动马克思主义大众化的重要贡献》，《理论探索》2011 年第 1 期。

马福运：《井冈山时期马克思主义大众化的实现路径及其当代价值》，《河南师范大学学报》（哲学社会科学版）2011 年第 3 期。

朱海：《马克思主义大众化的实现路径与经验总结——以延安时期为中心

考察》，《徐州工程学院学报》（社会科学版）2011 年第 6 期。

房雪：《新中国成立初期马克思主义大众化路径的历史考察》，《枣庄学院学报》2010 年第 4 期。

刘书林：《当代中国马克思主义大众化的实质与路径》，《学校党建与思想教育》2008 年第 9 期。

邱柏生：《推进当代中国马克思主义大众化的路径和过程》，《思想理论教育》2008 年第 5 期。

王国炎：《当代中国马克思主义大众化的实践路径探析》，《马克思主义研究》2009 年第 3 期。

苏小桦：《积极探索当代中国马克思主义大众化的立体实现路径》，《天府新论》2010 年第 6 期。

周中之：《当代中国马克思主义大众化面临的新课题及其实现的路径》，《上海师范大学学报》（哲学社会科学版）2011 年第 2 期。

胡洪彬：《Web 2.0 时代马克思主义大众化的路径研究》，《四川行政学院学报》2011 年第 1 期。

高乃云：《马克思主义大众化的网络传播境遇及路径构建》，《理论月刊》2012 年第 8 期。

杨晓梅：《民族地区当代中国马克思主义大众化路径选择》，《宁夏党校学报》2010 年第 6 期。

张书军、高乃云、向往：《民族地区马克思主义大众化实现路径研究：以四川民族地区为例》，《毛泽东思想研究》2014 年第 1 期。

刘珍珍：《少数民族地区马克思主义大众化的路径选择》，《内蒙古农业大学学报》（社会科学版）2011 年第 3 期。

冯志军、郭志芹：《乡村社会马克思主义大众化的历史考察、现实问题及其路径选择》，《广西社会主义学院学报》2010 年第 3 期。

商光美：《高校马克思主义大众化的实现路径思考》，《东北师范大学学报》（哲学社会科学版）2012 年第 5 期。

喻包庆：《当代中国马克思主义大众化的政治实践路径及其创新》，《理论学刊》2013 年第 11 期。

冯宋彻：《马克思主义大众化传播的学者路径》，《现代传播》2012 年第 6 期。

吴远、董昕：《隐性教育：推进当代中国马克思主义大众化的新路径》，《理论探讨》2013 年第 1 期。

姚刚：《论推进当代中国马克思主义大众化的文本路径》，《河南师范大学学报》（哲学社会科学版）2011 年第 3 期。

徐剑雄：《传统文化与马克思主义大众化的文化路径》，《毛泽东邓小平理论研究》2011 年第 4 期。

徐贵权：《马克思主义大众化民族文化路径的承接与拓展》，《理论探讨》2011 年第 6 期。

孔德永：《儒学普及的历史经验与马克思主义大众化的实现路径》，《济宁学院学报》2010 年第 4 期。

孔德永：《佛教中国化的历史经验与马克思主义大众化的实现路径》，《菏泽学院学报》2010 年第 4 期。

黄三生：《发展红色文化：推进马克思主义大众化的重要路径》，《求实》2012 年第 3 期。

李长春：《正确认识和处理文化建设发展中的若干重大关系努力探索中国特色社会主义文化发展道路》，《求是》2010 年第 12 期。

刘建军：《关于当代中国马克思主义大众化的若干问题》，《思想理论教育》2008 年第 7 期。

张雷声：《推进马克思主义大众化的学科建设路径思考》，《高校理论战线》2010 年第 6 期。

朱哲等：《马克思主义大众化与马克思主义化大众》，《湖北大学学报》（哲学社会科学版）2008 年第 3 期。

孙熙国、路克利：《马克思主义大众化与马克思主义理论的创新和发展》，《探索》2008 年第 6 期。

姜洁晶：《对马克思主义大众化三个层面的思考》，《大连干部学刊》2008 年第 9 期。

丁俊萍、徐信华：《在探索中推进当代中国马克思主义大众化——近年来马克思主义大众化研究述评》，《学习与实践》2010 年第 3 期。

任平：《出场与差异：对马克思主义时代化、中国化、大众化路径的哲学反思》，《江苏行政学院学报》2010 年第 4 期。

卢永欣、吴林芳：《论毛泽东的"文化—意识形态"观》，《湘潭大学社会科学学报》2003 年第 S2 期。

吴文勤：《邓小平对社会主义意识形态的重构及其历史贡献》,《社会主义研究》2005 年第 1 期。

龚正荣：《论胡锦涛以主流意识形态引领文化建设的新思想》,《中国特色社会主义研究》2009 年第 3 期。

严书翰：《我国意识形态工作的纲领性文献——深入学习和全面把握习近平总书记"8·19 重要讲话"的要点》,《中共中央党校学报》2013 年第 5 期。

綦玉帅、夏东民：《马克思精神生产理论对构建社会主义核心价值体系的启示》,《吉首大学学报》（社会科学版）2012 年第 6 期。

王沪宁：《作为国家实力的文化：软权力》,《复旦学报》（社会科学版）1993 年第 3 期。

穆占劳：《中国共产党关于"文化软实力"思想的提出和发展》,《中共石家庄市委党校学报》2009 年第 10 期。

李辉、罗佳：《当代中国马克思主义大众化的文化维度》,《马克思主义与现实》2011 年第 5 期。

徐剑雄：《传统文化与马克思主义大众化的文化路径》,《毛泽东邓小平理论研究》2011 年第 4 期。

黄家周：《论东兰农民运动讲习所与民族地区马克思主义大众化》,《毛泽东思想研究》2013 年第 5 期。

黄家周：《党的十七大以来国内关于马克思主义大众化路径研究综述》,《理论与改革》2014 年第 3 期。

黄家周：《左右江革命根据地时期邓小平领导宣传文化工作的特点探析》,《毛泽东思想研究》2014 年第 4 期。

吴小军：《民族地区马克思主义大众化的现实境遇与策略》,《贵州民族研究》2017 年第 6 期。

柳礼泉等：《文化民生：改善民生进程中一个需要深切关注的领域》,《湖南大学学报》（社会科学版）2010 年第 6 期。

韦克游：《新时期民族地区文化建设的六大关系》,《西北民族大学学报》（哲学社会科学版）2004 年第 3 期。

靖晓莉：《传播与西部少数民族地区文化建设》,《贵州民族研究》2003

年第 3 期。

王志珍：《关于广西少数民族地区精神文明建设的思考——文化转型与广西少数民族地区文化建设研究报告之二》，《广西社会科学》2003 年第 6 期。

吴定勇：《大众传媒与民族地区和谐发展——从侗族和谐文化建设及侗族文化传承之角度》，《西南民族大学学报》（人文社会科学版）2011 年第 2 期。

胡京波：《"全国文化信息资源共享工程"与民族地区图书馆资源建设》，《图书馆论坛》2003 年第 5 期。

李乐为：《少数民族地区政治文化建设的现状及路径选择——以湘鄂渝黔边为例》，《湖南社会科学》2010 年第 4 期。

韦美日：《广西少数民族地区地域文化的特点》，《广西师范学院学报》（哲学社会科学版）2007 年第 3 期。

陈欣德：《五四时期马克思主义在广西的传播》，《社会科学探索》1989 年第 2 期。

黄茂田：《大革命时期马列主义在广西的传播》，《广西社会科学》1987 年第 2 期。

何成学：《毛泽东思想在广西光辉实践的历史考察》，《桂海论丛》2004 年第 2 期。

司马骅：《本报宣传学习马克思主义哲学的回顾与思考》，载广西新闻史志编辑室编《广西新闻史料》1993 年第 30 辑。

刘绍卫：《广西构建民族文化强区的历史考察及当代启示》，《广西民族研究》2012 年第 1 期。

李燕：《做老百姓爱看的说理节目——从广西电视台〈凡事说理〉看理论节目的创新》，《新闻研究导刊》2014 年第 6 期。

周燕琳：《从当代先进人物典型报道看地方主流媒体的议程设置与传播力——以〈广西日报〉一版人物通讯的报道为例》，《中国传媒科技》2013 年第 4 期。

唐传喜：《南下战略与南下干部的历史贡献——兼论弘扬南下精神的时代意义》，《理论学刊》2012 年第 8 期。

靖鸣：《民国时期广西新桂系政府机关报〈广西日报〉（1937 年 4 月—

1949 年 12 月）源与流》，《新闻与写作》2013 年第 12 期。

广西壮族自治区党委宣传部：《着力探索马克思主义大众化的有效路径》，《党建》2013 年第 6 期。

广西壮族自治区党委宣传部调研组：《广西文化产业发展现状、存在的主要问题及其对策》，《广西经济》2012 年第 3 期。

李世辉、李虹霞：《民族地区马克思主义大众化的现实困境及其对策探析》，《内蒙古农业大学学报》（社会科学版）2011 年第 5 期。

杨亚非、许凌志、程启原：《农村外出务工人员在"美丽广西·清洁乡村"活动中的重要作用——广西大化县弄法村调研的思考》，《学术论坛》2013 年第 10 期。

陈媛、刘鑫淼：《民间文化社团的意识形态功能探析》，《学术论坛》2012 年第 12 期。

杨满心：《民族地区马克思主义大众化研究——以湖北恩施土家族苗族自治州为例》，硕士学位论文，西南大学，2011 年。

三 报纸类

孙学玉等：《大力推动当代中国马克思主义大众化》，《人民日报》2008 年 8 月 4 日。

《中共中央关于深化文化体制改革　推动社会主义文化大发展大繁荣若干重大问题的决定》，《人民日报》2011 年 10 月 26 日。

《习近平在全国宣传思想工作会议上强调：胸怀大局把握大势着眼大事，努力把宣传思想工作做得更好》，《人民日报》2013 年 8 月 21 日。

《广西"国旗工程"构筑民族团结教育长廊》，《人民日报》2009 年 10 月 10 日。

刘昆、张名章：《广西百色建立 600 多个"三个代表"重要思想讲习所》，《光明日报》2003 年 12 月 2 日。

胡长栓：《马克思主义大众化的理论品性》，《光明日报》2012 年 1 月 29 日。

李宗桂：《谈文化民生》，《学习时报》2008 年 3 月 17 日。

任海泉：《坚持马克思主义在文化建设中的指导地位》，《解放日报》2012 年 2 月 12 日。

易前良:《透析"电视讲坛"现象——基于〈百家讲坛〉的思考》,《中华新闻报》2007 年 6 月 27 日。

曾家华:《在科学理论与人民群众之间架起桥梁——推动当代中国马克思主义大众化的思考》,《广西日报》2009 年 9 月 1 日。

自治区党委办公厅、自治区政府办公厅:《"美丽广西·清洁乡村"活动方案》,《广西日报》2013 年 4 月 22 日。

石言、贝为超:《民之所恶必除 民之所盼必为——广西深入开展党的群众路线教育实践活动综述》,《广西日报》2014 年 10 月 13 日。

罗侠等:《欢跳城乡广场舞 放歌核心价值观——来宾市创新载体培育和践行社会主义核心价值观走笔》,《广西日报》2014 年 12 月 11 日。

王春楠:《打造创新发展"红色引擎"——全区"两新"组织党组织学习十九大精神纪实》,《广西日报》2017 年 11 月 30 日。

徐顺东等:《百色:用活"老品牌"传播新思想》,《广西日报》2017 年 11 月 16 日。

后 记

　　2018 年适逢马克思 200 周年诞辰,《共产党宣言》发表 170 周年,中国改革开放 40 周年,同时是广西壮族自治区成立 60 周年,这是一个值得纪念、关注的特殊年份。拙作的出版谨作为作者向马克思和马克思主义表达崇高敬意的一种特殊方式。马克思主义自诞生以来因其所具有的科学真理性、革命性、实践性、创新性、人民性等理论品格而产生了巨大的影响,马克思主义的影响力又是伴随着自身的大众化传播而实现的。世界范围、国家层面来说如此,区域层面来说也是如此。拙作基于对中共领导广西文化建设历史和现实的考察,尝试探讨民族地区马克思主义大众化路径选择过去如何可能,现实问题如何解决,未来挑战如何应对等几个问题,抛砖引玉,求教于方家。

　　拙作是在本人博士学位论文的基础上修改、补充和丰富而形成的。本书能够面世得到了许多人的帮助和支持。首先要感谢的是我就读博士期间的导师杨先农研究员。杨老师对本书从选题、开题到写作成文全过程,乃至出版前的修改完善,都曾给予悉心指导,提出过不少宝贵的意见和建议,特别是还拨冗欣然为本书作序,让我深为感激和感动。可以说,假若没有杨老师多次"指点迷津"和无私帮助,也许我在做学问的道路上还将摸索更长的时间。杨老师不仅给予我在学习研究上精心指导,还在工作和生活上给予诸多关心和教诲,并为我的成长提供了难得的历练平台和机会。杨老师渊博的学识、严谨的治学态度、强烈的问题意识和创新精神,以及待人处事的风范永远是我学习的榜样。另外,我还要感谢西南交通大学马克思主义学院的林柏海、苏志宏、肖平、何云庵、刘占祥等教授,以及西南财经大学的曾获教授和电子科技大学的邓淑华教授在我的博士学位论文选题、开题、预答辩和答辩期间提出了许多可贵中肯的意见和建议，他们的真知灼见让我受益匪浅。同时，感谢广西社会科学院的曾家华研究员和梁臣博士、广西师范学院的覃洁莹博士为本书选题和提纲修订提出过宝贵意见，使本书的质量得到提高。我在撰写本书过程中曾赴广西百色市和河池市有关单位进行调研，其时得到了广西壮族自治区农业厅韦良研究员、中共南宁市兴宁区委办黄云昱、百色市委办公室李德军、百色市委党史研究室罗生福，以及河池市委宣传部韦韬、组织部谭英迎等同志的大力帮助，在此一并致谢。

本书能够顺利出版还得益于广西财经学院马克思主义学院学科建设基金的鼎力资助。特别感谢广西财经学院韦春北书记、夏飞校长等校领导的支持和马克思主义学院冯霞、冯达成、杨勇等诸位教授及其他同事对本书出版的关心、关注和帮助。

最后，感谢中国社会科学出版社为本书出版提供平台，及贵出版社重大项目出版中心／智库成果出版中心喻苗副主任的大力支持。本书在写作过程中，还参考和借鉴了有关专家学者论著的观点和资料，在此表示诚挚的谢意。

作者

2018 年 8 月